동아시아고대학회
학술총서
13

동아시아의
술酒과 풍류風流

동아시아고대학회 편

보고사
BOGOSA

발간사

    동아시아고대학회는 1999년 창립 이래 '평화와 창조를 위한 세계학·현대학으로서의 동아시아학'이라는 창립 취지를 살리기 위해 국내외를 무대로 지속적인 학술 활동을 펼쳐 왔습니다. 정기적인 학술대회를 통해서 다양하게 풀어낸 학술 담론들은 우선적으로 학회지에 담아내어 학계에 보고하였고, 그 중 세상에 널리 소통하고 싶은 주제들은 새롭게 기획하여 학술총서로 발간해왔습니다. 현재까지 간행한 총서의 면모는 다음과 같습니다.

1. 〈동아시아 여성신화〉(2003.9)
2. 〈동아시아 문화와 예술〉(2004.12)
3. 〈동아시아의 영혼관〉(2006.11)
4. 〈동아시아의 공간관〉(2007.6)
5. 〈경기 해안도서와 동아시아〉(2007.6)
6. 〈구주 해안도서와 동아시아〉(2007.12)
7. 〈동아시아의 시간관〉(2008.10)
8. 〈동아시아 역사인식의 중층성〉(2009.11)
9. 〈동아시아 세계의 기록문화와 학문정신〉(2011.9)
10. 〈강과 동아시아 문명〉(2012.2)
11. 〈동아시아의 종교와 문화〉(2012.12)
12. 〈동아시아의 전통문화와 스토리텔링〉(2017.10)

　돌아보면 동아시아고대학회의 학술총서 발간은 동아시아권역의 당대적 관심사와 학문적 소명이 만나서 빚어낸 결실이었습니다. 학회의 정체성을 이룩하는 과업에 동참해주신 여러분들에게 심심한 사의를 표합니다.

　이번에 발간하는 『동아시아의 술과 풍류』는 2016년 여름 전주전통술박물관 후원으로 열린 학술대회 기획주제 '동아시아의 술과 문화'가 모태가 되었습니다. 대회 이후 책으로 묶어낼 계획이었는데 사정으로 회기를 넘기게 되었고, 기왕이면 주제를 계승하며 확장하자는 취지에서 2019년 봄 '동아시아의 풍류 문화와 사상'이라는 주제로 한 차례 학술대회를 열고 그 성과를 아우르게 되었습니다. 당초 술 문화를 포함하여 문학예술 등 다방면의 풍류 문화를 폭넓게 다루어보고자 하였으나 미치지 못하였습니다. 하지만 술 문화와 관련하여 동아시아의 대표적인 문학 사례와 흥미로운 문화사를 다루었고, 풍류 역시 한중일의 가장 대표적인 논의를 담았다는 점에서 의의가 있으리라 생각합니다. 제8대 이상준, 제9대 이도학 회장을 비롯하여 옥고를 총서에 싣도록 허락해주신 필자 여러분에게 감사드립니다. 그리고 강호제현의 관심과 질정을 바랍니다.

　『동아시아의 술과 풍류』는 '동아시아고대학회 학술총서 13'으로 발간하는데, 그간 총서의 연번이 일정하지 않은 점이 있어서 이번 기회에 바로잡았습니다. 앞으로도 계속해서 참신한 기획주제의 총서가 이어지기를 기대합니다. 이번 제13, 14권의 총서 발간은 2019년이었던 계획이 미루어지면서 다시 회기를 넘기게 되어 제11대 임원진에 수고를 끼치게 되었습니다. 전염병이 유행하는 상황에서도 학회 발전을 위해 내실을 다지며 소임을 다하는 송완범 회장, 총서 발간 책임을 맡아 애

쓴 류호철 총무이사, 그리고 이민형 총무간사와 강우규, 주지영 출판이
사 등 여러분의 노고에 깊이 감사드립니다. 끝으로 늘 학회의 든든한
후원자이며 학술 출판의 외롭고 의로운 길을 묵묵히 걷고 있는 보고사
김홍국 사장과 편집 담당자에게도 감사의 마음을 전합니다.

2021년 4월 봄날
동아시아고대학회 제10대(2018~2019) 회장
안영훈 삼가 씀

차례

제2부 술酒과 문화文化, 문화재文化財, 문화사文化史

제1부

술과 고대사회, 그리고 문학
酒 　　古代社會 　　　文學

한국 고대사회에서 술의 기능

이도학

1. 머리말 : 飮酒 認識과 관련하여

술은 익힌 곡물이나 과일 등을 발효시켜 만든 에탄올 성분이 함유된, 마시면 사람을 취하게 하는 음료의 총칭을 가리킨다. 그러한 술의 기원과 효능에 대해서는 익히 알려진 바 있다. 특히 술의 효능에 대해서는 긍정적으로 간주하거나 아니면 부정적으로 지목하는 측면으로 나뉘어진다. 가령 李瀷은 酒齊의 노인을 봉양하고 제사를 받드는 데에 술 이상 좋은 것이 없다고 하였다.[1] 李德懋는 "술은 氣血을 순환시키고 감정을 펴고 禮를 행하는 세 가지 의의가 있다. 그러나 지나치게 마셔 정신이 혼미한 지경에 이르면 인간의 도리를 해친다"[2]고 했다. 물론 李德懋는 술의 부정적인 측면도 언급하였다. 그렇지만 지나쳤을 때라는 전제하에서였다. 그러므로 李瀷이나 李德懋 모두 술을 인간생활에 필요한 것으로 긍정하는 입장이었다. 사실 『聖經』 집회서에도 "술을 알맞게 마시면 사람들에게 생기를 준다. 술 없는 인생이란 도대체 무엇인가?

1 『星湖僿說』 卷5, 萬物門.
2 『靑莊館全書』 卷50, 耳目口心三.

술은 처음부터 흥을 위해 창조되었다. 제때에 술을 절제 있게 마시는 사람은 마음이 즐거워지고 기분이 유쾌해진다(31장)"고 했다. 우리 나라 속담에도 "적게 마시면 藥酒요 많이 마시면 毒酒다"고 하였다.[3]

반면 飮酒를 부정적으로 보는 이유도 있다. 인류의 발명품인 술은 사람에 따라 조금씩의 차이야 있겠지만 飮用한 이들을 醉하게 한다. 취함으로써 이성의 통제가 무뎌진 관계로 실수가 빚어져 逸脫 행위를 하는 경우들이 드러나고 있다. 이러한 이유로 술을 마신다거나 술에 취했다는 사실 자체가 지닌 이미지는 부정적인 측면이 많았다. 익히 지적되고 있듯이 지속적인 음주는 방향감각의 상실·기억장애 등이 나타나 인격 결함을 야기시키기도 한다. 이에 대해서도 『聖經』 집회서는 "술을 지나치게 마신 자는 기분이 상하고 흥분하여 남들과 싸우게 된다. 만취는 미련한 자의 화를 돋우어 넘어뜨리고 기운을 떨어뜨려 그에게 상처를 입힌다. 술자리에서 남을 꾸짖지 말고 흥에 젖은 그를 무시하지 마라. 그에게 모욕적인 말을 하지 말고 이것저것 요구하여 그를 괴롭히지 마라(31장)"고 하였다.

물론 사회 공동체에서 술이 지닌 순기능도 무시할 수 없다. 일단 술을 마시면 기분이 들뜨는 관계로 과거의 불쾌했던 기억이나 불편한 심사를 잊거나 누그러뜨리는 기능도 있다. 술 좌석에 함께한 이들과의 소통이나 일체감이 높아지는 긍정적인 기제로 작동한다. 그럼으로써 미래를 걸고 있는 협상이나 提議가 순순히 수용되거나 동질감이 조성되는 경우가 많았다.

기본적으로 술은 祭需로서의 역사가 오래되었다. 祭祀 儀禮가 많았

---

3 서정수·정달영, 『세계 속담대사전』, 한양대학교 출판부, 1998, 112쪽.

던 전통시대에는 정결한 祭酒를 빚어서 올리는 일이 중요하였다. 그리
고 史書의 기록을 놓고 보면 사회적으로 술은 여러 가지 기능을 했다.
가령 소통의 수단이면서도 政敵에 대한 誘因 수단이나 賂物 등 다방면
에서 所用되었다. 그리고 술은 잔치에서 빼 놓을 수 없는 소재였다.
이는 다음의 기사를 통해서도 확인된다.

     a. 37년 봄 2월에 큰 잔치를 3일 동안 베풀고 술과 음식을 내려 주었다.[4]

   농경사회에서 穀物을 재료로 하여 제조하는 술에는 국가 권력의 손
길이 미쳤다. 일례로 『삼국사기』를 보면 "가을에 곡식이 잘 익지 않았
기 때문에 백성들이 사사로이 술 빚는 것을 금하였다(다루왕 11)"고 한
기사가 암시해 준다. 흉년으로 인해 釀造에 대한 국가적 통제가 시행되
었음을 알려준다. 우리나라의 경우도 1960년대까지만 하더라도 세무
서에서 빈번하게 密酒 단속이 있었다. 그렇듯이 釀造 통제는 식량 自給
自足이 어려운 사회에서는 피할 수 없었다. 고구려는 평양성 천도 3년
전인 424년(장수왕 12)에 "가을 9월에 크게 풍년이 들었으므로 왕이 宮
에서 群臣들에게 연회를 베풀어 주었다"[5]라고 했다. 이 때는 곡물로
빚은 술로 연회 분위기를 돋우었을 것으로 보인다. 世祖가 申叔舟에게
燒酒 5병과 술잔을 하사한 바 있다.[6] 실제 술은 다음의 『삼국사기』 기사
에서 보듯이 하사품이기도 했다.

---

4 『三國史記』 卷4, 진평왕 37년 조.
5 『三國史記』 卷18, 장수왕 12년 조.
6 『世祖實錄』 7년 6월 癸酉 條.

b. 가을 8월에 [왕이] 노인들에게 술과 음식을 하사하였다(성덕왕 4년).

c. 노인들에게 술과 음식을 하사하였다(성덕왕 31년).

위에서 인용한 b와 c는 앞서 『星湖僿說』에서 언급했듯이 노인을 봉양하는 사례이다. 아울러 잔치의 주재자가 왕인 경우가 많았다. 이 역시 술을 매개로 좌중을 장악하면서 政局을 주도하려는 의도와 무관하지 않았다. 술의 정치적 기능이 되는 것이다. 그 밖에 飮酒의 공동체적인 속성과는 달리 개인적인 속성도 있다. 鄭澈의 「戒酒文」에서 술을 즐겨 마시는 이유 4가지 중 첫 번째인 ‘不平’ 즉 심신의 불평, 다시 말해 마음이 괴로울 때도 음주를 하게 된다. 폭음을 함으로써 심신을 망치는 사례로 기록되어진다. 그러나 우리 속담에 “술은 기뻐도 마시고 슬퍼도 마신다”고 했다. 술은 이 핑계 저 핑계 대어 가며 어느 때나 마실 수 있는 속성을 지녔던 것이다.[7]

본고에서는 지금까지 체계적으로 다루지 못한 한국 고대사회에서의 술이 지닌 기능에 대해 살펴 보고자 하였다. 술의 본질적 속성은 東西古今에서 동일하다고 본다. 실제 폴란드 속담에 술은 판단력과 이성을 흐리게 한다고 하여 “술로 지혜가 짧아진다”[8]고 했다. 이러한 용도로 술을 이용한 경우도 보인다. 발탁 수단으로써도 술은 활용되었다. 일본 속담에 “쇠는 불로 시험하고 사람은 술로 시험한다”고 했다. 사람의 본성은 술을 먹여 보면 알 수 있다는 뜻이다.[9] 그리고 중국 속담에 본심

---

7 宋在璇 編, 『주색잡기 속담사전』, 東文選, 1997, 32쪽.

8 서정수·정달영, 『세계 속담대사전』, 한양대학교 출판부, 1998, 114쪽.

9 서정수·정달영, 『세계 속담대사전』, 한양대학교 출판부, 1998, 112쪽.

을 딴 곳에 두고 행동하는 사람을 가리켜 "술 마시는 사람의 뜻이 술에 있지 않다"[10]고 했다. 이 경우는 술을 다른 의도로 이용한 경우인 것이다. 따라서 술을 통한 한국 고대의 정치 환경과 사회적 의도에 대한 파악과 분석이 가능해질 것으로 기대된다.

2. 祭儀 공동체에서의 술

祭儀는 일반적으로 지적되고 있듯이 조직화된 사회에서 정치적 통합과 체제유지에 중요한 역할을 한다. 그러므로 국가의 수립과 운영에 필요한 정치조직이나 체계는 祭儀와 특별한 관계를 가지게 마련이다. 三韓의 경우 그 풍속은 상호 유사하였음에도 불구하고 제의의 경우에는 "鬼神을 제사지내는데 차이가 있다"[11]라고 하였듯이 상이한 제의 공동체로서의 성격이 강하였다. 제의체계의 차이는 그와 관련 깊은 분묘의 입지선정에도 잘 나타난다. 加羅諸國의 고분이 구릉의 정상에서 그 기슭에 걸쳐 조영된데 반하여, 동일 시기 신라의 고분은 평지지에 자리잡고 있다.[12] 삼한연맹의 제의 공동체적인 성격은, 春秋時代 列國의 경우 "국가의 大事는 祀와 戎에 있다"[13]라고 하여 군사와 제사를 집단적 과제로 공유하는 이른바 戎祀共同體였던 점과 견주어진다.

삼국 가운데 백제의 경우만 살펴 보도록 하자. 백제는 집단의 통합과

10 서정수·정달영, 『세계 속담대사전』, 한양대학교 출판부, 1998, 117쪽.
11 『三國志』卷30, 東夷傳, 韓 條."祠祭鬼神有異"
12 井上秀雄, 『實證 古代朝鮮』, 日本放送出版協會, 1992, 34쪽.
13 『春秋左傳』卷11, 成公 13년 조. "國之大事 在祀與戎"

결속에 가장 중요한 기능을 하는 종교적 통일을 시도하였다. 즉 東明廟의 설치라든지 天地神에 대한 제의와 더불어 국가적 산악을 설정하여 국가 권력의 지방 확산과 더불어 지방 토착세력의 정신적 기반이었던 소도신앙과 같은 이념 기반을 흡수하고자 했다. 그러한 소임을 담당하였을 국가적 산악으로서 천안의 聖居山이나 원주의 雉岳山은 제의산악으로 설정되었을 법하다. 그와 더불어 국가적 차원에서 祭需로서의 珍物 봉헌이 뒤따랐음은 의심할 나위 없다. 이러한 맥락에서 볼 때 천안과 원주 지역의 고분에서 출토된 東晉製 물품은, 扶安 竹幕洞 제사유적에서 六朝時代의 중국 靑磁片이 출토된 바처럼 당초에는 성거산이나 치악산의 사당에 바쳐졌던 것이 飮福式으로 그 지역 호족들에게 分與되었고 종국에는 각자의 墳墓에 副葬된 것으로 생각되어지기도 한다.[14] 淨潔한 술이 담겨진 靑磁盞은 제의처에 올려졌을 것이다. 백제가 國土保護靈으로 중시하였거나 기우제를 집전하던 여타의 산악에도 漆岳에 漆岳寺가 창건된 것처럼 神祠를 대신한 사찰들이 창건되었을 것이다. 이와 관련해 월출산의 최고봉인 천황봉(해발 809m)에서는 통일신라 때부터 조선 중기까지의 유물이 출토되었다. 또 이곳은 통일신라 때 국가에서 제사를 지낸 대사·중사·소사 가운데 23곳의 小祀 터로 밝혀졌다.[15] 천황봉에서 출토된 純靑磁 盞托은 祭酒를 담았던 용기로 보인다.

　공동체 사회에서 술의 기원과 관련해 빼 놓을 수 없는 素材가 祭需였다. 기록에서는 구체적으로 摘示되지는 않았다. 그렇지만 지금도 그러

---

14 李道學, 『백제고대국가연구』, 일지사, 1995, 208쪽, 220~221쪽.
15 목포대학교박물관·영암군, 『영암 월출산 제사유적』, 1996, 91쪽.

하듯이 始祖廟를 비롯한 왕릉 제의 등에서 술이 소용되었을 것임은 주지의 사실이다. 이러한 술은 정결하게 빚었을 것임은 재언이 필요 없을 것 같다. 부여에서는 "犧牲을 잘 길렀다"[16]고 했다. 祭需에 사용할 짐승들을 특별히 관장했음을 알려준다. 이는 부여에서 기원한 고구려의 경우에서도 확인된다. 가령 고구려 산상왕대에 郊豕가 달아나는 사건을 통해서도 犧牲의 존재가 보인다. 이와 관련해 祭酒의 경우도 犧牲처럼 특별히 관리되었을 것으로 보인다. 고구려의 풍속과 관련해 "그 나라 사람들은 깨끗한 것을 좋아하며, 술을 잘 빚는다"[17]고 했다. 정결한 祭酒의 존재를 상정할 수 있다.

祭儀와 관련한 飮酒 사례는 울진봉평신라비에서도 확인된다. 즉 정월 대보름에 신라 6部가 모여 얼룩소를 잡고 제사를 지냈다는 것은 필시 祭酒가 수반되었을 것이다. 제의와 관련한 飮酒는 다음 기사에서도 보인다.

d. 해마다 10월이면 하늘에 제사를 지내는데, 낮밤으로 술을 마시며 노래 부르고 춤추니 이를 무천이라 한다.[18]

e. 해마다 5월에 씨뿌리기가 끝나면 신에게 제사를 지내며 사람들이 모여서 노래하고 춤추며 술을 마시며 밤낮을 가리지 않는다.[19]

---

16 『三國志』卷30, 동이전, 부여 조.
17 『三國志』卷30, 동이전, 고구려 조.
18 『三國志』卷30, 동이전, 동예 조.
19 『三國志』卷30, 동이전, 한 조, 마한 項.

위의 인용에 보이는 동예의 飮酒는 추수감사제 때가 되겠다. 마한의 경우는 播種祭 때 해당한다. 모두 농경과 관련한 제의가 끝나면 飮酒歌舞가 이어졌던 것이다. 天神이나 地神에게 올려졌던 술을 제의에 참여했던 成員들이 飮福式으로 마셨다. 그리고는 흥에 겨워 춤추고 노래하는 것이다. 飮酒에 관한 구체적인 기사는 보이지 않지만 부여의 경우도 다음에서 보듯이 祭儀 후 飮酒가 따랐다.

> f. 殷正月에는 하늘에 祭祀하며 國中大會에는 연일 먹고 마시며 노래하고 춤추는데 이름하여 迎鼓라고 한다.[20]

위의 기사는 "以殷正月祭天 國中大會 連日飮食歌舞 名日迎鼓"라는 구절이다. 여기서 '飮食'은 대상인 목적어가 생략되었다. 그러나 앞의 동예나 마한의 제의 기사에 비추어 볼 때 '飮'은 飮酒를 가리킨다. 결국 국가를 비롯한 공동체 제의 때는 飮酒가 수반되었음을 알 수 있다. 그 밖에 誓盟 때 飮酒로써 誓約에 대한 신뢰감을 공유했을 것으로 보인다. 가령 369년에 백제 근초고왕 父子와 倭將과의 誓盟, 백제 멸망 직후 부여융과 신라 문무왕 그리고 唐將이 주재한 664년과 665년에 걸친 熊嶺과 熊津城 그리고 就利山 誓盟을 꼽을 수 있다. 하늘과 山川이 보증하는 현장 祭儀에서 祭酒 共飮을 통한 誓約 확인이 된다.

---

20 『三國志』 卷30, 동이전, 부여 조.

3. 사회 속에서의 술

1) 興을 돋우어 마음을 여는 기능

술은 마음을 열어주는 기능을 한다. 술 한잔 마시면서 허심탄회하게 이야기해 보자는 말이 있다. 술을 매개로 하여 본심을 들여다 보고 소통할 수 있는 기회로 삼자는 것이다. 독일 속담에 술을 마시면 인간의 진실성이 드러난다고 하여 "포도주는 인간을 비추는 거울이다"[21]고 했다. 술을 마시면 진실을 털어놓게 된다고 하여 "술 속의 진실"이라는 영국 속담도 있다.[22] 우리 나라 속담에는 '취중 진담'은 말할 것도 없고, 술을 마시면 마음 속의 이야기를 한다는 의미로 "외모는 거울로 보고, 마음은 술로 본다"[23]는 말이 있다. 『聖經』 집회서에도 "거만한 자들이 말다툼할 때 술은 그들의 마음을 드러내게 한다(31장)"고 하였다.

이와 관련해 唐에서 곤궁하게 지내던 鄭年이 신라로 돌아가 張保皐에게 의탁하려고 했다. 그러자 주변 사람들이 만류하였다. 정연이 장보고에게 죽을까 우려했던 것이다. 그러나 정연은 귀국하여 장보고를 찾아갔다. 장보고는 우려와는 달리 정연을 歡待했다. 둘이 함께 술을 마시던 중 민애왕이 시해되었다는 보고를 받은 장보고는 즉각 예하 병력 5천 명을 鄭年에게 딸려보내 國都로 진격하게 했다.[24] 이 사실은 장보고의 도량과 더불어 라이벌이었던 두 사람을 화해시킨 기제가 술이었

---

21 서정수·정달영, 『세계 속담대사전』, 한양대학교 출판부, 1998, 116쪽.
22 서정수·정달영, 『세계 속담대사전』, 한양대학교 출판부, 1998, 116쪽.
23 서정수·정달영, 『세계 속담대사전』, 한양대학교 출판부, 1998, 115쪽.
24 『三國史記』 卷44, 張保皐傳.

음을 말해준다. 사람의 마음을 열게 하는 기제로서 술을 이용한 일화로서는 김유신이 비녕자의 마음을 추동시킨데서 나온다. 즉 "함께 술을 마시면서 간절함을 보였다. 비녕자가 두 번 절하고, '지금 수많은 사람 중에서 오직 일을 저에게 맡기시니, 저를 알아준다고 할 수 있습니다. 진실로 마땅히 죽음으로써 보답하겠습니다'고 하였다"[25]고 했다. 그 밖에 왕건이 50騎만 대동하고 경주에 진입한 후 臨海殿의 연회 자리에서 공감대가 형성되어 함께 눈물을 흘렸다.[26]

눌지왕이 신하들과 國中의 豪俠들을 불러 御宴을 베풀 때였다. 술이 3번 돌아가자 눌지왕은 눈물을 흘리며 倭에 인질로 간 아들과 고구려에 인질로 간 아우를 그리워했다. 이들을 구출하고자 한 속내를 술기운을 빌어 토로하였다.[27] 아들이 없는 헌안왕이 술자리를 빌어 자신을 이어 즉위하게 될 사위감을 고른다.[28] 이는 우리 속담의 "겉은 눈으로 보고, 속은 술로 본다"에 해당한다. 사람의 외모는 눈으로 보면 알 수 있지만 마음 속은 알 수 없으므로 취하도록 술을 먹여 놓으면 술김에 속에 감추어 두었던 말을 다하게 된다는 뜻이다.[29]

일본 속담에 "술은 百藥의 으뜸"이라는 말이 있다. 적당한 술은 정신의 긴장을 풀어주고 기분을 상쾌하게 하는 효과가 있어 어떤 藥보다 몸에 좋다는 의미이다.[30] 한국 고대 사회에서도 기호품으로서 술을 즐

25 『三國史記』卷47, 丕寧子.
26 『三國史記』卷12, 경순왕 5년 조.
27 『三國遺事』卷1, 奈勿王 金堤上.
28 『三國史記』卷11, 헌안왕 4년 조.
29 宋在璇 編, 『주색잡기 속담사전』, 東文選, 1997, 9쪽.
30 서정수·정달영, 『세계 속담대사전』, 한양대학교 출판부, 1998, 113쪽.

겨 마셨던 것 같다. 삼한에서는 "풍속은 노래하고 춤추며 술 마시기를 좋아한다"[31]고 했다. 이는 변진에만 국한되었다기 보다는 삼한의 일반적인 현상으로 보아진다.

그러한 飮酒 문화는 잔치와도 연계되어 있다. 일반적으로 알려져 있듯이 주인이 손님을 접대하는 방식이 보통 이상이면 잔치라고 한다. 잔치는 축하할 일이 발생했을 때 음식을 장만해서 손님을 초대하여 먹고 마시고 노래하고 춤추며 흥겹게 즐기는 일련의 과정을 가리킨다. 예수가 첫기적을 보인 가나의 혼인잔치에 나오듯이 잔치 속에서 술은 빠뜨릴 수 없다. 邂逅를 푸는 수단으로서 신라 왕이 인질로 갔다가 왜국에서 귀환한 아우에게 연 다음과 같은 잔치가 있다.

> g. 이전에 미사흔이 돌아올 때, [왕은] 六部에 명령하여 멀리까지 나가 그를 맞이하게 하였다. 곧 만나게 되자 손을 잡고 서로 울었다. 마침 형제들이 술자리를 마련하고 즐거움이 최고였을 때 왕은 스스로 노래를 짓고 춤을 추어 자신의 뜻을 나타냈다. 지금 향악의 憂息曲이 그것이다.[32]

잔치에서의 술은 즐거움을 고조시킨다. 그런 관계로 술의 度數는 높지 않았던 것 같다. 이는 고려의 풍속을 담고 있는 『高麗圖經』을 통해서도 헤아려진다. 즉 "고려에는 찹쌀은 없고 멥쌀에 누룩을 섞어서 술을 만드는데, 빛깔이 짙고 맛이 독해 쉽게 취하고 속히 깬다. … 대체로 고려인들은 술을 좋아하지만 좋은 술은 얻기가 어렵다. 서민의 집에서 마시는 것은 맛은 싱겁고 빛깔은 진한데, 아무렇지도 않은 듯이 마

---

31 『三國志』 卷30, 동이전, 한 조, 변진 項.
32 『三國史記』 卷45, 朴堤上傳.

시고 다들 맛 있게 여긴다"고 했다. 반면 "燕飮의 예에 쓰이는 장식과 장막 등속은 다 광채가 나고 화려하다. 대청 위에 비단 보료를 펴 놓았고 양쪽 행랑에는 단을 두른 자리를 깔았다. 그 술은 맛이 달고 빛깔이 진한데, 사람을 취하게 하지는 못한다"[33]고 高麗의 술을 평했다. 여기서 燕飮 즉 잔치 때 마시는 술은 고려뿐 아니라 고대 사회에서도 毒酒는 아니었다고 본다. 잔치에 참여하는 이들을 취하게만 하기 보다는 興을 돋우는데 목적을 두었기 때문일 것이다. 이는 가나의 혼인잔치에서 소용된 술이 도수가 낮은 포도주인데서도 확인된다. 혼인 잔치와 관련하여 다음 h 기사에서 보듯이 신라의 婚需에서도 술이 보인다. 그리고 잔치와 관련하여 술이 등장하는 기사를 『삼국사기』에서 뽑아보면 다음과 같다.

> h. 一吉湌 金欽運의 어린 딸을 부인으로 맞이하고자 하여 먼저 伊湌 文穎과 波珍湌 三光을 보내어 날짜를 정하고 大阿湌 智常에게 納采하게 하였다. 폐백이 15수레, 쌀·술·기름·꿀·醬·메주·脯·식초가 135수레, 租가 150수레였다(신문왕 3년).

> i. 왕이 육부를 모두 정하고 이를 둘로 갈라 왕녀 두 사람으로 하여금 각기 部內의 여자를 거느리고 무리를 나누게 했다. 가을 7월 16일부터 매일 일찍 큰 部의 뜰에 모여 麻布를 짜고 밤 10시에 파했다. 8월 15일에 이르러 그 공의 많고 적음을 가려 진 편에서는 술과 음식을 내어 이긴 편에 사례했다(유리니사금 9년).

---

33 『高麗圖經』卷26, 燕禮, 燕儀 項.

j. 8월 2일에 酒宴을 크게 베풀고 장병들을 위로하였다. 왕과 蘇定方 및 여러 장수들은 대청마루의 위에 앉고, 義慈王과 그 아들 隆은 마루의 아래에 앉혀서 때로 의자로 하여금 술을 따르게 하니, 백제의 佐平 등 여러 신하들이 목이 메어 울지 않는 사람이 없었다(태종 무열왕 7년).

술은 노고를 치하하는 접대 수단으로서의 기능을 지녔다. 다음의 기사에서 확인된다.

k. 46년 봄 3월에 왕이 동쪽으로 柵城을 돌아보았다. 책성의 서쪽 罽山 에 이르러서는 흰 사슴을 잡았다. 책성에 이르자 여러 신하와 더불어 잔치 를 열어 마시고, 책성을 지키는 관리들에게 물건을 하사했는데 차등이 있었다. 마침내 바위에 공적을 기록하고 돌아왔다(태조왕 46년).

l. 왕께서는 사신을 보내 서로 묻지도 않고 소를 잡고 술을 빚어 우리 군사를 먹이지도 않으며, 마침내 낮은 언덕에 군사를 숨기고 강어귀에 무기를 감추어 벌레처럼 숲 사이에서 다니고 무성한 언덕에서 숨차게 기 어올라 몰래 후회할 칼날을 내었지만…(문무왕 11년)

m. 총관께서 풍파를 무릅쓰고 멀리 해외에 온 것을 알았습니다. 이치로 보아 마땅히 사신을 보내 교외에서 영접하고 고기와 술을 보내 대접하여 야 할 것이지만, 멀리 떨어진 다른 지역에 살기에 예를 다하지 못하고 때에 미처 영접을 못하였으니 부디 괴이하게 여기지 마십시오(문무왕 11 년 답설인귀서).

고구려 태조왕은 東邊의 책성에 순수하여 잔치를 열었다. 왕은 戍兵 들의 노고를 치하하는 의미에서 하사도 하고 잔치도 열어 주었다. 일본 속담에 "술에는 열 가지 德이 있다"고 했다. 이 가운데 노고를 위로해 주는 이로운 점이 있다는 것이다.[34] k는 바로 이 사실을 가리킨다. 그리고 l과 m에서 보듯이 한반도에 進駐한 唐軍에 대한 문무왕의 접대와 관련해 套語로 등장한 '고기와 술'이 보인다. 그리고 잔치에서의 술은 사람과 사람 사이의 벽을 허무는 기능을 지녔다. 익히 알려져 있듯이 잔치는 단순히 遊戲 기능 뿐 아니라 인간 관계를 정립하고 풀어내는 역할을 하기 때문이다. 잔치에 초대된 이들은 주재자에게 마음의 부채를 지게 된다. 더욱이 잔치에서 주재자는 賞給을 하는 경우가 많다. 따라서 더욱 그러한 속성을 지닌다. 나아가 구성원들간의 일체감을 조성하는 역할도 한다.

잔치의 장소는 잔치의 성격과 결부된 경우가 많다. 잔치의 장소가 풍광이 수려한 곳인데다가 주재자가 歌舞를 先導한다면 風流가 되는 것이다. 대표적인 風流處로서는 20里 바깥에서 물을 끌어들여 조성한 백제의 궁남지나 부여의 大王浦를 비롯하여 경주의 鮑石亭을 꼽을 수 있다. 포석정은 중국의 流觴曲水宴을 본받은 것으로, 직경 17~8尺 안팎의 범위에 鮑魚 모양으로 화강석 돌홈을 짜고 물을 흘리고서 물 위로 술잔을 흘려 보내면서 화려한 잔치를 하던 곳이다. 延長 아홉 칸 반이나 되는 돌홈의 굽이굽이 뒤틀린 곡선의 아름다움이란 아담하고 절묘하고 천연스러움이 동양의 어느 나라에서도 볼 수 없는 운치를 품고 있다. 더구나 곡수유상의 자리가 남아 있는 것도 동양에서 여기뿐이요, 소규모로서 이러한 형식을 창안한 것도 신라뿐이다.[35] 그리고 국왕의

---

34 서정수·정달영, 『세계 속담대사전』, 한양대학교 출판부, 1998, 113쪽.
35 金瑢俊, 『朝鮮美術大要』, 乙酉文化社, 1949; 열화당, 2001, 89~90쪽.

안정적인 풍류를 위해 지은 건물로서는 백제 동성왕대의 臨流閣, 의자
왕대의 望海亭, 신라 문무왕대의 경주 月池와 臨海殿을 지목할 수 있
다. 모두 물가에 소재한 風流處인 것이다. 실제 月池에서 출토된 주사
위에는 罰酒를 부과하는 내용이 적혀 있었다. 즉 "술을 다 마시고 크게
웃기(飮盡大唉)·술 2잔이면 쏟아 버리기(兩盞則放)·술 3잔 한번에 마시
기(三盞一去)"³⁶라는 구절이다. 술을 마시지 않으려는 사람에게 더 권하
면서 하는 말로 "죽어도 三盞이라"는 우리 나라 속담이 연상된다. 원샷
의 원조인 것이다. 왕과 귀족들이 놀이 배를 타고 흥겹게 술 마시는
장면이 연상된다.

2) 享樂 수단

鄭澈의 「戒酒文」두 번째가 '遇興' 즉 흥겨운 일을 만나서 음주하는
것이다. 이와 관련해 궁전에서 잔치를 베풀게 되면 그 주재자는 국왕이
다. 잔치에 참여하게 된 신하들은 일종의 施惠 대상이 된다. 흥겨운
잔치 속에서 국왕의 下賜品이 따름으로써 일종의 충성심을 다잡게 된
다. 다음은 『삼국사기』에서 국왕이 주재한 잔치 사례들이다.

> n. 7년 봄 3월에 왕이 여러 신하들과 임해전에서 잔치를 베풀었다. 술이
> 무르익자 왕은 거문고를 두드리고 좌우에서는 각각 노래와 시를 불러 올
> 리면서 마음껏 즐기고서 파하였다(헌강왕 7년).

> o. 대나마 李純은 왕이 총애하는 신하였는데, … 후에 왕이 풍악을 좋아한

36 국립경주박물관, 『문자로 본 신라』, 학연문화사, 2002, 98쪽.

다는 말을 듣고 곧 궁궐문에 나아가 간언하는 말을 아뢰었다. "신이 듣건대 옛날 桀과 紂가 술과 여자에 빠져 음탕한 음악을 그치지 않다가, 이로 말미암아 정치가 쇠퇴하게 되고 나라가 망했다고 합니다. …" 왕이 이 말을 듣고 감탄하여 풍악을 그치고는 곧 그를 방으로 인도해 불교의 오묘한 이치와 나라를 다스리는 방책을 며칠 동안 듣다가 그쳤다(경덕왕 22년).

p. 5월에 가물었으나 왕은 측근의 신하들과 임류각에서 잔치를 베풀어 밤새도록 즐겼다(동성왕 22년).

q. 3월에 왕이 측근 신하들을 데리고 泗沘河 북쪽 포구에서 잔치를 베풀었다. 포구의 양쪽 언덕에 기암괴석이 서 있고, 그 사이에 진기한 화초가 있어 마치 그림 같았다. 왕이 술을 마시고 몹시 즐거워하여, 거문고를 켜면서 노래를 부르자 수행한 자들도 여러 번 춤을 추었다. 당시 사람들이 그곳을 大王浦라고 불렀다(무왕 37년).

r. 가을 8월에 많은 신하들에게 望海樓에서 잔치를 베풀어 주었다(무왕 37년).

s. 16년 봄 3월에 왕이 宮人들과 더불어 음란과 향락에 빠져서 술 마시기를 그치지 않았다. 좌평 成忠[혹은 淨忠이라고도 한다]이 적극 말렸다. 왕이 노하여 그를 옥에 가두었다. 이로 말미암아 감히 간하려는 자가 없었다. 성충은 옥에서 굶주려 죽었다. 그가 죽을 때 왕에게 글을 올려 말했다. … 그러나 왕은 이를 명심하지 않았다(의자왕 16년).

위에서 인용한 기사들은 국왕을 중심으로 한 饗宴 즉 잔치 관련 내용들이다. 동성왕(p)과 무왕대(q)의 잔치 기사에는 비록 술이 언급되지는 않았다. 그렇지만 술이 수반되었음은 분명하다. i는 시합에 진 편에서 베푸는 罰則으로서의 잔치이다. j는 勝戰과 관련한 잔치 속의 술이 언급되어 있다. 이러한 사례는 후대에도 빈번하게 나타난다. 문제는 n에서처럼 술은 후대의 鑑誡로서 언급되었다. 世宗이 일찍이 "옛날 신라가 鮑石亭에서 敗하고, 백제가 落花巖에서 멸망한 것이 술 때문이 아닌 것이 없다"[37]라고 했듯이 鑑誡의 表象이 되었다.[38] 실제 『標題音註東國史略』과 『동사강목』에 의하면 경애왕은 매양 미인들과 함께 이곳에서 「繁華之曲」을 연주했다고 한다. 경애왕이 봄놀이하면서 지은 노래인 「번화지곡」의 노래말은 다음과 같다.

기원과 실제사/ 두 절의 동쪽에   祇園實際兮二寺東
두 그루 소나무 기대 선/ 蘿井 골짜기 가운데   兩松相倚兮蘿洞中
머리 돌려 바라보면/ 꽃은 언덕 가득한데   回首一望兮花滿塢
엷은 안개 실구름에/ 희미하게 가렸어라(鄭珉 譯) 細霧輕雲兮竝濛朧

경애왕이 즐겨 연주했던 「번화지곡」을, 당시 사람들은 중국 陳나라의 마지막 임금이 즐겨 듣다가 나라를 망하게 한 「後庭花」라는 노래에 견주었다. 결국 그대로 되었다는 것이다. 『신증동국여지승람』에 의하

---

37 『世宗實錄』 15년 10월 28일 丁丑.
38 落花巖이라는 이름의 등장을 『『삼국유사』의 기록을 보았을 때 낙화암의 본래 명칭은 墮死巖으로 추정된다. 이후 『신증동국여지승람』 등의 기록을 통해 조선시대에 들어와 낙화암이라고 명명된 것이라고 보인다(국립부여박물관, 『扶蘇山』, 2016, 183쪽)"고 했다. 그러나 1287년에 간행된 『帝王韻紀』에서 "百濟紀: 落花巖 聳大王浦 浦以王常遊得名 巖以宮女墮死得名 臣因出按親遊其處"라고 하여 이미 보인다. 그리고 李穀(1298~1351)의 『稼亭集』 '舟行記'에도 기재되어 있다. 그 밖에 李存吾(1341~1371)의 글귀에도 "落花巖下波浩蕩"라고 하여 보인다. 따라서 국립부여박물관 책자의 落花巖에 대한 글귀는 허위임이 드러났다.

면 포석정은 "경주부의 남쪽 7리, 금오산의 서쪽 기슭에 소재하였다"고 기술했다. 아울러 "돌을 다듬어 鮑魚의 형상으로 만들었기 때문에 그렇게 이름을 지은 것이다. 流觴曲水의 遺跡이 완연히 남아 있다"고 한 그 유구가 되겠다. 남산 계곡에서 끌어들인 물이 홈을 따라 흘러가면 그곳에 잔을 띄워 자기 앞에 이르면 시를 읊었다. 東晉시대에 유행했던 '유상곡수' 詩會를 연상시키는 장소였다. 물론 이 유적은 현재 전복 모양의 돌 유구만 보전되어 있다.[39]

문제는 s에서 "왕이 궁녀인들과 함께 음란과 향락에 빠져서 술 마시기를 그치지 않으므로"라는 구절에 대한 성격 부여가 되겠다. 이와 관련해 백제 의자왕이 胃癌으로 추정되는 질병(反胃)으로 고난을 겪었으며 길고 긴 투병생활이 통수권의 약화를 불러 백제의 사령탑과 전투 의지를 와해시켰다는 해석이다. 이 주장은 『文館詞林』에 수록된 「貞觀年中撫慰百濟王詔一首」에 근거한 것이다. 이에 따르면 의자왕이 자신의 신병 치료를 위해 唐에 사신을 보내 蔣元昌이라는 醫師를 찾았다는 것이다. 그 때가 644년 말로 추정되고, 장원창은 反胃 치료의 專門醫였다고 한다. 이러한 정황에 비추어 볼 때 의자왕은 적어도 643년 이전부터 胃 질환이 있었음을 알 수 있는 것이다. 그런데 당 태종은 백제의 요청을 들어주지 않았기에 의자왕의 胃 질환은 완치될 수 없었다고 한다. 그리고 '긴 투병생활이 통수권의 약화를 불렀다'는 것이다.

그러면 이러한 주장을 검증해 보도록 하자. 일단 위암에 걸리면 상복부 불쾌감·상복부 통증·소화불량·팽만감·식욕부진 등이 있다. 이러한 증상은 위염이나 위궤양의 증세와 유사하다고 한다. 문제는 의자왕

이 胃 질환을 앓고 있었다고 하자. 그렇다면 어떻게 즉위 초부터 몸소 군대를 이끌고 신라를 공격하여 40여개 성을 일거에 공취하는 혁혁한 武勳을 세울 수 있었는지 의아하다. 이후로도 의자왕의 신라에 대한 공세는 줄기차게 이어졌다. 위암 환자 치고는 특이 사례로 기록되어야 할 의학계의 새로운 報告 자료감이다. 게다가 '길고 긴 투병 생활' 중이라던 의자왕이 '술 마시기를 그치지 않았다'고 할 정도의 체력과 몸 상태를 유지할 수 있었는지 의아하다. 내 몸이 불편한데 어떻게 술 마시며 흥청거릴 수 있는지? 그리고 정력적으로 의자왕이 신라를 압박할 수 있었을까? 더구나 집권 초기부터 胃癌에 걸렸다는 의자왕은 胃癌患者 치고는 너무 오래 산 것이다. 胃癌에 걸린 지 대략 20년을 누렸으니, 이 역시 의학계의 보고 사안이 아닐까 싶다.

의자왕은 무왕의 소행을 이어받아 향락과 술에 빠졌다는 인식도 나왔다.[40] 실제 의자왕의 향락은 부여와 접한 논산에서도 확인된다. 즉 "皇華山 市津에 있는데, 지금 縣의 治所와는 서쪽으로 10리 떨어져 있다. 산에 큰 돌이 펀펀하고 널찍하여 시진의 물을 굽어보고 있으니 이를 皇華臺라 부른다. 세상에 전하는 말에, 백제 義慈王이 그 위에서 잔치하고 놀았다 한다"[41]고 했다. 『삼국유사』에서는 "정관 15년 辛丑에 즉위한 후로는 酒色에 빠져 정사가 거칠고 나라가 위태하였다"[42]고 했다. 물론 실제 의자왕의 酒色은 통치 후반기에 그것도, 『삼국유사』기록상으르는 단 한 차례 등장한다. 그러나 s 기사의 문맥을 놓고 볼 때

---

40 『無名子集』第6冊, 詩稿, 詠東史, "其二百三十四 "義慈繼述武王爲 耽樂酗淫白日遲"
41 『新增東國輿地勝覽』卷18, 恩津縣 산천 조.
42 『三國遺事』卷1, 太宗春秋公.

의자왕의 음주는 오래되었음을 알 수 있다. 실제 "이 때 백제는 君臣이 사치하고 淫逸하여 國事를 돌보지 않으니 백성이 원망하고 신령이 노하여 災變怪異가 여러 번 나타났다. 유신이 왕에게 告하기를 '백제가 無道하여 그 罪가 桀紂보다 더하니, 참으로 하늘의 뜻에 따라 백성을 弔問하고 죄를 칠 때입니다'고 했다"[43]고 하였다. 이와 관련해 「정림사지 오층탑비명」에서 "더구나 밖으로는 곧은 신하를 버리고 안으로는 요사한 계집을 믿어, 형벌이 미치는 바는 오직 충성스럽고 어진 신하였고, 총애가 가해지는 바는 반드시 간사한 아첨꾼이었다"고 하였다. 이로 보아 의자왕이 성충이나 흥수의 忠言을 듣지 않는 이면에는 大夫人 은고의 전횡과 무관하지 않아 보인다.

신라 헌강왕(n)과 백제 무왕(q)이 흥에 취해 몸소 거문고를 뜯으면서 좌중을 장악하자 同席한 신하들이 그에 맞춰 노래하고 춤 추는 장면을 연출하였다. 君臣이 일체가 되는 장면이다. 술을 통해 왕이 좌중을 장악하는 동시에 결국 국정에서의 일체감을 도모하고자 한 의도로 보인다.

3) 소개의 方便

잔치는 정략적 수단으로서 접대 기능을 지녔다. 초청한 상대방의 기분을 고조시킨 후에 의도했던 목적을 관철시키는 경우가 보인다. 『삼국사기』에 수록된 다음의 기사를 살펴 보도록 한다.

t. 祗摩尼師今이 즉위했다. 혹은 祗味라고 한다. 婆娑王의 嫡子이며 어머니는 史省夫人이다. 비는 金氏 愛禮夫人으로서 葛文王 摩帝의 딸이다.

---

43 『三國史記』卷42, 金庾信傳 中.

처음에 파사왕이 榆湌의 못[澤]에서 사냥했는데 태자가 이를 따라갔다. 사냥이 끝난 뒤 漢歧部를 지날 때 이찬 許婁가 향응을 베풀었다. 술기운이 얼큰해지자 허루의 처는 어린 딸을 데리고 나와 춤을 추었다. 摩帝 이찬의 처도 딸을 데리고 나오니, 태자가 보고서 기뻐했다. 허루가 기뻐하지 않으니 왕이 허루에게 말했다. "이곳의 지명은 大庖이다. 공이 이곳에서 풍성한 음식과 잘 빚은 술을 차려 잔치를 즐기게 해주었으니, 마땅히 酒多의 位를 주어 이찬의 위[上]에 있게 하겠다"고 하고서 마제의 딸을 태자의 배필로 삼았다. 주다는 뒤에 角干이라 불리었다(지마니사금 즉위년).

u. 文武王이 왕위에 올랐다. 이름은 法敏으로, 太宗王의 맏아들이다. 어머니는 김씨 文明王后로, 蘇判 舒玄의 막내딸이며 庾信의 누이이다. 언니가 西兄山 꼭대기에 올라가 앉고는 오줌을 누어 온 나라 안에 가득 퍼진 꿈을 꾸었다. 꿈에서 깨어나 동생에게 꿈을 말하니, 동생은 웃으면서 "내가 언니의 이 꿈을 사고 싶다"고 말하였다. 그래서 비단치마를 주고서 꿈 값을 치뤘다. 며칠 뒤 유신이 春秋公과 蹴鞠을 하다가 춘추의 옷고름을 밟아 떨어뜨렸다. 유신은 "우리 집이 다행히 가까이 있으니 가서 옷고름을 꿰맵시다"라 청하고는 함께 집으로 갔다. 술상을 차려 놓고 조용히 寶姬를 불러서 바늘과 실을 가지고 [옷고름을] 꿰매게 하였다. 언니는 일이 있어 나오지 못하고, 동생이 나와서 그 앞에서 꿰매어 주었다. 옅은 화장과 가벼운 옷차림을 하였는데, 빛이 곱게 사람을 비추는 모습이었다. 춘추가 보고 기뻐하여 바로 혼인하자고 요청하고는 곧 예식을 치렀다(문무왕 즉위년).

v. 25일에 왕이 나라로 돌아오면서 褥突驛에 도착하였는데, 國原의 仕臣인 大阿湌 龍長이 사사로이 잔치를 벌여 왕과 여러 시종하는 사람들을 대접하였다. 음악이 시작되자 奈麻 緊周의 아들 能晏이 15살인데 가야의 춤을 추어 바쳤다. 왕이 용모와 거동이 단정하고 아름다운 것을 보고는 앞에 불러서 등을 어루만지며 금으로 만든 술잔에 술을 권하고 선물을

자못 후하게 내려 주었다(문무왕 8년).

　w. 신라인 沙飡 恭永의 아들 玉寶高가 地理山 雲上院에 들어가 50년
동안 금을 공부하였다. 스스로 새로운 가락 30곡을 지어 이를 續命得에게
전하였고, 속명득은 이를 貴金先生에게 전했고, 先生도 역시 地理山에
들어가서 나오지 않았다. 신라 왕이 금의 도리가 단절될까 두려워하여,
伊飡 允興에게 일러 방법을 찾아서 그 音을 전수받도록 하면서, 마침내
南原의 公事를 맡겼다. 允興이 官에 도착하여 총명한 소년 두 명, 安長과
淸長을 선발하여 산중에 가서 배워 전수받게 하였다. 선생은 이들을 가르
쳤으나 그 미묘하고 섬세한 부분은 전수해주지 않았다. 윤흥과 그 처가
함께 나아가 말하기를 '우리 왕이 나를 남원으로 보낸 것은 다름이 아니라
선생의 재주를 잇고자 함인데, 지금 3년이 되었으나 선생이 숨기고 전수
해주지 않는 바가 있어, 나는 명령을 완수할 수가 없다'고 하였다. 윤흥은
술을 받들고 그의 처는 잔을 잡고 무릎걸음으로 가서 예의와 정성을 다하
니, 그런 연후에야 그 감추었던 飄風 등 세 곡을 전수해 주었다. …(樂).

　x. 때마침 한가윗날 왕이 月城의 언덕 위에 올라 주변 경치를 바라보며
侍從官들과 함께 술자리를 벌여놓고 즐기다 [김]윤중을 불러오라고 명
하였다. [이때] 간하는 사람이 있어 "지금 宗室과 인척들 가운데 어찌 좋은
사람이 없어 유독 疏遠한 신하를 부르시옵니까? [그것이] 어찌 이른바
친한 이를 친히 하는 것이겠사옵니까?"라고 말하였다(김유신전 부록).

　위의 인용 가운데 t·g·x는 鄭澈의 「戒酒文」 중 세 번째인 '待客'
즉 손님을 접대하기 위한 방편으로서의 음주이다. 문제는 이러한 기회
를 적절하게 이용했다는 것이다. 즉 술판이 무르 익어 기분이 고조되었
을 때를 틈 타 접근하여 성공했거나 그러한 상황을 이용한 사례가 된
다. 즉 t는 술 기운으로 인해 기분을 들 뜨게 하거나 판단력을 흐리게

하였다. 그런 후에 자신의 딸이 왕이나 태자의 눈에 쏙 들게 하려는 속셈이었다. u의 경우는 김유신이 문희를 김춘추에게 접근시킬 때 "옅은 화장과 가벼운 옷차림을 하였는데"라고 했다. 김유신의 지시 하에 문희가 옅은 화장을 하고 가벼운 옷차림으로 관능적인 모습을 선보인 것 같다. 그 결과 "빛이 곱게 사람을 비추는 모습이었다"고 했다. 이는 얼큰이 취해 기분이 고조된 김춘추의 소회라고 할 수 있다. 김춘추의 마음을 움직여 문희와 맺어지는 순간이었다. 술의 힘을 빈 것이다.

4) 賂物

어떠한 목적을 지니고 접근했을 때 매개 역할을 하는 게 賂物이다. 뇌물로서 가장 무난한 것이 술이다. 이와 관련해 우리 속담에 "아전의 술 한 잔은 還子가 석 섬이다"라는 말이 있다. 관리에게 뇌물을 주면 그것의 몇 곱절의 이득을 얻을 수 있다는 뜻이다.[44] 뇌물의 효과를 말해 주고 있다. 가령 漢의 요동태수가 병력을 거느리고 고구려로 쳐들어왔다. 위나암성에 入堡했던 대무신왕은 연못의 잉어를 잡아 수초에 싸서 맛있는 술 약간과 함께 한의 군대에 보냈다. 결국은 漢軍은 돌아갔다.[45] 고구려와 段氏·宇文氏 3국이 연합하여 모용외를 공격했다. 이때 모용외는 꾀를 내서 우문씨에게 酒肉을 보내주었다. 그러자 고구려와 단부는 우문부를 의심하여 철군함에 따라 3국 연합은 자동 해체되었다.[46] 酒肉이라는 뇌물을 통한 모용외의 이간책이 성공한 것이다. 김춘추가

---

44 宋在璇 編, 『주색잡기 속담사전』, 東文選, 1997, 27쪽.
45 『三國史記』 卷14, 대무신왕 11년 조.
46 『三國史記』 卷17, 미천왕 20년 조.

고구려 경내에 진입할 때 지금의 풍기에서 받은 청포 3백 보를 선도해에게 뇌물로 바쳤다.[47] 그러자 "먹은 물이 다르다"는 우리 나라 속담처럼 선도해의 마음을 움직였다. 일본 속담에서 말한 술의 10가지 德 가운데 "격의 없이 귀인과 교제할 수 있고"[48]에 해당한다. 청포 3백 보가 뇌물로서 효과를 발휘했기에, 술을 매개로 격의 없는 이야기가 오갈 수 있었다. 선도해가 醉中에 넌지시 흘린 토끼의 肝 이야기는 구금된 김춘추가 탈출할 수 있는 방안이었다.

군이 뇌물이라고 단언하기는 어렵지만 "여름 4월에 隋 文帝가 대흥전에서 우리 사신에게 잔치를 베풀었다(평원왕 26년 조)"는 경우도 뇌물성 향응에 속한다. 당 태종이 귀국하는 김춘추에게 베푼 잔치를 비롯하여 외국 사신에 대한 접대는, 단순한 접대 차원을 넘어 정치적인 고려가 작동한 게 분명하다.

5) 誘因이나 奇襲을 위한 媒介

술 만큼 보편적이고 일반적인 식품은 없을 것이다. 자신의 목적을 이루기 위해 유혹하는 수단으로 유인해서 뜻을 이루는 경우도 보인다. 고구려 시조 추모왕의 부모로 전해지는 해모수와 柳花의 경우가 대표적이다. 다음의 기사가 바로 그것이다.

> y. 비단 자리를 눈부시게 깔아 놓고 / 금술잔에 맛있는 술 차려 놓았다 / 과연 스스로 돌아 들어와서 / 서로 마시고 이내 곧 취하였다[…방 안에

---

47 『三國史記』卷41, 김유신전 상.

48 서정수·정달영, 『세계 속담대사전』, 한양대학교 출판부, 1998, 113쪽.

세 자리를 베풀고 술상을 차려 놓았다. 그 여자들이 각각 그 자리에 앉아
서로 권하며 마셔 술이 크게 취하였다]. 왕이 그때 나가 가로막으니 /
놀라 달아나다 미끄러져 자빠졌다 / 왕이 세 여자가 크게 취할 것을 기다
려 급히 나가 막으니 여자들이 놀라 달아나다가 맏딸 柳花가 왕에게 붙잡
혔다]. 맏딸이 유화인데 / 이 여자가 왕에게 붙잡혔다.⁴⁹

y는 상대방을 불러 술에 취하게 한 후 목적을 이루는 경우이다. 후백
제 진훤왕이 금산사에 유폐되었을 때이다. 술을 빚어 지키던 이들에게
마시게 하여 취하게 한 후 탈출한 바 있다.⁵⁰ 그리고 政敵들을 살해할
의도로 유인하기 위한 수단으로 술 만큼 무난한 것은 없어 보인다. 왜
인들에게 죽은 남편 于老에 대한 복수를 준비했던 이가 그 아내였다.
우로의 아내는 신라 왕에게 청하여 사사로이 왜국 사신에게 음식을
대접하였다. 우로의 아내는 이때 왜국 사신이 몹시 취하자 장사들을
시켜 마당에 끌어내려 불태워 죽임으로써 남편의 원수를 갚았다.⁵¹ 역
시 유인 수단으로서 술을 이용한 사례가 『삼국사기』에 다음과 같이
보인다.

z. 37년 봄에 처음으로 源花를 받들었다. 일찍이 임금과 신하들이 인물
을 알아볼 방법이 없어서 걱정하다가 무리들이 함께 모여서 놀게 하고
그 행동을 살펴본 후에 발탁해서 쓰려고 하였다. 마침내 미녀 두 사람
즉 南毛와 俊貞을 뽑고 무리 3백여 명을 모았다. 두 여인이 아름다움을
다투어 서로 질투하였는데, 준정이 남모를 자기 집으로 유인하여 억지로

49 『東國李相國集』 卷3, 東明王篇, 并序.
50 『三國遺事』 卷2, 후백제 진훤.
51 『三國史記』 卷45, 昔于老傳.

술을 권하여 취하게 되자 끌고 가 강물에 던져서 죽였다. 준정이 사형에 처해지자 무리들은 화목을 잃고 흩어졌다(진흥왕 37년).

z-1. 이때 [김]유신은 압량주 군주로 있었는데, 마치 군사 일에는 뜻이 없는 듯 술을 마시고 풍류를 즐기며 몇 달을 보냈다. [압량]주의 사람들이 [김]유신을 어리석은 장수로 여겨 그를 비방하면서 "여러 사람들이 편안하게 지낸 날이 오래인지라 힘이 남아 한 번 싸워볼 만한데도 장군께서는 게으르니 어이할꼬"라고 말하였다(김유신전 상).

z-2. 여러 사인들이 술자리를 차려 놓고 용서를 빌면서 몰래 약을 음식에 섞었다. 검군이 알고서도 억지로 먹고 죽었다(검군).

z-3. 蓋蘇文[혹은 蓋金이라고도 한다]은 姓은 泉氏이며, 자신이 물 속에서 태어났다고 하여 사람들을 迷惑시켰다. 그는 儀表가 雄偉하고 意氣가 豪放하였다. 그의 父인 東部[혹은 西部라고 한다] 大人 大對盧가 죽자 蓋蘇文이 마땅히 位를 이어 받아야 했다. 그러나 國人들이 (그의) 성품이 잔인하고 난폭하다고 하여 그를 미워하였기에 이어 받을 수 없었다. 이에 蘇文이 머리를 조아려 많은 이들에게 사죄하고 攝職을 청하면서 만약 합당하지 않으면 廢해도 후회하지 않겠다고 하였다. 여러 사람들이 그를 불쌍히 여겨 드디어 허락하였다. 직위를 계승하더니 흉악하고 잔인하며 無道하였다. 여러 大人들이 왕과 더불어 몰래 죽이기로 의논하였다. (그러나) 일이 누설되어 蘇文이 部兵을 모두 모아 놓고 마치 사열하는 것처럼 하였다. 동시에 城 남쪽에 술과 음식을 성대하게 차려놓고 여러 大臣들을 불러서 함께 보기로 하였다. 손님들이 오자 죄다 그들을 살해하니 무릇 100여 인이었다. 宮으로 달려 가서 왕을 시해하고는 몇 토막으로 잘라서 시체를 구덩이 가운데 버렸다. 王弟의 아들인 藏을 왕으로 삼았다. 스스로 막리지가 되니, 그 관직은 唐의 兵部尙書 겸 中書令에 해당하는 職이다(淵蓋蘇文傳).

z와 z-2는 鄭澈의「戒酒文」네 번째에 등장하는 '難拒人勸' 즉 권하는 술을 뿌리치기 어려워서 죽을 줄 알고서도 음주한 결과이다. 그리고 z-3에서 연개소문이 주연장을 덮친 사건은 이슬람 압바스 왕조의 초대 칼리프였던 아브르 압바스측에서 전 왕족인 우마이야家 사람들과 화해하고 싶다고 초청하여 주연을 베푼 후 덮쳐서 한 사람도 남기지 않고 살해한 장면을 연상시킨다. 가죽으로 된 깔개를 그 시체들 위에 덮고 거기 올라 앉아 주연을 계속했다는데, 깔개 밑에서 아직도 숨이 남아 있는 자들의 신음 소리가 들려 왔다고 한다. 그리고 그들은 이를 伴奏로 하여 우마이야家 사람들이 다 죽어갈 때까지 술잔을 주고 받으면서 즐겼다는 것이다.[52] 술을 매개로 한 연개소문의 정변은 성공한 쿠데타로 기록되어 있다.[53]

항일전쟁에 승리한 국민당 정부가 1945년 9월부터 본격적인 친일파 숙청 작업을 시작할 때였다. 華北 지역의 漢奸(매국노)들을 체포하기 위해 이들을 만찬에 초청하였다. 연회가 시작되고 술이 몇 순배 돌 무렵 얼굴이 말[馬]처럼 생긴 사람이 건배를 제의하면서 "한간죄로 모두 체포한다"고 선언했다. 저녁 얻어먹으러 왔다가 일망타진된 華北 일대의 한간들은 통째로 감옥으로 직행하였다. 유명한 문호 魯迅의 바로 밑의 동생인 周作人도 이때 붙잡혀서 압송되었다.[54] 술을 이용한 정적 살해의 사례로서 소정방이 唐橋에서 피살되었다는 기록이 전하고 있다. 다음과 같은 『삼국유사』 기록이 바로 그것이다.

52 李道學,「충천하는 카리스마 연개소문」,『꿈이 담긴 한국 고대사 노트(상)』, 일지사, 1996, 28쪽.
53 李道學,「高句麗의 內紛과 內戰」,『高句麗研究』24, 2006, 32~36쪽.
54 김명호,『김명호의 중국인 이야기』3, 한길사, 2014, 378~380쪽.

z-4. 또『新羅古傳』에는 이런 말이 있다. "소정방이 이미 고구려 백제 두 나라를 치고 또 신라를 치려고 머물러 있었다. 유신은 그 음모를 알고 唐軍을 초대하여 짐새의 독을 먹여 모두 죽이고 구덩이에 묻었다." 지금 尙州 지경에 唐橋가 있는데 이것이 그때 묻은 땅이라고 한다.『唐史』를 살펴보면 그 죽은 까닭은 말하지 않고 다만 죽었다고만 했으니 무슨 까닭일까? 감추기 위한 것일까? 혹은 신라의 속설이 근거가 없음일까?[55]

즉『新羅古傳』을 인용하여 소정방이 백제와 고구려를 멸망시킨 후 이제는 신라마저 병탄하려고 신라 땅에 머물러 있다가 김유신의 계략에 빠져 독살되고 말았다는 기록을 소개했다.[56] 짐새의 독은 그 깃털을 술 속에 담근 뒤 이를 마시게 하면 즉사한다고 한다. 漢나라의 呂太后가 이 방법으로써 趙王을 살해하여 널리 알려지기도 했다. 후한 말 동탁이 河太后를 짐살한 바 있다. 신라 군대가 당나라 군대를 독살시킨 장면은 페르시아 군대를 습격한 후 현장에 차려놓은 맛 있는 음식과 달콤한 포도주 맛에 취하여 잠들다가 도리어 페르시아 군대에 궤멸된 맛사게타이인의 경우를 연상시킨다.

술 취해서 방심한 틈을 타고 기습한 사례도 보인다. 즉 927년에 후백제군은 경애왕이 포석정에서 잔치를 하느라고 술에 취해 있다는 정보를 입수한 후 전격적으로 기습한 바 있다. 술로 인해 방심해서 살해된 경우로는 張保皐가 있다. 장보고는 찾아온 염장을 上客으로 대접하고 함께 술 마시다 피살되었다.[57]

55『三國遺事』卷1, 紀異 太宗春秋公 條.

56 李道學,「羅唐同盟의 性格과 蘇定方被殺說」,『新羅文化』2, 1985, 19~33쪽.

57『三國史記』卷11, 문성왕 8년 조.

4. 맺음말

한국 고대사회에서 술은 다양한 기능을 지녔다. 이 중 醫藥品으로서 술의 기능은 일일이 열거하기 어려울 정도로 많다. 그와 더불어 술에는 정치·종교·사회적 기능이 수반되었다. 우선 祭儀 공동체 속에서 술은 빠질 수 없었다. 농경 사회에서 播種과 收穫期의 祭天 儀禮 속에서 술은 구성원들을 묶어주는 촉매제 역할을 하였다. 이것도 일종의 잔치 속에서의 술의 기능이었다. 잔치 때 마시는 술은 高麗 뿐 아니라 고대 사회에서도 毒酒는 아니었다. 잔치에 참여하는 이들을 취하게 하기 보다는 興을 돋우는데 있었기 때문이다. 그 밖에 誓盟 때 飮酒로써 誓約에 대한 신뢰감을 공유했을 것으로 보인다.

잔치에서의 술은 마음의 벽을 허무는 기능을 지녔다. 그랬기에 잔치는 단순히 遊戲 기능 뿐 아니라 인간 관계를 정립하고 풀어내는 역할을 했다. 잔치에 초대된 이들은 주재자에게 마음의 부채를 지게 된다. 더욱이 잔치에서 주재자는 상급을 하사하는 경우가 많았기 때문이다. 그럼에 따라 구성원들간의 일체감을 조성하는 역할도 하게 된다. 그리고 잔치의 장소는 잔치의 성격과 결부된 경우가 많았다. 가령 잔치의 장소가 전승 현장이면 勝戰宴이요, 풍광이 수려한 곳인데다가 주재자가 거문고를 뜯으며 歌舞를 先導하면 風流가 된다.

잔치는 勝戰이나 길쌈짜기 競走와 같은 競技 뒷풀이 행사, 享樂 수단으로서 飮酒가 붙는 饗宴이 이어졌다. 후자의 경우는 국왕과 신하간의 일체감을 조성하고 응집력을 촉발하는 역할을 하였다. 그리고 술은 정치적 긴장 상황에서 해방시켜주는 기능도 했다. 그러나 의자왕의 경우에는 지속적인 飮酒를 보여주고 있다. 이는 飮酒 중독의 결과로 간주할 수 있으며, 복잡한 정치 상황에서 벗어나려는 수단이기도 했다. 그리고 잔치에 참여한 구성원들간의 일체감을 조성하여 강력한 왕권을 유지하고자 한 것이다. 의자왕이 성충이나 흥수의 諫言을 배제하거나 제거할 수 있었던 요인도 술에 기반하고 있다. 술의 힘을 빌어 단호하게 政敵들을 제거할 수 있었다. 의자왕은 신라와 唐의 침공 가능성에 대한 대비라는 피곤한 현실에서 벗어나고자 했다. 그 자신은 신라와 당의 연합 침공 가능성을 희박하게 보았다. 그럼에도 경고의 비상 나팔을 불러대자 짜증을 느끼게 된 것이다. 의자왕이 현실을 잊거나 벗어나기 위한 탈출구로서 술을 이용한 측면도 배제하기 어렵다.

술이 들어가서 흥겨운 잔치 속에서 자신의 딸을 국왕과 태자에게 선을 보임으로써 간택받도록 했다. 김유신이 의도적으로 김춘추에 접근하여 자신의 집으로 불러들인 후 술상을 차린 후 여동생을 접근시켰다. 술판이 무르 익어 기분이 고조되었을 때 접근시켜서 눈에 들게 한 사례가 된다.

胸襟을 털어 놓기 위한 촉매제로 술이 기능하였다. 상대방의 인품이나 됨됨이를 파악하기 위한 수단으로서 술을 나누는 경우가 보인다. 경문왕이 왕의 사위가 되는 경우가 著例가 된다. 김유신이 어려운 상황을 뚫기 위해 용약 적진에 突進할 수 있는 勇士로서 비녕자의 마음을 움직이게 한 것도 다름 아닌 술이었다. 경순왕은 慶州에 온 왕건과 對酌하며 흉금을 열어 놓았다. 비록 진훤이 옹립한 경순왕이었지만, 對酌 과정에서 서로간의 진정성과 신뢰관계가 구축되었다. 그러한 선상에서 千年社稷에 대한 移讓으로까지 이어진 것이다.

어떤 意圖를 지니고 접근할 때 양자간의 隔意를 허물어 주는 수단이 술이었다. 정략적으로 술을 뇌물로 이용한 경우가 포착된다. 가령 고구려 대무신왕대에 침공해 온 漢軍을 퇴군시키는 기제로써 旨酒라고 하는 맛 있는 술이 이용되었다. 그리고 "먹은 물이 다르다"는 속담이 연상되는 사례가 있다. 즉, 청포 300步를 뇌물로 받은 고구려 보장왕의 寵臣 선도해가 옥중의 김춘추를 데리고 나와 술상을 차려서 대접했다. 그러면서 토끼의 肝 이야기를 빌어 자신의 의중을 넌지시 흘리고 있다. 술을 매개로 경계심을 늦추게 한 후 자신의 본심을 전달한 것이다.

술은 인간과 인간을 연결시켜주는 촉매제 역할을 한다. 잔치의 기본소재가 술이기도 하다. 마음 먹은 대상이나 政敵을 유인하는 수단으로 술은 지극히 자연스러운 소재였다. 더욱이 상대를 만취하게 한 다음 자신의 의도대로 마무리하는 경우가 보였다. 연개소문의 정변이야 말로 술을 매개로 한 잔치를 가장 효과적으로 극대화시킨 사례였다. 이와는 반대로 상대방이 만취한 사실을 알고 기습에 성공한 경우도 있다. 거짓 항복한 염장에 의한 장보고의 피살이 되겠다. 對酌을 통한 신뢰감을 역이용한 사례로 기록된다.

한국 고대사회에서 술은 祭儀의 필수품이라는 종교적 素材인 동시에, 사교와 향락의 수단뿐 아니라 정치적 의도를 지니고 다방면에서 이용되었다.

참고문헌

『高麗圖經』.
『舊唐書』.
『東國李相國集』.

『無名子集』.
『三國史記』.
『三國志』.
『星湖僿說』.
『世祖實錄』.
『靑莊館全書』.
『春秋左傳』.

국립경주박물관, 『문자로 본 신라』, 학연문화사, 2002, 1~376쪽.
국립부여박물관, 『扶蘇山』, 2016, 1~213쪽.
김명호, 『김명호의 중국인 이야기』 3, 한길사, 2014, 1~449쪽.
金瑢俊, 『朝鮮美術大要』, 乙酉文化社, 1949; 열화당, 2001, 1~267쪽.
李道學, 『백제고대국가연구』, 일지사, 1995, 1~392쪽.
李道學, 『후백제 진훤대왕』, 주류성, 2015, 1~676쪽,
목포대학교박물관·영암군, 『영암 월출산 제사유적』, 1996, 1~246쪽.
서정수·정달영, 『세계 속담대사전』, 한양대학교 출판부, 1998, 1~1253쪽.
宋在璇 編, 『주색잡기 속담사전』, 東文選, 1997, 1~350쪽,
井上秀雄, 『實證 古代朝鮮』, 日本放送出版協會, 1992, 1~222쪽.

李道學, 「高句麗의 內紛과 內戰」, 『高句麗研究』 24, 2006, 9~28쪽.
_____, 「羅唐同盟의 性格과 蘇定方被殺說」, 『新羅文化』 2, 1985, 19~33쪽.
_____, 「충천하는 카리스마 연개소문」, 『꿈이 담긴 한국 고대사 노트(상)』, 일지
    사, 1996, 26~31쪽.

한국 고전작가와 술

이규보와 정철을 중심으로

안영훈

1. 머리말

세종(世宗)과 정조(正祖). 조선조의 대표적인 호문군주(好文君主)였던 두 분은 신하들과 함께하는 술자리에서 그 스타일이 사뭇 달랐다. 세종 임금은 '적중이지(適中而止)' 곧 적당히 마시고는 술자리를 파하는 스타일이었고, 정조 임금은 '불취무귀(不醉無歸)' 즉 취하지 않으면 돌려보내지 않는 스타일이었다고 한다.[1] 이는 각기 당대 정치 상황을 고려한 국정 운영 방식의 차이가 반영된 사례라고 할 수 있겠는데, 여기서 우리의 관심을 끄는 것은 두 스타일이 지금의 술자리에도 여전히 연결된다는 점이다. 술 마시는 사람 대부분이 술자리 초입에는 매번 '적중이지'를 이상으로 삼는다. 하지만 늘 2차, 3차 자리로 이어지며 '불취무귀'로 끝나는 경우가 허다하다. 이것으로 보면 오늘날 한국 사회는 세종 임금의 탄신일을 스승의 날로 삼을 만큼 최고의 존경을 표하면서도

---

1 2013년 8월 24일자 조선일보 칼럼 〈박현모의 세종리더십〉 참조.

술자리만큼은 취할 때까지 마시는 정조 임금 스타일을 본받고 있는 것은 아닌가 한다.

　음주 스타일 관련해서 동서양의 술 문화를 비교한 한 연구에서는[2], 프랑스인은 양보다 질, 한국인은 질보다 양의 가치를 추구한다고 하였다. 그러고 보면 우리는 유독 주량에 집착한다. 지난밤 술자리에서 마신 술병의 수를 무용담처럼 늘어놓는가 하면, 처음 만나서 주량이 얼마인지 묻는 게 인사이고, 각종 면접에서도 술을 얼마나 많이 마실 수 있는지 궁금해 한다. 즉 한국 사회는 술의 양적 가치에 대해서 긍정적인 것이다.

　위 연구에 따르면, 한국인의 술 문화에서 술의 양적 소비는 사회 구성원의 부정적 평가를 받지 않고, 오히려 광적인 음주 행위가 비물질적 세계로 향하는 정신의 상승이고, 자연과 완벽한 조화에 도달하는 충만한 존재로 평가받는다. 이것은 한국 사회의 음주 인식을 적시하는 한편, 문학예술과 술의 관계를 떠올리게 한다. 지나친 음주에 대해서도 관대하며 특히 그것이 문학예술과 결부된 사안일 때는 오히려 칭송과 선망의 대상이 되어왔다. 이러한 사례로 한문화권(漢文化圈)에서 내세우는 최상의 모델이 이백(李白, 701~762)이다. 그는 "한번 마시면 삼백 잔을 마셔야 하고('會須一飮三百杯'〈將進酒〉)", "석 잔을 마시면 대도와 통하고, 한 말을 마시면 자연과 합치된다('三杯通大道 一斗合自然'〈月下獨酌〉)"고 노래하였다. 그리하여 시선(詩仙)으로 주선(酒仙)으로 칭송되어 왔다.

　한국의 고전작가 중에도 시주(詩酒)로 명성이 자자한 인물들이 있다.

2　백승국, 「술 문화의 기호학적 분석」, 『불어불문학연구』 61, 2005, 167~185쪽.

그 중에서도 문학과 술 양면에서 고려와 조선을 대표하는 작가로는 백운거사(白雲居士) 이규보(李奎報, 1168~1241)와 송강(松江) 정철(鄭澈, 1536~1593)을 꼽지 않을 수 없다. 두 사람의 생애와 문학은 술로 점철되어 있어 일찍이 문학과 술을 논하는 자리에 빠짐없이 거명되었다.[3] 이 글에서는 이들의 생애를 술과 관련된 사항 중심으로 살펴보고, 술을 다룬 문학 작품을 통해서 그 형상화와 삶의 연관성을 검토해보고자 한다.[4] 그 결과로 음주와 문학 생산의 상관성에 관한 풍문의 실체를 한번 생각해보는 자리를 마련하고자 한다.

2. 시마(詩魔)와 평생을 함께 한 음주 시인

이규보의 생애[5]는 술로 시작해서 술로 마쳤다고 해도 과언이 아니다. 그만큼 술과는 불가분의 삶을 살았다. 이규보 생애에 문학과 술이 처음 조우한 것은 11세 때였다. 숙부인 이부(李富)가 문하성(門下省)의 성랑(省

---

3 정병욱, 「술과 한국인」, 『증보판 한국고전시가론』, 신구문화사, 1988, 379~392쪽.
장덕순, 「술과 문학」, 『한국식생활문화학회지』 4, 1989, 275~279쪽.
이재선, 「술의 문학적 위상」, 『한국문학주제론』, 서강대출판부, 1991, 208~225쪽.
정병헌, 「한국 고전문학과 술 문화」, 『한국어와 문화』 3, 숙명여대 한국어문화연구소, 2008, 7~27쪽.

4 이규보에 관한 자료는 『동국이상국집(東國李相國集)』(『한국문집총간』 1·2, 민족문화추진회, 1990)과 『국역 동국이상국집』(전7권, 중판, 민족문화추진회, 1989)을, 정철의 경우는 『송강집(松江集)』(『한국문집총간』 46, 민족문화추진회, 1989)과 『국역 송강집』(송강유적보존회, 1988)을 기본으로 한다.

5 이규보의 생애에 대한 정보는 최근 세밀하게 정리한 연보와 그것을 다시 주제적으로 재구성한 성과가 출간되어 크게 참고가 된다. 김용선, 『이규보 연보』, 일조각, 2013.

郎)들 앞에서 이규보의 글 솜씨를 자랑하기 위해 글을 짓게 하자, "종이 길에는 모학사가 길게 다니고, 술잔 가운데에는 늘 국선생이 있네(紙路長行毛學士 盃心常在麴先生)"라는 대구(對句)를 지어 기동(奇童)이라는 칭찬을 받았다. 이 유소년기의 경험은 이규보에게 감수성을 촉발하는 강렬한 자극이 되었을 것으로 보인다. 그가 지은 대구는 일종의 시참(詩讖)으로 향후 그의 생애는 모학사(글), 국선생(술)과 길게, 늘, 함께했던 것이다.

이규보가 음주에 본격적으로 입문한 것이 언제인지는 확실하지 않지만 적어도 10대 중후반에는 술에 탐닉했음을 여러 차례의 과거 낙방 기록에서 찾아볼 수 있다. 문헌공도(文憲公徒) 시절에는 하과(夏課)에서 매번 급작(急作)으로 1등을 차지하면서, 걸음과 말과 시 세 가지가 빠른 삼첩(三捷)을 자랑하던 그였다.[6] 훗날에는 주필(走筆) 이당백(李唐白)이라는 별명까지 얻게 된다. 그랬던 그가 첫 사마시(司馬試)에 낙방하고 18세, 20세에도 연달아 낙방하게 되는데 그 이유가 연보에 따르면, 4~5년 동안 술로 기세를 부리며 마음대로 살면서 스스로를 단속하지 않고 오직 시 짓는 것만 일삼고 과거 글은 조금도 연습하지 않았다는 것이다. 나중에 이 시기를 회고하는 시에서도 몇 년 동안 친구들과 어울려 온갖 풍류를 즐겼다고 하였다. 도연명과 이태백의 글을 즐겨 읽고, 거문고와 바둑은 물론이고 물고기, 연꽃, 달빛 등 온갖 자연을 즐기면서 밤새 술을 마시며 시를 지어댔는데, 때로는 기생들과 어울리기도 하였다. 이규보에게 이 시기는 과거 공부보다는 본격적인 문학 공부에 몰입한 시기였으며 또한 술의 세계에도 깊이 빠져 지내던 시기였다.

---

6 當年步捷鮮人隨 語與詩然世共知 平日謾誇三捷在 獨於沉療得痊遲.

말하자면 이규보의 삶에서 문학과 술이 화학적 결합을 이루어나간 시기라고 할 수 있다.

술에 빠져 술주정뱅이, 미치광이 소리를 듣던 이규보에게 전기(轉機)가 찾아온 것은 23세 네 번째 시험을 앞둔 어느 날 밤 꿈이었다. 꿈속에 규성(奎星)이 나타나 장원 급제를 예언했는데, 초명(初名) 인저(仁氐)를 규성에 보답한다는 의미의 규보(奎報)로 바꾸고 응시하자 과연 급제를 하게 되었다고 한다. 꿈에서 지시했다고 했지만 이 개명(改名)은 실은 이규보 스스로 한 것으로 자기 갱신의 의지와 결정에 따른 것이다. 이후 두 차례의 자호(自號)도 마찬가지로 자기 자신에 대한 인식을 반영한 것이다. '백운거사(白雲居士)'는 자유롭고 고결한 흰 구름에 자신이 바라는 바를 의탁한 것이고, '삼혹호선생(三酷好先生)'은 자신이 좋아하는 것 즉 시, 술, 거문고로 명명한 것이다. '혹호(酷好)'란 혹(酷)이 원래 독한 술이므로 독하게 좋아한다는 뜻이다. 이른바 마니아[狂]라는 말이다. 이규보의 글에서는 광적인 시작(詩作)과 음주는 시마(詩魔)와 주마(酒魔)로 표현되어 나타난다.

이규보는 부친상 이후 천마산 우거시(寓居時)에 시작과 음주에 몰입하여 〈동명왕편(東明王篇)〉을 비롯한 장편 거작들을 쏟아내었다. 〈동명왕편〉은 우리 문학사에서 최초로 술이 등장하는 작품이다. 해모수가 유화를 유혹하는 수단, 하백이 해모수와 유화를 엮으려는 수단으로 술이 쓰였다. 술을 의인화한 전기 〈국선생전(麴先生傳)〉도 짓게 되는데 앞선 작품 임춘(林椿)의 〈국순전(麴醇傳)〉보다 술을 긍정적으로 그린 점이 특색이다. 이러한 술 관련 작품들이 이규보의 손에서 나온 것은 그만큼 이규보의 삶에서 문학과 술이 밀접한 연관을 지녔음을 말해 주는 것이다. 이규보가 남긴 2천 여 수의 시를 보아도 시제나 내용에 술 마시는 행위가 빈번하게 등장한다. 이규보 시에서 음주가 곧 시작(詩作)과 동의어(同義語)까지는 아닐지라도 긴밀한 연상어(聯想語)로 작동함을 알 수가 있다.

이규보는 술, 음주뿐만 아니라 그와 관련된 술잔이며 술동이, 이동식 술자리에 대한 글까지 남기고 있어 음주 문화에 관한 한 당대 최고 전문가라고 할만하다. 〈사륜정기(四輪亭記)〉는 바퀴를 단 수레 형태의 정자를 만들어 어디든 원하는 곳으로 옮겨서 그 안에서 음주와 풍류를 즐길 수 있는 공간을 고안한 것으로 그의 빛나는 아이디어를 엿볼 수 있다. 때론 아래 〈준명(樽銘)〉 같은 짧은 글 속에 촌철의 철학적 메시지를 담기도 했다. 마치 가득 차는 것을 경계하는 술잔 계영배(戒盈盃)처럼.

너의 채운 것을 옮겨다	移爾所蓄
사람의 뱃속에 넣는다네	納人之腹
너는 가득 차면 덜어내니 넘치질 않는데	汝盈而能損故不溢
사람은 가득 차도 돌아볼 줄 모르니 쉬 엎어지누나	人滿而不省故易仆

이규보는 오랫동안 다진 문학적 재능과 음주 실력을 발휘하여 당대 권력 최충헌 부자의 환심을 사서 벼슬에 올랐다. 한 때의 자부심은 "술 취해 사방을 둘러보니 마음이 날아올라, 천지 육합이 좁게만 보이도다 (酒酣四顧心飛揚 天地六合爲之窄)"라고 노래했지만, 한번 마셨다 하면 끝장을 보아야 하는 음주 스타일 때문에 인사불성이 되는 일도 다반사였다. 후배들의 하과(夏課)에 참석한 뒤 실려 오기도 했고 임금 앞에서 인사불성이 되어 절체절명의 위기에 처한 적도 있었다. 그래서 주광(酒狂)이니 광취(狂醉)니 하는 별명과 비난이 따랐다. 만년에 평생 시마(詩

魔), 색마(色魔), 주마(酒魔)에 시달렸음을 고백한 〈삼마시(三魔詩)〉를 지었는데, 연로하여 색욕은 물리쳤으되 시주(詩酒)는 버리지 못했다고 했다. 시와 술은 성벽(性癖)이 되어 결국 마(魔)가 되었다고 했다.

〈주마(酒魔)〉

사람들 음식 중에 신 음식을 싫어하는데	人於喫物嫌辛物
술맛은 시금털털해도 좋은 것을 어찌하랴	酒味深辛樂奈何
필경은 사람의 창자 녹이려는 물건인 줄	必欲使人腸腐爛
알지 못하는구나 이는 원래 독 중의 마로다	不知元是毒中魔

이규보도 술의 폐해를 잘 알고 경계의 글도 썼지만, 끝내 시를 떠나지 못했던 것처럼 술도 버리지 못한 독한 애주가였다. 말년에 병고에 시달릴 때도 음주와 금주 사이에서 고민하다가 끝내는 음주를 택한 인물이다. 이규보는 물론 술만 마신 술꾼은 아니고 끊임없이 술과 음주 행위의 의미를 문학으로 천착하였고, 술로 창작의 날개를 삼은 시인이었다. 이규보의 파란(波瀾) 속에 노성(老成)한 삶은 마치 문학과 술이 함께 발효되어 빚어낸 한 동이 술이라고나 할까. 이규보의 문학 또한 그의 삶과 술이 빚어낸 작품이다.

3. 신선(神仙)과 치인(治人)을 오간 술 노래의 달인

정철의 생애 또한 이규보 못지않은 술로 이루어진 한 생이었다.[7] 특

---

7 정철의 생애에 대한 정보는 앞의 『국역 송강집』과 박영주, 『송강평전』, 고요아침,

히 술 노래를 빼고는 설명이 되지 않는다. 정철만큼 절창의 술 노래를 남긴 문인도 드물다.

정철은 4남 3녀의 막내로 태어났는데, 큰 누이가 세자[仁宗]의 양제(良娣)였던 까닭에 궁중 출입을 자유롭게 하면서 경원군[明宗]과도 어울려 화려한 어린 시절을 보냈다. 그러나 을사사화(乙巳士禍)로 집안 사정이 급전직하(急轉直下)하여 소년시절 수년을 이곳저곳을 전전하며 암울하게 보내었다. 정철의 초년에 닥친 이러한 크나큰 낙차는 어린 감수성에 불가항력의 큰 충격을 안겨 평생 가슴 속에 텅빈 공간을 형성하였다고 생각된다. 그리고 16세 경 정착한 창평(昌平)은 그에게 호남사림(湖南士林)의 풍류와 가창문화(歌唱文化) 전통을 체험하게 한 중요한 현실 공간이었다. 여기에서 정철의 문학은 출발하였다. 이후 환로(宦路)에서의 득의와 실의, 성취와 좌절은 정철을 노회한 정치인의 모습으로 만들기도 했지만 문학인 정철을 형성하는 자양분이기도 했다. 정철의 생애가 워낙 정치적인 소용돌이 한 가운데에서 극적인 반전의 연속으로 이루어지다보니 그가 자연스럽게 술에 탐닉하게 되었다고 보고 있다.[8] 술과 관련하여 그에게 붙는 수사도 정치적 입장에 따라 갈려 한편에서는 '주중선(酒中仙)'이요. 다른 한편에서는 '기주오국(嗜酒誤國)'이었다.

정철을 지지하는 입장에서는, 정철의 풍채가 빼어나고 술 마신 뒤 반쯤 취했을 때 손뼉을 치면서 담소하는 것을 보면 마치 천상의 신선 같다고 하였다. 그러나 반대편에서는 술로 나라를 망치는 위인일 뿐이

2003.; 민족문학연구소, 『한국고전문학작가론』, 소명, 1998을 참고하였다.

8 1585년 조헌은 상소문에서 정철이 술을 마실 수 밖에 없는 이유를 유년시절 겪은 을사사화 때문이라고 변호한다.

다. 그렇다면 정철 자신은 어떻게 생각하였을까. 그는 〈계주문(戒酒文)〉을 지어서 자신이 술을 즐기는 이유를 네 가지로 제시하였다. 첫째가 불평이요, 둘째가 흥취요, 셋째가 빈객 접대 그리고 넷째가 남의 권유를 거절하기 어려운 때문이라고 하였다.[9] 어떻게 보면 수만 가지 핑계가 있을 수 있는 음주 이유를 대단히 핵심적으로 요약하였다. 그리고 술의 폐해를 언급하며 경계하는 것으로 마무리를 하였다. 정철이 술을 끊고자 고뇌한 사실은 〈술을 끊고[已斷酒]〉, 〈술을 끊지 못하여[未斷酒]〉 등의 한시에서도 확인할 수 있다.[10]

〈술을 끊고[已斷酒]〉

그대에게 묻노니 어찌하여 술을 끊었나	問君何以已斷酒
술 속에 묘리 있다지만 나는 알지 못하네	酒中有妙吾不知
병진년에서 신사년에 이르기까지	自丙辰年至辛巳
매일 아침 매일 저녁 술을 마셨지만	朝朝暮暮金屈卮
지금껏 마음 속 수심을 없애지 못했으니	至今未下心中城
술 속에 묘리 있다지만 나는 알지 못하네	酒中有妙吾不知

〈술을 끊지 못하여[未斷酒]〉

그대에게 묻노니 어찌하여 술을 못 끊나	問君何以未斷酒
초국의 가을 하늘 서릿달이 괴로워라	楚國秋天霜月苦
노주에 물이 빠지고 기러기 그림자 외로운데	蘆洲水落雁影孤
천리의 진성은 상포와 막혔구나	千里秦城隔湘浦
가인을 그려도 보지 못하니	佳人相憶不相見

---

9 某之嗜酒有四 不平一也 遇興二也 待客三也 難拒人勸四也 …이하 생략.
10 국어국문학회, 『한국한시감상』, 보고사, 2010, 476쪽 참조.

비바람 이는 천림에 홀로 문 닫았네   風雨千林獨閉戶

정철은 〈계주문〉의 요령있는 서술처럼 술의 속성과 긍부정적 요소를 잘 알고 있는 사람이었다. 그래서 술을 노래한 명편들이 줄줄이 나올 수 있었다.

> ㄷ 쉰이 져믈가마는 간듸마다 술을 보고
> 닛집 드녀내어 웃는 줄 므스 일고
> 젼젼의 아던 거시라 몬내 니저 ᄒ노라

옛적엔 더더욱 젊지 않은 반백의 나이에 가는 곳 마다 술을 보고는 이를 드러내고 웃는 모습은 근엄한 사대부의 모습과는 분명 거리가 있다. 그래서 자신도 이게 무슨 일인가, 왜 그런가 하는 반문(反問)을 던져둔다. 그리고는 전부터 아는 사이라서 잊지 못해서 반가워하노라고 갈무리한다. 여기서 웃는 모습은, 앞서 술 마신 뒤 반쯤 취했을 때 손뼉을 치면서 담소하는 모습과 같다고 할 수 있다. 천진(天眞)을 드러낸 솔직한 모습이다.

> 재 너머 셩궐롱 집의 술 닉닷 말 어제 듯고
> 누은 쇼 발로 박차 언치 노하 지즐 타고
> 아해야 네 궐롱 겨시냐 뎡좌수 왓다 하여라

자주 거론되는 이 시조는 술에 갈급한 상황, 술 앞에서는 체모도 염치도 가릴 것 없는 소탈함이 잘 드러난다. 축지법(縮地法)을 쓰듯 시간과 공간을 혹 당겨 논 듯한 시상(詩想)의 전개에서 술과 인간의 관계,

인간과 인간의 관계는 한없이 근접해짐을 실감하게 한다. 정철의 술 노래로는 아무래도 〈장진주사(將進酒辭)〉를 들지 않을 수 없다.

> 혼 盞 먹새근여 또 혼 잔 먹새근여 곳 것거 算 노코 無盡 無盡 먹새근여
> 이 몸 주근 後면 지게 우히 거적 더퍼 주리혀 미여 가나 流蘇 寶帳의
> 萬人이 우러 녜나 어욱새 속새 덥가나모 白楊 수폐 가기곳 가면 누른 히
> 흰 둘 ᄀᄂᆞᆫ 비 굴근 눈 쇼쇼리 ᄇᆞ람 불 제 뉘 혼 盞 먹쟈 홀고
> ᄒᆞᆯ믈며 무덤 우히 ᄌᆞᆫ나비 ᄑᆞ람 불 제 뉘우츤들 엇더리

이 시는 그 누구도 피해갈 수 없는 죽음의 문제를 내세우면서 인생의 허무와 비애를 한 잔 술로 달래자고 하는 대표적인 권주가(勸酒歌)이다. 그렇다고 해서 슬픔만도 아닌 착 가라앉은 가락의 바탕에서는 정철의 평생 가슴 속에 밑바탕의 텅 빈 공간을 보는 듯하다. 현대 한 노정객(老政客)은 정치는 허업(虛業)이라 하였다. 정철이야말로 그 허업을 제대로 경험한 인물이며 그 텅 빈 속을 술로 달래었던 것이다. 허업의 깨달음은 한편은 신선 세계의 동경과도 결부된다. 가사 〈관동별곡(關東別曲)〉의 마지막 대목이 그렇게도 읽힌다. 정철이 취해서 돌아가고자[醉歸] 하는 곳은 어디인가.

> 북두셩(北頭星) 기우려 챵해슈(滄海水) 부어 내여,
> 저 먹고 날 머겨늘 서너 잔 거후로니
> 화풍(和風)이 습습(習習)하야 냥액(兩腋)을 추혀드니,
> 구만리(九萬里) 댱공(長空)애 져기면 날리로다.
> 이 술 가져다가 사해(四海)예 고로난화,
> 억만창생(億萬蒼生)을 다 취(醉)케 맹근 후의,
> 그제야 고텨 맛나 또 한 잔 하쟛고야.

끝내 아무것도 잡히지 않는 허업의 맨 바닥에서 취하면 신선을 방불케 했던, 취향(醉鄕)에서라도 신선이 되고자 했던 시인은, 종내는 숱한 술노래를 빚어내고는 잔나비 파람부는 지상(地上)으로 되돌아온다. 어느 날 이 달인(達人)의 무덤을 지나던 한 시인은 이렇게 노래했다.

빈산에 낙엽은 지고 비는 부슬부슬	空山木落雨蕭蕭
재상의 풍류가 여기에서 쓸쓸하여라	相國風流此寂廖
슬프다, 한 잔 술 다시 올리기 어려우니	憫愴一杯難更進
옛날 그 노래가 오늘의 일이라네[11]	昔年歌曲卽今朝

4. 맺음말

짧게나마 이규보와 정철 두 사람의 생애를 통해 문학과 술의 상관성을 살펴보았다. 문학과 술의 관계는 필연인가, 우연인가. 혹자는 문학하는 사람이 다 술을 즐기는 것은 아니므로 둘 사이는 필연이 아니라고 한다. 단지 술 마시는 문인이 많다보니 술 관련 일화, 술에 대한 문학도 많고 하여 대단히 가깝게 회자(膾炙)되었을 뿐이라고 하였다. 그런가 하면 술의 속성과 문학의 속성을 연관 지어 진실을 드러낸다는 점에서는 유사성이 있고 그런 점에서 본다면 문학과 술은 필연적인 부분도 있다는 것이다. 동서고금(東西古今)을 막론하고 문학과 술은 분명 친연성(親緣性)이 강하다. 이 둘의 관계에 대한 고민이 더 필요한 시점이다.

---

11 권필(權韠, 1569~1612), 〈송강의 무덤을 지나며[過松江墓有感]〉, 국어국문학회, 『한국한시감상』, 보고사, 2010, 446쪽 참조.

이 문제에 대해서는 여전히 판단이 서지 않으므로 자세한 논의는 더 많은 사례를 두고 하기로 한다.

참고문헌

李奎報, 『국역 동국이상국집』, 민족문화추진회, 1989.
_____, 『東國李相國集』, 『한국문집총간』 1·2, 민족문화추진회, 1990.
鄭澈, 『국역 송강집』, 송강유적보존회, 1988.
____, 『松江集』, 『한국문집총간』 46, 민족문화추진회, 1989.

국어국문학회, 『한국한시감상』, 보고사, 2010,
김용선, 『생활인 이규보』, 일조각, 2013.
_____, 『이규보 연보』, 일조각, 2013.
민족문학사연구소, 『한국고전문학작가론』, 소명, 1998.
박영주, 『송강평전』, 고요아침, 2003.
백승국, 「술 문화의 기호학적 분석」, 『불어불문학연구』 61, 2005.
이재선, 「술의 문학적 위상」, 『한국문학주제론』, 서강대출판부, 1991.
장덕순, 「술과 문학」, 『한국식생활문화학회지』 4, 1989.
정병욱, 「술과 한국인」, 『증보판 한국고전시가론』, 신구문화사, 1988.
정병헌, 「한국 고전문학과 술 문화」, 『한국어와 문화』 3, 숙명여대 한국어문화연구
　　　소, 2008.

조선일보 칼럼, 〈박현모의 세종리더십〉 2013년 8월 24일자.

좌표를 통해서 본 杜甫 飮酒詩의 정서 표현 분석

김의정

1. 머리말 : 연구 범위와 연구 방법

  본 연구는 두보의 시에 나타난 정서표현의 양상과 전개방식을 분석하고 그 의미를 탐색하려 한다. 필자는 폭넓은 감정의 스펙트럼이 가장 잘 발현된 것을 飮酒詩로 보고 연구대상을 음주시로 정하였다. 두보의 시에서 술은 슬픔과 고통을 달래기도 하지만, 때로는 감정을 더욱 강화시키는 역할을 한다. 기쁨은 배가 되고 슬픔은 격정적으로 표현되어 그 강도가 더 높게 여겨지기도 하기 때문이다.

  『說文解字』에 보이는 술을 뜻하는 단어–"酒"에 대한 뜻풀이는 자못 흥미롭다.

> 술은 나아간다는 뜻이다. 인성의 선하고 악한 방향으로 나아가게 한다. 水를 따르고 酉를 따랐다. 酉는 소리이기도 하다. 일설에는 造(만들다)의 뜻이라 하며, 길흉이 만들어지는 것이다. 옛날에 儀狄이 酒醪(일종의 막걸리)를 만들었는데 우임금이 맛보고 맛있다고 여겨, 마침내 儀狄을 멀리 하였다. 杜康은 秫酒(일종의 소주)를 만들었다.(酒, 就也, 所以就人性之善惡。從水從酉, 酉亦聲。一日造也, 吉凶所造也。古者儀狄作酒醪, 禹嘗之而美, 遂疏儀狄。杜康作秫酒)

『설문해자』의 기록을 보면, 술을 만든 인물로 儀狄과 杜康이 거론되고 있으며, 儀狄이 만든 술을 맛본 禹임금이 그 맛에 반하면서도 한편으로 그를 멀리했다는 것을 볼 때, 술은 매혹적인 음료인 동시에 통치자에게 일탈의 위험을 일깨우게 하는 이중적인 무엇이었음을 알 수 있다. 또한 술은 인성의 선하고 악한 방향으로 나아가게 한다고 하였는데, 이는 어떤 사람의 평소의 성향을 더욱 강화시킨다는 말로 이해할 수 있을 것이다. 이러한 기록을 보아도 술은 그 사람을 더욱 그 사람답게 해주는 것이며, 슬픈 감정이나 기쁜 감정을 더욱 극화시키는 것이라 볼 수 있다. 따라서 우리는 음주시를 통해 두보의 미처 인지하지 못했던 일면을 알 수 있을 것이며, 나아가 기존에 알고 있던 두보의 모습과 정서를 더욱 강화되고 분명한 형태로 파악할 수 있을 것이다.

중국 고전시 연구에서 두보의 음주시는 충분히 연구되지 못한 감이 든다. 중국에서의 음주시에 관한 연구를 살펴보면 술 문화의 측면에서 술의 종류·술잔·음주에 곁들이는 놀이와 같은 것들이 연구되거나, 唐代 문화의 한 형태로서 연구되었고, 시인으로는 陶淵明과 李白이 집중적으로 조명을 받았던 반면, 두보의 음주시는 상대적으로 관심을 갖는 사람이 적었다. 그러나 두보의 음주시는 화려하지는 않지만, 그의 시가 감정의 모든 樣態의 백과사전이라 칭할 만하듯, 그의 음주시 역시 오늘날 우리가 술을 마시면서 경험할 수 있는 온갖 경우의 수를 천 삼백년 전에 이미 내다본 듯한 느낌이 든다. 따라서 두보의 음주시를 통해 시인 두보를 잘 이해할 수 있음은 물론이고, 나아가 몰랐던 혹은 회피하고 싶었던 우리 자신의 낯선 얼굴을 만나게 될 것이다.

두보의 시는 슬픔을 노래한 작품들도 그 슬픔의 정도가 다르며 표현의 양태 역시 다양한 모습을 띠고 있다. 처음부터 끝까지 비슷한 정도의 슬픔을 유지하는 시가 있는가하면, 한편의 작품 안에 슬픔과 기쁨이 뒤섞여 하나가 되어있는 시가 있다. 또한 그 혼재된 상태 안에서도 미세한 변화만이 있는 경우도 있고 어떤 시는 완전히 상반되는 감정이 교대로 나타나며 뚜렷한 대비를 보이는 등, 정서의 강도와 굴절의 양상이 모두 다르게 나타난다. 1400여수나 되는 그의 시 가운데 사실상 완전히 동일한 감정의 양상을 보인 예는 존재하지 않을 것이다. 같은 시기에 지어졌더라도 사람의 감정이란 시시각각으로 달라지는 것이며, 특히 두보라면 분명 미세한 변화의 지점을 포착하여 전혀 다른 시를 지어냈을 것이다. 그런 면에서 수많은 시들에 나타나는 감정 변화들을 일정한 도식을 통해 파악해보겠다는 시도는 어쩌면 많은 것을 놓칠 수도 있다. 도식을 통해 파악되는 정감의 변화는 어떤 패턴이 될 것이며 여기서 미세한 떨림의 지점 같은 것은 논할 수 없기 때문이다. 그렇다 해도 필자는 수많은 작품들을 일정한 기준을 가지고 서로 대비하여 조사한다면 분명 어떤 정감 표현의 양태를 발견할 수 있을 것이라 보았다.

필자는 이러한 목적을 가지고 연구를 진행하여 이에 관한 첫 번째 연구에서 두보 시에 나타난 정서 표현 양상에 주목하면서 정감과 운동의 정도를 도식화하고 연구 대상 작품들을 좌표평면 위에 펼쳐 보인 바 있다.[1] 이와 같은 시도를 한 까닭은 이른 바 정감의 聖人이라는 의미에서 '情聖'으로 불렸던 만큼 정감 표현에서 섬세하고 다채로운 두보의 시를 좀 더 가시적인 결과물로 제시하고자 한 것이다.

앞서의 연구에서 필자는 주로 두보의 시들이 얼마나 다양한 감정의

---

1 김의정, 「두보 시의 정서표현 분석 −음주시를 중심으로−」, 『중국어문학논집』 100, 2016.10 참조.

층위를 가지고 있는지를 보여주는데 주목하였다. 그 결과, 많은 작품들이 정감 표현 면에서 어떻게 분포하는지 그 다양성을 한눈에 가시적으로 알아보는 데는 어느 정도 성공했지만, 그것의 개별적 의미를 충분히 담아내지 못했다고 생각된다. 따라서 본 논문에서는 앞서 논문에서 밝힌 각 좌표 평면의 지점에 담긴 의미를 좀 더 세분해서 살펴보려 한다. 앞의 논문에서 필자는 정감, 정서, 감정 표현 등의 용어를 사용했는데, 그 의미에 별도의 차이를 두지는 않았다. 또한 정서, 혹은 정감을 슬픔과 기쁨으로 양분하고 여기에 일정한 지수를 부여했는데 그 부여의 방법은 조사 대상 작품 가운데 가장 '중간적' 상태를 보여주고 있는 작품과 구절을 0으로 잡고 슬픔과 기쁨의 대략적 구간을 설정하고 필요에 따라 다시 세분하여 지수를 지정하였다. 운동성의 경우에도 같은 방법으로 설정하였다.[2]

본격적 논의에 앞서, 정감의 좌표를 그리게 되기까지의 대략적 방법을 설명하면 다음과 같다. 필자는 정서면에서의 기쁨과 슬픔을 X축에 두고 작품 내부의 운동성을 Y축에 두어 각 작품이 위치하는 자리를 계산하였다. 필자가 슬픔과 기쁨의 정도를 계산하는 방식은 다분히 주관적일 수밖에 없다. 이는 조사하는 사람마다 편차가 있을 것이며, 동일한 조사자가 검토하더라도 반드시 매번 똑같은 결과를 얻을 것이라 확신할 수도 없다. 그럼에도 불구하고 이러한 시도를 감행하는 까닭은, 첫째는 지금까지 고전시가 연구와 감상의 방법이 답보적 상태에 머물고 있는 상황을 타개하는 데 조금이라도 도움이 되고자 하는 것이며, 둘째는 비록 주관적 판단이지만, 적어도 조사 작품으로 상정한 작품들

---

2 구체적 내용은 '김의정, 앞의 논문' 참조.

사이에서는 비교를 통해서 보기 때문에 제한적인 객관성을 얻을 수 있다고 보기 때문이다.

대략의 원칙은 다음과 같이 정하였다. 먼저 구절의 독립성을 인정하되, 각각의 지수를 매긴다. 구절별 기쁨의 강도는 대개의 경우 0~±3 정도로 상정하였고 예외적으로 깊은 감정인 경우에는 그 이상의 지수를 부여하였다. 그리고 한 연의 내부와 외부의 지수를 계산하는데 약간의 차등을 두었다. 한 연의 내부, 즉 出句와 對句는 상호 긴장관계에 있어 감정의 흐름에서 영향을 받는 정도가 크다. 즉, 앞의 감정은 뒤의 감정에 의해 지속, 강화, 희석될 수 있다. 이에 감정의 흐름의 방향을 보고 판단하여 정서 지수를 조정하였다. 한 연의 외부, 즉 연과 연 사이의 경우는 독립성이 크다고 판단되어 각 연의 지수를 단순 합산하였다. 이러한 기준은 기본적으로 8구로 이루어진 율시의 경우를 기준으로 하였으며 8구이상의 장편시나, 4구로 이루어진 절구의 경우는 8구의 율시에 준하여 수치를 조정하였다. 세부적 원칙은 다음과 같이 정하였다.

먼저 한 연 내부, 즉 出句와 對句에서 두 구절의 정서 흐름이 순방향이면 후반부지수(對句의 지수)를 채택하고 정서 흐름이 역방향이면 뒷구절에 가중치 1점을 부여하여 합산하였다.

> 예)
> 出句와 對句가 각각 +1, +1인 경우는 후반부지수(對句의 지수)를 채택하여 1이 된다.
> 出句와 對句가 각각 -1, -1인 경우는 후반부지수(對句의 지수)를 채택하여 -1이 된다.
> 出句와 對句가 각각 +1, -1인 경우 +1, -2로 계산하여 합산결과는 -1이 된다.

出句와 對句가 각각 -1, +2인 경우 -1, +3으로 계산하여 합산결과는 +2가 된다.

정감과 아울러 필자는 운동지수를 상정하여 Y축에 두었다. 운동지수는 전통적인 산수시의 動靜과는 다른 개념이다. 動靜에는 어떠한 형태이든 움직임과 정지라는 두 가지 밖에 없지만 필자는 마이너스 방향을 상정하였다. +방향은 팽창을, -방향은 수축을 나타낸다.[3]

이와 같은 방법으로 정서 지수와 운동 지수를 계산하는 한 예를 들면 다음과 같다.

〈봉제역에서 엄공을 전송하며[奉濟驛重送嚴公四韻]〉
遠送從此別, 靑山空複情. 幾時杯重把, 昨夜月同行.
列郡謳歌惜, 三朝出入榮. 江村獨歸處, 寂寞養殘生.

이 작품의 정서 지수는 0이고 운동 지수는 +2이다.

	정서		운동	
	A	B	A	B
멀리까지 전송 나와 이제는 작별인데	-1		+1	
청산도 괜히 또 만류하는구나	+1(+2)	+1	-1(-2)	-1
언제 다시 술잔을 들 수 있을까	+1		+2	
지난 밤 달님도 우리를 따라왔었지	+1	+1	+2	+2
늘어선 고을마다 이별을 슬퍼하는 노래	-2		+2	
삼대에 걸쳐 영광을 누렸도다	+2(+3)	+1	+2	+2
강마을 나 홀로 돌아가는 그 곳에서	-2		1	
쓸쓸하게 남은 생을 보내리라	-3	-3	-1(-2)	-1
총점		0		+2

---

3 구체적 내용은 '김의정, 앞의 논문' 참조.

먼저 정서 부분을 보면, A단계에서 괄호 안에 추가로 지수가 기입된 경우는 해당 구절의 실질적 지수이다. 즉 한 연 안에서 구절과 구절의 관계가 역방향 연결로 인해 두 번째 구, 즉 對句에 무게가 실린다고 보고 여기에 가중치 1을 추가하였다. 그 결과 연 단위인 B 단계(+1, +1, +1, -3)에서 실질적 지수는 위와 같이 표현되고 각 연의 총점을 더한 결과 0이 되었다. 이 시는 감정 면에서 잔잔한 기쁨과 슬픔이 차례로 교차되면서 최종적으로 기쁨도 슬픔도 아닌, 혹은 기쁨과 슬픔이 뒤섞인 0의 상태가 되었다고 말할 수 있다. 운동성을 계산하는 부분에서도 정서 부분과 마찬가지로 出句와 對句에서 역방향의 연결이 일어나는 경우에 한해 對句에 가중치를 두었다. 그 결과 연 단위의 지수는 B(-1, +2, +2, -1)와 같이 나타났고 각 연의 지수를 합산한 결과 최종적으로 +2가 되었다.

이와 같은 방법으로 연구대상 작품 25수[4]를 조사한 결과 각각의 작품들은 다음과 같이 분포하게 되었다.

아래 도표를 보면 윗면에는 -5에서 20까지 숫자가 적혀있고, 도표의 왼쪽 선에는 15에서 -5까지 숫자가 적혀 있다. 이것이 이번의 조사대상 작품들의 전반적인 정서, 및 운동 지수의 최대치이다. 그리고 도표 안의 1에서 25까지의 숫자는 필자가 부여한 작품의 번호이다. 이를테면 도표의 중앙에 가까운 자리에 위치한 1번 작품의 경우는 정서지수는 6이고 운동지수는 7이 된다.

---

4 연구 대상 작품은 다음 자료를 참조하였다. 韓成武 著·김의정 譯, 『두보평전』, 호미출판사, 2007, 1~591쪽. 이 논문에서는 이 책에 全文이 수록된 시 가운데 "음주"가 언급된 시로 정하였다. 조사대상 작품 전체의 목록은 【부록】 참조.

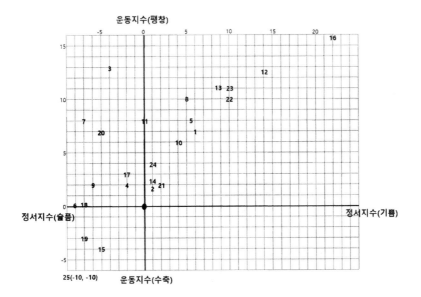

좌표평면을 읽으면 제 1사분면은 기쁨의 정서와 이에 상응하는 적극적 운동이 드러나는 부분이다. 제 1사분면의 대척점은 제 3사분면이다. 이 영역은 슬픔의 정서와 이에 상응하는 소극적 운동이 드러나는 부분이다. 한편 2사분면은 슬픔의 정서와 함께 역설적으로 적극적 운동이 수반된 경우의 작품들이 놓여있다. 4사분면은 기쁨의 정서와 소극적 운동이 결합된 영역인데 조사 작품 가운데는 이 영역에 해당되는 경우는 없었다.

필자가 위와 같은 방법으로 정감의 층위를 도식화 하여 좌표 평면에 위치시켰으나 사실상 도표를 이해하는 데는 좀 더 주의력 깊은 독법이 필요하다. 그 첫 번째는 정서 지수 0의 의미이다. 이는 기쁨의 0과 슬픔의 0이 따로 있는 것이 아니며, 수치상으로는 어느 쪽에도 기울지 않은 중간임을 의미한다. 0의 의미는 어떠한 감정도 발생하지 않거나 슬픔과 기쁨의 중간에 처한 평정을 의미하는 것이 아니라 적어도 두보의 시에서는 양극단의 긴장 상태를 의미한다. 따라서 우리는 수치상 드러나는 극단의 슬픔이나 극단의 기쁨 못지않게 팽팽한 긴장을 유지한 이 좌표 0에서 더욱 감동을 느낄 수도 있다. 이밖에 도표에 나타나듯이 정서지수와 운동지수 간의 간극에도 주의할 필요가 있다. 동일한 정도의 슬픔과 기쁨을 나타내는 작품에서 상이한 운동지수는 어떠한 영향을 미치고 있는가? 이 부분 역시 세밀한 독해가 필요하다고 생각된다. 또한, 동일한 기쁨, 혹은 슬픔의 수치라도 여기에 이르는 과정이 일직선상에 있었는지 혹은 많은 굴절이 있었는지에 따라 다르게 독해될 수 있다. 이 부분에 대해서도 논의해보려 한다. 아래에서 차례로 살펴본다.

2. 정서 지수 0의 의미

위의 좌표에서 보듯이 조사대상 작품 가운데는 정서 지수 0인 경우가 2수 등장한다.[5] 이 작품들은 기쁨과 슬픔의 중간에 처해 있는 작품으로 단순하게 생각하면 기쁘지도 슬프지도 않은 중간의 감정이라 판단할 수도 있다. 여기서의 숫자 0은 결과만을 뜻하므로 우리는 0에 도달하기까지의 과정을 알 필요가 있다. 먼저 〈위팔 처사에게[贈衛八處士]〉를 살펴보자. 이 작품은 758년 늦겨울, 華州를 떠나 洛陽으로 가서 동생들을 만나보려 했으나 소식이 끊겨 만나지 못한 상황에서 뜻밖에

---

5 작품명은 〈贈衛八處士〉와 〈奉濟驛重送嚴公四韻〉이다.

잊고 지낸 옛 친구를 만나 지은 작품이다.

人生不相見, 動如參與商. 今夕復何夕, 共此燈燭光.
少壯能幾時, 鬢髮各已蒼. 訪舊半爲鬼, 驚呼熱中腸.
焉知二十載, 重上君子堂. 昔別君未婚, 兒女忽成行.
怡然敬父執, 問我來何方. 問答乃未已, 兒女羅酒漿.
夜雨翦春韭, 新炊間黃粱. 主稱會面難, 一擧累十觴.
十觴亦不醉, 感子故意長. 明日隔山嶽, 世事兩茫茫.

1단락	정서 지수			운동 지수		
	A	B	C	A	B	C
인생살이 서로 만나보지 못하는 것은	-2			0		
따로 뜨는 삼성, 상성과 같네	-2	-2		+2	+2	
오늘 저녁은 또 어떤 저녁인가	+2			0		
촛불 아래 그대와 마주하게 되었으니	+2	+2	+1	+1	+1	+1

2단락	정서 지수			운동 지수		
	A	B	C	A	B	C
젊은 시절은 얼마나 되는가	-2			0		
벌써 살쩍이 허옇게 세었다	-2	-2		0	0	
옛 친구 찾아보아도 절반은 저승객이 되었으니	-3			+1		
놀라 인사하면서 가슴속에 뜨겁다	-3	-2	-2	+2	+2	+2

3단락	정서 지수			운동 지수		
	A	B	C	A	B	C
어찌 알았으랴, 이십 년이 흘러 오늘	-2			0		
다시금 그대의 집에 오게 될 줄을	+2	+1		+2	+2	
헤어질 때 그대는 아직 결혼하지 않았는데	+2			0		
지금은 아이들이 어느새 줄을 지었구려	+2	+2	+3	+2	+2	+2

4단락	정서 지수			운동 지수		
	A	B	C	A	B	C
반가워하며 아비의 친구에게 인사하고	+2			+2		
어디서 오셨느냐 묻는다	+2	+2		+2	+2	
인사가 채 끝나기도 전에	+2			+2		
애들을 몰아 술상 차려오라 한다	+2	+2	+3	+2	+2	+2

5단락	정서 지수			운동 지수		
	A	B	C	A	B	C
밤비 내리는 이때 연한 봄 부추를 뜯고	+1			+2		
수수를 섞어 새로 밥을 지었다	+1	+1		+2	+2	
얼굴 보기 힘들다는 주인의 말에	−2			+2		
연거푸 열 잔을 들이켰다	−3	−3	−3	+4	+4	+4

6단락	정서 지수			운동 지수		
	A	B	C	A	B	C
열 잔을 마셔도 취하지 않는 것은	+3			+4		
그대의 오랜 우정 깊이 느껴서이지	+3	+3		0	+3	
내일 저 산을 사이로 멀리 헤어지면	−2			+2		
세상 살이에 서로 아득해지리라	−2	−2	0	0	+1	+1.5
총점			0			12.5 ⇒8.25

이 시는 총 6단락으로 이루어져 있는데 첫 번째 단락은 20년 만에 만나는 뜨거운 감회를 서술하였다. 분명한 것은 기쁨이지만, 그 안에는 지금의 이 만남이 차마 믿기지 않는 놀라움과 전란의 시대를 사느라 이제야 만나게 되는 아쉬움이 함께 작용하여 기쁨의 정도는 1로 나타난다. 두 번째 단락은 오랜만에 만나고 보니 친구의 머리가 허옇게 세었고 전쟁 통에 벌써 저세상에 간 사람들도 많다는 소식에 다시 한 번 놀라는 대목이다. 이 부분에서 정서는 가라앉으며 슬픔 쪽으로 가게 된다. 세

번째 단락은 이십년이 지난 오늘 늦었지만 서로 만나게 된 기쁨을 표현
했다. 아이들이 줄지어 늘어서 있는 것을 보면서 기쁨은 배가 된다.
따라서 앞서의 슬픔은 새로운 기쁨으로 지워진다. 네 번째 단락은 친구
의 아이들과 대면하는 장면, 그리고 술상을 차리라는 아버지의 분부에
얼른 인사를 끝내는 상황을 순차적으로 묘사했다. 이 부분은 앞서 세
번째 단락의 상황이 이어지며 기쁨의 정도가 그대로 유지된다.

다섯 번째 단락부터는 식사와 함께 술을 마시는 장면을 그렸다. 밖에
는 밤비가 내려 마음이 촉촉해지는 한편, 봄 부추가 있고 수수를 섞은
새로 지은 밥으로 편안한 심정으로 시작하였으나 '얼굴 보기 어렵다'라
는 단순하고도 솔직한 친구의 말에 순식간에 가슴이 뭉클해져 연거푸
술을 들이키게 되는 상황을 노래했다. 술을 마시는 이 대목에서 감춰왔
던 슬픔이 표면위로 올라오면서 시는 다시 슬픔에 빠지게 된다. 열 잔
이라는 수량은 인생살이의 고된 슬픔을 표현해주는 극히 현실적인 숫
자일 것이다. 여섯 번째 단락은 이 시의 마지막 단락이다. 이 단락에서
시인이 표현하고자 한 것은 고마움과 아쉬움이라는 두 가지 감정이다.
앞 단락에서 등장했던 슬픔의 열 잔은 이 단락에서 기쁨의 열 잔으로
바뀐다. 이 여섯 번째 단락에서 시인의 감정은 연거푸 술을 들이켜도
취하지 않을 만큼 기쁘고 고마운 감정이 한편에 있는 반면, 또 한편으
로는 언제 다시 볼 줄 모른 채 멀리 헤어져야 한다는 사실로 인한 슬픔
이 공존하고 있어 정서지수가 0의 상태가 되었다. 이렇게 각 단락은
조금씩 편차를 두면서 슬픔과 기쁨의 영역을 교차하여 최종적으로 정
서지수는 0에 도달하였다.

이번에는 〈봉제역에서 엄공을 전송하며[奉濟驛重送嚴公四韻]〉를 보자.
앞에서 수치의 계산 방법을 보여주기 위해서 예시했지만, 정서 변화를

좀더 세밀하게 알아보기 위해 다시 살펴본다. 이 작품은 成都의 草堂에서 거의 유일한 의지처였던 嚴武가 조정으로 소환되자 그를 배웅하면서 쓴 작품이다. 엄무에게 느끼는 고마움을 표현하는 한편, 상사로서 그에 대한 칭송을 잊지 않았으며 마지막 2구에서는 자신은 다시 쓸쓸한 여생을 보낼 수밖에 없음을 슬퍼하였다. 앞서의 〈贈衛八處士〉가 오랜만에 만난 젊은 시절의 막역했던 벗에게 보낸 소탈한 작품이라면 이 시는 율시의 형태로 조정의 높은 벼슬을 지내고 있는 엄무에게 최대한 예의를 지킨 작품이라 할 수 있다. 두 작품 모두 감정이 평온한 상태에 이르러 0이 된 것이 아니라, 기쁨과 슬픔이 교차하면서 최종적으로 이르게 된 것임을 알 수 있다.[6]

이와 같이 정서지수가 0인 경우는 단 두 작품이었지만, 사실상 정서지수가 +1이거나 −1인 경우도 이와 0에 근접하는 경우이다. 그러한 경우로 다음의 두 작품 〈정건과 소원명에게 드려[戲簡鄭廣兼呈蘇司業]〉와 〈담주를 떠나며[髮潭州]〉를 살펴보려 한다.

먼저 〈戲簡鄭廣兼呈蘇司業〉을 보자.

廣文到官舍, 系馬堂階下. 醉則騎馬歸, 頗遭官長罵.
才名四十年, 坐客寒無氈. 賴有蘇司業, 時時與酒錢.

---

6 여기서 또 한 가지 주목한 점은, 위의 시 2수가 모두 정서지수 0이 나왔는데 변화의 과정을 보자면, 두 작품이 0에 이르게 되는 과정에는 차이가 있다는 것이다. 감정의 표현은 전자, 즉 〈贈衛八處士〉가 훨씬 자연스럽다. 또한 이러한 차이 이외에도 정서지수와 상보적 관계에 있는 운동지수의 차이에도 주목할 필요가 있다. 전자인 〈贈衛八處士〉는 운동지수가 +8.25로 〈奉濟驛重送嚴公四韻〉의 +2보다 4배 이상 높다. 이러한 상황 역시 총체적 미감에 영향을 주었으리라 생각된다. 이 부분은 다음 장에서 살펴보려 한다.

	정서 지수		운동 지수	
	A	B	A	B
광문 선생은 관사에 이르면	+1		+2	
섬돌 아래에 말을 매어 둔다네	+1	+1	+	+2
취하면 말 타고 돌아가	+2		+3	
자주 상관에게 꾸지람 듣는다지	−2	−1	−3	−1
삼십년 동안 재주로 이름났으나	+3		+2	
가난하여 손님 앉을 방석도 없네	−3	−1	−2	−1
소원명에게 손을 벌려	+1		+2	
때때로 술값을 타온다네	+2	+2	+2	+2
총점		+1		+2

　이 시는 최종적인 정서지수가 +1이어서 수치상으로는 기쁨이지만 너무나 미미한 기쁨이어서 슬픔과 별 차이가 없다. 이와 같은 미미한 기쁨으로 수렴된 까닭은 중간 중간 표현된 정건의 딱한 상황들– 예를 들면, 자주 상관에게 꾸지람을 듣는다던가, 가난하여 손님 앉을 방석도 없는 등이 발생하기 때문이다. 다만 두보는 이를 비통한 어조로 다루지 않고 희화화하여 처리하였다. 관사에 도착하여 두보의 벗 정건이 하는 일이란 정무를 보는 것이 아니라 술을 마시는 것이다. 게다가 그는 술값조차 없어서 소원명에게 때때로 술값을 빌려야 한다. 이러한 상황을 울분이나 비탄이 아닌, 가벼운 필치로 처리하여 고통의 느낌을 상쇄하고 시는 전반적으로 최소한의 밝음을 가지게 되었다.

　한편 〈發潭州〉를 살펴보면 다음과 같다.

　　夜醉長沙酒, 發行湘水春。岸花飛送客, 檣燕語留人。
　　賈傅才未有, 褚公書絕倫。高名前后事, 回首一傷神。

	정서		운동	
	A	B	A	B
지난 밤, 장사주에 취했다가	+1		+1	
새벽, 봄날의 상수를 지나간다	+1	+1	+2	+2
강기슭 꽃잎 나그네를 전송하며 흩날리고	+1		+2	
돛대의 제비는 머물라고 지저귄다	+1	+1	+2	+2
가의처럼 뛰어난 인물 없었고	+1		+1	
저수량의 서예는 절륜했었지	+1	+1	+1	+1
앞서거니 뒤서거니 명성이 드높았지만	+2		+2	
돌이켜 생각하면 모두 가슴만 아프다	−3	−2	−2	−1
총점		+1		+4

시의 흐름을 보면 처음부터 제 3연까지 +1정도의 잔잔하고 온화한 정서 상태를 유지하다가 마지막 연의 끝부분에서 정서가 급락한다. 앞의 〈정건과 소원명에게 드려〉와는 또 다른 형태이지만 슬픔보다는 기쁨을 언급한 구절이 좀 더 많아 최종적으로는 기쁨의 영역에 놓이게 되었다. 아마도 이때 두보의 얼굴은 슬픈 가운데 옅은 미소를 띠고 있는 표정이 되었을 것이다. 이와 같이 기쁨과 슬픔의 문제는 단지 어느 쪽이 좀더 우세하게 표현되었느냐의 문제이지 절대적인 영역은 아니다.

3. 정서-운동지수 낙차의 의미

앞에서 정서지수 0 혹은 그에 근접하는 작품들을 중심으로 그 의미를 살펴보았다. 이번에는 정서지수와 운동지수의 낙차, 즉 간극에 대해 알아보려 한다. 필자는 음주시의 정서를 수치화하여 좌표로 제시하면서 운동지수를 또 하나의 축으로 상정한 바 있다. 그것은 정서의 상태

가 운동성과 맞물리면서 서로 다르게 나타날 수 있기 때문에 주목한
것이다. 즉 같은 정도의 기쁨, 혹은 슬픔이라도 운동성이 다르다면 작
품이 독자에게 주는 실질적 느낌, 나아가 감동이 그만큼 달라지게 된다
는 것이다. 필자가 연구대상 작품을 토대로 판단해 보았을 때, 감정지
수와 운동지수가 같거나 유사한 경우보다 두 지수에 간극이 커질수록
정서표현이 더욱 강렬하게 전달된다고 보았다. 예를 들어 앞에서 살펴
본 〈贈衛八處士〉와 〈奉濟驛重送嚴公四韻〉을 보자.[7] 두 편의 시는 감정
지수에서 모두 0이 나왔다. 두 편 다 슬픔과 기쁨의 어느 쪽에도 치우치
지 않는 평정의 상태를 유지한 것이 아니라 앞에서 밝힌 바와 같이
슬픔과 기쁨의 두 영역을 끊임없이 오가며 최종적으로 0의 상태에 이
른 것이다. 그런데 우리가 이 두 작품을 읽었을 때 마음속으로 느끼게
되는 편차는 매우 크다. 〈贈衛八處士〉는 『唐詩三百首』에도 실려 있는
명작으로, 우리가 이 시를 읽게 될 때 〈奉濟驛重送嚴公四韻〉의 경우보
다 훨씬 더 깊은 감정을 느끼게 된다. 그 까닭은 여러 이유가 있겠지만
필자가 보았을 때 가장 중요한 것이 감정지수와 운동지수 간의 낙차라
고 생각된다. 〈贈衛八處士〉는 그 낙차가 8.25나 되는데 비해, 〈奉濟驛
重送嚴公四韻〉의 경우는 그 낙차가 2에 불과하다. 즉 〈贈衛八處士〉는
정서적으로 슬픔과 기쁨을 오가면서 인물과 풍경이 운동성을 띠어 감
정을 더 깊이 느끼도록 도와주는 반면, 〈奉濟驛重送嚴公四韻〉의 경우
는 운동성이 거의 드러나지 않아 밋밋한 상태로 전개되었음을 알 수
있다.

---

7 〈贈衛八處士〉의 정서와 운동지수는 0, +8.25이고 〈奉濟驛重送嚴公四韻〉의 경우는 0,
   +2이다.

　　필자는 이러한 차이가 최종적으로 독자에게 전달되는 감각에 영향을 미친다고 보고 연구대상 작품을 토대로 정서-운동지수 간의 낙차를 조사해보았다. 그 결과 작품마다 정서-운동지수 간의 간극은 매우 다르게 나타났다.[8] 이를 그 정도에 따라 4단계로 구분해보았다. 먼저 낙차가 0에서 3사이인 작품은 모두 13수로 조사대상 작품의 50%를 상회했다. 다음으로 낙차가 4-6인 작품은 6개로 25% 정도이다. 한편 낙차가 7-9인 작품과 10이상인 작품은 각각 3수씩으로 상대적으로 매우 적은 수량임을 알 수 있다. 그러면 이제 낙차의 정도가 작품이 전달하는 정감의 강도에 어떻게 영향을 미치는지 단계별로 알아보도록 한다. 먼저 낙차 0-3의 작품 가운데 낙차가 가장 적은 0의 경우는 〈상사일에 서사록의 원림에서 베푼 연회에서[上巳日徐司錄林園宴集]〉와 〈서당에서 술 마시고 밤에 또 이상서와 말에서 내려 달빛 아래 시를 지어[書堂飮旣, 夜複邀李尙書下馬, 月下賦絕句]〉2수가 있었다. 먼저 〈上巳日徐司錄林園宴集〉을 보면 다음과 같다.[9]

8　[부록] 참조. 조사대상 작품들의 '일련번호-인용시의 원 제목-제목의 번역문-정서, 운동지수의 간극' 순으로 기록하였음.
9　시의 원문은 다음과 같다.
　鬢毛垂領白, 花蕊亞枝紅. 欹倒衰年廢, 招尋令節同.
　薄衣臨積水, 吹面受和風. 有喜留攀桂, 無勞問轉蓬.

	정서		운동	
	A	B	A	B
허연 귀밑머리는 옷깃에 드리웠고	-1		-1	
가지 위에는 붉은 꽃 피어났네	+1	+1	+1	+1
술 취해 넘어지는 일 늘어 그만두었건만	-1		0	
초대받아 명절을 함께 지내게 되었네	+1	+1	+1	+1
얇은 옷 입고 물가로 나가니	+1		+1	
얼굴에 불어오는 온화한 바람	+1	+1	+1	+1
머물러 산수를 감상하는 기쁨이 있으니	+1		+1	
쑥대처럼 떠도는 고통 묻지 마시게	-1	-1	-1	-1
총점		+2		+2

이 시는 정서지수가 +2이고 운동 지수 역시 +2로서 조용하고 잔잔한 기쁨과 이에 어울리는 낮은 정도의 운동이 나타나고 있는 작품이다. 잔잔한 기쁨이 있는 가운데 이와 비슷한 정도의 서글픔이 공존하면서 시는 전체적으로 큰 기쁨이나 큰 슬픔을 말하지 않으며, 운동도 미미한 정도로만 나타나고 있다. 한편 〈書堂飮旣, 夜復邀李尙書下馬, 月下賦絕句〉[10]의 경우는 정서-운동지수 모두 10을 기록하고 있어 매우 활달하지만 필자의 생각에 이 두 지수가 어울려 작품은 안정적인 상태로 감정이 표현되고 있으며 두보 특유의 의외의 복선이나 역전 등은 나타나지 않는다.

10 원문은 다음과 같다.
湖水林風相與淸, 殘尊下馬復同傾.
久判野鶴如霜鬢, 遮莫鄰雞下五更.

	정서	운동성
호수에 뜬 달과 숲에 부는 바람이 상쾌하구나	+1	+1
남은 술 말에서 내려 다시 기울이네	+2	+2
들의 학처럼 하얀 귀밑머리 내버려 두고	+3	+3
이웃집 닭 우는 새벽까지 마음껏 즐겨보세	+4	+4
총점	+10	+10

이번에는 비교적 높은 정도의 기쁨을 표현한 〈장개의 은거지에서[題張氏隱居二首·其二]〉를 보도록 한다.[11]

	정서		운동	
	A	B	A	B
그대와 때때로 만났건만	+1		+2	
석양의 흥취 즐기자고 굳이 붙잡는구려	+2	+2	+2	+2
비갠 연못에는 잉어가 펄떡이고	+1		+1	
봄날 풀숲에는 사슴이 구슬피 울지요	+1	+1	+1	+1
두씨 집 술 예 있어 그대에게 권하니	+1		+1	
장씨 집 맛난 배는 따로 구할 필요 없을 거요	+1	+1	+1	+1
앞마을 산길 험하다 해도	-1		-1	
취해 돌아가는 길은 언제나 걱정 없소	+2	+2	+3	+3
총점		+6		+7

이 작품은 정서지수를 보면 +6이어서 꽤 큰 기쁨의 시로 인식되지만 실제로 읽어보면 기쁨의 감정은 다소 밋밋하게 여겨진다. 그 까닭은 이 시에서는 잔잔한 기쁨의 정서가 지속적으로 축적되어 +6에 도달한

---

11 원문은 다음과 같다.
　之子時相見, 邀人晚興留. 霽潭鱣發發, 春草鹿呦呦.
　杜酒偏勞勸, 張梨不外求. 前村山路險, 歸醉每無愁.

것이어서 중간에 한번이라도 높은 정도의 기쁨을 표현한 적도 없으며, 감정을 표현함에 있어 두보 특유의 "頓挫" 즉 비틀림의 형태도 나타나지 않았기 때문이다. 이는 〈눈은 내리고[對雪]〉[12]의 경우도 마찬가지이다. 이 작품은 단순히 수치상으로는 가장 깊은 슬픔을 나타내고 있는데 실제로 이 작품을 읽었을 때 수치에 비해, 전달되는 감정의 정도가 그렇게 강렬하지는 않다. 필자는 그 까닭이 정서지수와 운동지수간의 간극이 거의 없이 균형을 이루고 있기 때문이라 보았다. 즉 깊은 슬픔을 최대한 수축된 상태로 나타내고 있어 이 시에는 어떤 반전이나 극적 긴장감이 존재하지 않는다. 그 결과 나타내는 감정은 앞의 〈題張氏隱居〉와 마찬가지로 밋밋하게 느껴진다 하겠다[13]

다음으로 낙차가 4-6인 작품을 살펴보자.

〈곡강 제 2수[曲江二首·其二]〉는 정서지수와 운동지수가 각각 +5, +10으로 그 낙차가 5이며 조사대상 작품 가운데 중간 정도의 낙차를 보여준다. 이 시는 중간정도의 기쁨에 비해 상당히 큰 운동지수를 보여준다. 이 시의 상황을 설명하기 위해 앞의 0-3단계에서 지수2의 격차를 보인 작품 〈중양절에 남전의 최씨 집에서[九日藍田崔氏庄]〉와 비교하여 설명해보도록 한다.

---

12 이 작품의 정서지수와 운동지수는 각각 -9, -10이다.

13 〈九日登梓州城〉의 경우도 유사한 상황이다. 이 작품의 정서지수와 운동지수는 각각 -4, -6인데 양자의 간극이 별로 없는 것이 시가 밋밋하게 읽혀지는 이유라고 생각된다.

① 〈곡강 제 2수[曲江二首·其二]〉

	정서		운동	
	A	B	A	B
조회에서 돌아와 봄옷 저당 잡혀	-1		+2	
날마다 강가에 나가 술 취해 돌아오네	+1	+1	+3	+3
외상값 늘 도처에 깔려 있지만	-2		+3	
인생 칠십은 예로부터 드물었지	+2	+1	+3	+3
꽃무더기 헤집고 나비 간간이 나타나고	+1		+2	
물을 찍고 잠자리 느릿느릿 날아간다	+1	+1	+2	+2
이 봄아! 나와 함께 흘러가자	+2		+2	
잠시나마 즐기려니 떠나 버리지 않기를	+2	+2	+2	+2
총점		+5		+10

② 〈중양절에 최씨 댁에서[九日藍田崔氏莊][14]〉

	정서		운동	
	A	B	A	B
늙어 가며 가을이 서글퍼 억지로 마음 다진다네	+1		+1	
흥겨운 오늘은 그대와 마음껏 즐겨 볼까	+3	+3	+3	+3
머리숱 적어 또 바람에 모자 벗겨질까 부끄러워	-1		+1	
웃으며 옆 사람에게 고쳐 달라 부탁하였지	+2	+2	+2	+2
남수는 멀리서 천 가닥 물 줄기로 쏟아져 오고	+2		+2	
옥산의 마주 솟은 두 봉우리 싸늘하구나	+2	+2	0	+1
내년 이맘 때 누가 살아 있을지 아는가	-3		0	
취하여 수유라도 자세히 들여다본다	-1	-3	0	0
총점		+4		+6

②의 경우는 정서지수가 4, 운동지수가 6으로 작은 기쁨에 중간 정도의 움직임을 나타내고 있다. 정서지수는 ①과 비교하여 1의 차이만 있

---

14 시의 원문은 다음과 같다.

老去悲秋強自寬, 興來今日盡君歡. 羞將短髮還吹帽, 笑倩旁人爲正冠.
藍水遠從千澗落, 玉山高竝兩峰寒. 明年此會知誰健, 醉把茱萸仔細看.

어서 비슷한 정도의 정서라 할 수 있다. 반면 운동지수는 각각 6과 10으로 좀 더 차이가 있는 편이다.

그러면 이 두 작품을 통해 좀 더 큰 운동지수가 작품에 어떠한 영향을 미치는지 알아보자. 먼저 작품 ②에서 운동의 정도는 마음껏 즐기려는 기분, 웃으며 옆 사람에게 모자를 고쳐 달라 부탁하는 태도, 멀리 천 가닥으로 쏟아지는 물줄기에서 부분적으로 드러났다. 이 운동성은 비교적 자연스러우며 정감과 조화를 이룬다. 반면 작품 ①에서 정서는 5로 중간 정도의 기쁨의 상태를 보여주는데 이에 비해 운동의 정도는 10으로 정서지수와 다소 편차가 있다. 작품 ②에서 운동지수는 부분적으로 정지된 상태인 경우가 있었으나 ①에서는 운동성이 매 구절마다 드러난다. 시인 자신은 "봄옷을 저당 잡히고"·"매일 취하며", 풍경은 "나비가 나타나고"·"잠자리가 날고"있다. 이에 시인은 봄을 향해 "흘러가자"고 권한다. 시인은 "도처에 깔려 있는" 외상값 따위에 신경 쓸 필요 없다고 말한다. 왜냐하면 사람의 일생은 유한하고 "인생 칠십은 예로부터 드물었"기 때문이다. 이렇게 시인 자신의 행동과 풍경 뿐 아니라, 풍경을 바라보는 시인의 심사조차도 적극적인 운동성을 띠고 있다. 이로 인해서 시의 화면은 훨씬 더 풍부해졌다. 여기에 한 가지 덧붙이자면, 정서지수보다 운동지수가 현격히 클 경우, 그것이 의미하는 바에 주목할 필요가 있다는 것이다. 따져보면 그다지 마냥 즐겁지 않은 상태에서 억지 몸짓, 의도적 움직임에 의해 운동성이 커졌을 가능성이 있다. 이 시의 기쁨은 어느 정도 높은 편인데 그 지수는 자생적이기보다는 의도적 운동성에 의해 만들어진 것이라 판단할 수 있다.

이를 증명할 수 있는 것은 〈관군이 하남과 하북을 수복했다는 소식을 듣고[聞官軍收河南河北]〉을 보면 알 수 있다. 이 시는 8년을 끌었던 안사의 난이 끝나면서 반군에 빼앗겼던 땅을 수복했다는 소식을 듣고 미칠 듯한 기쁨을 주체하지 못하고 쓴 시이다. 시의 정서는 기쁨의 지수에서 22로 조사대상 작품 중 최고치를 기록하고 있는데 아마도 두보 전집을 통틀어 이보다 더 큰 기쁨을 노래한 경우는 발견되지 않을 것이다. 정서에 걸맞게 운동성도 높아서 16으로 나타나고 있다. 시인은 기쁜 마음을 주체할 수 없어 믿기지 않는 듯 처자식을 돌아보며, 상상 속에서 쾌재를 부르고 빠른 배로 낙양까지 내달리고 있다. 그런데 여기서 살펴보면 정서-운동지수 간에 6의 낙차가 발생한다. 정서-운동 지수 모두 상대적으로 큰 숫자이기 때문에 6이라는 숫자는 사실상 그렇게 큰 편은 아니다. 중요한 것은 여기서 그 수치에 있어서 정서가 운동을 압도한다는 점이다. 즉 앞에서 살펴본 시 ①이 만들어진 운동성에 의해 정서가 따라가는 모양새라면, 이 시 〈聞官軍收河南河北〉의 경우는 정서에 의해서 운동이 뒤따르고 있으며 그 운동은 정서의 강도에 도달하지 못한다.

낙차가 7-9사이인 작품 가운데 〈맹운경에게[酬孟云卿]〉(편의상 작품①이라 칭함)를 살펴보려 한다. 깊이 있는 논의를 위해 이 시를 정서지수와 운동지수가 각각 -6, -4인 〈중양절에 재주성에 올라[九日登梓州城]〉[15]

---

15 시의 전문과 번역은 다음과 같다. 지면 관계상, 정서 및 운동의 지수를 계산하는 과정은 생략하였다.

술은 예전의 황화주이건만	伊昔黃花酒,
지금의 나는 백발의 늙은이	如今白髮翁.
쾌락을 좇으려 해도 근력이 부치는데	追歡筋力異,
먼 곳을 바라보니 경물은 변함없구나	望遠歲時同.
슬픈 노래 속에 떠오르는 아우들 모습	弟妹悲歌里,
취한 눈으로 바라보는 하늘과 땅	乾坤醉眼中.
전쟁으로 관문이 가로막혀	兵戈與關塞,

(편의상 작품②라고 칭함)와 비교해보려 한다. 작품①은 정서지수-6에 운동지수는 +2로 약간의 움직임이 발생하며 양자 간 낙차는 8로서 상당히 높다. 반면 작품②는 같은 -6의 정서지수에 운동지수는 -4로 수축의 상태이며 낙차는 2이다. 먼저 작품①을 보자.

	정서		운동	
	A	B	A	B
기쁨이 극에 이르러 도리어 흰 머리에 가슴 아프고	-4		-1	
밤이 깊을수록 붉은 촛불 더욱 안타깝네	-4	-4	-1	-1
앞으로 자주 만나기 어려우니	-3		-1	
이별을 고할 때 너무 서두르지 말게	+1	-1	-1	-1
은하수 떨어져 날 밝은 것 두려우니	-3		-1	
어찌 술잔 비우기를 사양하리오	+2	0	+3	+3
내일 아침부턴 세상일에 끌려다니며	-1		+1	
눈물 훔치고 제 갈 길로 가야 한다네	-1	-1	+1	+1
총점	-6	+2		

　이 시는 안타까운 심정을 호소하는 상황에 비해 약간의 운동성이 드러나고 있다. 작품의 전반부에서는 "가슴 아프고"·"안타까우며"·"자주 만나기 어렵고"등의 심정이나 상황을 말하여 운동성은 수축으로 드러난 반면 후반부에서는 "어찌 술잔 비우기를 사양하리오"라고 하여 서로 만나 술잔을 기울이며 다독이는 모습도 보여주었으며 향후 서로 세상사에 이끌려 각자의 길을 떠나리라는 예상을 하여 상상 속에서나마 최소한의 움직임을 보여주고 있다. 이러한 움직임은 시를 활발하게 만드는데 필자가 보기에는 이러한 활발한 움직임이 슬픔의 정서와 대

오늘도 근심은 끝이 없구나　　　　　　　此日意無窮.

조되어 슬픔을 더욱 크게 만드는 역할을 한다고 보았다. 따라서 이러한 격차에 의하여 이작품은 적지 않은 감동을 독자에게 전하게 된다. 반면 작품②는 앞에서 살펴보았듯이 정서와 대조되는 어떠한 움직임을 보이지 않기 때문에 극적 긴장감은 나타나지 않는다. 이것이 이 시가 다소 평면적으로 읽히는 까닭이라고 생각한다.

이제 낙차가 10이상으로 가장 큰 경우를 살펴보자. 각각의 작품들은 〈높은 곳에 올라[登高]〉, 〈곡강· 제 1수[曲江二首· 其一]〉, 〈취하여 부르는 노래[醉時歌]〉이다.[16] 낙차 12인 〈登高〉[17]을 보자. 슬픔에도 서글픔, 날카로운 아픔, 묵직한 서러움 등 여러 가지가 있을 것이다. 필자는 연구 대상 작품 들을 조사하면서 두보의 명편들 가운데서도 몇 손가락 안에 드는 〈登高〉가 슬픔의 정도에서 가장 높은 지수를 차지하고 있지 않은 것을 보고 의아하게 생각했다. 한편으로 이러한 일련의 조사가 잘못된 것인가 의심하기도 했다. 왜냐하면 필자가 이러한 조사 없이 직접적으로 느끼기에는 〈登高〉는 가장 깊은 슬픔을 보여준다고 생각했는데 직접적으로 수치화 해보았을 때, 슬픔의 정도는 생각보다 높지 않았기 때문이다. 그런데 그 의문은 정서-운동 지수의 낙차를 보고 해결될 수 있었다. 낙차 12는 조사대상 작품들 가운데 거의 최고치이다. 즉 표면에 드러난 구체적인 슬픔보다 우리는 정서- 운동 지수 간의 불일치로 인해 더 깊은 감정을 느낄 수 있는 것이다. 한편 〈醉時歌〉는 정서-운동 지수 간 낙차가 17로 조사대상 작품 중 단연 최고이다. 반면

---

16 이 작품들은 모두 필자의 '앞의 논문'에서 다룬 바 있다. 여기서는 낙차 부분이 갖는 의미에 대해서만 논하려한다.

17 정서 및 운동지수는 각각 −5, +7이다. 잘 알려진 시이고 필자가 '앞의 논문'에서 상세히 다루었기 때문에 시의 원문 및 내용에 대한 소개는 생략한다.

정서는 -4로 표면적으로는 깊은 슬픔으로 판단되지는 않는다. 왜냐하면 -5와 -6의 작품들도 있기 때문이다. 그런데 이 작품은 그 지수에 비해 독자에게 깊은 슬픔으로 느껴지며 동시에 깊은 감동을 준다. 이 시에서 억지로 즐거워지려 하는 의식적 몸부림은 운동지수로 나타났다. 그러한 몸짓으로도 정서는 기쁨으로 올라가지 못하고 단지 극도의 슬픔에 이르지 않을 정도의 -4정도에서 마무리 되었다. 따라서 이 시 안에는 본래 내재해 있던 슬픔과, 이 슬픔에서 벗어나려는 노력이 맞물리면서 가장 감동적인 시로 만들어진 것이라 하겠다.

4. 맺음말

지금까지 두보의 음주시 25편을 대상으로 정서표현의 외형적 결과와 그 과정에 대해 세밀하게 살펴보았다. 필자가 두보의 정서 표현을 대상으로 첫 번째 연구를 진행할 때에는 그 목적이 시인 두보가 보여주는 감정의 스펙트럼이 얼마나 넓은가를 가시적으로 나타내는 데 있었다. 첫 번째 연구에서 어느 정도 그 목표는 달성되었다고 여겨지지만, 한편으로 다양한 감정의 변화가 있는 작품들을 좌표 위에 고착화시켜 작품의 깊이를 보는 데는 한계가 있다고 파악되었다. 이에 본 연구에서는 그러한 부족한 점을 메꾸기 위하여 좌표평면에서 동일한 지점에 위치해 있는 경우에도 독법에 따라 다르게 읽힐 수 있음을 보여주려 하였다. 그리고 이에 대한 논의는 정서 지수가 최종적으로 0에 도달한 동일한 경우에도 사실상 상이한 과정이 있음을 밝혔고 아울러, 정서-운동 지수 간의 낙차가 표면적인 정감을 더욱 강화시키는 현상이 있음을 밝혔다. 이와 아울러 한편의 작품 안에서 정서가 변화하고 있는지, 혹은 일정하게 안정적인 호흡으로 전개되는지에 따라서도 차이가 있을 것이다. 또한 정서의 변화의 정도가 얼마나 큰지, 즉 미세한 감정의 움직임인지, 아니면 큰 슬픔에서 큰 기쁨으로의 급작스러운 변화인지에 따라서도 최종적으로 전해지는 감동의 정도는 크게 달라질 것으로 보인다. 이밖에도 이와 같은 방법을 적용하여, 두보와는 전혀 다른 시풍을 선보였던 李白이나 王維의 작품에 대해서도 동일한 방식으로 조사를 진행할 필요가 있다고 보인다. 그리고 이러한 작업들이 함께 이루어졌을 때, 이번의 실험적 연구가 갖는 의미가 좀 더 거시적 차원에서 밝혀질 수 있다고 생각된다. 이에 관해서는 향후에 별도의 연구를 진행하도록 하겠다.

참고문헌

1. 원전자료
(唐)杜甫 (淸)仇兆鰲, 『杜詩詳註』, 中華書局, 1995.

2. 연구서
韓成武 著, 『두보평전』, 호미출판사, 2007, 1~591쪽.
_____ 著, 『詩聖: 憂患世界中的杜甫』, 河北大學出版社, 2000, 1~301쪽.

3. 연구논문
윤석우, 「杜甫의 飮酒詩에 대한 考察」, 『중국어문학논집』 제32호, 2005.6., 199~219쪽.

姜玉芳, 「愁與醉無醒-杜甫與唐代酒文化」, 『江南大學學報』 2005年 4月, 94~115쪽.

葛景春, 「詩酒風流」, 『河北大學學報』, 2002年 第2期, 59~64쪽.

于東新, 「唐代飮酒詩的審美形態」, 『檔案溯源』, 2015年 6月, 120~121쪽.

李德民, 「酒象與詩魂-酒文化探微」, 『學術交流』 2005年 5月, 133~137쪽.

張宗福, 「論杜甫的酒文化內涵」, 『杜甫硏究學刊』, 2007年 第4期, 50~57쪽.

趙松元·許澤平, 「論杜甫的飮酒詩」, 『古籍整理研究學刊』, 2008年 7月, 84~89쪽.

趙會嫻, 「杜詩與酒」, 河北大學碩士論文, 2008年, 1~97쪽.

周麗, 「靑蓮沽飮少陵醉-李白與杜甫的"酒"情結比較」, 『文史雜志』, 2016年 2月, 80 ~83쪽.

朱俊俊, 「李白與杜甫飮酒诗差異」, 『淮南師范學院學報』, 2015年 第6期, 80~83쪽.

[부록] 조사대상 작품의 정감-운동지수의 낙차

* 괄호안의 첫 번째 숫자가 낙차이고, 다음 숫자는 인용 작품의 일련번호임.
漢字로 된 제목 뒤에 나오는 괄호안의 두 숫자는 각각 정감지수와 운동지수이다.

(0)21　　【上巳日徐司錄林園宴集】(+2, +2) 〈상사일에 서사록의 원림
　　　　에서 베푼 연회에서〉

(0)22　　【書堂飮旣, 夜復邀李尙書下馬, 月下賦絕句】(+10, +10) 〈서당
　　　　에서 술 마시고 밤에 또 이상서와 말에서 내려 달빛 아래
　　　　시를 지어〉

(1)1　　　【題張氏隱居二首·其二】(+7, +6) 〈장개의 은거지에서〉

(1)2　　　【戲簡鄭廣兼呈蘇司業】(+1, +2) 〈정건과 소원명에게 드려〉

(1)25　　【對雪】(-9, -10) 〈눈은 내리고〉

(1.4)23　【醉歌行, 贈公安顏少府請顧八題壁】(10.6, 12) 〈취해 시를
　　　　지어 안 소부에게 드리고, 고 팔분에게 벽에 글씨를 쓰도록
　　　　청하며〉

(1.5)12　【遭田父泥飮美嚴中丞】(14, 12.5) 〈술 권하며 엄무를 찬미하는
　　　　농부를 만나〉

(2)10　　【九日藍田崔氏庄】(+4, +6) 〈중양절에 남전의 최씨 집에서〉

(2)13　　【謝嚴中丞送靑城山道士乳酒一瓶】(9, 11) 〈엄 중승이 청성산
　　　　의 도사가 빚은 유주 한 병을 보내와 이에 감사드리며〉

(2)14　　【奉濟驛重送嚴公四韻】(0, +2) 〈봉제역에서 엄공을 전송하며〉

(2)15　　【九日登梓州城】(-6, -4) 〈중양절에 재주성에 올라〉

(2.4)5　　【雨過蘇端】(+5.6, +8) 〈빗속에 소단의 집을 떠나며〉

(3)24 　【髮潭州】(+1, +4) 〈담주를 떠나며〉

(4)4 　【官定后戱贈】(-2, +2) 〈관직이 정해진 뒤에 재미 삼아〉

(4)17 　【送路六侍御入朝】(-2, +2) 〈노시어의 입조를 전송하며〉

(5)8 　【曲江二首·其二】(+5, +10) 〈곡강·제 2수〉

(5)19 　【垂白】(-8, -3) 〈백발이 드리워〉

(6)16 　【聞官軍收河南河北】(22, 16) 〈관군이 하남과 하북을 수복했다
는 소식을 듣고〉

(7)18 　【九日】(-7, 0) 〈중양절에〉

(8)6 　【留別賈嚴二閣老兩院補闕】(-8, 0) 〈중서성과 문하성의 보궐
가각로와 엄각로를 이별하며〉

(8)9 　【酬孟云卿】(-6, +2) 〈맹운경에게〉

(8.25)11 【贈衛八處士】(0, 8.25) 〈위팔 처사에게〉

(12)20 　【登高】(-5, +7) 〈높은 곳에 올라〉

(15)7 　【曲江二首·其一】(-7, +8) 〈곡강·제 1수〉

(17)3 　【醉時歌】(-4, +13) 〈취하여 부르는 노래〉

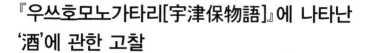

『우쓰호모노가타리[宇津保物語]』에 나타난 '酒'에 관한 고찰

김현정

1. 서론

    동서양을 막론하고 술은 오랜 역사동안 사람들의 희로애락과 함께 했고, 행사나 연회에서 빠질 수 없는 요소였으며, 문학이나 철학 등 인간의 근본을 탐구하는 학문과도 함께 공존해 온 존재였다. 특히 술과 문학, 술과 풍류는 떼려야 뗄 수 없을 정도로 긴밀한 관계를 가지고 있으며, 문학과 풍류를 즐기는 생활을 더욱 의미 있게 만드는 것이 술 이란 사실도 부정할 수 없다. 본 논문에서는 헤이안시대[平安時代, 794~1185年/1192년 경]의『우쓰호모노가타리[宇津保物語]』에 주목해서 이 책에 보이는 술에 관련된 용례를 고찰해 보고자 한다.

    『우쓰호모노가타리』는 일본 최초의 장편 모노가타리[1]로 의의를 가지

---

1   모노가타리란 우리나라의 소설과도 비슷한 문학 장르이지만, 엄밀히 말하면 소설과 완전히 동일하다고 보기 어렵기 때문에 모노가타리라는 용어를 그대로 사용하기로 한다. 『大辭林』에 의하면 모노가타리란 '문학형태의 하나이다. 광의로는 산문에 의한 창작문 학 중에서 자조문학[自照文学]을 제외한 것의 총칭. 즉 작자가 인물, 사건 등에 대해 타인에게 말하는 형태로 기술한 산문의 문학작품. 특히 인물묘사에 주안점을 둔 소설에

고 있으며, 헤이안시대 시대 중기 경에 쓰인 작품이다. 그런데 헤이안시대 쓰인 수많은 다른 문헌이나 작품 중에서도『우쓰호모노가타리』에는 '酒'에 관한 용례가 58개[2]로 압도적으로 많다는 점에 우선 주목해야 할 것이다. 이는 헤이안시대를 대표하는『겐지모노가타리[源氏物語]』가 『우쓰호모노가타리』보다 내용이 두 배 이상 긴 장편모노가타리임에도 불구하고, 용례가 13개에 지나지 않는다는 점과 비교하면 압도적으로 많다는 것을 알 수 있다. 물론『겐지모노가타리』의 경우 술이란 용어를 직접적으로 사용하지 않아도 연회에 관한 기록은 대단히 많이 보이므로, 보통 연회에는 기본적으로 술이 포함된다는 사실을 생각할 때 단순히 '酒'의 용례 수만 가지고 판단하기는 어렵다. 하지만, 헤이안시대 다른 문헌에서도 '酒'에 관한 용례는 10개를 넘지 않는 경우가 대부분이기 때문에『우쓰호모노가타리』의 많은 용례 수는 주목할 만한 가치가 있다.

　　『우쓰호모노가타리』의 용례 수에 주목하고자 하는 이유는 헤이안시대에는 귀족들이 문헌에 음식이나 먹는 것에 대해 자세히 언급하는 것은 천하다고 여겨 기피했기 때문이다. 실제로 당시의 문헌들을 보면 전체적으로 음식에 대한 묘사나 먹는 것에 대한 표현, 심지어 음식과

　　대해, 사건의 서술을 중심으로 하는 것을 가리키는 일이 많다. 협의로는 일본의 고전문학으로, 「다케토리모노가타리[竹取物語]」, 「이세모노가타리[伊勢物語]」로 시작해서, 「우쓰호모노가타리[宇津保物語]」, 「겐지모노가타리[源氏物語]」에서 정점을 이루고, 가마쿠라[鎌倉]시대의 기코모노가타리에 이르기까지의 문학작품을 말한다.'(松村明,『大辞林』(第三版), 東京, 三省堂, 2006, 〈物語〉항목, http://www.excite.co.jp/world/j_dictionary/. 검색일 2016년 5월 21일)

2　용례의 개수는 판본이나 텍스트에 따라 약간 달라질 수 있다. 58개란 용례의 개수는 小学館의 新編日本古典文学全集『うつほ物語』1-3에 의한 것이다.

관련된 부엌 등의 묘사도 거의 찾아볼 수가 없다. 따라서 헤이안시대의
문헌을 통해 음식이나 술을 연구할 경우 자료의 부족이 대단히 문제가
된다. 그런데 이 『우쓰호모노가타리』에는 술안주나 음식, 술잔 등의
묘사도 자세히 언급이 되어있어 헤이안시대의 음식이나 술 문화에 대
한 정보를 얻기에 적합한 문헌이라고 할 수 있다.

선행연구를 우선 살펴보면 『우쓰호모노가타리』에 관련된 '酒'의 용
례나 술 문화에 대한 연구는 한국에서도 일본에서도 전무하다. 단지
일본에서 다른 고전작품의 '酒'에 대한 연구는, "「고지키」에 보이는 술
[「古事記」に現われた酒]1"[3], "「일본서기」에 보이는 술[「日本書紀」に現われた
酒]"[4], "만요의 고대와 술[万葉の古代と酒]1"[5], "겐지모노가타리에 보이는
술[源氏物語に見える酒]1"[6] 등 일본의 대표적인 고전문헌을 중심으로 점
차적으로 연구가 진행되고 있는 실정이다.

『우쓰호모노가타리』에 대한 국내연구 쪽을 살펴보면, 동시대 문학
작품 중에서 『겐지모노가타리[源氏物語]』나 『마쿠라노소시[枕草子]』 등
의 유명한 작품에 대한 연구는 비교적 활발하게 이루어지고 있는 것에
비해 선행연구가 극히 적은 편이다. "우쓰호 모노가타리[宇津保物語]와
음악의 문예"[7], 『우쓰호 이야기[うつほ物語]』에 보이는 파사국[波斯國]에

3   加藤 百一, 「「古事記」に現われた酒」1, 『日本醸造協会誌』 104-4, 日本醸造協会, 2009,
    253~259쪽.
4   加藤 百一, 「「日本書紀」に現われた酒」1, 『日本醸造協会誌』 103-5, 日本醸造協会,
    2008, 337~347쪽.
5   加藤 百一, 「万葉の古代と酒」1, 『日本醸造協会誌』 100-2, 日本醸造協会, 2005, 113~
    124쪽.
6   加藤 百一, 「源氏物語に見える酒」1, 『日本醸造協会誌』 106-3, 日本醸造協会, 2011,
    146~151쪽.

대하여:『왕오천축국전[往五天竺國傳]』과의 접점"8, "우쓰호모노가타리의 연구: 나카타다의 영화달성과 가족관[宇津保物語の研究: 仲忠の栄華達成と家族観]"9 등이 대표적인 예이며, 주로 문학이나 문화의 관점에서 본 연구들이 대부분이다. 이와 같은 경향을 보면, 본 논문과 같이『우쓰호모노가타리』의 '酒'라는 키워드에 주목한 논문은 없었던 것을 알 수 있다.

본 논문은『우쓰호모노가타리』의 내용 중에서도 '酒'에 관련된 용례를 통해 그 속에 나타난 술과 술 문화의 양상에 대해 고찰해보고자 한다.

2. 사카도노[酒殿]에 대해

헤이안시대 모노가타리는 대부분 서민 생활에 대한 이야기는 없고 거의가 귀족, 특히 상류귀족들의 생활을 다루고 있는데,『우쓰호모노가타리』또한 일왕을 비롯한 상류귀족들의 생활에 대한 이야기이다. 그래서 귀족들이 노래를 읊는 풍류를 즐기거나 행사, 연회 등의 장면에서 술에 대한 이야기가 많이 언급되고 있다. 우선 酒殿에 대해 고찰해

---

7   류정선, 「우쓰호 모노가타리[宇津保物語]와 음악의 문예」(박사학위논문), 나고야대학교, 2003, 1~200쪽.

8   김효숙, 「『우쓰호 이야기[うつほ物語]』에 보이는 파사국[波斯國]에 대하여:『왕오천축국전[往五天竺國傳]』과의 접점」,『동아시아고대학』제 40집, 동아시아고대학회, 2015, 217~240쪽.

9   大東 沙耶香; 岡部 由文, 「宇津保物語の研究 : 仲忠の栄華達成と家族観」,『就実表現文化』Vol.8, 就実大学表現文化学会, 2014, 33~55쪽.

보기로 한다. 酒殿은 사카도노라고 읽으며 술을 만들기 위한 건물을 말하는데, 이 용어가 『우쓰호모노가타리』에는 4개의 용례가 보인다. 헤이안시대 다른 문헌에서 빈번하게 볼 수 있는 용어는 아니지만, 713~715년 경 작성된 것으로 추측되는 『하리마노쿠니 후도키[播磨国風土記]』에도 "사카도노를 만든 곳은 즉 양조장의 마을이라고 이름을 붙였다."[10]라고 하여 마을 이름의 유래에 관한 사카도노의 용례가 보인다. 사카도노란 용어가 이미 헤이안시대 이전인 나라시대[奈良時代, 710~794]부터 사용되었으며 존재했다는 사실을 알 수 있다. 『国史大辞典』에 의하면

> 술을 주조하기 위한 건물. 일찍이 『하리마노쿠니 후도키』에 그 이름이 보이며, 이후 중세시대에 걸쳐 널리 존재가 확인된다. 조정의 사카도노는 미키노쓰카사[造酒司]에서 통괄했는데, 『세이큐키[西宮記]』에 의하면, 외기청[外記庁]의 동쪽에 있었으며 구로도[蔵人]의 관청의 필요와 지시에 따라 하리마노쿠니의 용미[庸米]를 사용해서 주조했다. 그 외에 신사의 경내나 귀족, 지방호족의 사택 내에 지어졌던 가정용의 술만드는 곳도 일반적으로 사카도노라고 불렸다.[11]

라고 되어 있으며, 헤이안시대와 중세시대를 거치면서 여러 문헌에서 용례를 확인할 수 있다. 그렇지만 헤이안시대의 다른 모노가타리나 일기문학 등에서는 거의 사카도노에 관한 용례를 보기는 힘들다. 왜냐하면 음식을 만드는 부엌이나 술을 제조하는 곳 등 먹는 것 뿐 만이 아니

---

10 新編日本古典文学全集本 『風土記』, 東京, 小学館, 1994, 261쪽.
11 国史大辞典編集委員会編, 『国史大辞典』 6, 東京, 吉川文弘館, 1985, 271쪽.

고 그에 관련된 건물에 대해 기록하는 것조차 기피했기 때문이다.

『우쓰호모노가타리』에는 헤이안시대 다른 문헌에서 잘 볼 수 없는 사카도노란 용어가 언급되어 있을 뿐 아니라, 사카도노에 대해 설명이 되어 있는 부분이 있어 중요한 자료 역할을 한다. 사카도노가 언급된 부분은 바로 주인공 나카타다의 라이벌 역할을 하는 스즈시[涼]란 인물의 화려한 저택을 묘사하는 장면에서 보인다. 대부호인 스즈시의 할아버지가 그를 위해 특별히 화려한 저택을 만들고 보물을 축적하고 예능에 뛰어난 선생들을 도읍지에서 불러서 스즈시를 가르치게 했다. 스즈시는 학문과 예능에 능하고 화려한 저택에서 호화로운 생활을 하는 것으로 유명했다. 그의 저택에 대해서는 각 건물의 구성요소를 자세히 묘사하고 있는데, 그 중 사카도노에 대한 언급이 보이므로 인용해보도록 하겠다.[12]

> 이것은 사카도노. 열 石정도 들어가는 술통을 20개 정도 두고, 술을 만들고 있다. 이 곳에서 식초, 간장, 쓰케모노[漬物. 절인 저장 식품]도 같이 만들고 있다.[13]

여기서 '石'이란 단위가 나오는데, 이는 일본어로 '고쿠'로 읽으며 고대에 사용된 용량을 나타내는 단위의 하나이다. 一石은 대략 100升에 해당하며, 일본에서 "1891년에 一升을 약 1.8039리터로 정했다."[14]

---

12 본 논문에서 인용하는 본문은 전부 小学館의 新編日本古典文学全集本『うつほ物語』 1-3에 의한 것이며, 본 논문에서 인용하는 텍스트의 한국어 번역은 필자가 텍스트의 일본어 고전원문을 최대한 충실하게 번역한 것이다. 지면 관계상 인용한 본문의 일본어 원문은 생략하도록 한다.

13 新編日本古典文學全集本『うつほ物語』1, 東京, 小學館, 1999, 416쪽.

는 것에 의해 약 1.8리터로 계산하면, 一石은 180리터가 된다. 술통 하나에 열석이 들어간다고 했으므로, 하나의 술통에 1800리터가 들어간다는 내용이다. 그런 술통이 20개나 된다는 내용이므로 사카도노의 규모나 만들고 있는 술의 양이 짐작이 간다. 다만 스즈시의 저택의 묘사에서는 금은보석으로 최고로 화려하고 웅장하게 지어진 곳이란 점을 강조하다 보니, 과장이나 사실적이지 못한 표현도 보인다. 그러나 규모를 좀 과장했을 뿐, 부엌이나 사카도노 등에 대한 묘사는 자세하고 사실적으로 보인다.

유감스럽게도 술을 어떻게 제조했는지 더 이상 자세한 내용은 『우쓰호모노가타리』에는 보이지 않으며, 헤이안시대 다른 문헌에도 술 제조법에 대한 기록이 남아있는 것이 드물지만 누룩에 의해 발효시켜 만드는 방법이 나라시대에는 이미 행해지고 있었음은 일반적으로 알려져 있다.

> 술은 고대에는 사람이 쌀을 쪄서 발효시켜서 만들었다. 누룩에 의한 제조법은 조선반도에서 전래되어, 나라시대에는 이미 일반화되어 있었다고 한다. 아스카 이타부키노미야[飛鳥板蓋宮] 터에서 출토된 목간에는 스미사케[須弥酒]란 단어가 보이고, 『만요슈[万葉集]』에는 '탁한 술'이란 용례(3·338)가 보여, 일찍부터 청주와 탁주의 구별이 있었다고 알려져 있다.[15]

---

14 松村明, 『大辞林』(第三版), 東京, 三省堂, 2006, 〈升〉항목, http://www.excite.co.jp/world/j_dictionary/ 검색일 2016년 5월 22일.

15 秋山虔, 『王朝語辞典』, 東京, 東京大学出版会, 2000, 194쪽.

나라시대에 쓰인 일본 最古의 가집인 『만요슈』에 이미 술에 관한 노래가 다수 보이는 것을 보면, 헤이안시대 이전에 술의 제조법이나 술의 문화가 일본에 정착되었다는 사실을 알 수 있다. 또한 『王朝語辭典』에서 지적하고 있듯이 고대에는 술이 신과 관련된 신성한 것으로 제사 등에서 중요한 의미를 가졌지만 "헤이안시대에 있어서 술은 연회에 관련된 것이었다.(중략) 이런 연회는 사교를 목적으로 하는 귀족사회의 생활의 일부로서의 성격을 강하게 가지는데, 상대시대의 연장선상으로 볼 수 있겠다. 다만 상대와 다른 점은 와카[和歌, 일본의 전통 시]에 술에 대해 노래하는 일을 거의 볼 수 없게 되었다는 점이다."[16]라고 되어 있어, 헤이안시대에 들어서면서 신의 영역을 떠나 귀족들의 사교적인 생활 속에 술이 중요한 의미를 가지게 되었다는 점을 알 수 있다.

그런 면에서 다음 본문에 주목할 필요가 있다. 『우쓰호모노가타리』의 또 다른 건물의 묘사에서 사카도노가 보이는 부분이 있다. 미하루노다카모토[三春高基]란 대신의 저택인데, 그는 지독한 구두쇠로 신분도 높고 재물도 많았지만 안 먹고 안 쓰며 대단히 소박하게 생활했다. 당연히 스즈시의 화려한 저택과는 아주 대조되는 집으로 묘사되어 있다.

대신이 살고 있는 집은 3間 정도의 초가집 건물로, 한 쪽이 무너져가고 있으며 덧문은 손으로 짜서 늘어뜨렸으며, 주위에는 울타리가 둘러싸고 있다. 나가야[長屋, 길게 이어 만든 집]가 한 동 있고, 시종들이 거주하는 곳, 도네리[舍人, 잡다한 일을 하는 하인]가 사는 곳, 초의 가게(텍스트의 각주에 의하면 의미 불명), 사카도노가 있다. 저택 쪽은 덧문의 옆까지

---

16 秋山虔, 앞의 책, 2000, 194쪽.

밭이 만들어져 있다.[17]

　사람들의 비난에도 개의치 않고 지독한 구두쇠의 삶을 사는 대신의 저택의 묘사인데, 대신이 생활하는 집은 1間이 약 1.818m이므로 3간은 5.4m정도에 지나지 않은 작은 초가집임을 알 수 있다. 이렇게 초라한 집이 중심건물이 되어 있는 작은 저택임에도 불구하고, 전체 저택 구성 속에 사카도노가 언급되어 있음은 흥미롭다. 저택 규모가 작더라도 건물을 구성하는 요소 중에 사카도노가 있다는 점은, 술이 당시의 생활 속에서 차지하는 비중이 컸음을 말해주고 있다. 자신도 안 먹고 안 쓰고, 자기의 하인들조차 먹이는 것을 아까워하는 대신의 집에 사카도노가 있다는 사실은 시사하는 바가 크다.

　또 사카도노란 용어가 등장하는 것은 『우쓰호모노가타리』의 여주인공에 해당하는 아테미야[あて宮]가 많은 구혼자들 속에서 동궁을 선택, 그와 결혼하여 임신하게 되자 많은 선물이 아테미야에게 보내지는 장면이다. 그 중 스자쿠[朱雀] 일왕이 보낸 선물을 묘사할 때 "色紙를 속이 비치는 상자에 넣어서, 상품의 과일과 사카도노의 술 등을 함께 보냈다."[18]라고 하여 사카도노의 술을 보냈다는 내용이 서술되어 있다.

　또한 일왕이 나카타다에게 식사와 술을 권할 때 사카도노에서 술을 가져오게 해서 마셨다는 내용이 보인다. 귀한 선물이나 중요한 손님의 접대를 할 때 사카도노에서 술을 가지고 오게 해서 접대를 했다는 것을 알 수 있다. 이처럼 『우쓰호모노가타리』에 술을 다른 사람에게 선물하

---

17 『うつほ物語』1, 1999, 167쪽.
18 『うつほ物語』2, 1999, 131쪽.

거나 접대하는 용도로도 사용되었다는 본문이 여러 개 보이는데, 술이 당시에 어떤 용도로 사용되었는지에 대해서도 알 수 있는 자료로 볼 수 있다.

3. 술에 관련된 상차림과 술안주에 대해

『우쓰호모노가타리』에는 음식이나 술에 대한 표현이 비교적 많은 편이다. 또한 앞서 고찰했듯이 헤이안시대에는 술이 귀족들의 사교적인 면에서 중요한 의미를 가졌으므로, 당시 문헌들에는 酒宴의 모습이 대단히 많이 보인다. 酒宴이라고 함은 술만을 마시기 위한 것보다는 보통 식사와 함께 술도 마시는 경우가 많으므로, 식사에 더해서 술이 상에 차려져 나오는 경우가 많다. 『우쓰호모노가타리』에도 酒宴 등 술에 관련된 상차림에 대한 묘사나 술안주에 대한 표현 등이 다수 보여 중요한 자료가 될 수 있다.

한가지 주목해야 할 점은 가토 햐쿠이치[加藤百一]의 다음과 같은 지적이다.

밤낮으로 행해진 연회석이나 行樂 등에서 헤이안시대 궁중 사람들이 소비한 술의 양은 막대한 것이었다고 생각되지만, 술을 오늘날과 같이 단순히 알콜 음료로서 마셨던 것만은 아니다. 그 이유는, 궁중에 있어서의 제사, 의식 등은 모두 의례의 구조 중심에 饗宴, 즉 음식을 바치는 일과 술잔을 서로 주고받으며 약속을 굳게 하는 의식이 들어있었기 때문이다.[19]

이는 궁중에서 행해진 酒宴에 대한 이야기인데, 일반적으로도 酒宴은 단순히 교제를 위해 먹고 마시고 흥청거리는 것만이 아닌, 의례나 제사, 세시풍속 등 여러 가지가 복합적으로 작용했던 것이 사실이다. 술잔을 주고받으며 남녀간에, 친구 간에 약속을 하는 것은 일본어로 '사카즈키고토[杯事]'라는 단어가 있을 정도로 옛날부터 행해져 왔다. 즉 단순히 술을 마시기 위해 연회를 열었다기 보다는, 의례나 제사, 연회 등에 빠질 수 없는 것이 술이었다는 점이 간과되어서는 안 될 것이다.

그러면 우선 앞서 언급한 대부호인 스즈시의 할아버지가 3월 3일의 셋구[節供, 명절]를 맞아 손님들에게 성대하게 酒宴을 베푼 장면에 나오는 상차림을 고찰해 보고자 한다. 식사와 겸해 술이 나오는데, 화려함과 진귀함이 가득한 모습이다.

> 마른 음식, 과일, 떡 등을 조리한 형태가 진기하다. 산과 바다, 강의 산물로, 천하에 존재하는 것은 모두 여기에 모여 있다. 침향나무로 만든 큰 상이 두 개, 노끈과 실을 꽃모양으로 매듭지어 마디부분을 묶어 늘어뜨린 얇은 면직물 천을 겹쳐서 겉에 두르고, 침향나무를 1尺 2寸정도 두 개의 고리 모양으로 만들어 녹로[轆轤]에서 다듬은 후 다양한 색으로 채색한 그릇으로 상을 차렸다. 紫檀으로 만든 네모난 쟁반을 4개씩 준비해서 들어온다. 술도 함께 대접한다. 두 개의 책상, 훌륭한 술잔 등 정말로 진귀하고 훌륭한 것들로 가득하다.[20]

---

19 加藤百一,「源氏物語に見える酒」3,『日本醸造協会誌』106-5, 日本醸造協会, 2011, 289쪽.
20 『うつほ物語』1, 1999, 392쪽.

또 다른 장면의 상차림에 대한 본문을 보도록 한다.

늘어선 쟁반들의 훌륭함이란 새삼 언급할 필요조차 없고, 다양한 은제의 술잔과 과일, 마른 음식 등을 실로 정갈하게 내어온다. 북쪽 어전에 사는 오미야[大宮]에게서 손님들을 위한 술안주와 술이 보내어졌다. 이어서 당나라 과자도 차려지고 식사도 함께 준비되었다.[21]

이 본문들에서 공통적으로 보이는 것은 마른 음식(본문에는 '乾物'로 되어 있음)과, 과일(본문에는 '菓物'로 되어 있음)이다. 텍스트의 주석에 의하면, '菓物'은 배, 귤, 복숭아, 감, 매실, 대추 등의 과실을 말하며, '乾物'은 어패류나 육류를 말린 것을 말한다고 되어 있다.[22] 이런 음식들을 식사하면서 식사 겸 술안주로 함께 먹었을 것으로 추측된다.

또 궁중에 귀족들이 모여 있을 때 후지쓰보[藤壺]가 귀족들을 대접하기 위해 식사와 술을 선물로 보내는 장면이 있다.

커다란 술상 정도 크기로 된, 유리로 만든 얕은 단지에 식사를 한 상 차렸고, 유리로 된 얕은 그릇에 익히지 않은 날음식과 마른 음식을 넣고, 움푹한 그릇에는 과일을 넣었다. 큰 유리병에는 술을 넣고 白銀으로 된 주머니에는 시나노[信濃]의 배, 말린 대추 등을 넣고 …(중략)… 백은으로 만든 큰 술 주전자에 봄나물로 만든 뜨거운 국을 넣어[23]

여기서는 生物, 즉 익히지 않은 음식이 본문에 등장하는데, 전반적

---

21 『うつほ物語』2, 1999, 177쪽.
22 『うつほ物語』2, 1999, 177쪽.
23 『うつほ物語』2, 1999, 470쪽.

으로 날 음식이나 마른 음식 등에 대해 구체적인 음식의 종류는 자세히 나오지 않는다. 그런데 시나노 지방의 배가 당시에 유명했던 듯 시나노 지방이란 이름을 밝힌 배와 말린 대추가 본문에 구체적으로 언급되고 있는 점은 주목할 만하다.

이 장면에서 또 하나 주목하고 싶은 것은 술주전자의 존재인데, 본문에서는 히사게[提子]란 단어로 나온다. 히사게는 "따르는 주둥이와 손잡이가 달린 은이나 주석으로 만든 작은 냄비 모양의 그릇. 초기에는 물이나 죽, 술 등을 운반하거나 따뜻하게 만들 때 사용했지만, 이후에는 술에만 사용되었"[24]던 것으로, 이미 헤이안시대에 사용되었음을 알 수 있다. 초기에는 술 이외에도 다양한 액체류를 넣었던 모양인데, 여기서도 히사게는 술이 아닌 국을 넣은 것으로 묘사되고 있다.

또한 술안주를 넣는 그릇으로는 유리로 된 얕거나 깊은 그릇, 백은으로 된 주머니 등을 언급하고 있으며, 또 다른 장면에서는 "히와리고[檜破子]에 넣은 술안주도 있다."[25]라는 본문이 보인다. 히와리고는 노송나무의 얇은 판자를 굽혀서 만든 칸막이가 있는 나무도시락과 같은 것으로 당시 히와리고는 고급 그릇에 속했다. 이와 같이 술안주를 넣는 그릇들에 대한 묘사도 더러 볼 수 있다.

이외에도 술에 관련된 상차림은 본문 여러 군데에서 볼 수 있지만, "다이쇼[大將, 여기서는 나카타다]에게는 질이 좋은 과일과 마른 음식을 넣은 쟁반을 준비시켜 물에 만 밥과 술 등도 대접한다."[26]처럼 대부분

---

24 松村明, 앞의 책, 2006, 〈提子〉 항목.
25 『うつほ物語』 2, 1999, 453쪽.
26 『うつほ物語』 2, 1999, 507쪽.

'菓物[과일]'와 '乾物[마른 음식]'로 표현되고 있다는 사실을 알 수 있다. 술안주에 대해 구체적인 언급은 없지만, 술에 관련된 상차림에서 주로 언급되는 것은 과일, 고기나 생선을 말린 음식, 떡, 익히지 않은 음식 등이며, 행사나 酒宴, 손님 접대 등에서 식사와 함께 술을 마시는 경우가 대부분임을 알 수 있다.

그런데 일본어로 술안주에 해당하는 사카나[肴]란 단어의 용례가 『우쓰호모노가타리』에 12개나 보인다. 대부분 술과 함께 안주가 나왔다거나 먹는다는 단순한 묘사인데, 이 용례 중에서 술안주로 당시에 어떤 것들을 먹었는지 앞서 고찰한 내용을 확인할 수 있는 것이 있다. 앞서 사카도노에서 언급한 미하루노 다카모토란 지독한 구두쇠 대신의 경우, 하인들이 술을 사가지고 와서 안주를 필요로 하자, "(대신의 아내가) 상품의 과일과 마른 음식을 하인들에게 모두 내어주자 대신은 기절하기 직전의 상태가 되었다."[27]란 본문이 보인다. 하인들을 먹이는 것조차 아까워하는 대신에 비해, 인심이 좋은 대신의 아내가 하인들에게 술안주로 과일과 마른 음식을 내어준다는 내용인데, 여기서 술을 위한 안주로 과일과 마른 음식이 언급되고 있음에 주목해야 할 것이다.

또 밥이나 떡도 역시 마찬가지로 중요한 술안주였는데, 그 이유는 다음과 같다.

> 일본인은 오랫동안 잡곡밥과 죽을 먹어왔기 때문에, 쌀밥은 잔치음식이었다. 그래서 연회의 술안주로 가장 적합한 것이 쌀밥이었고 떡도 마찬가지였다. 다른 종류로는 가라모노[干物]·게즈리모노[削物]등으로 불린 어

---

27 『うつほ物語』1, 1999, 167쪽.

패류를 건조한 것이 많았다. 그 다음으로는 새나 짐승의 고기였다. 1136년 12월에 후지와라노 요리나가[藤原頼長]가 열었던 대연회에는 찐 전복, 꿩 등의 말린 고기 8종, 잉어, 꿩, 송어, 농어, 도미 등 생물 8종이 있었다.[28]

그 외에도 『우쓰호모노가타리』 속에는 다양한 음식이름이 술안주로 언급되고 있는데, 예를 들어 다음과 같다.

> 청각채 말린 것, 과일 등으로 술안주를 하고, 홍귤나무 열매, 귤, 주아 [珠芽], 멀구슬나무의 열매 등이 집 앞 나무에 열린 것을 따게 하여 술을 대접한다.[29]

이 역시 내용적으로 보면 해초 말린 것, 과일 종류가 언급되고 있는데, 어떤 종류인지 보다 구체적으로 이름을 거론하고 있다는 점이 중요하다. 이런 점은 당시의 술안주에 대한 정보를 얻을 수 있는 자료로서 중요한 의의를 가진다고 할 수 있다.

한 가지 더 색다른 술안주로 '정진의 안주[精進の御肴]'라는 단어가 나온다. 이는 사찰음식과 마찬가지로 고기를 일체 사용하지 않고 채소나 해초 등이 주가 되는 술안주를 말한다. 일반적인 술안주는 아니고, 이 단어가 나오는 장면은 신추나곤[新中納言]인 사네타다[実忠]의 부인이 喪服을 입고 있어 술안주도 거기에 맞춘 것으로 보인다.

---

28 福田アジオ外編, 『日本民俗大辞典』上, 東京, 吉川文弘館, 1999, 685쪽.
29 『うつほ物語』 3, 1999, 147쪽.

4. 술과 관련된 풍류에 대해

술이란 것은 예나 지금이나 지인과 마시면서 안주와 술 맛을 즐기고 서로간의 유대를 더욱 깊게 하며, 연회를 더욱 흥겹게 하는 역할을 한다. 그런데 술이 고대에는 신에게 바치는 공물(供物)로서도 중요한 의미를 가졌기 때문에 신성한 것으로 여겨졌고, "일본에 있어 초기의 술 제조는 신을 위한 것과 취하기 위한 두 가지 목적이 있었다고 말해진다. 술의 원료는 농경과 깊게 관계가 있었기 때문에, 술의 신은 농경의 신이며 동시에 수확의 신이기도 했으므로, 거기에서 신과 술과 백성이 일체가 되어 수확에 대한 제사도 행해지게 되어 왔다. 또, 술을 마신 후의 도취감을 현실을 초월한 신비함이라고 해석해서, 잠시나마 신에게 한 발 가까이 갔다고 생각하게 되어, 신과 술과 종교적 의례를 결합시키게 되기도"[30] 했는데, 헤이안시대가 되면서 이미 궁중이나 귀족들의 연회나 풍류생활에 없어서는 안 되는 존재가 되어 있었다.

특히 헤이안시대는 귀족들의 문학과 문화가 발달했고 풍요로운 시대 분위기 속에 명절이나 각종 연회를 비롯해서, 꽃구경, 단풍 구경 등 사계를 즐기는 행사가 많이 있었다. 『우쓰호모노가타리』는 특히 상류 귀족들의 이야기인 만큼 특히 규모가 크고 많은 사람이 참석하는 화려한 연회의 모습이 많이 보이는데, 그런 종류의 연회와 행사에 빠질 수 없는 것이 바로 술이었다. 연회의 모습은 "음식을 먹고, 술을 마시고, 무희들은 일어서서 춤을 춘다."[31]라고 묘사되어 있는 경우가 많고, 술

---

30 福田アジオ外編, 앞의 책, 1999, 692쪽.
31 『うつほ物語』 2, 1999, 38쪽.

에 대해서는 누가 술을 마신다라든가 단순한 묘사로 표현되어 있는 용례가 대부분인데, 그 중에서 특히 술을 즐기는 풍류가 표현되어 있는 본문에 주목해 보고자 한다. 저녁식사를 마친 스자쿠 일왕이 사카도노에서 술을 가져오게 해서 나카타다에게 술을 권하면서

　　글이란 건 술이 있어서 더욱 흥이 나는 법이다. 술을 마실 때 취하는 걸 빼고 달리 무슨 할 일이 있겠는가.[32]

라고 말하는 장면이 있는데, 그야말로 문학과 술의 관계를 잘 표현하고 있는 말이라고 할 수 있다.

　또한 헤이안시대 귀족들의 문학적인 풍류하면 와카[和歌]를 빼놓을 수 없다. 와카란 한시가 아닌, 일본 고유의 언어로 지어진 전통시를 말한다. 와카는 일본 最古의 가집인 『만요슈』의 노래들이 전부 와카인 것을 봐도 알 수 있듯이 나라시대 경부터 이미 일본에서 활발히 노래되었다. 이 와카는 헤이안시대 귀족들의 일상생활 속에서 대단히 중요한 것이었고 당시 남녀 간의 연애, 일상생활 속에서의 안부인사, 연회에서의 풍류를 즐기는 놀이 등에도 필수적이었다.

　그런데 헤이안시대 술에 관련된 풍류생활의 가장 대표적인 것으로, 우리나라의 포석정에서 술잔을 띄우고 놀았던 것처럼 일본에도 곡수의 연[曲水の宴]이라고 하는 것이 있었다. 바로 이 곡수의 연이 와카와 술이 함께 어우러져 풍류를 즐기는 놀이이다. 곡수의 연이 문헌에 보이는 것은 『일본서기』 이외에도 『속일본기[続日本紀]』, 『만요슈』 등인데, 『우

---

32 『うつほ物語』 2, 1999, 453쪽.

쓰호모노가타리』에는 이 곡수의 연에 대해서는 언급이 보이지 않는다. 다만 와카와 술을 연관시켜 즐기는 풍류로서, 신년을 축하하는 행사에서 술을 마시기 전에 와카를 술잔에 적는 모습이 묘사되어 있다.

> 주노미야[十の宮]에게 술잔을 들게 하고는, 그 술잔에 다음과 같이 적어서 나카타다에게 주셨다.
> 오늘처럼 내가 소중하게 생각하는 사람들과 영원히 봄을 함께 맞이하고 싶습니다.
> 나카타다는 주노미야를 안으시고, 술잔을 읽은 후 이렇게 답가를 하셨다.
> 앞으로도 우리 함께 오늘과 같은 정월을 맞이하는 것에는 변함이 없을 것이오. 설령 봄이 오지 않는 해가 있다고 해도 말입니다.
> 답가를 하시고는 술을 몇 번이나 함께 드셨다.[33]

와카는 남녀간이든, 친구간이든 한 사람이 시를 읊으면 그에 대한 답가를 하는 것이 일반적이었고, 술을 마시는 경우에도 시에 대한 답가를 서로 주고받으며 서로간의 정을 확인하고 풍류를 즐기고 있음을 알 수 있다. 또 다른 장면에서도 "함께 시를 짓고 술을 마시면서 밤을 새웠다."[34]란 기록이 보이듯이, 당시 와카를 서로 주고받으면서 밤새도록 술을 즐기는 모습을 확인할 수 있다.

또 한 가지 흥미로운 것은 여성이 술잔에 와카를 적어 상대방에게 술과 함께 주는 장면이 있다. 좌대신인 마사요리[正頼]가 신추나곤인 사네타다 집을 방문해서 방 안에 발을 드리운 채로 앉아 있는 사네타다

---

33 『うつほ物語』 2, 1999, 577쪽.
34 『うつほ物語』 2, 1999, 313쪽.

의 부인에게 와카로 인사를 건네자, 그 부인이 "술잔에 와카를 적어 술병과 함께 좌대신에게 드렸다."[35]고 본문에 묘사되어 있다. 일본에서는 가나가 일찍 발명되었고 가나로 와카를 짓는 일은 여성들의 교양덕목이었기 때문에 남성들뿐 아니라 당시는 귀족여성들도 와카를 짓는 일에 능했다. 또한 당시 연애나 결혼 생활 등의 문화가 와카와 밀접한 관계를 가지고 있어, 여성들이 남성들의 구애나 안부인사 등에 와카로 화답을 해야만 했다. 그래서 남성들과 함께 술을 마시지 않는 귀족여성의 경우도 술잔에 와카를 적어 보내는 것이 가능했던 것을 알 수 있다. 이처럼 술을 마실 때 단순히 서로 와카를 읊으며 즐기는 것이 아니고, 술잔에 와카를 적어서 술을 마시고 다시 술잔에 답가를 적어 보내는 풍류생활을 즐겼다는 점, 또 여성들도 술잔에 와카를 적어 보내는 것이 가능했다는 점 등은 와카와 술이 어우러진 귀족들의 풍류의 하나로 볼 수 있다.

다음은 마치 한 폭의 그림을 보는 것 같은 묘사이며, 술을 마시는 사람들의 풍류를 눈 앞에 직접 보듯이 느낄 수 있는 장면이다.

> 잔을 몇 번이나 거듭하면서 악기도 연주했다. 산에서 불어오는 바람은 흩어진 단풍을 날리고, 바람이 가지에 붙어있는 단풍잎마저 떨어뜨리는 해질 무렵 흥취는 깊어져만 갔다.[36]

해질 무렵까지 술을 마시며 악기를 연주하고, 자연의 바람을 느끼며

---

35 『うつほ物語』 3, 1999, 234쪽.
36 『うつほ物語』 3, 1999, 301쪽.

술을 즐기는 풍경의 묘사가 너무나 생생하다. 음악과 가을 풍경, 석양, 그리고 좋은 사람들과의 주고받는 술잔의 풍경 묘사가 잘 어우러져 있으며, 그 속에서 술이란 매개체가 더욱 풍류를 돕우고 관계를 돈독하게 하는 역할을 담당하고 있음은 두 말할 필요가 없다.

그런데 이처럼 술이 대인관계나 행사, 풍류생활에서 대단히 좋은 역할을 하고 있다는 점은 분명하지만, 술을 지나치게 마시는 것에 대해서는 당시 사람들이 좋지 않은 인식을 가지고 있었음이 확인되는 장면이 본문의 여러 군데서 보인다. 예를 들어 스자쿠 일왕이 동궁에게 好色의 마음이 있지 않은지 우려하자, 고노미야[五の宮, 여기서는 동궁의 형제에 해당하는 사람]가 "책에도, 술을 좋아하고 여색을 탐하는 일은 비난받는 일이라고 적혀있는데 말입니다."[37]라고 맞장구치는 내용이 나오는데, 이 시대에도 역시 술과 여색은 남자들의 풍류이고 즐거움이었던 동시에 지나치면 좋지 않다고 하고 있다. 여기서 '책'이라고 표현되어 있는 것은 구체적으로 어떤 책인지는 밝히지 않고 있으나 중국의 한문서적이라고 생각된다.

또 주인공 나카타다가 자기 사위인 나카토모[仲賴]가 궁중에 며칠째 출사하지도 못하고 집에만 있자 걱정이 되어 문병을 갔는데, 몸이 안 좋은 원인이 술 때문이라는 것을 알게 된다.

> "대체 무슨 일입니까?" 나카토모는 "모르겠습니다. 단지 사다이쇼[左大將]댁의 연회에 참석했을 때 시키부교노미야[兵部卿の宮]가 술잔을 쥐고는 억지로 저한테 술을 많이 마시게 했던 탓에, 지나치게 많이 마시고는

37『うつほ物語』2, 1999, 458쪽.

취해버린 탓이라고 생각됩니다."라고 대답했다. (나카타다) "그것 참 안 된 일이군요. 만사에 술을 지나치게 마시는 건 정말 좋지 않은 일입니다."**38**

앞서 고찰한 본문에 "술을 마시면서 밤을 새웠다."란 기록이 있는 것처럼 술을 지나치게 마시고 며칠간 궁중에 출사조차 하지 못할 정도로 병치레를 하는 예는 풍류를 즐겼던 당시 문화를 생각하면 실제로 많이 있었을 것으로 생각되며, 일상생활과 일에 지장을 줄 정도의 지나친 술을 경계하는 이야기들은 존재할 수밖에 없었을 것이다.

그런데 술에 취한 사람들을 꼴불견이라고 표현한 헤이안시대 고전작품이 있다. 헤이안시대 유명한 여류 수필인 『마쿠라노소시[枕草子]』는 작자인 세이쇼나곤[淸少納言]이 여성 특유의 섬세하고 날카로운 필체로 당시의 세상만사를 표현한 작품이다. 『마쿠라노소시』에는 술에 관한 용례가 5개 밖에 없는데, 재미있는 점은 세이쇼나곤이 술에 대해서는 '흥을 깨는 것[すさまじきもの]', '꼴 보기 싫은 것[にくきもの]' 등으로 부정적으로 대부분 표현하고 있다는 것이다. 특히 술에 취한 사람에 대해

술을 마시고 큰 소리로 떠들고, 입 안을 만지작거리고, 수염이 있는 사람의 수염을 쓰다듬으며 술잔을 다른 사람에게 줄 때의 모습은 정말로 보기 싫다. 상대방에게 "좀 더 마셔."라고 말하고 있겠지. 몸을 떨고, 머리를 흔들면서 입가까지 축 처진 채로 아이들이 "이렇게 전하에게 가서"라는 노래를 부를 때와 같은 행동을 취한다. 하필이면 정말로 신분이 높고 훌륭한 사람이 그런 행동을 하는 걸 봤기 때문에, 나는 술주정뱅이가 마음에 들지 않는다고 생각하는 것이다.**39**

---

38 『うつほ物語』1, 1999, 366쪽.

라고 신랄하게 꼬집고 있다. 신분이 높고 교양있게 굴어야 할 사람이 술에 취해서 이성을 잃은 모습을 세이쇼나곤이 실제로 보았기 때문에 부정적인 이미지를 가지게 되었다고 생각된다. 평소 술을 즐기지 않는 사람이 이성적이고 객관적인 눈으로 술에 취한 사람을 보았을 때 가질 수 있는 당연한 감정인지 모르겠지만, 세이쇼나곤은 그로 인해 술이란 것에 대해 전체적으로 부정적인 느낌을 가지고 있고 그것이 수필에 잘 나타나 있다.

이와 같이 지나친 술과 술에 취해 이성을 잃은 행동들에 대해서는 당시에도 다들 부정적으로 인식하고 있음이 본문을 통해서 확인되지만, 그렇다고 술이 가지는 많은 장점과 술이 동반할 수 있는 풍류를 부정할 수는 없다. 동서양을 막론하고 역사 속에서 술은 인간과 함께 동고동락 해왔으며, 헤이안시대 일본에서도 역시 술은 연회를 더욱 풍성하게 하고, 인간관계의 정을 더욱 돈독히 해 주며, 귀한 손님의 선물과 접대에 중요한 의미를 지녔으며, 문학과 연계되어 인간의 근원적인 욕구를 충족시켜 만족감을 부여했다. 그런 술의 모습이 천 년 이전의 고전 작품인 『우쓰호모노가타리』에도 여실히 나타나 있다는 점이 흥미롭다.

5. 결론

이상 『우쓰호모노가타리』에 보이는 '酒'에 관련된 용례를 고찰해 보았다. 같은 시대에 쓰인 수많은 다른 문헌이나 고전작품 중에서도 『우

---

39 新編日本古典文学全集本 『枕草子』, 東京, 小学館, 1999, 66쪽.

쓰호모노가타리』에는 술에 관한 용례가 58개로 압도적으로 많으며, 술을 만드는 장소나 술안주 등에 대한 묘사도 자세하다는 점은 중요하다.『우쓰호모노가타리』의 술에 대한 용례나 술안주나 음식, 술잔 등의 묘사에서 당시의 술문화에 대한 정보를 얻을 수 있다. 물론 모노가타리란 허구의 이야기이므로 이 정보를 가지고 당시의 술문화에 대해 확신하기는 어렵지만, 당시의 시대배경을 바탕으로 해서 모노가타리가 쓰인 것은 분명하므로 술문화나 술과 함께 한 음식 등에 대한 자료로서의 역할을 충분히 한다고 보인다.

특히『우쓰호모노가타리』에 등장하는 용례 중 '사카도노'라는 술을 만들기 위한 건물에 대한 내용은 같은 시대 다른 문헌에서 잘 볼 수 없는 용어이다. 사카도노는 헤이안 시대 이전인 나라시대부터 사용되었으며,『우쓰호모노가타리』의 귀족의 저택 묘사에 등장하고 있으며 술을 만들기 위한 사카도노가 귀족들의 저택 구조에 포함되어 있음을 확인할 수 있다. 또 사카도노에서 술을 만드는 규모라든가, 부엌처럼 식초나 간장도 함께 만들었다는 사실 등을 알 수 있다.

그리고『우쓰호모노가타리』에는 酒宴에 관련해서 술에 관련된 상차림에 대한 묘사나 술안주에 대한 표현 등이 다수 보이는데, 술안주로 주로 언급되는 것은 과일, 고기나 생선을 말린 음식, 밥이나 떡, 익히지 않은 날음식 등이며, 행사나 酒宴, 손님 접대 등에서 식사와 함께 술을 마시는 경우가 대부분이었다. 술은 귀한 손님에게 접대하기 위해 사카도노에서 일부러 내어오거나, 선물로 주고받기도 했다는 사실도 확인할 수 있다.

또한『우쓰호모노가타리』는 상류귀족들의 이야기인 만큼, 귀족들의 술을 즐기는 풍류가 잘 표현되어 있다. 술로 인해 문학에 더욱 흥취를 느끼거나, 자연 속에서 해질 무렵까지 악기를 연주하고 술을 즐기는 묘사가 본문에 보이며, 또 와카를 상대방의 술잔에 적어 주면 그에 대한 답가를 다시 술잔에 적어 보내는 장면 등에서 당시 술을 통해 즐겼던 풍류생활의 모습을 알 수 있다. 그런데『우쓰호모노가타리』에서는 술이 대인관계나 풍류생활에서 긍정적인 역할을 하고 있다는 것은 분명하지만, 한편으로는 술을 지나치게 마시는 것에 대해서는 경계하는 내용도 본문에서 나오며, 헤이안 시대 다른 작품에서도 술에 취한 사람에 대한 신랄한 비판을 볼 수 있어, 술을 즐기는 풍류와 그것이 지나쳤을 때의 당시 사람들의 생각을 확인할 수 있다.

헤이안 시대 문헌이나 문학작품을 통해 그 속에 보이는 술의 양상에 대해 연구하는 것은 고대 일본의 술의 양상에 대해 알고, 나아가 당시 우리나라의 경우와 비교연구 등에도 중요한 역할을 한다. 『우쓰호모노가타리』 이외의 다른 일본 고전문헌 속에 보이는 술의 양상에 대해 연구하는 것을 이후의 과제로 삼고자 한다.

참고문헌

1. 원전자료

新編日本古典文學全集本『うつほ物語』1, 東京, 小學館, 1999, 1~578쪽.
新編日本古典文學全集本『うつほ物語』2, 東京, 小學館, 1999, 1~642쪽.
新編日本古典文學全集本『うつほ物語』3, 東京, 小學館, 1999, 1~674쪽.
新編日本古典文学全集本『風土記』, 東京, 小学館, 1994, 1~634쪽.
新編日本古典文学全集本『枕草子』, 東京, 小学館, 1999, 1~542쪽.

2. 사전류

国史大辞典編集委員会編, 『国史大辞典』 6, 東京, 吉川文弘館, 1985, 1~976쪽.

松村明, 『大辞林』(第三版), 東京, 三省堂, 2006, http://www.excite.co.jp/world/j_dictionary/

秋山虔, 『王朝語辞典』, 東京, 東京大学出版会, 2000, 1~530쪽.

福田アジオ外編, 『日本民俗大辞典』上, 東京, 吉川文弘館, 1999, 685쪽, 1~1008쪽.

3. 연구 논문

加藤 百一, 「「古事記」に現われた酒」 1, 『日本醸造協会誌』 104-4, 日本醸造協会, 2009, 253~259쪽.

_____, 「「日本書紀」に現われた酒」 1, 『日本醸造協会誌』 103-5, 日本醸造協会, 2008, 337~347쪽.

_____, 「万葉の古代と酒」 1, 『日本醸造協会誌』 100-2, 日本醸造協会, 2005, 113~124쪽.

_____, 「源氏物語に見える酒」 1, 『日本醸造協会誌』 106-3, 日本醸造協会, 2011, 146~151쪽.

_____, 「源氏物語に見える酒」 3, 『日本醸造協会誌』 106-5, 日本醸造協会, 2011, 287~292쪽.

김효숙, 「『우쓰호 이야기[うつほ物語]』에 보이는 파사국[波斯國]에 대하여: 『왕오천축국전[往五天竺國傳]』과의 접점」, 『동아시아고대학』 제40집, 동아시아고대학회, 2015, 217~240쪽.

류정선, 「우쓰호 모노가타리[宇津保物語]와 음악의 문예」(박사학위논문), 나고야대학교, 2003, 1~200쪽.

大東 沙耶香; 岡部 由文, 「宇津保物語の研究 : 仲忠の栄華達成と家族観」, 『就実表現文化』 Vol.8, 就実大学表現文化学会, 2014, 33~55쪽.

제2부

술과 문화, 문화재, 문화사
酒　　　文化　　　文化財　　　文化史

동아시아 고대 유교문헌과 강증산 전승에서
술의 역할과 의미

고남식

1. 머리말

  술은 예로부터 신성한 의미로 사용되어졌다. 술을 뜻하는 酒자는 일반적으로 술을 올려 드리는 제사를 의미하며, 종교문화와의 관계는 긴밀하다. 세계 수 많은 민족들은 오랜 세월 동안 음식 문화를 자체적으로 만들어 왔고 그 가운데 술 문화는 중요한 자리를 차지하고 있다. 술의 기원에 대해서는 지역적으로 특이한 신화나 전설들이 전해 내려오고 있다.

  알코올 음료는 삶의 새로운 상징 방식을 윤택하게 만들었다고 볼 수 있다. 실제로 다양하게 이용 가능한 술은 뇌의 잠재의식에 접근하기 위한 중요한 매체의 역할을 해왔을 것이다. 술은 환각을 유도해서 주술사로 하여금 다른 많은 역할을 수행할 수 있도록 했다.[1] 우리나라의 술에 대한 최초의 기록은 동명왕 이야기에 나온다. 큰 딸 유화는 해모

---

1 패드릭 E. 맥거번 著·김형근 譯, 『술의 세계사』, 서울, 글항아리, 2016, 65~66쪽.

수에게 정이 들고 말았고 유화가 낳은 아이가 주몽이며 술은 한 여자가 사랑에 빠지게 하는데 결정적 역할을 하였고, 공후인은 술에 미친 남편을 둔 슬픈 아내의 노래이다. 술은 슬픈 이야기만이 아니라 고대의 축제에도 빠짐없이 등장한다.[2] 부여의 영고나 고구려의 동맹, 마한의 농업 시절제 등 행사에서 술로서 즐겼다고 하는 것을 보면 농업이 시작되었을 때부터 술을 빚어 마셨던 것으로 추정된다.[3]

姜甑山(1871~1909)은 이상세계인 後天을 이루기 위한 종교적 의례를 31세부터 시작하여 자신이 化天하기 바로 전까지 9년간 행하였는데 이는 天地公事(1901~1909)라는 용어로 대표된다. 그런데 이 천지공사는 일반적으로는 모두 다 이해하기 어려운 면을 포함한 다양한 형태 및 방법으로 행해진 종교적 행적들로 점철되어 있다. 증산은 천지공사에서 다양한 문화적 재료들을 사용하였는데 특히 술은 중요한 위치를 차지하고 있다. 특히 술을 팔고 많은 사람들이 모여 대화를 나누는 장소인 酒幕을 중심으로 천지공사를 하였으며 주막은 신과 신, 신과 인간, 인간과 인간의 화해를 이루기 위한 神明풀이의 장소로 사용되어졌다.

연구사를 보면 술의 동서양에서의 유래와 관계를 찾아 본 연구가 있고[4], 한국 술의 유래와 종류에 대한 연구가 있다.[5] 또 문학작품에 나타난 술에 대한 연구가 있고[6] 비교민속학적 연구도 있었다.[7] 아울러

2 정혜경·김미혜, 『한국인에게 막걸리는 무엇인가』, 서울, 교문사, 2012, 3~4쪽.

3 김용덕, 『한국민속문화대사전』 상권, 서울, 창솔, 2004, 1089~1090쪽.

4 패드릭 E.맥거번 著·김형근 譯, 위의 책, 2016.

5 이효지, 『한국전통민속주』, 서울, 한양대출판부, 2009.; 정혜경·김미혜, 위의 책, 2012.; 고경희, 「한국 술의 음식문화적 고찰」, 『한국식생활문화학회지』 24, 한국식생활문화학회, 2009.

6 윤석우, 「음주시에 나타난 중국시인의 정신세계」, 연세대학교 박사학위논문, 2004.;

유교 문헌에 나타난 술에 대한 연구가 있었고[8], 한국 종교의례에서 술에 대해 현실적 의미에서 찾아 본 연구도 있었다.[9] 한편 동아시아 고대 종교문화를 술과 관련해서 보면, 불교에서는 施食의례가 있는데 觀音시식, 華嚴시식, 奠시식, 救病시식 등이 있다. 불교식 제사라는 데서 제물을 차리되 계율에서 벗어나는 육류, 생선, 주류 등을 제외하고 파, 마늘 등도 쓰지 않는다. 그리고 제사의 목적이 단순히 음식을 대접하는 것이 아니라 그 음식은 법식으로 변한 음식을 대접함에 의하여 부처님의 가피력을 입게 되고 그렇게 함에 의하여 비로소 제사의 목적을 다한다는 것이다.[10] 이를 보면 불교문화와 술의 관계는 많은 거리가 있음을 알 수 있다. 한국종교에서 술이 등장하는 의례는 무교의 경우 모든 거리에서 등장하고 유교는 제례에서, 천주교는 영성체, 기독교는 성찬식에서 보인다. 원불교에서는 1962년(원기) 2월의 『정전』계문에서 최종적으로 '연고 없이 술을 마시지 말며'로 확정되었다. 이 계문의 성립과정에서 볼 때 연고의 범위가 매우 중요하며 어떠한 경우에도 과음은 犯戒이다. 연고 있는 음주는 약용이나 중노동자의 피로회복과 飢寒방지 그리고 사회적으로 교제할 때 등으로 본다.[11] 이에 이글은 앞의 선행 연구들을 참조하며 술 문화에 대해서 동양의 대표적인 종교인 儒佛道

임재욱, 「애정시조에 활용된 술의 의미」, 『한국고전연구』 22, 한국고전연구학회, 2010.

7 노성환, 「술의 비교민속학적 연구」, 『비교민속학』 13, 비교민속학회, 1996.

8 고영희, 「시경과 서경을 통해본 음주문화」, 『원불교사상과 종교문화』 63, 원불교사상연구원, 2015.; 진성수, 「유교경전에서 술의 상징체계 연구」, 『양명학』 37, 한국양명학회, 2014.

9 허연실, 「한국종교의 의례와 술」, 한양대학교 석사학위논문, 1996.

10 고려대 민족문화연구원, 『한국민속의 세계』 10, 2001, 90쪽.

11 원광대 원불교사상연구원, 『원불교대사전』, 2013, 634쪽.

가운데 불교는 음주행위가 금지되어 있고, 도교는 민간의 삶과 거리가 있어, 일반적으로 일상과 관련해서 술이 상용되어 온 유교문화와 관련해서 그 연구를 진행하게 되었다. 아울러 유교문화에서도 그 비교를 확연히 할 수 있는 유교 문헌를 통하여 술의 역할과 의미를 살펴보기로 한다.

특히 술에 관한 비교 연구의 차원에서 동아시아 종교문화에서 유교 문헌에 나타난 술의 의미를 찾아보고 이와 같은 술의 역할과 의미가 조선말기 종교문화적 현상인 강증산에 관한 전승에서 어떻게 나타나고 있는가를 고찰할 목적으로 진행되었다. 이를 위해 2장에서 술의 역할과 의미를 유교 관련 문헌을 중심으로 살펴보고 이를 바탕으로 3장에서는 全州지역을 중심으로 형성된 강증산 전승에 나타난 술의 역할과 의미를 찾아보고 유교문헌과의 비교를 표로 작성하고 그 동질성과 이질성을 고찰해보았다. 이를 통해 고대 문화로부터 전해 내려온 술의 역할과 의미가 어떻게 조선말기 근대에 전승되며 전북지역을 중심으로 형성된 한국 종교문화 속에서 나타나고 있는가를 일면 찾아볼 수 있을 것이라 사료된다.

2. 유교문헌에 나타난 술의 역할과 의미

세계 여러 지역에서 각기 주변의 자연환경에 맞추어 독특한 술들을 다양하게 빚어 왔고, 이렇게 형성된 전통주들이 나라마다 특색 있는 술 문화로 정착 발전되어 그 민족 나름대로의 멋과 맛을 이루고 있다.[12] 종교문화는 신과 관련된 면이 주를 이루면서 각 종교의 문화가 인간사회에 작용하여 세상에 그 목적을 이루는 것으로 위치하게 된다. 이러한 관점에서 山川에 祭를 올리고 조상에 대해 愼終追遠하며, 『大學』의 「三綱領」과 「八條目」을 바탕으로 하는 유교문화와 관련해서 문헌에서 술 문화와 연관해서 살펴보면 그것은 크게 신과 연관된 면, 인간과 연관된 면의 둘로 나누어 볼 수 있을 것이다.

1) 神과 관련된 술

신과 관련해서 술을 보면 무엇보다도 그것은 祭儀와 연관된 면으로 나타난다. 이러한 고대로부터 형성된 제의적 요소는 유교문화에 전해지게 된다. 신과 인간의 관계는 이후 샤머니즘에서 巫에 의해 접신을 하는 형태로 의식으로 발전되었으며 무의 예술적 활동에서 신과 관련되게 되었다. 이때 강신 및 접신의 과정에서 중요한 매개물이 술이 되었다. 처음 천신에게 바쳤던 것은 물이었는데 이 물이 술로 대체되고 웅덩이는 靑銅尊으로 대체되고 손으로 움켜지어 마셨던 것도 酒器로 酌獻으로 바뀌었다.[13] 신에게 제사를 지낼 때 술은 중요하였다. 가령 토신제의 경우 지금은 家祭를 지낸 다음 그 제물을 조금씩 한 그릇에 담아 북쪽 정원에다 묻는 것으로 끝내지만, 옛날에는 술만 땅에 세 번 붓는 것으로 이를 치루었다 한다.[14] 우리나라에서도 지신에게 술을 올리는 고사를 지냈다는 기록이 나타난다. 地神祭는 매년 사계절마다 행한다. 이것도 보통 알고 지내는 노파 또는 직업무당을 불러다가 주부를

---

12 이효지, 『한국전통민속주』, 한양대출판부, 2009, 12쪽.
13 진성수, 「유교경전에서 술의 상징체계 연구」, 『양명학』 37, 한국양명학회, 2014, 278쪽.
14 노성환, 「술의 비교민속학적 연구」, 『비교민속학』 13, 비교민속학회, 1996, 525쪽.

비롯한 여성 가족이 모여서 행하는 女祭이다. 경성 지방의 基告祀에 해당하는 安宅祭이다. 경성 근교에 터주가리가 있는 집에서는 매월 朔望 때 이곳에 탁주 한잔을 붓고 소위 酒告祀를 행한다[15]는 말처럼 지신제에 술이 사용되기도 하였다.

　臺는 적어도 춘추기까지 제정일치적 聖所 및 聖庫로 기능했는데 좌전 애공 14년에 齊의 簡公이 부인과 더불어 檀臺에서 술을 마셨다는 것[16]은 제의행위에 술이 사용되어지고 이를 마신 것으로 볼 수 있다. 제사의 절차에서 술이 사용되어지는 것은 초헌에서 祭主가 神位 앞에 나아가 꿇어 앉아 집사자가 따른 술을 올리며 亞獻과 終獻에서도 제주가 아닌 이가 올리고 添酌을 侑食이라 하는데 이는 제주가 다른 잔에 술을 따라 우집사자나 좌집사자에게 술을 채우도록 하는 것이다.[17] 이처럼 술은 신과 인간, 조상과 자손을 이어주는 매개체의 역할을 하였다.

　술을 바친다는 것은 풍년에 대한 감사의 표현이며 일종의 보답이다. 술과 안주는 초월적 존재를 경배하는 제물인 동시에 실재하는 통치자를 기쁘게 하는 중요한 음식물이기 때문이다. 술잔과 술이란 가족의 범위에서는 부모자식의 도리를 의미하지만, 사회적으로는 상하 구별의 예를 상징하고 있음을 알 수 있다.[18] 이상의 제의와 관련된 술의 용도와 함께 유교문헌을 보면 『서경』「주고」에 술과 지사의 관계가 명료히 나타난다. 술이 신과 관련된 제사에만 쓰고자하여 빚어졌음은 다음 내용에 나타난다.

---

15 秋葉隆 著·沈雨晟 譯, 『朝鮮民俗誌』, 동문선, 1993, 173쪽.
16 이성구, 『중국고대의 주술적 사유와 제왕통치』, 일조각, 1997, 50쪽.
17 최상수, 『한국 민속문화의 연구』, 성문각, 1988, 62~63쪽.
18 진성수, 앞의 논문, 280~288쪽.

왕(무왕)이 대략 다음과 같이 말씀하셨다. "큰 명을 매방에 밝히노라."
네 穆考이신 문왕이 처음 나라를 창건하여 西土에 계실적에 庶邦의 여러
선비들과 少正과 御事들을 가르치고 경계하시어 아침 저녁으로 당부하시기
를 '제사에만 이 술을 쓸 것이니 하늘이 명을 내리시어 우리 백성들에게
처음 술을 만들게 하신 것은 오직 큰 제사에 쓰게 하려 하신 것이다.'하셨다.[19]

문왕이 小子와 벼슬을 맡고 일을 맡은 사람들을 가르치시되, '술에 항상
하지 말라. 여러 나라가 술을 마시되 오직 제사 때에만 할 것이니 德으로
이어가 취하지 말라'하셨다.[20]

위의 「주고」의 글은 인간들에게 술에 대해서 크게 경계하는 내용이
된다. 여기에서 문왕의 말대로 술은 하늘의 명으로 큰 제사에 사용하고
자 만들어졌음을 볼 수 있다.

2) 인간과 관련된 술

고대 중국 夏나라 때 禹임금의 딸이 儀狄에게 명하여 술을 최초로
만들어 올렸다는 전설이 있다.

옛날 우임금의 딸이 의적에게 명하여 술을 빚게 했는데, 술이 너무 아름
다워[美] 우임금에게 바쳤다. 술을 맛 본 우임금은 감탄하였으나 의적을
멀리하고 술을 금지하며 말하기를 '후세에 반드시 이 술 때문에 나라를
망치는 일이 있을 것이다'라고 하였다.[21]

19 성백효 譯註, 『書經集傳』, 전통문화연구회, 2011, 152쪽.
20 성백효 譯註, 위의 책, 154쪽.
21 『全國策』, 「衛策」.

이처럼 술은 인간에게 크게 즐거움을 주는 것이지만 그 이면에는 夏나라 우임금의 말처럼 亡國에 빠지게 하는 음식임을 알 수 있다. 인간과 관련해서 술은 개인수양과 관련해서 생각해 볼 수 있다. 술은 구성원간의 화합을 이루는 것이지만 여기에는 개인수양을 전제로 하는 술의 의미와 역할이 내재되어 있는 것이다. 『서경』「五子之歌」에는 여색, 음악, 집을 높게 함, 담장 장식하는 것과 함께 술이 정치를 제대로 못하게 하여 나라를 망하게 하는 주범이 됨을 밝혔으며 義和가 자신의 직무를 廢하고 술에 빠져 고을을 荒弊하게 하자 天紀가 어지럽혀졌으며 이에 先王이 죽게 했다는 내용이 있다. 개인수양과 관련해서 보면 정치 지도자의 술에 대한 경계가 중요하게 대두된다.

일반적으로 술은 정치를 하는데 경계해야 될 음식물로 되어 있다. 술에 빠져 정치를 망친 紂가 대표적이며 이에 周代에는 술에 대해 알린다는 뜻의 「酒誥」가 만들어지기도 하였다. 「酒誥」에서는 紂王을 예로 오직 제사에만 술을 사용하고, 술을 자주 마시지 말고, 여러 사람이 술 마시는 것을 금지하며, 과도한 음주행위를 하지 말라고 강조하고 있다. 주고를 지은 이유가 음주에 대한 덕에 있음을 다음에서 볼 수 있다.

> 상왕 受가 술주정을 하자 천하가 교화되니 妹土는 상나라의 도읍으로 惡에 물듦이 더욱 심하였다. 무왕이 이 땅을 康叔(문왕의 아들이며 무왕의 아우)에게 봉하였으므로 글을 지어 가르쳤다.[22]

---

22 성백효 역주, 앞의 책, 151쪽.

상나라 紂 임금의 술을 통한 백성들에 대한 피해가 막심했음을 천하가 술에 감화되고 상나라 도읍을 惡에 물들게 했다는 표현에서 알 수 있다. 이에 문왕이 제사에만 술을 쓰라고 하였으며 백성들에게도 '우리 백성들이 小子를 인도하되 오직 土物을 사랑하게 하면 그 마음이 善해 질 것이니, 祖考의 떳떳한 가르침을 잘 들어서 작은 덕과 큰 덕을 소자 들은 한결같이 여기도록 하라'한 것은 부지런히 농사를 짓고 술을 삼가 야하는 것으로 나타난다.[23]

무왕은 이러한 문왕의 가르침을 전하며, 매토의 사람들에게 농사에 힘쓰고 부모와 어른을 잘 섬기고 장사를 해서 孝道를 하는데 부모 봉양 에 부모가 기뻐하면 술을 쓸 수 있다고 가르치고 있다. 무왕은 매토의 신하들을 가르쳤는데 부모가 기뻐하고, 노인을 봉양하고, 饋祀를 올리 면 술을 마실 수 있다고 하였다. 이에 『서경』에서는 中正한 덕을 유지 하지 못한 지도자의 음주는 결국 개인뿐만 아니라 사회와 국가를 혼란 하게 만들거나 멸망하게 하는 주된 원인임을 강조하고 있다. 특히 음주 에 관해서는 지도자의 솔선수범을 강조하고 있는데, 이것은 유가 정치 이론의 오랜 전통인 正名을 의미하는 것이기도 하다.[24] 술의 사용을 국가의 제사에만 제한적으로 사용해야함을 강조하였으며, 방탕한 음 주의 처벌이 국정 최우선 과제임을 강조한 것은 정치를 안정시키는 책임이 우선 왕·신하와 같은 국가지도자들에게 있으며, 동시에 나라 전체가 음주의 폐해를 깨달을 수 있도록 이끌어야함을 강조한 말이다.

---

23 성백효 역주, 위의 책, 155쪽.

24 고영희, 「시경과 서경을 통해본 음주문화」, 『원불교사상과 종교문화』 63, 원불교사상 연구원, 2015, 270쪽.

이와 같이 정치 지도자의 술에 대한 경계를 토대로 백성들에게 임하여 지도자의 中德을 강조하기 위한 목적으로 무왕은 康叔에게 경계한다.

> 옛날 은나라의 先哲王이 하늘의 밝은 명과 小民들을 두려워하여 덕을 떳떳이 간직하고 밝음을 잡아서 성탕으로부터 다 제을에 이르기까지 왕의 덕을 이루고 보상을 공경하였음으로 어사들이 도움에 공손함을 두어 감히 스스로 한가하고 스스로 안일하지 못하였으니, 감히 술마심을 숭상한다 하겠는가. …(중략)…백성과 마을에 거주하는 자에 이르기까지 감히 술에 빠진 이가 없었으니, 다만 감히 하지 못할 뿐만 아니라 또한 할 겨를이 없었고 오직 왕의 덕을 이루어 드러나게 하며 백관과 제후의 우두머리들이 임금을 공경함을 도왔다.[25]

위의 내용도 은나라의 탕 임금으로 부터 여러 명철한 제왕들이 하늘과 백성을 두려워하며 덕으로 임하고 음주를 경계하였음을 밝히고 있다. 이 때문에 백성들도 감화되었고 높은 관직에 있는 관리들도 역시 술 마심을 조심하며 왕의 가르침을 덕으로 잘 지켰음을 보여주고 있다. 武王은 아우인 강숙이지만 자신의 가르침을 행해나가지 못할 시에는 죽임을 당할 것이라고 하며, '封아 너는 나의 경계를 떳떳이 들어라. 네 有司들을 다스리지 못하면 백성들이 술에 빠질 것이다'[26]라고 마지막으로 강조하고 있다. 요컨대 술에 대한 위정자의 책임이 큰 것이며, 결국 스스로 中正한 德으로 음주에 임하여 모범을 보이고 이를 토대로 관리들을 잘 통솔해야한다는 것이 된다. 아울러 개인 수양의 관점에서

---

25 성백효 譯註, 앞의 책, 158~160쪽.
26 성백효 譯註, 위의 책, 167~168쪽.

음주가 개인의 덕을 평가하는 중요한 위상을 차지하게 된다는 것이다.

앞의 『서경』 「주고」의 내용처럼 술은 개인의 수양인 덕을 가늠할 수 있는 중요한 기준이 된다. 따라서 동양에서는 오래전부터 사람의 내면을 알아보기 위해서는 그와 함께 술을 먹어보아야 한다는 생각이 존재해 왔다.[27] 『詩經』 「小雅」 '賓之初筵'에는 술에 취하기 전 모습에서 술에 취해 씻을 수 없는 잘못을 할 수 있는 차원까지를 자세히 기술하여 음주에 대한 경계를 보이고 있다. 『명심보감』에서도 '술 취한 가운데도 말하지 않는 것은 참다운 군자이다'[28], '度에 지나친 술을 경계하라'[29]라고 하였으며, 또한 무왕이 열 가지 도둑을 물어 본 것에 대해 강태공이 그 하나로 '술을 탐하고 욕심을 부리는 것'[30]이 포함되어 있다. 이는 모두 일상생활 속에서 개인적 수양과 관련해서 음주행위가 인간의 덕을 보여주는 중요한 덕목임을 말해준다.

3. 강증산 전승에 나타난 술의 역할과 의미

앞 장에서 유교문화를 중심으로 술에 대해 신과 관련된 면과 인간과 연관된 면으로 나누어 살펴 본 것처럼 강증산 전승에 대해서도 술을 신, 인간과 연관된 면으로 보기로 한다. 이는 上古 유교 문화에 나타난 내용을 토대로 강증산 전승에 나타난 술의 역할과 의미가 어떠한가를

---

27 진성수, 앞의 논문, 294~295쪽.
28 성백효 譯註, 『명심보감』, 전통문화연구회, 2008, 25쪽
29 성백효 譯註, 위의 책, 59쪽.
30 성백효 譯註, 위의 책, 72쪽.

보는 것이다. 이러한 시각은 일반적이며 강증산은 유불선 음양참위의
정수를 취한 후에 이를 바탕한 위에 자신의 생각을 가미하여 사상을
펼쳐나갔기 때문이다. 강증산은 많은 종교적 행적을 조선후기 서민문
화와 연관된 酒幕을 중심으로 행하였음을 볼 수 있다.[31] 사람들의 이동
은 전문적인 숙박과 외식업을 성립시켰다. 이 주막거리가 19세기 중엽
이후 점차 장시의 중심지가 되었고, 개항이후 근대적 상업도시가 이들
지역을 중심으로 형성되었다.[32] 주막에서 기거를 하고 제자들을 만나
며 민중들과 함께 酒食을 함께 나누었기에 주막은 강증산에게 있어
조선의 일반 민중들과 소통하고 화합하는 중요한 장소였다. 이 주막에
는 밥과 술이 있었기에 술과 음주문화는 자연스럽게 증산 종교문화에
서 큰 비중을 차지하게 된 것이다. 먼저 술에 대해 신과 관련된 면을
보기로 한다.

1) 神과 관련된 술

강증산의 종교문화는 강증산이 9년간 보여 주었던 종교적 행적인
「천지공사(1901~1909)」로서 표출되었으며, 이 「천지공사」는 대부분이
祭儀的 형태를 갖고 있다. 자신의 종교적 행적에 관련된 신을 降神해서
의도한 목적을 이루어 나가는데 음식을 준비하고 의례적 행위를 하였

---

31 몇 달 동안 객망리 앞 주막에서 천지공사를 행하시니 종도가 많아지니라.(교법 1-17);
   四月 어느 날 정 괴산의 주막에서 상을 받고 계셨는데(행록 4-16); 차경석이 정읍에서
   전주로 가던 길에 점심을 먹으려고 용암리 주막에 들렀는데 이 때 상제께서도 金自賢과
   몇 종도를 데리고 이 주막에 들르셨도다.(행록 3-37); 기유년 어느 날 원평 시장 金京執
   의 음식점에 사관을 정하시고 오랫동안 왕래하셨도다.(행록 5-4)

32 주영하, 「주막의 근대적 지속과 분화 -한국음식점의 근대성에 대한 일고-」, 『실천민속
   학』 11, 실천민속학회, 2008, 15~16쪽.

고 여기에 술이 중요한 음식으로 사용되어 졌다. 이처럼 강증산은 술과 여타 음식물들을 준비하고 제의적 형태의「천지공사」라고 명명된 종교 적 형태의 의례를 통하여 解冤과 報恩을 바탕으로 자신의 목적한 바를 이루어나갔다. 천지공사라는 종교적 의례에 신을 대접하고 문제를 풀 기위해 소통하는 의미로 술이 사용되어짐을 다음에서 볼 수 있다.

> 삼계의 大權을 수시수의로 행하셨느니라. 쏟아지는 큰 비를 걷히게 하 시려면 종도들에 명하여 화로에 불덩이를 두르게도 하시고 술잔을 두르게 도 하시며 말씀으로도 하시고[33]

> 공사에 때로는 酒肉과 단술이 쓰이고 상제께서 여러 종도들과 함께 그 것을 잡수시기도 하셨도다.[34]

주술은 인간이 초자연적인 힘을 조작하여 어떠한 목적을 달성하기위 한 기술로 주문·주구·주적행위로 구성되어 있는데[35] 위에서 술이 주술 적 요소로 쓰여 지고 있는 것이다. 술은 신과 소통하는 중요한 요소가 되는 것이다.

> 수박에 소주를 넣어서 우물에 담구었다가 가져오게 하셨도다. 그 수박 을 앞에 놓고 가라사대 "내가 이 수박을 먹으면 곧 죽으리라. 죽은 후에는 묶지도 말고 널 속에 그대로 넣어두는 것이 옳으니라 하셨도다."…(중 략)…응종이 상제께서 계신 방이 너무 조용하기에 이상한 마음이 들어

---

33 공사 1-4.
34 공사 1-6.
35 한국정신문화연구원, 『한국민족문화대백과사전』 20, 1996, 833쪽.

방을 들여다보니 상제께서 조용히 누워 계시는데 가까이 가서 자기의 **뺨**을 상제의 용안에 대어보니 이미 싸늘히 化天하신지라.[36]

위에서 증산의 化天(죽음)과 관련해서 술이 주술성을 갖고 있음이 나타난다. 수박을 먹으면 죽는다는 것이 주술적인데, 우물에 담구었던 수박을 먹으면 죽는데 그 수박 속에는 소주라는 술이 들어있다는 것이 중요하다. 논리적 의미로만 풀 수 없는 주술과 상징이 술 속에 있는 것이다. 이는 인간적 논리만으로는 풀 수 없는 신적 세계와의 어떤 교감이 있음을 암시한다. 연이어 등장하는 꿀 물 한 그릇과 태을주 등도 술과 함께 주술적 의미를 더하고 있다. 다음으로 술이 신과 인간의 문제를 해결하기 위한 물질적 요소로 사용되고 있다.

장흥해는 분노에 못 이겨 몽둥이를 들고 와서 상제를 난타하니 상제께서 유혈이 낭자하니라. (중략) 김 형렬은 흥해의 부친의 행패를 전혀 모르고 상제의 소식을 듣고자 화정리에 왔도다. 그를 흥해의 가족들이 결박하여 서 원규의 집에 끌고 가서 상제가 계신 곳을 대라고 족치는지라. 서 원규·김 형렬은 상제께서 가신 곳을 몰라 그 가족들로부터 구타만 당하였도다. 이로 인하여 상제의 가족은 화를 피하여 태인 굴치로 가고 형렬은 밤중에 피하고 원규는 매일 그들의 행패에 견디다 못 견디어 약국을 폐쇄하고 가족과 함께 益山으로 피하였도다. 상제께서는 장 흥해의 변에 제하여 부친의 소실인 川原張氏에게 "술을 빚으라" 이르시고 "누구든지 술을 먼저 맛보지 말라"고 당부하시니라. 어느 날 상제의 부친이 오시자 장씨는 상제께서 하신 말씀을 잊고 웃 술을 먼저 떠서 드리니라. 얼마 후에 상제

---

36 행록 5-35.

께서 돌아오셔서 술에 먼저 손댄 것을 꾸짖으시고 "가족들이 급히 피하여야 화를 면하리라" 말씀하시고 나가셨도다.…(중략)…상제께서 "敎中이나 家中에 분쟁이 일어나면 神政이 문란하여지나니 그것을 그대로 두면 세상에 큰 재앙이 이르게 되느니라. 그러므로 내가 그 기운을 받아서 재앙을 해소하였노라"고 이르셨도다.[37]

위의 이야기는 '장효순의 난'이라는 제목으로 불리는 전승이다. 이 이야기는 종국적으로는 "敎中이나 家中에 분쟁이 일어나면 神政이 문란하여지나니 그것을 그대로 두면 세상에 큰 재앙이 이르게 되느니라. 그러므로 내가 그 기운을 받아서 재앙을 해소하였노라"는 강증산의 말처럼 인간들 사이의 대립과 갈등은 물론이고 이로 인해 신계의 神까지도 문제가 생기므로 인간의 문제, 신의 문제를 모두 해결하기 위해서 강증산이 公事를 본 것으로 요약된다.

그런데 여기에서 주목되는 것은 문제해결을 하는 중심에 새로이 술을 빚었으며 이 술이 중요한 역할을 함으로써 신과 인간의 문제들이 해소되었다는 것이다. 이 술은 신성한 의미를 갖고 주술적 역할을 하게 되는 것이다. 그러나 문제를 풀고 화해를 이루어야할 술에 凡人이 이를 잊고 손을 대게 되자 큰 화를 겪게 된다. 술은 갈등과 대립을 풀고 신의 세계의 문제까지 해결할 수 있는 요소로 사용되어짐을 알 수 있다. 또한 술이 예언적 의미를 갖고 신과 관련해서 주술성을 갖고 문제를 해결하기 위한 요소로 사용되어 지고 있음을 다음에서 볼 수 있다.

---

37 행록 3-1~8.

주막에 들러 술을 찾으시니 주모가 술이 없다고 대답하기에 상제께서
"이런 주막에 어찌 술이 없으리요"라고 하시니 주모가 "물을 붓지 아니한
새 독의 술이 있나이다"고 대답하기에 상제께서 "술은 새 독의 술이 좋으
니라. 술에 안주가 있어야 하리니 돼지 한 마리를 잡으라" 분부하시고
글을 써서 주모에게 주어 돼지 막 앞에서 불사르라고 이르시니 주모가
그대로 행한 바 돼지가 스스로 죽으니라. 또 상제께서 주모에게 "돼지를
삶아 먼저 맛을 보는 자는 누구든지 죽으리라" 분부하셨도다. 상제께서
삶은 돼지를 그릇에 담아 뜰 가운데 술을 전주로 걸러서 마루위에 놓게
하시고 글을 써서 주인을 시켜 뜰 한가운데서 불사르게 하신 후에 공신과
주인과 참관한 마을 사람과 행인들과 함께 술과 고기를 잡수셨도다. 이
때 상제께서 큰 소리로 "무엇을 더 구하느뇨. 글자 한자에 하나씩만 찾아
가면 족하리라"고 외치셨도다.[38] 그 이튿날 아침에 공신이 술과 고기 값으
로 서른 석 냥을 몽땅 갚은 뒤에 상제께서 공신을 데리시고 행단을 떠나
솔밭 속으로 지나시다가 갑자기 큰 소리로 "이놈이 여기에 있도다" 하시는
도다. 공신이 놀라서 옆을 보니 童子石 만이 서 있도다. 그곳에서 원평으
로 행하시는 도중에 공신에게 "훗날 보라. 일본 군사가 그곳에 매복하였다
가 여러 천명을 상하게 할 곳이니라. 그러나 글자 한자에 하나씩 밖에
죽지 않게 하였으니 저희들이 알면 나를 은인으로 여기련만 누가 능히
알리요"라고 상제께서 말씀하셨도다. 그 후에 일진회원 수 천명이 떼를
지어 그곳을 지나다가 일본 군사가 의병인 줄 알고 총을 쏘니 스물 한명이
죽었도다.[39]

위의 이야기는 일본군이 수 천명의 사람을 죽게 할 수 있는 일을
막기 위해 증산이 미리 제의를 행했다는 것인데 여기에 술이 사용되어

---

38 행록 3-17.
39 행록 3-18.

지고 있다. 일본군이 일진회원을 의병으로 오인해서 21명을 죽인 것은
증산이 주막에서 술과 고기를 준비하고 글을 써서 燒紙한 후 "무엇을
더 구하느뇨. 글자 한자에 하나씩만 찾아가면 족하리라"고 말한 제의적
행위에 기인한다. 증산이 주모에게 "돼지를 삶아 먼저 맛을 보는 자는
누구든지 죽으리라"고 한 것은 위의 '장효순의 난'이야기에서 천원장씨
에게 "술을 빚으라" 하고 "누구든지 술을 먼저 맛보지 말라"고 당부한
것과 상통한다. 위의 태인 행단의 주막에서의 이야기는 술과 함께 삶은
돼지가 신성한 의미를 갖고 문제 해결을 위해 사용되어지고 있음이다.
'장효순의 난' 이야기에서는 신성한 역할을 할 술을 인간이 마심으로
인해 큰 화를 당하는 화소가 등장하는 것이 다르다. 위에서 인명을 구
하는데 주막의 酒母는 술을 파는 주인으로서 제의에 소지를 하고 제물
을 준비하는 매개자로서 중요한 역할을 하고 있다. 다음으로 인간 세상
의 인륜을 바로 잡기위해 증산이 신을 움직여 공사를 보는데 술이 신을
대접하는 의미로 사용되고 있다.

> 상제께서 원일에게 "술을 가져오라. 내가 오늘 벽력을 쓰리라"하시니
> 그는 말씀에 좇아 술을 올렸더니 상제께서 잔을 받으시고 한참 동안 계시
> 다가 술을 드시니 여태까지 맑았던 날씨가 갑자기 음풍이 일어나고 폭우
> 가 쏟아지며 벽력이 크게 일어나니 집에 돌아가지 못하고 태인에 유숙하
> 는 사람이 많았도다. 상제께서 이 일에 대하여 형렬과 원일에게 설명하시
> 기를 "내가 이제 아침에 객망리 주막 앞을 지날 때에 한 소부가 길가의
> 풀에 내린 이슬을 떨며 지나가기에 그 연유를 물으니 그 소부가 친정의
> 부음을 듣고 가노라 하더라. 조금 후에 그 뒤를 한 노구가 지팡이를 짚고
> 가며 소부의 자취를 묻는도다. 내가 그 연유를 따져 물었더니 그 노구가
> 앞에 간 소부는 나의 며느리이나 가운이 불행하여 어제 밤에 자식을 잃었

는데 며느리가 장사를 치루기 전에 오늘 새벽에 도망갔나이다. 며느리는 저희끼리 좋아서 정한 작배이니다고 대답하더라"고 말씀하시고 이어서 그들에게 "대저 부모가 정하여 준 배필은 인연이오. 저희끼리 작배한 것은 천연이라. 천연을 무시하여 인도를 패하려 하니 어찌 천노를 받지 아니하랴. 그러므로 오늘 내가 벽력으로써 응징하였노라"고 하셨도다. 그 며느리는 벽력에 죽었노라고 전하는 도다.[40]

위에서 증산이 인륜사를 바로 잡기위해 벽력을 쓰는데 술이 사용되어 지고 있다. 지팡이를 짚은 老嫗는 며느리의 시어머니이며, 少婦가 친정의 부음을 듣고 가는 것은 노구의 말에 의하면 자신의 家運이 불행하여 어제 밤에 아들이 죽었는데 며느리가 장사를 치루기 전에 오늘 새벽에 도망을 간 것이다. 아울러 이들은 서로 좋아 짝을 이루었는데 이러한 남편의 葬事도 치루지 않고 친정으로 도망을 가는 것이라고 나타난다. 이에 증산은 술을 써서 "대저 부모가 정하여 준 배필은 인연이오. 저희끼리 작배한 것은 천연이라. 천연을 무시하여 인도를 패하려 하니 어찌 천노를 받지 아니하랴"고 하며 공사를 본 것이다. 또 술이 제의에 쓰여 현실에 일을 이루게 하는 역할을 함을 다음에서 볼 수 있다.

부안 변산 遇金岩 아래에 있는 開岩寺에 가시니라. 그때 상제께서 원일에게 삶은 쇠머리 한 개와 술 한 병과 청수 한 그릇을 방안에 차리고 쇠머리를 청수 앞에 진설하게 하신 후에 원일을 그 앞에 꿇어앉히고 성냥 세 개비를 그 청수에 넣으시니라. 이때 갑자기 풍우가 크게 일어나고 홍수가 창일하는

---

40 행록 3-36.

도다. 상제께서 원일에게 "이제 청수 한 동이에 성냥 한 갑을 넣으면 천지가
水國이 될지니라. 개벽이란 이렇게 쉬우니 그리 알지어다. 만일 이것을
때가 이르기 전에 쓰면 재해만 끼칠 뿐이니 그렇게 믿고 기다려라."고
일러주시고 진설케 하신 것을 모두 거두니 곧 풍우가 그쳤도다.[41]

원일은 증산을 따르던 신원일을 말한다. 그는 증산에게 신통력으로
당시 세상이 無道하니 새로운 세계를 만들어 달라고 하였다. 이 뜻은
증산과 같았으나 증산은 세상에 큰 피해를 주지 않기 위해 인간 생명을
중시하는 人尊주의에 맞춰 때에 맞추어 개벽을 해야 한다는 것이 달랐
다. 이에 증산은 신원일에게 제의를 통해 개벽의 일 단면을 현실 세계
에 보여주었다. 이 제의에 사용된 술은 쇠머리, 청수, 성냥개비 등과
함께 신을 작용하게 하는 중요한 요소로 사용되어지고 있음을 읽을
수 있다. 아울러 의료적 의미로 술이 사용되어지기도 하는데 강증산
전승에서 술은 병을 치료하기 위한 물질로서의 역할을 하고 있다. 이는
병의 치료에 있어 신이한 신적 능력이 작용해서 가능한 것이다.

차 경석의 소실이 바늘에 손가락이 찔린 것이 팔까지 쑤시다가 마침내
반신불수가 된 것을 상제께서 육십 간지를 써서 주시고 그녀의 상한 손가
락으로 한 자씩 힘 있게 짚어 내려가며 읽게 하고 다시 술잔을 들고 거닐게
하시니라. 이로부터 혈기가 유통하여 곧 완쾌하였도다.[42]

위에서 반신불수가 된 병자의 병을 치료하는데, 증산이 행한 일은

병자에게 갑자부터 계해까지의 육십 간지를 써서 주고 상한 손가락으로 힘을 주어 짚으며 읽게 한 것과 함께 술을 담은 술잔을 들고 걷게 한 것이다. 바늘에 손가락이 찔려 이 일로 팔이 아프다가 결국 반신을 못 쓰게 되었음으로 차경석의 소실을 글을 써서 바늘에 찔렸던 손가락 힘을 주어 짚게 하고 반신불수가 된 것은 술잔을 써서 걸어 다니게 한 것임을 알 수 있다. 이는 육십 간지의 글 내용이 병을 고치게 하고 술잔의 술이 치료의 의미로 작용했다는 것이다. 이 이야기에서 술은 주술성을 갖고 병을 치료하는 역할을 한 것으로 볼 수 있다.

2) 인간과 관련된 술

강증산 전승에는 술이 신만이 아니라 인간을 대접하기위한 것으로 사용되어지는데, 먼저 음주에 대해 인간이 지켜야 될 酒道와 예의를 밝히고 있다.

> 丁亥년 어느날 외가에 행하셨도다. 어떤 술 주정꾼이 까닭없이 상제께 욕설을 퍼붓도다. 그러나 상제께서 아무 대항도 하지 아니하시니 난데없이 큰 돌 절구통이 떠 와서 그의 머리 위를 덮어씌우니 그는 절구통 속에 갇혀 벗어나지 못하니 상제께서 몸을 돌리시고 다른 곳으로 가셨도다.[43]

위에서 어디에선가 절구통이 날아와 路上에서 술주정을 하는 사람의 머리를 덮어 씌웠다는 것은 음주를 하고 주정을 했기 때문이다. 술을 마시고 사람이 지녀야 될 도의적 부분에 대한 경계가 실려 있다. 절구통이 날아왔다고 하는데 이는 술을 마시고 욕설을 하는 것은 인간

---

[43] 행록 1-18.

으로서 타인에 대해 가져야 될 덕성이 아님을 크게 경계한 것임을 엿볼
수 있다. 이처럼 개인의 음주 문화에 있어 개인 예절을 보면 증산을
따르던 종도와 관련된 가르침이 다음과 같이 나타나기도 한다.

> 공우가 항상 술을 과음하여 주정이 심하거늘 하루는 상제께서 공우를
> 불러 가라사대 "내가 너와 술을 비교하리라."하시고 상제께서 술을 많이
> 권하시다가 갑자기 "너는 한 잔 술밖에 못된다"하시니 그 뒤로는 공우가
> 한 잔만 마셔도 바로 취하여 더 마시지 못하였도다.[44]

위의 이야기는 증산을 따르던 從徒 가운데 박공우라는 이가 술을
마시고 주정이 심하여 증산이 그를 훈계한 것이다. 이후 박공우가 한
잔 술밖에 못 마시게 되었다는 것은 신이한 요소를 담고 있는 전승이
다. 여러 잔의 술을 마실 수는 있으나 그것이 개인의 도에 지나쳐 타인
에게 주정을 부리는 것은 용납될 수 없기에 앞의 돌 절구통을 머리에
쓴 술주정꾼 이야기처럼 증산의 단호한 制裁를 받았음을 알 수 있다.
이는 음주문화에 있어 개인이 지녀야 될 덕성의 면이 중요함을 보여준
다. 다음의 전승은 강증산 전승에서 인간을 대접하는 의미로 술이 사용
되었음을 보여주는 이야기이다.

> 韓公淑이 어느 날 상제를 배알하려 온지라. 상제께서 그와 술을 나누시
> 다가 "일을 많이 하였도다"고 말씀을 건너시면서 친히 술을 따르셨도다.
> 그는 황송하여 자리를 고쳐 앉으면서 "제가 무슨 일을 하였다고 하시나이
> 까. 하여 드린 바가 없아옵니다"고 여쭈면서 받은 잔을 마셨도다. 한참

---

44 행록 4-50.

동안 침묵이 흐르더니 그는 갑자기 "생각이 난 듯이 지난 밤 꿈을 꾸었나이다"고 여쭈는지라. 그 말을 상제께서 받으시고 "일을 많이 하였다는 것이 바로 그것을 뜻하노라"고 가르치시니라. 시좌하고 있던 종도들이 모두 공숙의 꿈을 궁금하게 여기는지라. 공숙이 "상제께서 저의 집에 오셔서 천하 戶口를 成冊하여 오라 명하시기에 오방신장을 불러서 성책하여 상제께 올렸나이다"고 꿈 이야기를 털어놓았도다.[45]

위의 이야기에서 증산은 한공숙에게 일을 많이 하였다하고 대접의 의미에서 술을 따라 주고 있다. 인간을 대접하는 의미로 술이 사용된 것이다. 여기에서 술이 일상의 대접이 아닌 면을 갖고 있지만 종도와 함께 술을 마시고 증산의 종교적 의미가 들어 있는 일에 대해 술로 치하할 수 있는 면을 엿 볼 수 있다. 그리고 위의 이야기를 보면 한공숙이 한 일은 의식의 세계 속에서 인간사회에서 한 일은 아니었다. 꿈 이야기로 그가 한 것은 꿈을 꾸어 증산을 만나 증산이 부탁한 일을 한 것으로 나타난다. 술을 마신 후 그는 꿈을 떠올리게 되고 그가 한 일이 신적 차원의 일이었음을 알게 된다는 이야기이다. 증산 종교문화에서 술은 사람을 대접하는 음식으로 적극적으로 사용되어지고 있음을 볼 수 있다.

"태인 살포정 뒤에 胡僧禮佛을 써 주리니 役軍을 먹일만한 술을 많이 빚어 넣으라" 이르시니라. 공우가 이르신 대로 하니라. 그 후에 상제께서 "장사를 지내주리라"고 말씀하시고 종도들과 함께 술을 잡수시고 글을 써서 불사르셨도다. 상제께서 "지금은 천지에 水氣가 돌지 아니하여 묘를

써도 발음이 되지 않으리라. 이후에 수기가 돌 때에 땅기운이 발하리라"고 말씀하셨도다.[46]

위의 이야기는 박공우라는 제자에게 풍수적 관점에서 전북 태인 살 포정에 있는 胡僧禮佛穴이라는 地穴을 써 주고 술을 많이 빚게 한 것이 다. 役軍은 役夫로서 일을 하는 사람들을 가리킨다. 이들을 대접하기 위해 많은 술을 빚은 것이다. 위 이야기의 뒷 부분에는 술을 빚고 시간 이 지나 증산이 이 술을 마시며 소지하는 제의적 요소가 담긴 공사를 행했다는 화소가 첨부되어 있다. 이 공사 이야기는 미래와 관련된 예언 적 말로 앞으로 세상에 水氣가 돌 때 胡僧禮佛穴의 기운이 發蔭한다는 것이다. 여기에서 술은 미래의 役夫들을 대접하는 의미로서의 역할을 하게 됨을 엿볼 수 있다. 앞에서 증산의 천지공사라는 종교문화에서 신들을 대접하는 차원에서 술이 사용되어진 것처럼 사람에 대해서도 술은 중요한 음식물로서 자리하고 있음을 볼 수 있다.

요컨대 20세기 초 한국에서 자생한 강증산 종교문화에서 술은 신을 대접하는 중요한 음식물로서 자리하고 있음을 볼 수 있다. 이는 기존 종교문화에서 술이 제의적으로 사용되어 지고 있음과 일맥상통하는 것이라 할 수 있다. 아울러 인간에 대해서도 술은 개인이 지켜야만 될 도덕적 의미가 강조되며 종교성을 갖고 일상과 같이 하고 있다. 이상 2장과 3장에서 살펴 본 유교 및 강증산 전승 관련 내용을 비교해서 표로 요약해 보면 다음과 같다.

---

46 공사 3-20.

〈표 1〉 술이 神과 관련된 내용 비교

유교문헌의 술	문헌관련자료	강증산 전승의 술	관련자료 세부내용
祭儀	『書經』「酒誥」	祭儀	人命구원에서 제의실행 風雨를 일으키는 제의실행
		呪術의 매개물	化天 분쟁 해소(장효순의 난) 신과의 소통(人命구원, 霹靂)
		醫療	반신불수자 치료[47]

〈표 2〉 술이 人間과 관련된 내용 비교

유교문헌의 술	문헌관련 자료	강증산 전승의 술	관련자료세부내용
中正의 德 孝道	『書經』「酒誥」		
飮酒禮儀	『書經』「五子之歌」 『詩經』「小雅」'賓之初筵' 『明心寶鑑』	飮酒禮儀	술주정꾼 징벌 박공우 술주정
		個人待接	한공숙 대접 役軍 대접

---

[47] 이는 본문의 민간 신앙적 요소인 귀밝이 酒와 연관된다. 술은 민간에서 의료적 음식으로 사용되어지기도 하였는데 술이 인간에게 귀가 밝아지는 치료의 효과가 있는 것은 신과의 교감하에서 이루어지는 일이라 할 수 있다. 정월 대보름날 아침에 술을 데우지 않고 찬술로 마시면 그해 귀가 밝다는 귀밝기 술도 귓 병에 대한 중요한 예방책의 하나이다.(김태곤, 『한국민간신앙연구』, 집문당, 1994, 300쪽); 상원일에 온가족 남녀노소가 한자리에 둘러 앉아 맑은 술[淸酒]을 마시는 데 이 때 어린이들로부터 먼저 마시게 한다. 관습적인 주도법과는 다르다. 애들이 귀가 밝아야만 어른이 부르면 얼른 '예'하고 대답하고 뛰어 오라는 뜻에서이다. 귀밝이 술의 연원은 잘 모르나 중국인이 쓴 『海錄碎事』란 책에는 春社日에 癡聾酒를 마셨다고 하는데 이런 풍속이 우리나라에 건너와서는 보름에 마시게 되었다는 설도 있다. 상원일은 가정 행사가 많은 명절이기 때문에 名日酒가 있으니 편리하게 치를 수 있는 醫俗으로 귀는 밝고 보아야 할 것이다.(이규창, 『전라민속논고』, 집문당, 1994, 234쪽.)

이상의 표를 통해 두 문헌상의 술문화에 대한 동질성과 이질성을 보기로 한다. 동질성을 신과 관련해서 보면 제의적인 면은 유교문헌에서 종묘사직이나 조상들에게 제사를 지내는 일에만 술이 사용되어져야 한다고 강조되고 있는 점이다. 하늘의 명이라고 밝히며 인간들이 술을 먹을 수 없다고 명백히 하고 있는 것이 주목된다. 인간의 덕을 강조하면서 술을 멀리해야만 된다고 역설한 것에 그 맥이 있음이다. 이에 대해 강증산 전승에서는 신과 관련해서 보면 종묘사직의 제사보다는 신을 대접하기위한 음식으로서 사용되어졌으며 이를 통해 소정의 종교문화를 형성시키려는 목적으로 술이 매개적 역할을 하고 있음을 볼 수 있다. 유교문헌에서는 제의에만 술을 쓰라는 것이 나타나는데 비해 강증산 전승에는 제의적 요소로 술이 쓰여 져서 사람의 목숨을 구하거나 風雨 등의 자연현상을 일으키는 것으로 기록되어 있다.

동질성을 인간과 관련해서 보면 유교문헌에서 음주에 대한 예의가 강조되고 있음을 볼 수 있다. 이는 술에 대한 개인 수양의 면이 있어야 한다는 것이다. 강증산 전승에서도 음주에 대한 예의가 강조되고 있다. 이는 술에 대한 개인 수양이 역시 필요함을 나타낸 것이다. 다만 유교문헌에서는 정치적인 면과 관련해서 정치 지도자들을 경계하였으며, 술이 나라를 망하게 하는 주범이기 때문에 조심하라하였고, 음주에 대한 개인적 경계를 담은 내용들이 나타난다. 강증산 전승에서는 술을 먹고 개인 예절을 지키지 못하는 술주정꾼에 대한 징벌이 주어졌음을 묘사하고 있고, 술주정을 하는 종도의 술버릇을 고쳐주는 이야기가 등장한다. 두 문헌에서의 이질성을 보면 신과 관련해서 유교문헌에는 나타나지 않는 요소인 주술과 의료로 술이 사용되어졌음을 강증산 전승에서 찾을 수 있다. 즉 주술에서는 강증산의 화천, 장효순의 난의 분쟁 해소, 신과의 소통 등이 있으며, 의료적인 면은 반신불수자의 치료가 등장한다. 유교에서는 술이 제사를 중심으로 하는 제의적인 면을 강조해서 사용되어 졌다면, 강증산 전승에서는 다양한 신적 요소와의 交感하에서 구체적 목적을 이루기 위해 신을 대접하기위한 요소로 술이 사용되어짐을 알 수 있다. 인간과 관련해서 이질성을 보면 유교문헌에는 특히 정치와 관련해서 술에 대한 경계가 강조되어 中正의 德이 필요한 것으로 나온다. 또 孝道가 술을 통해 이루어짐을 보이고 있다. 강증산 전승에는 정치와 관련 술이 연관된 것은 없고 개인이 일을 한 것에 대한 대접의 차원에서 술이 사용되어지고 있는 것이 특성이다.

4. 맺음말

술은 예로부터 신성한 의미로 사용되어졌다. 술을 뜻하는 酒자는 일반적으로 술을 올려 드리는 제사를 의미하며, 종교문화와의 관계는 긴밀하다. 세계 수 많은 민족들은 오랜 세월 동안 음식 문화를 자체적으로 만들어 왔고 그 가운데 술 문화는 중요한 자리를 차지하고 있다. 동아시아 종교문화에서 신과 관련해서 술을 보면 무엇보다도 그것은 祭儀와 연관된 면으로 나타난다. 제례에서 술이 사용되는 이유는 술의 신비한 속성에 기인한다. 인간들에게 술에 대해서 크게 경계하기위해서 쓰여진 「주고」의 글에서 술은 하늘의 명으로 큰 제사에 사용하고자 만들어졌음을 알 수 있다.

인간과 관련해서 음주를 보면 인간과 관련해서 술은 개인수양과 관련해서 생각해 볼 수 있다. 술은 구성원간의 화합을 이루는 것이지만 여기에는 개인수양을 전제로 하는 술의 의미와 역할이 내재되어 있는 것이다. 개인수양과 관련해서 보면 정치 지도자의 술에 대한 경계가 중요하게 대두된다. 술에 대한 위정자의 책임이 큰 것이며, 결국 스스로 中正한 德으로 음주에 임하여 모범을 보이고 이를 토대로 관리들을 잘 통솔해야한다는 것이 된다. 아울러 개인 수양의 관점에서 음주가 개인의 덕을 평가하는 중요한 위상을 차지하게 된다는 것이다.

강증산의 종교문화는 증산이 9년간 보여 주었던 종교적 행적인 '천지공사(1901~1909)'로서 표출되었으며, 이 '천지공사'는 대부분이 祭儀的 형태를 갖고 있다. 자신의 종교적 행적에 관련된 신을 降神해서 의도한 목적을 이루어 나가는데 음식을 준비하고 의례적 행위를 하였는데 신을 대접하고 문제를 풀기위해 소통하는 의미로 술이 사용되어졌다. 증산의 천지공사라는 종교문화에서 신들을 대접하는 차원에서 술이 사용되어진 것처럼 사람에 대해서도 술은 중요한 음식물로서 자리하고 있음을 볼 수 있다.

20세기 초 한국에서 자생한 강증산 종교문화에서 술은 신을 대접하는 중요한 음식물로서 자리하고 있는데 이는 기존 종교문화에서 술이 제의적으로 사용되어 지고 있음과 일맥상통하는 것이다. 아울러 인간에 대해서도 음주는 개인이 지켜야만 될 도덕적 의미가 강조되며 일상적 생활과 같이 하며 종교성을 갖고 인간생활에 가까이 닿아 있다.

참고문헌

1. 원전자료
『고문진보』.
『서경』.
『시경』.
『전경』.
『전국책』.

2. 연구서
고려대 민족문화연구원, 『한국 민속의 세계』 10, 2001, 1~559쪽.
김용덕, 『한국 민속문화 대사전』 상권, 서울, 창솔, 2004, 1~1152쪽.
김태곤, 『한국민간신앙연구』, 서울, 집문당, 1994, 1~374쪽.
성백효 譯註, 『書經集傳』, 서울, 전통문화연구회, 2011, 1~454쪽.
원광대 원불교사상연구원, 『원불교대사전』, 2013, 1~1298쪽.
이규창, 『전라민속논고』, 서울, 집문당, 1994, 1~552쪽.
이성구, 『중국고대의 주술적 사유와 제왕통치』, 서울, 일조각, 1997, 1~266쪽.
이효지, 『한국전통민속주』, 서울, 한양대출판부, 2009, 1~430쪽.
정혜경·김미혜, 『한국인에게 막걸리는 무엇인가』, 서울, 교문사, 2012, 1~315쪽.
최상수, 『한국 민속문화의 연구』, 서울, 성문각, 1988, 1~278쪽.
秋葉隆 著·沈雨晟 譯, 『朝鮮民俗誌』, 서울, 동문선, 1993, 1~422쪽.
패드릭 E. 맥거번 著·김형근 譯, 『술의 세계사』, 서울, 글항아리, 2016, 1~509쪽.
한국정신문화연구원, 『한국민족문화대백과사전』 20, 1996, 1~912쪽.

3. 연구논문
고경희, 「한국술의 음식 문화적 고찰」, 『한국식생활문화학회지』 24, 한국식생활문
　　　화학회, 2009, 33~38쪽.
＿＿＿, 「시경과 서경을 통해 본 음주문화」, 『원불교사상과종교문화』 63, 원불교사
　　　상연구원, 2015, 257~275쪽.
노성환, 「술의 비교민속학적 연구」, 『비교민속학』 13, 비교민속학회, 1996,

511~541쪽.

윤석우, 「음주시에 나타난 중국시인의 정신세계」, 연세대학교 박사학위논문, 2004, 1~276쪽.

임재욱, 「애정시조에 활용된 술의 의미」, 『한국고전연구』 22, 한국고전연구학회, 2010, 233~257쪽.

진성수, 「유교경전에서 술의 상징체계 연구」, 『양명학』 37, 한국양명학회, 2014, 271~302쪽.

허연실, 『한국종교의 의례와 술』, 한양대학교 석사학위논문, 1996, 1~97쪽.

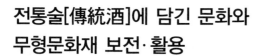

전통술[傳統酒]에 담긴 문화와 무형문화재 보전·활용

류호철

1. 머리말

1) 무형문화재 관점에서 전통술의 개념과 의의

알코올(alcohol) 성분이 들어 있어서 마시면 사람을 취하게 하는 음료를 총칭하여 술[酒]이라고 한다. 술에 관한 사항을 규정한 「주세법」에서는 희석하여 음료로 할 수 있는 에틸알코올을 말하는 주정(酒精)과 알코올분 1도 이상의 음료를 주류(酒類)로 정의하고 있다.[1] 술은 음식의 한 종류로 사람을 취하게 함으로써 긍정적으로 기능하기도 하고, 거꾸로 건강을 해치고 사회문제를 일으키기도 한다. 그래서 예부터 술을 두고 한편으로는 백약지장(百藥之長)이라고 하고, 다른 한편으로는 광약(狂藥), 또는 벌성지광약(伐性之狂藥)[2]이라고도 했다.

---

1 「주세법」 제3조(정의) 제1호. 전통술에 관한 사항을 정한 「전통주 등의 산업진흥에 관한 법률」에서도 이 정의를 따르고 있다.

2 성품(性品)을 그르치게 해서 여색(女色)에 빠져 타락(墮落)하게 하는 약이라는 뜻으로, 술을 일컫는다.

그 중에서도 전통술[傳統酒]은 이러한 특성을 갖는 음식으로서 뿐만 아니라, 부가가치를 창출하는 식품산업[3] 소재로서, 그리고 오랜 역사를 이어온 문화유산으로서도 다양한 의미를 갖는다. 이 연구에서는 문화유산 관점에서 전통술의 가치를 살펴보고 무형문화재로서 보전·활용 방향을 모색할 것이다.

우선 전통(傳統)이란 '어떤 집단이나 공동체에서, 지난 시대에 이미 이루어져 계통을 이루며 전하여 내려오는 사상·관습·행동 따위의 양식'을 말하며, 전통문화(傳統文化)는 '그 나라에서 발생하여 전해 내려오는 그 나라 고유의 문화'를 일컫는다.[4] 더 구체적으로 최소한 두 번의 전달을 거쳐 3세대 이상 지속되어온 것이어야 전통이라고 할 수 있다고 하기도 한다.[5] 이렇게 볼 때 전통술은 '그 지역, 또는 그 나라에서 만들어지기 시작해서 세대를 거듭하며 이어져 온 술'이라고 할 수 있다.

그런데 이를 무형문화재 관점에서 볼 때는 무엇을 전통술이라고 정의할 것인가에 관해 몇 가지 조건을 생각해보아야 한다. 무형문화재란 전통 또는 전통문화 중에서도 보전해서 다음 세대에 전할 가치가 있다고 인정되는 것을 말한다. 무형문화재를 보전하는 것은 그것이 의미 있는 과거의 문화적 특성을 담고 있으므로 그 가치를 잃지 않도록 다음 세대로 전해주는 것이다. 따라서 이전 세대로부터 이어져온 문화현상

---

3 '식품산업'이란 식품을 생산·가공·제조·조리·포장·보관·수송 또는 판매하는 산업으로서(「농업·농촌 및 식품산업 기본법」 제3조(정의) 제8호), 농수산물에 인공을 가하여 생산·가공·제조·조리하는 산업과 이렇게 생산된 산물을 포장·보관·수송 또는 판매하는 산업을 말한다(「농업·농촌 및 식품산업 기본법 시행령」 제6조(식품산업의 범위)).
4 국립국어원, 『표준국어대사전』(http://stdweb2.korean.go.kr).
5 Edward Shils 著·김병서·신현순 譯, 『전통 -변하는 것과 변하지 않는 것-』, 민음사, 1992, 28~29쪽.

을 무형문화재로서 보전할 때는 단순히 형식적 또는 외형적인 것만을
이어가는 것이 아니라 그것이 갖는 문화재로서의 본질적 의미와 가치
가 온전히 유지되도록 해야 한다. 한 공동체 안에서 형성되고 그 공동
체의 구성원들과 부단히 상호작용하며 쌓아온 보이지 않는 문화적 의
미와 특성까지 그대로 간직한 채로 다음 세대로 이어지게 할 때 무형문
화재로서 가치를 온전히 보전하는 것이다.

　이렇게 무형문화재로서의 본질적 의미와 가치가 유지되도록 보전하
는 것은 몇 가지 조건이 충족될 때 실현될 수 있는데, 재료와 도구,
기법 등이 그것이다. 과거 사람들이 수없이 다양한 자연물 중에서 그것
을 재료로 선택한 것이나, 도구의 모양과 크기, 구조 등을 그렇게 만든
것, 그리고 자신들이 만든 도구로 자신들이 선택하고 구득한 재료를
가공할 기법을 창안한 것 등에는 모두 당시 사람들의 생각이 녹아들어
있다. 그 재료를 선택하고, 도구를 그렇게 만들고, 그런 기법을 고안한
것은 당시 사람들이 자연과 환경을 어떻게 이해했고, 어떤 지식과 지혜
를 갖고 있었으며, 어떤 방식으로 생각했는지를 말해주는 것으로, 여기
에는 그것이 무형문화재이게 해주는 본질적인 의미와 가치가 담겨있는
것이다. 요컨대, 재료와 도구, 기법 등에는 그것을 형성하고 유지해온
사람들의 관념과 사고체계가 그대로 스며있다.

　이렇게 볼 때 '우리가 주식(主食)으로 삼고 우리 땅에서 생산되는 곡
물을 주재료(主材料)로 하고, 누룩을 발효제로 하여 익힌 술'을 전통술
이라고 정의한 것은 그 개념을 좀 더 구체화한 것이라고 할 수 있다.
단순히 '과거로부터 이어져온 술'이라거나 '세대를 거듭하여 전승되어
온 술'이 전통 또는 전통문화의 개념에 집중해서 시간적 조건이나 역사
성만을 강조한 것인 데 비해, 재료와 기법을 언급하고 있다는 점에서

의미가 있는 것이다. 나아가 무형문화재 보전 관점에서 재료와 도구, 기법 등이 갖는 의미에 비추어보면, 전통술은 '세대를 거듭하여 이어져 온 것으로, 그 지역에서 생산되는 산물을 재료로 써서 전통적인 도구를 이용해 조상들이 하던 방식대로 제조한 술'이라고 할 수 있다.

한편, 전통술의 개념과 범위에 관한 사항을 규정하고 있는 「주세법」과 「전통주 등의 산업진흥에 관한 법률」에서는 ① 국가무형문화재 또는 시·도무형문화재 보유자가 제조하는 주류, ② 주류부문의 식품명인이 제조하는 주류, ③ 그 지역 또는 인접 지역에서 생산된 농산물을 주된 원료로 하여 제조하는 주류 중 농림축산식품부장관(시·도지사)의 제조면허 추천을 받은 주류 등 세 가지를 전통주로 정하고 있다.

우선, 무형문화재를 지정할 때는 원칙적으로 그 보유자 또는 보유단체를 함께 인정해야 하는데[6], 이때 보유자와 보유단체는 '무형문화재의 기능, 예능 등을 대통령령으로 정하는 바에 따라 전형대로 체득·실현할 수 있는 사람과 단체'를 말한다[7]. 여기서 전형이란 '여러 세대에 걸쳐 전승·유지되고 구현되어야 하는 고유한 기법, 형식 및 지식'을 말하며[8], 이 전형을 '무형문화재의 가치를 구성하는 본질적인 특징'이라고 명시하고 있다[9]. 무형문화재 보유자는 세대를 거듭하여 전승되어 온 기법과 형식, 지식 등을 체득하고 이를 그대로 실현하므로, 전통적인 재료와 도구, 기법 등을 지켜서 과거로부터 이어져온 술을 제조한다고 볼 수 있다.

---

6 「무형문화재 보전 및 진흥에 관한 법률」 제17조(보유자 등의 인정) 제1항.

7 「무형문화재 보전 및 진흥에 관한 법률」 제2조(정의) 제3호.

8 「무형문화재 보전 및 진흥에 관한 법률 시행령」 제2조(정의) 제1항.

9 「무형문화재 보전 및 진흥에 관한 법률」 제2조(정의) 제2호.

다음으로, 우수한 우리 식품의 계승·발전을 위하여 식품제조·가공·조리 등 분야를 정하여 우수한 식품 기능인을 식품명인으로 정하는데[10], 주류부문 식품명인이 제조하는 주류가 전통술에 포함된다. 식품명인은 전통식품분야와 전통식품 외의 식품 분야로 나누어 지정하며, 전통식품분야 명인을 '전통식품명인'이라고 한다. 여기서 전통식품이란 '국산 농수산물을 주원료 또는 주재료로 하여 예로부터 전승되어 오는 원리에 따라 제조·가공·조리되어 우리 고유의 맛·향 및 색을 내는 식품'을 말한다.[11] 그리고 전통식품명인은 '전통식품의 제조·가공·조리 방법을 원형대로 보전하고 있으며, 이를 그대로 실현할 수 있는 자'로 그 자격을 제한하고 있다.[12] 뿐만 아니라, 전통식품명인을 지정할 때는 전통성, 정통성, 경력 및 활동 사항, 계승·발전/보호·보존 가치 등의 항목을 평가하도록 정하고 있는데, 여기서 전통성이란 '전통식품을 원형대로 복원'하는 정도를 말한다.[13] 또한 시·도지사가 식품명인 지정을 추천할 때는 8가지 사항에 관한 사실조사서를 작성해서 제출해야 하는데, 그 중 전통식품에 관한 것으로 ① 식품 제조·가공·조리의 전통성·정통성, ② 유래 및 전승 계보, ③ 계승 경위 및 활동상황, ④ 사용용기 및 기구 등이 포함되어 있다.[14] 이를 종합해보면 재료와 도구, 기법 모두를 전통 그대로 유지하고 실행할 수 있을 때에야 전통식품명인으로

---

10 「식품산업진흥법」 제14조(식품명인의 지정 및 지원 등) 제1항.

11 「식품산업진흥법」 제2조(정의) 제4항.

12 「식품산업진흥법 시행령」 제14조(식품명인의 지정분야); 제15조(식품명인의 자격 등) 제1항 제2호.

13 「농림축산식품부 소관 식품산업진흥법 시행규칙」 [별표 1] 식품명인 지정기준 및 평가 방법.

14 「농림축산식품부 소관 식품산업진흥법 시행규칙」 제7조(식품명인 지정의 추천).

지정될 수 있다. 주류부문 식품명인이 제조하는 술은 이러한 조건을 모두 충족하여 만들어지는 것이므로 무형문화재 관점에서도 전통술로 분류하는 것이 자명한 것이다.

이와 같이 재료와 도구, 기법 등 무형문화재로서 본질적 가치를 유지하는 데 필요한 조건을 충족하여 제조되는 술을 전통술이라고 할 수 있다. 따라서 전통술은 세대를 거듭하여 다양한 문화적 의미를 쌓아온 역사의 산물로서 전승하고 보전해야 할 무형문화재이며, 자연 속에서 사람이 형성하고 유지해온 지식과 지혜의 결정체로서 활용 가치를 가진 자원이기도 하다.

2) 술 분류와 전통술의 종류

술은 재료·제조 방법·알코올 도수·용도·발생 지역 및 전래 과정 등 기준에 따라 다양하게 분류할 수 있다. 그런데 전통술은 앞에서 살펴본 것과 같이 '세대를 거듭하여 이어져온 것으로, 그 지역에서 생산되는 산물을 재료로 써서 전통적인 도구를 이용해 조상들이 하던 방식대로 제조한 술'을 말한다. 무형문화재 관점에서 볼 때 이 정의에 포함된 조건들 중 전통술을 분류하는 기준으로 주목할 만한 것은 재료와 제조 방법이다. 전통술이 갖는 무형문화재로서의 가치는 제조 과정에 있는 것이며, 그 중에서도 문화적으로 전통술의 특성을 가장 분명하게 보여주는 것이자 결과물인 술의 특성을 결정하는 것이 재료와 제조 방법이기 때문이다.

「주세법」에서는 술을 다음과 같이 분류한다.

<표 1> 제조 방법에 따른 술(주류) 분류[15]

종류	세부 분류	주요 특성
주정	주정	알코올분 85도 이상으로 증류한 것
발효주류	탁주	녹말이 포함된 재료와 국(麴) 및 물을 원료로 하여 발효시킨 술덧을 여과하지 않고 혼탁하게 제성한 것
	약주	녹말이 포함된 재료와 국(麴) 및 물을 원료로 하여 발효시킨 술덧을 여과하여 제성한 것
	청주	곡류 중 쌀, 국(麴) 및 물을 원료로 하여 발효시킨 술덧을 여과하여 제성한 것
	맥주	엿기름, 홉 및 물을 원료로 하여 발효시켜 제성하거나 여과하여 제성한 것
	과실주	과실 또는 과실과 물을 원료로 하여 발효시킨 술덧을 여과하여 제성하거나 나무통에 넣어 저장한 것
증류주류	소주	녹말이 포함된 재료, 국(麴)과 물을 원료로 하여 발효시켜 연속식증류 외의 방법으로 증류한 것, 주정 또는 곡물주정을 물로 희석한 것(불휘발분 2도 미만)
	위스키	발아된 곡류와 물을 원료로 하여 발효시킨 술덧을 증류해서 나무통에 넣어 저장한 것(불휘발분 2도 미만)
	브랜디	발효주류 중 과실주를 증류하여 나무통에 넣어 저장한 것(불휘발분 2도 미만)
	일반증류주	소주, 위스키, 브랜디 이외의 증류주(불휘발분 2도 미만)
	리큐르	일반증류주로서 불휘발분 2도 이상인 것
기타주류	기타주류	기타 주류

이러한 술 종류들 중에서 우리나라 전통술은 크게 약주(藥酒)·탁주(濁酒)·소주(燒酒) 등 세 가지로 나눌 수 있다. 약주는 쌀과 누룩을 발표시켜 만든 밑술을 맑게 여과한 것을 말하는 것으로, 「주세법」에서 정한 약주와 청주를 아우르는 것이다. 즉, 전통술에서는 발효시킨 술덧을 여과하여 제성한 맑은 술을 약주라고 부른다. 이에 비해 탁주는 밑술에

---

15 「주세법」 제4조(주류의 종류); [별표] 〈주류의 종류별 세부 내용〉 중 주요 내용을 발췌하여 요약한 것이다.

서 약주를 여과하고 남은 것을 물에 섞어 거른 것으로, 예로부터 주로
농민들이 마시던 술이라 하여 '농주(農酒)'라고도 하고 즉석에서 걸러
마신다 하여 '막걸리', 그 빛깔이 희다고 하여 '백주(白酒)'라고도 한다.
소주는 밑술을 증류한 것으로, 증류 과정을 거치면서 도수가 높아져서
전통술 중에서 가장 독한 술이다.[16]

한편 주세법에서는 주정도 주류로 분류하고 있으나, 이것은 그대로
음용할 수 있는 것이 아니라 희석과 감미료 첨가 등 별도의 과정을
거쳐야 한다는 점에서 약주나 탁주·소주 등과는 성격이 다르다.

2. 문화유산으로서 전통술의 의미와 가치

전통술은 적어도 수 세대 이전에 시작되어 오늘에 이어져온 문화유
산이다. 그렇기에 문화유산으로서 전통술은 그것이 형성되고 유지되
어온 사회 속에서 구성원들과 끊임없이 상호작용하는 과정에서 풍부한
문화적 의미와 가치를 축적해왔다. 전통술은 무형문화재로서 그 지역
의 기후와 식생 등 환경이 빚어낸 생산물이자 각 시대의 사회적 상황이
만들어내고 영향을 미친 결과물이다. 전통술이 무형문화재로서 의미
와 가치를 갖는 것도 이 때문이다.

---

16 소주(燒酒)는 고려시대에 증류(蒸溜) 기법(技法)과 함께 원나라로부터 전래되었다고
보는 것이 보통이나 명확한 근거가 있는 것은 아니며, 그 이전부터 빚어온 고유한 우리
전통술이라고 보기도 한다. 한편, 전통술로서의 소주는 쌀 등 곡물을 누룩과 섞어 발효
시킨 후 증류해서 얻는 전통적 방식으로 제조한 것을 말하며, 오늘날 일반화되어 있는
주정을 희석하여 만든 소주는 전통술에 포함될 수 없다.

첫째로, 전통술은 그것이 형성되고 유지되어온 긴 기간에 걸친 역사를 담고 있다. 수많은 사회적 사건들이 술 제조에 영향을 미쳤고, 그렇기에 전통술은 시대의 산물로서 역사성을 갖는다. 예컨대 일제강점기에는 곡자를 분말로 만든 입국(粒麴)을 써서 소주를 빚은 데 비해, 해방 이후에는 미국에서 들여온 옥수수분을 원료로 흑곡 곡자를 만들어 사용했다.[17] 입국은 쌀이나 밀가루를 찐 뒤에 백국균(白麴菌: 빛깔이 흰 누룩 곰팡이)이나 황국균(黃麴菌)을 번식시킨 것으로 일본에서 개발된 방식인데, 일제강점기라는 사회적 상황에 의해 우리나라에 도입되었다. 이에 비해 옥수수분을 이용한 곡자를 만들기 시작한 것은 광복 후 미군정[18]이 이루어지는 등 미국의 영향이 커지고 미국과의 관계가 가까워지는 사회적 변동에 따른 것이다. 또한 1965년에 '순곡주 제조 금지령'이 내려지고 1966년 8월부터는 아예 소주와 청주, 탁주를 포함한 모든 술을 쌀로 빚지 못하도록 한 「양곡관리법」이 시행되어 쌀 대신 외국에서 수입한 밀가루나 옥수수를 쓰게 되었는데, 그 결과 탁주보다는 소주, 증류식 소주보다는 희석식 소주를 만들게 되었다.[19] 정부의 양곡 수급 정책에 따라 전통적 방식대로 술을 빚지 못하고 수입산 밀가루와 옥수수 등으로 재료를 바꾸어 제조하게 된 것이다. 이러한 변화는 모두 사회적 상황이 술 제조라는 문화적 현상에 영향을 미쳐서 일종의 문화 변동을 일으킨 것으로, 이처럼 무형문화재로서 전통술은 긴 시간에 걸

---

17 강호정, 「전통주의 문화 컨텐츠화 연구 -법성포 소주의 문화상품화를 중심으로-」, 『한국의 민속과 문화』 14, 경희대학교 민속학연구소, 2009, 16쪽.

18 미군정(美軍政)은 일본이 항복하여 철수한 후 1945.09.08.부터 정부가 수립된 1948.08.15.까지 약 3년 동안 이어졌다.

19 최준식, 『한국인에게 밥은 무엇인가』, 휴머니스트, 2004, 1~349쪽.

친 역사성을 갖는다.

둘째로, 전통술은 지역적 특성을 바탕으로 풍부한 문화적 다양성을 보여준다. 전통술은 주로 쌀을 비롯한 농산물과 누룩을 원료로 제조하는데, 여기에 쓰이는 농산물은 지역마다 상당한 차이가 있다. 예컨대 1905년 소주 제조 상황을 살펴보면, 서울 지방은 소주 마시는 시기가 5~10월경으로 3월경에 쌀로 술을 익혀 5월경에 수요에 따라 증류하여 37도의 소주를 생산했다고 한다.[20] 이에 비해 평양에서는 대개 곡자와 수수로 밑술을 빚어 증류하여 35~40도의 소주를 얻었다.[21] 지역에 따라 원료가 달라지니 술의 종류가 달라지고 빚는 방법과 시기도 달라지는 것은 자연스러운 일이며, 여기서 문화적 다양성이 생겨나는 것이다. 또한 같은 원료를 써서 술을 빚는 경우에도 지역에 따라 그 원료를 사용해 만드는 술의 종류가 다른 것이 보통이다. 이것은 지역마다 기후와 식량 등이 서로 다른 데 기인하는 것이 보통이다. 소주는 춥고 잡곡이 많이 생산되는 함경도, 황해도, 강원도, 평안도 지방에서 많이 만들어졌고, 여름에는 더위로 약주를 빚을 수 없는 남부지방에서 많이 빚어졌다.[22] 증류주인 소주는 알코올 도수가 높아서 열을 내야 하는 추운 지방 사람들이 더욱 필요로 했고, 한편으로는 증류된 술이 보존성이 더 높아서 여름에는 남부지방에도 적합했던 것이다. 이러한 요인들로 인해 지역마다 술의 종류가 달랐고, 같은 종류의 술이라도 지역에 따라

---

20 강호정, 「전통주의 문화 컨텐츠화 연구 –법성포 소주의 문화상품화를 중심으로–」, 『한국의 민속과 문화』 14, 경희대학교 민속학연구소, 2009, 16쪽.
21 조정형, 『다시 찾아야 할 우리의 술』, 서해문집, 1991, 59쪽.
22 강호정, 「전통주의 문화 컨텐츠화 연구 –법성포 소주의 문화상품화를 중심으로–」, 『한국의 민속과 문화』 14, 경희대학교 민속학연구소, 2009, 15쪽.

원료의 종류, 원료 배합 비율, 발효 기간 등 세부적인 제조 방법이 달랐다. 제주도에서는 그곳의 자연적 농업환경에서 고소리술과 오메기술이 나타났고, 강술, 오미자술, 쉰다리술, 시로미술 등의 문화적 가치도 제주가 가지는 특징이다.[23] 그런가 하면 술을 제조할 때 쓰는 도구에서도 지역 간 차이가 나타난다. 고리는 흙으로 만든 것을 토고리, 동으로 만든 것을 동고리, 쇠로 만든 것을 쇠(철)고리라고 했는데, 충청도와 전라도에서는 토고리를, 개성에서는 철고리를, 황해도와 경상도에서는 토고리를, 함경도에서는 논지(고리보다 덜 발달된 형태)와 토고리를 쓰다가 나중에는 동고리를 쓰게 되었다.[24] 전통술은 긴 역사의 흐름 속에서 환경의 영향을 받으며 형성되어 온 그 지방 특유의 문화적 유산임에 틀림없다.[25]

17세기 중반(1670년 경)에 쓴 『규곤시의방(閨壺是議方, 음식디미방)』[26]에는 51종에 달하는 술 제조 방법이 실려 있고, 서유구(徐有榘)의 『임원경제지(林園經濟志)』[27]에는 200종이 넘는 술 제조법이 담겨 있다. 이 외에

---

23 김동전, 「제주 술의 문화적 원형과 콘텐츠화 전략」, 『역사민속학』 47, 역사민속학회, 2015, 462쪽.

24 조정형, 『다시 찾아야 할 우리의 술』, 서해문집, 1991, 57쪽.

25 김동전, 「제주 술의 문화적 원형과 콘텐츠화 전략」, 『역사민속학』 47, 역사민속학회, 2015, 483쪽.

26 조선 후기 이시명(李時明)의 부인인 정부인(貞夫人) 안동장씨(安東張氏)가 한글로 요리명과 요리법을 쓴 조리서로, 책 표지에는 한자로 '閨壺是議方'이라고 쓰여 있고 본문 첫줄에는 한글로 '음식디미방'이라고 쓰여 있다. 이에 따라 이 책을 『규곤시의방(閨壺是議方)』이라고도 하고 『음식디미방』이라고도 한다.

27 19세기 초반, 실학자 서유구(徐有榘)가 저술한 백과사전으로 113권 52책으로 되어 있으며, 총 16개 분야로 나누어 구성되어 있어서 『임원십육지(林園十六志)』라고도 한다. 이 중 술에 관한 내용은 권41~47에 해당하는 鼎俎志에 실려 있다.

도 빙허각(憑虛閣) 이씨(李氏)가 1809년에 저술한 『규합총서(閨閣叢書)』[28]
와 저자를 알 수 없으나 술 만드는 방법에 관한 책으로 1837년경에
전라도에서 쓰여진 것으로 추정되는 『양주방(釀酒方)』 등 여러 문헌에
도 각기 수십 종에 이르는 술 제조 방법이 소개되어 있어서 전통술의
문화적 다양성을 짐작할 수 있다. 이후 일제에 의해 가양주 등 자유로
운 술 제조가 통제되던 시기에 조사·발간된 『조선주조사(朝鮮酒造史)』[29]
를 통해서도 이 시기 전통술의 다양성을 볼 수 있다.

　이렇게 향토음식은 특정 지역의 자연 환경적·역사적·사회적·문화
적 요인과 관련되어 형성된 전통음식으로서, 지역 정체성을 형성하는
요소이기도 하다.[30] 이때 향토음식이 지역 정체성을 형성하는 요소가
되는 것은 각 지역의 음식이 다른 지역의 것과는 다른 특성을 갖는
데 기인한 것이며, 전통술이 향토음식으로서 지역적 특색을 갖는 것은
자명한 일이다. 나아가서 전통술은 한 지역 안에서도 집집마다 세부적
인 제조 방법이 달랐고, 따라서 맛이 달랐다. 사람들이 시간과 비용을
들여 전국 여러 곳을, 또는 세계 여러 나라를 여행하는 것은 이처럼
각 지역이 자신이 생활하는 곳과는 다른 문화를 갖고 있기 때문이며,

---

28 『규합총서(閨閣叢書)』는 『임원경제지(林園經濟志)』를 저술한 서유구의 형수인 빙허각
　(憑虛閣) 이씨(李氏)가 1809년에 자신의 생활 지식과 실학서의 내용을 아울러서 쓴 가
　정 백과사전이다.

29 일제는 1905년 4월부터 4년간 '주류실태조사(酒類實態調査)'를 실시하고 이후 1909년
　2월에 「주세법(酒稅法)」을, 1916년에 「주세법」을 개정한 「주세령(酒稅令)」을 시행하여
　술을 대상으로 식민지 수탈을 강화하고 술 제조를 통제하였다. 『조선주조사(朝鮮酒造
　史)』는 이 시기에 해당하는 1907년부터 1935까지 조선의 술 제조와 유통에 관해 조사하
　여 1935년에 조선주조협회(朝鮮酒造協會) 이름으로 발행한 것이다.

30 배영동, 「안동 지역 전통 음식의 탈맥락화와 상품화 −1970년대 이후를 중심으로−」,
　『사회와 역사』 66, 한국사회사학회, 2004, 35쪽.

이러한 지역성, 즉 지역 간 차이가 정체성 형성의 근간이자 자원으로서의 가치이기도 하다. 술 마신다고 하면 국민 대다수가 소주와 맥주 등 단지 몇 가지의 술 종류만을 생각할 뿐만 아니라, 그것도 전국 어디서나 같거나 비슷한 술이 유통되며 주류시장을 장악하고 있는 것이 오늘날의 현실임에 비추어 전통술이 갖는 지역적 차이와 다양성은 문화적 측면에서 그 의미가 실로 크다고 할 수 있다.

셋째로, 전통술은 조상들의 전통지식과 지혜를 고스란히 간직하고 있는 보고(寶庫)이다. 술을 제조할 때는 〈표 1〉에서 보는 것과 같이 기본적으로 발효(醱酵)라는 화학적 과정을 거쳐야 하며, 증류주는 발효된 밑술을 다시 증류(蒸溜)해서 얻는 것이다. 이것은 전통술이 발효와 증류 등의 원리와 그 효과를 인식하고 있는 사람들에 의해 만들어졌다는 뜻이며, 결과적으로 우리 조상들은 이미 오래 전부터 이에 관한 전통지식을 갖고 있었음을 의미한다. 우리 민족이 소주를 만들기 시작한 시기는 명확히 알 수 없으나, 고려시대에 원나라로부터 증류 기술이 도입됨에 따라 만들어지기 시작했다는 주장을 인정하더라도 이 무렵 사람들은 증류에 관한 지식을 갖고 있었으며, 우리나라에서 술을 만들기 시작한 것은 적어도 삼국시대 또는 그 이전으로 거슬러 올라가므로 이미 이 시대에 발효의 원리를 알고 이를 활용했음을 알 수 있다. 이러한 발효와 증류 등 전통술에 담긴 전통지식은 일상생활 속에서 실제로 이용하는 것일 뿐만 아니라 누구든 직접 실행해볼 수 있는 것이며, 중·고등학교 학생들의 학습 내용이기도 하다는 점에서 활용 가능성이 큰 자원으로서의 특성을 보여주기도 한다.

넷째로, 전통술은 왜곡된 역사와 굴절된 문화를 바로잡아 전통문화를 회복하고 그것을 무형문화재로 보전할 수 있게 하는 귀중한 유산이

다. 앞에서 살펴본 것과 같이 여러 역사기록을 통해 조선 후기까지도
우리 전통술은 가양주(家釀酒) 문화를 바탕으로 더없이 다양했음을 알
수 있다. 그러던 것이 일제강점기를 당하면서 가양주를 비롯한 전통술
은 「주세법」과 「주세령」 등 식민지 수탈을 목적으로 한 일제의 강압적
수단에 의해 사실상 단절된 채 수십 년을 보냈고, 광복 후에도 식량
수급 조절을 위한 정부의 정책에 따라 1980년대에 들어서기까지 회복
될 기회를 갖지 못했다. 그 결과 오늘날에는 소주와 맥주 등 시장을
지배하는 단 몇 종류의 규격화되고 획일화된 술, 그것도 우리 전통술이
아닌 술이 마치 술 전체를 대표하는 것과 같은 상황이 되었다. 지역마
다, 가정마다 이루 말할 수 없이 다양하게 이어져오던 가양주 전통을
말살하고 전통술을 획일화하는 결과를 초래한 것이다. 그런데 이때의
전통술 말살과 술 획일화는 자연스러운 문화변동이 아니라 외부의 강
제력에 의한 비정상적인 문화적 굴절이며, 특히 일제에 의한 전통술
단절은 역사 왜곡이자 전통문화 파괴이다. 이런 상황에서 전통술은 되
살리고 그것에 녹아있는 의미와 가치를 키워서 이어나가야 할 문화유
산이며, 그렇게 하는 것은 왜곡된 역사를 바로잡아 극복하고 단절된
전통문화 회복하는 일이다. 마실 거리로서 술을 다양화하고 술에 관한
문화를 풍부하게 한다는 현실적 의미를 넘어 치욕적인 역사를 극복하
는 미래지향적인 실천이라고 할 수 있다.

다섯째로, 전통술은 오랜 기간을 거쳐 오늘에 이른 문화유산으로서
다각적으로 활용할 수 있는 자원이다. 전통적 방식으로 술을 빚는 과정
에서 옛 문화를 향유하며 즐거움을 얻을 수 있고(문화유산 향유), 원료
선택에서부터 발효와 증류 등에 녹아있는 조상들의 지혜와 전통지식은
교육적 소재로서 가치가 크며(교육적 활용), 과거로부터 전승되어온 제

조 방법 등은 역사적·문화적으로나 과학적 측면에서 학술적 연구 대상이 될 수 있다(학술적 활용). 뿐만 아니라 지역적 특성을 강하게 내포하고 있는 문화적 소산이자 여러 사람이 함께 만들고 나눌 수 있는 소재라는 점에서 지역 공동체 형성과 유지에도 긍정적으로 활용할 수 있고(지역적 활용), 무형문화재로서 술 제조 과정과 그 결과물인 전통술은 부가가치를 창출하는 경제적 자원이 되며(경제적 활용), 한국적 특성으로 가득 찬 전통문화이자 문화유산으로서 세계 속에서 한국문화를 보여주는 문화의 결정체이기도 하다(세계적 활용). 다른 한편으로 전통술과 그것에 얽힌 역사와 이야기 등 문화는 다양한 장르에서 창작 소재로 활용하기에도 충분한 가치를 갖는다.

이처럼 전통술은 단순히 과거 문화의 일면을 보여주는 옛것에 머무는 것이 아니라, 오늘날에도 여러 측면에서 다양한 의미와 활용 가치를 갖는 문화적 자원이다.

3. 무형문화재로서 전통술 보전과 그 한계

우리 술에 관한 기록은 이규보(李奎報)가 1241년(고종 28)에 간행한 『동국이상국집(東國李相國集)』東明王篇이나 이승휴(李承休)가 1287년(충렬왕 13)에 저술한 『제왕운기(帝王韻紀)』고구려기(高句麗紀) 등 고구려 건국 시기를 담은 사서(史書)들에서 볼 수 있다. 이를 통해 삼국시대가 시작되기 전에 이미 술을 빚기 시작했던 것으로 추정할 수 있다. 이 외에도 중국 서진(西晉, 265~316) 무제(武帝, 재위 265~290) 때 진수(陳壽, 233~297)가 편찬한 『삼국지(三國志)』위서(魏書) 동이전(東夷傳)에 '영고

(迎鼓), 동맹(東盟), 무천(舞天) 등 국중대회(國中大會)에서는 밤낮으로 술 마시고 노래 부르고 춤추었다'고 기록되어 있다. 국중대회는 수도(首都)에서 개최했던 대규모 제천행사를 말하는 것으로, 이것들은 각각 부여(夫餘), 고구려(高句麗), 예(濊)에서 행하던 것이므로 삼국시대 초기에 술을 활용한 축제가 열렸다는 것을 말해준다. 지금까지 밝혀진 것만으로도 삼국시대 이전 또는 삼국시대 초기에 우리 술이 시작된 것으로 볼 수 있다.

이렇게 형성된 전통술은 발효주에 더해 증류주가 제조되고 조선시대에는 더욱 다채로워지는 등 다양하고 풍부한 음식문화로 자리 잡았다. 앞에서 살펴본 것과 같이 조선 후기에 저술된 여러 문헌을 통해 전통술의 전승 및 발전 양상을 알 수 있다. 그러나 일제강점기와 광복 후 식량이 부족하던 시대를 보내면서 전통술은 대부분 단절되고 극히 일부만이 명맥을 이어왔으며 또 다른 몇몇은 과거의 경험과 구전, 기록 등을 통해 재현되어 오늘에 이르고 있다. 이렇게 전승되어온 전통술 중 그 가치가 크다고 인정되는 것을 무형문화재로 지정하여 보전하고 있는데, 1979년 한산소곡주(韓山素穀酒)를 충청남도 무형문화재로 지정한 것을 시작으로 1986년에는 문배주와 면천두견주(沔川杜鵑酒), 경주교동법주(慶州校洞法酒) 등 세 가지를 국가무형문화재(당시 중요무형문화재)로 지정하였다. 국가지정문화재와 시·도무형문화재로 지정된 전통술은 다음과 같다.

〈표 2〉 전통술 국가 및 시·도 무형문화재 지정 현황[31]

연번	지정	명칭	종류(제조 방법)	전승 지역
1	국가	문배주	증류주	서울시
2		沔川杜鵑酒	발효주	충남 당진시
3		慶州校洞法酒	발효주	경북 경주시
4	서울특별시	서울松節酒	발효주	서초구
5		三亥酒	발효주	서초구
6		香醴酒	증류주	송파구
7	경기도	鷄鳴酒[엿탁주]	발효주	남양주시
8		南漢山城燒酒 製造技能	증류주	광주시
9	충청북도	忠州淸明酒	발효주	충주시
10		報恩 松露酒	증류주	보은군
11		淸州 神仙酒	발효주(청주)·증류주	청주시
12	대전광역시	松筍酒	발효주	대덕구
13	충청남도	韓山素穀酒	발효주	서천군
14		鷄龍百日酒	발효주	공주시
15		牙山蓮葉酒	발효주	아산시
16		錦山人蔘白酒	증류주	금산군
17		靑陽枸杞子酒	발효주	청양군
18	대구광역시	荷香酒	발효주	달성군
19	경상북도	金泉過夏酒	발효주	김천시
20		安東燒酎	증류주	안동시
21		聞慶湖山春	발효주	문경시
22		安東松花酒	증류주	안동시
23	경상남도	咸陽 松筍酒	발효주	함양군
24	전라북도	鄕土술담그기 - 松筍酒	발효주	김제시
25		鄕土술담그기 - 梨薑酒	증류주	전주시
26		鄕土술담그기 - 竹瀝膏	증류주	정읍시
27		鄕土술담그기 - 松花百日酒	증류주	완주군

---

31 국가무형문화재와 시·도무형문화재 중에서 전통술에 속하는 것을 뽑아서 정리하였으며, 제조 방법은 필자가 구분한 것이다.

28	전라남도	海南眞釀酒	발효주	해남군
29		珍島紅酒	증류주	진도군
30		寶城薑荷酒	발효주	보성군
31	제주도	城邑民俗마을오메기술	발효주(탁주)	서귀포시
32		고소리술	증류주	서귀포시

2016.06.30. 기준 무형문화재로 지정된 전통술은 문배주 등 국가무형문화재 3건, 한산소곡주(충남 서천군) 등 시·도무형문화재 29건 등 전국 11개 시·도에 걸쳐 총 32건이다. 조선 후기 문헌들에 각기 수십 건에서 수백 건에 이르는 술 제조 방법이 소개되어 있는 것에 비해 문화유산으로서 가치가 크다고 인정되어 무형문화재로 지정된 것이 전국에 걸쳐 32건뿐이며, 그 중 국가무형문화재는 1986년에 지정된 3건이 전부이다. 이러한 현실은 전승되고 있는 전통술이 극히 일부에 지나지 않으며, 문화적 다양성은 그만큼 황폐해졌다는 것을 뜻한다. 더군다나 〈표 2〉에 보이는 전통술들은 대부분 가양주로 빚어지기 시작하여 명주(名酒)로 이름을 얻은 것들이나, 오늘날에는 일상화된 생활 속 문화현상으로 자연스럽게 이어지는 것이 아니라 경제적 이익을 얻기 위한 상품으로 생산하는 것이 보통이다. 이는 일제강점기와 식량 부족 시기에 단절되었던 풍부하고 다양한 가양주 문화를 전혀 회복하지 못했을 뿐만 아니라, 상품화된 전통술에서도 역사적·문화적 왜곡과 굴절을 극복하는 수준에 이르지 못하고 있다는 것을 말한다.

전통술이 처한 이러한 상황은 연간 주류 출고량에서도 드러나는데, 2014년도 소주·맥주를 포함한 전체 주류 출고량에서 전통술 출고량이 차지하는 비중을 통해서도 알 수 있다.

〈표 3〉 2014년 국내 주종별 출고량 현황[32]

주종		출고량(kℓ)	출고금액(백만 원)
전통술	탁주	2,260	2,971
	약주	472	4,021
	증류식소주	239	2,939
	일반증류주	10	318
	리큐르	58	604
	기타주류	3	38
	합계	3,042	10,891
일반주류	맥주	2,055,761	-
	희석식소주	957,656	-
주류 전체		3,808,167	9,126,908

전통술은 국내에서 생산된 전체 술 출고량 대비 약 0.08%, 전체 출고 금액 대비 약 0.12%를 차지하는 수준이다. 전통술이 아닌 맥주와 희석 식소주가 전체 주류 출고량에서 절대적인 비중을 점하고 있고, 전통술 중에서는 탁주가 단연 많은 출고량을 보이고 있지만 맥주나 희석식소 주 등 일반주류와는 비교하기 어려운 수치이다. 전통술은 그만큼 우리 일상에서는 거리가 있는 술이라고 할 수 있다. 유럽 등에서 생산되는 값비싼 외국 술 이름에는 익숙하고 외국에 나갔다가 돌아올 때는 면세 점 등에서 그런 외국 술을 구입해오는 것을 당연히 하는 관행(慣行)으로 여기던 때도 있었다. 이에 비해 일부 고령층을 제외한 대부분의 청장년 세대에게는 〈표 2〉에 정리된 무형문화재로 지정된 전통술 중에서 그 이름을 아는 것이 몇 안 될 정도로 인식이 낮고 낯선 것이 현실이다. 문화적 관점에서 전통술은 단지 '이름 모를 옛날 술'에 지나지 않는

---

32 국세통계 홈페이지
   (http://stats.nts.go.kr/national/major_detail.asp?year=2015&catecode=A10001#)

것이다. 이처럼 전통술이 문화적 다양성을 완전히 잃어버린 채 일부만
이 힘겹게 이어지고 있는 데는 오늘날 정부의 정책과 제도에 기인하는
것이기도 하다. 정부의 징세편의를 위한 지나친 규제 위주의 주류 관리
정책으로 인해 저급·대중주의 독과점적인 시장구조를 고착화시켜 고
급 술 소비는 외국 양주에 의존하게 된 것이다.[33] 피식민지 시기의 문화
말살과 식량 부족 시기의 정부 양곡 정책 등으로 문화적 다양성을 잃고
침체된 전통술이 그 이후의 주세 제도 등으로 인해 살아있는 문화로서
의 생명력을 되찾지 못하고 있는 것이다.

　또한 전통술을 되살리고 활성화하려는 노력은 그것을 사업화하는
데에만 집중되고 있다. 전통술을 제조하고 나누고 소비하던 문화를 되살
리는 것이 아니라, 제품을 판매하여 경제적 효과를 얻는 데에만 천착하
고 있는 것이다. 전통술 활용 방법으로 지역 축제 등 지역 문화자원과
연계하여 활용할 것을 제안하는 연구 성과들이 있는데, 이것도 결과적으
로는 상품으로서의 전통술 판매를 증진함으로써 경제적 효과를 높이자
는 것이다.[34] 예컨대 충남 무형문화재 한산소곡주는 2008년 농림부가
시행한 제2차 향토산업 육성 사업에서 '한산소곡주 명품화 사업'이라는
이름으로 지원 대상에 선정되어 국비와 지방비 지원을 받았는데, 이

33　이동필, 「전통민속주산업(傳統民俗酒産業) 육성을 위한 제도개선 방안 -'민속주 안동
　　소주' 사례 연구-」, 『농촌경제』 17-2, 한국농촌경제연구원, 1994, 1쪽.
34　김지선·정은미·석용현·타가미히로시, 「전통주 관광상품화를 위한 전통주 인지도 및
　　주요속성 분석 - 충남권 전통주 관광자원을 중심으로」, (社)한국관광학회 제65차 학술심
　　포지엄 자료집, 2009, 619~633쪽.; 강호정, 「전통주의 문화 컨텐츠화 연구 - 법성포
　　소주의 문화상품화를 중심으로」, 『한국의 민속과 문화』 14, 경희대학교 민속학연구소,
　　2009, 5~27쪽.; 김길수, 「한국 주류산업의 지원·규제·조세정책에 관한 연구 -전통주산
　　업의 육성방안을 중심으로-」, 『정치·정보연구』 13-1, 한국정치정보학회, 44~68쪽 등.

사업은 향토자원을 이용한 산업을 육성하여 농촌 경제를 활성화하고 농가 소득을 증대하는 데 목적을 두고 있다.[35] 또한 서천군은 2009년 '한산소곡주 명품화 사업'에 착수하여 술 제조 공정 표준화와 술 용기 규격화 등을 통해 상품성을 높이기 시작했고, 같은 해 지식경제부(현재의 산업통상자원부)로부터 서천군 한산면 일원을 '한산소곡주 산업특구'로 지정받기도 했다.[36] 산업특구에는 한산소곡주 테마거리, 역사홍보관을 등을 설치하고 테마민박을 선정하여 운영하는 등 무형문화재 결과물인 한산소곡주를 경제적으로 활용하는 데 집중하고 있다. 이런 현상은 한산소곡주 이외에 활용을 시도하고 있는 다른 전통술에서도 공통적으로 나타나는 것이며, 더 넓게는 전통술이 아닌 대부분의 다른 무형문화재 보전 및 활용에서도 흔히 볼 수 있는 일반적인 일이다.

고급술은 모두 외국산이라는 인식이 일반화되어 있고 포도주는 저가품이 대량 수입되면서 국내 술 시장 점유율을 높이고 있는 데 비해, 한국적 특색을 가진 전통술은 〈표 3〉에서 보는 것과 같이 국내 술 출고량 중 0.08%를 차지하는 데 그칠 만큼 생산량이 적고 인지도도 낮다. 이런 현실을 고려할 때 전통술을 산업화하여 시장에서의 경쟁력을 강화하고 이를 통해 경제적 효과를 얻는 것은 당연히 필요한 것이며 의미있는 일이기도 하다. 다른 무형문화재와 마찬가지로, 전통술도 그 결과물인 술이 어느 정도 소비되어야 술 제조에 필요한 자본을 확보하여 지속성을 가질 수 있다.

---

35 농림부, 「09년 지원대상 향토자원 선정을 위한 제3차 향토자원 발굴 계획」, 2007 참고.
36 오종진, 「한산소곡주 2차 명품화사업 시동」, 『충청타임즈』, 2013.09.22.; 이은중, 「한산소곡주' 산업특구 지정..뭐가 달라지나」, 연합뉴스, 2009.10.17. 참고.

　그런데 전통술을 산업적 소재로만 국한시켜 본다면 그것은 무형문화재로서 전통술이 갖는 다양하고도 풍부한 의미와 가치를 간과하는 것이다. 전통술이 문화유산이라는 점을 고려하면 산업화를 통한 경제적 활용에만 집중하는 것은 본질적 가치에서 벗어난, 극히 단편적인 활용에 그치는 것이다. 무형문화재로서 전통술은 앞에서 살펴본 것과 같이 다양한 의미와 가치를 가지며, 이것은 전통술을 그만큼 다채롭게 활용할 수 있다는 것을 뜻한다. 단순히 경제적 부가가치를 목적으로 한 활용에서 벗어나 무형문화재로서의 의미에 주목하여 여러 방면에서의 활용을 시도할 때 전통술은 그 가치를 더욱 키워서 활용 지평을 넓힐 수 있을 뿐만 아니라 보전 기반도 강화할 수 있다.

4. 전통술 보전·활용 방향과 그 의미

　전통술 중 32가지를 국가무형문화재 또는 시·도무형문화재로 지정하여 보전하고 있다. 이것들을 무형문화재로 지정한 것은 전통술이 문화적으로 보전할 만한 가치를 갖고 있다고 인정하기 때문이다. 문화재가 문화재인 것은 그것이 문화적으로 의미와 가치를 갖기 때문이라는 말이다. 따라서 전통술을 무형문화재로 보전하고 활용할 때 그것이 갖는 문화재로서의 의미와 가치에 주목해야 함은 자명한 일이며, 그렇게 할 때 문화재로서의 본질적 가치에 충실하게 보전하고 활용할 수 있다.

　앞에서 살펴본 전통술의 다양한 의미와 가치를 중심에 두고 전통술 보전·활용의 한계를 고려할 때, 무형문화재로서 전통술 보전과 활용 방향은 크게 두 가지로 요약할 수 있다. 첫째로, 전통술이 갖는 무형문화재로서의 본질적 의미와 가치에 주목하여 보전·활용 방법을 다각화해야 한다. 전통술의 의미와 가치에 관해서는 앞에서 살펴보았다. 그렇다면 전통술을 무형문화재가 되게 하는 그러한 의미와 가치는 어디에 있을까. 앞에서 검토한 바와 같이, 전통술 보전과 활용은 결과물에 해당하는 술을 상품화하여 경제적 측면에서의 시장 가치를 높이는 데에만 집중해왔다. 그런데 문화재로 지정한 전통술은 제품화된 결과물로서의 술이 아니라, 전통술을 제조하는 기술이고 과정이다. 즉, 술이 문화재가 아니라 '술 제조, 술 빚기, 술 담그기'가 무형문화재인 것이다. 이것은 전통술이 갖는 무형문화재로서의 의미와 가치가 술 제조 과정에 담겨 있다는 것을 뜻하며, 그러므로 전통술 보전·활용도 술 제조 과정에 집중할 때 무형문화재로서의 본질적 가치를 유지하고 확장할 수 있음은 불문가지(不問可知)이다.

무형문화재로서 '전통술 제조'의 문화적 의미와 가치에 주목한다면, 전통술 활용은 그 방법과 형태, 관련 분야가 훨씬 다양해진다. 문화유산 활용은 그 기준에 따라 여러 가지로 분류할 수 있고, 활용 방법도 풍부하게 모색해볼 수 있다. 우선 활용 목적을 기준으로 ① 문화유산 향유, ② 교육적 활용, ③ 학술적 활용, ④ 지역적 활용, ⑤ 경제적 활용, ⑥ 세계적 활용 등으로 나누어볼 수 있다. 문화유산 향유는 관람과 감상 등을 통해 문화유산의 아름다움과 의미 등을 누리며 즐거움을 얻는 것을 말하고, 교육적 활용은 학교교육이나 성인교육을 통해 문화유산에 담긴 전통적 지식과 지혜 등을 발견하고 나누는 것을 말한다. 학술적 활용은 문화유산을 연구 대상으로 삼는 것을 뜻하며, 지역적 활용은 문화유산 보전·활용을 통해 지역 공동체 구성원들 간의 유대를 강화하는 등 문화유산을 지역의 구심점으로 활용하는 것을 의미한다.

또한 경제적 활용은 문화유산을 관광자원 또는 2차적 창작 소재 등으로 활용함으로써 경제적 부가가치를 높이는 것을 말하고, 세계적 활용은 문화유산을 통해 세계 속에서 국가적·민족적 위상을 높이는 것을 뜻한다. 이 외에도 문화유산 활용은 그 형태에 따라 ① 단독 활용, ② 연계 활용, ③ 융·복합 활용 등으로, 활용 방식에 따라 ① 원형 활용(현재화), ② 변형 활용(현대화)으로, 또는 ① 1차적 활용(직접 활용), ② 2차적 활용(간접 활용) 등으로도 분류할 수 있다.[37] 이렇게 문화유산은 다양한 형태와 방법으로 활용을 모색할 수 있다.

　이러한 시각에서 문화유산으로서 전통술 활용 방법도 다양하게 생각해볼 수 있다. 전통술 제조는 과거의 문화를 담고 있는 유산으로서 그 과정에 참여함으로써 즐거움을 얻으며 즐길 수 있고, 전통술 제조 원리와 그것에 담긴 선인들의 지혜는 교육적 가치가 풍부하다. 또한 오늘날에는 거의 단절된 전통적 문화현상이자 전통과학을 담고 있는 유산이라는 점에서 학술적 연구 대상이 되기에 충분하고, 지역마다 집집마다 술 빚는 과정을 함께 하고 결과물인 술을 나눔으로써 지역 공동체 구성원들을 한 데 묶어주는 기능을 기대할 수 있다. 술 제조 과정과 제품화된 술을 활용해 경제적 효과를 얻을 수 있고, 다른 나라에는 없는 우리만의 특성을 가진 문화이자 효용 가치가 있는 음식 제조로서 세계 속에서 국가적 존재감을 부각시키고 국위를 높이는 소재로 활용할 수도 있다.

　다른 한편으로, 전통술 제조만을 대상으로 하여 그 의미와 가치를

---

[37] 문화유산 활용 방법과 유형 등은 기준을 무엇으로 정하는가에 따라 여러 가지로 분류할 수 있다. 이 연구에서는 다음 논문에서 분류한 것을 따르기로 한다. 류호철, 「문화재 활용의 개념 확장과 활용 유형 분류체계 구축」, 『문화재』 47-1, 국립문화재연구소, 2014, 11~14쪽 참고.

활용하는 데 집중할 수도 있고, 지역 내 다른 문화유산이나 문화자원, 또는 다른 형태의 자원과 연계·융합하여 활용할 수도 있다. 또한 전승되어온 전통술 제조를 가능한 한 그대로 보전하며 활용할 수도 있고, 이와 달리 이어져온 전통술을 오늘날의 상황에 맞추어 변형하여 새롭게 활용하는 방법도 생각할 수 있다. 그런가 하면 전통술 제조 과정 자체를 직접적으로 활용하는 것에 더해, 전통술을 소재로 문학이나 영화, 기타 예술작품 등 2차적 저작물을 창조하는 소재로 활용할 수도 있다.

이처럼 문화유산이라는 틀에서 전통술의 의미와 가치에 초점을 맞추면 전통술 활용은 그 지평이 훨씬 넓어진다. 그리고 이렇게 다각적 활용을 모색하고 그것을 현실화할 때 무형문화재로서 전통술 보전은 그 기반을 더욱 튼튼히 할 수 있다.

둘째로, 역사적 왜곡과 굴절을 극복하고 전통술 문화를 되살리는 데 중점을 두어야 한다. 흔히 일제강점기를 거치면서 가양주(家釀酒) 등 우리 술 문화가 단절되었음을 비판하고, 광복 후 식량이 부족했던 시절에 정부의 양곡 관리 정책으로 또 한 번 문화적 질곡(桎梏)을 겪었음을 아쉬워한다. 그런데 오늘날의 시각에서 이보다 더욱 안타까운 것은 이렇게 파행을 겪어 사실상 단절되다시피 한 우리 술 문화를 회복하려는 노력을 기울이지 않고 있다는 점이다. 일제에 의한 전통술 말살과 술 획일화는 자연스러운 문화변동이 아니라 비정상적인 문화 단절이자 역사 왜곡이고 전통문화 파괴라고 앞에서 지적하였다. 그렇다면 전통술의 가치를 재조명하고 그것을 문화재로 지정하여 보전하며 활용을 시도하고 있는 오늘날 우리가 해야 할 일은 응당 그처럼 왜곡되고 파괴된 문화를 되살리는 것이다. 결과물인 술을 상품화하여 경제적 효과를 얻는 데 몰두하는 것에서 벗어나, '전통술 제조'라는 무형문화재 자체에 주목하여 문화를 회복해야 하는 것이다.[38] 여기서 문화를 되살린다는 것은 곧 비정상적인 전통술 단절과 말살이 행해지기 이전의 문화적 다양성을 회복하는 것을 말한다. 지역마다, 집집마다 각각의 특성을 담은 술을 제조하고 이것이 풍부한 문화를 이루었던 것처럼, 오늘에 맞는 문화적 다양성을 되찾는 것이 문화를 되살리는 일이다. 이것이 곧 무형문화재로서 전통술의 의미와 가치를 누리며 현실화하는 것이자, 문화유산을 보전하고 활용하는 것이다. 전통술 제조가 과거와 같은 문화적 다양성을 회복할 때 그러한 풍부한 문화 속에서 자연스럽게 경쟁력 있는 술이 만들어져서 경제적 활용 효과를 높일 수 있고, 문화유산 활용도 풍부해질 수 있으며, 보전 기반도 더욱 튼튼히 할 수 있다. 문화적 다양성을 되찾고 지키는 것이 문화유산 보전이자 활용이며, 그것이 자원이다.

5. 맺음말

2016.08.31. 기준 보전 대상으로서 법적 지위를 확보한 무형문화재는 국가무형문화재 135건, 시·도무형문화재 537건 등 총 672건이다. 그런데 이들 무형문화재 중 35년에 이르는 일제강점기를 거치는 동안

---

38 2016.08.27 전북 전주에서 개최된 동아시아고대학회 제62회(2016년 여름) 정기학술대회에서 송화섭은 필자가 발표한 논문에 대해 '주세법을 개정해야 이를 실현할 수 있다'고 지적하였다. 문화유산 보전·활용 관점에서 전통술을 회복하고 나아가 가양주 문화를 되살리기 위해서는 법적 제한을 없애야 한다는 점에서 타당한 지적이며, 필자도 이에 동의한다.

단절되었다가 어렵게 되살린 것들이 상당수를 차지한다. 뿐만 아니라 많은 전통문화가 경제 개발 과정에서 구시대의 산물로 여겨져 맥이 끊어지거나 그렇게 될 위기를 겪기도 했다. 우리에게 전통문화, 무형문화재 보전은 이러한 역사적 경험을 극복하고 단절이나 왜곡 이전의 상태를 가능한 한 회복함을 포함하는 것이다. 여기서 문화 회복은 형식이 아니라 의미와 가치를 되살리는 것을 말한다.

앞에서 살펴본 것과 같이 전통술은 무형문화재 중에서도 사회적 상황과 정부 정책 등 외부적 환경에 의해 심각하게 영향을 받은 대표적인 사례라고 할 수 있다. 문화를 되살려서 무형문화재로서의 의미를 회복해야 하는 대상인 것이다. 무형문화재로서 '전통술 제조'의 의미와 가치는 술 빚는 과정에 담겨 있으며, 따라서 전통술 보전과 활용도 과정에 집중할 때 본질적 가치를 현실화할 수 있다. 단순히 경제적 효과를 얻는 활용에서 벗어나 문화적 관점에서 의미와 가치에 중심을 두고 활용 방법과 형태를 다각화하는 것이 문화유산으로서 전통술 보전·활용이 추구해야 할 방향이다. 이렇게 될 때 전통술 보전과 활용은 문화유산으로서의 가치를 유지하고 그것을 더욱 확장하는 일이 되며, 나아가서 역사 왜곡과 문화 단절을 극복하는 사회적 의미를 실현할 수 있다. 이것은 문화적 다양성이라는 무형문화재가 갖는 근본적 가치를 더욱 풍부하게 하는 길이기도 하다.

참고문헌

1. 원전자료
『閨壼是議方[음식디미방]』.
『閨閤叢書』.
『林園經濟志』.
『三國志』 魏書 東夷傳.
『釀酒方』.

2. 연구서
朝鮮酒造協會 編·배상면 編譯, 『朝鮮酒造史』, 1935, 1~541쪽.
조정형, 『다시 찾아야 할 우리의 술』, 서해문집, 1991, 1~288쪽.
최준식, 『한국인에게 밥은 무엇인가』, 휴머니스트, 2004, 1~349쪽.
Edward Shils 著·김병서·신현순 譯, 『전통 -변하는 것과 변하지 않는 것-』, 민음사, 1992, 1~448쪽.

3. 연구논문
강호정, 「전통주의 문화 컨텐츠화 연구 -법성포 소주의 문화상품화를 중심으로-」, 『한국의 민속과 문화』 14, 경희대학교 민속학연구소, 2009, 5~27쪽.
김길수, 「한국 주류산업의 지원·규제·조세정책에 관한 연구 -전통주산업의 육성 방안을 중심으로-」, 『정치·정보연구』 13-1, 한국정치정보학회, 2010, 44~68쪽.
김동전, 「제주 술의 문화적 원형과 콘텐츠화 전략」, 『역사민속학』 47, 역사민속학회, 2015, 462~491쪽.
김지선·정은미·석용현·타가미히로시, 「전통주 관광상품화를 위한 전통주 인지도 및 주요속성 분석 -충남권 전통주 관광자원을 중심으로-」, (社)한국관광학회 제65차 학술심포지엄, 2009, 619~633쪽.
류호철, 「문화재 활용의 개념 확장과 활용 유형 분류체계 구축」, 『문화재』 47-1, 국립문화재연구소, 2014, 4~17쪽.
배영동, 「안동 지역 전통 음식의 탈맥락화와 상품화 -1970년대 이후를 중심으로-」, 『사회와 역사』 66, 한국사회사학회, 2004, 35~65쪽.

이동필, 「傳統民俗酒産業 육성을 위한 제도개선 방안 -'민속주 안동소주' 사례 연구-」, 『농촌경제』 17-2, 한국농촌경제연구원, 1994, 1~16쪽.

4. 법령
「농림축산식품부 소관 식품산업진흥법 시행규칙」.
「농업·농촌 및 식품산업 기본법 시행령」.
「농업·농촌 및 식품산업 기본법」.
「무형문화재 보전 및 진흥에 관한 법률 시행령」.
「무형문화재 보전 및 진흥에 관한 법률」.
「식품산업진흥법 시행령」.
「식품산업진흥법」.
「양곡관리법」.
「전통주 등의 산업진흥에 관한 법률」.
「주세법」.

5. 인터넷 자료
국립국어원, 『표준국어대사전』(http://stdweb2.korean.go.kr)
국세통계 홈페이지(http://stats.nts.go.kr/national/major_detail.asp?year=2015&catecode=A10001#)
문화재청 홈페이지(www.cha.go.kr)

6. 기타자료
농림부, 「09년 지원대상 향토자원 선정을 위한 제3차 향토자원 발굴 계획」, 2007.
오종진, 「한산소곡주 2차 명품화사업 시동」, 『충청타임즈』, 2013.09.22.
이은중, 「'한산소곡주' 산업특구 지정..뭐가 달라지나」, 『연합뉴스』, 2009.10.17.

해장국의 발생 배경과 변천 과정

전주콩나물국밥의 사례를 중심으로

송화섭

1. 문제제기

　한국음식문화사에서 해장국이 등장하는 시점은 언제일까. 해장국은 전통음식의 명칭이 아니라, 과음하고 난 다음날 아침에 먹는 속풀이용 국밥이라는 인식이 보편적이다. 전 세계적으로 속풀이용 해장국은 한국 밖에 없다. 속풀이 해장국은 과음한 이튿날 아침에 취기를 풀기 위하여 먹는 숙취(宿醉)용 국밥의 현대적 용어이다. 해장국은 단지 우거지, 콩나물, 선지, 황태 등 재료만 다를 뿐 국밥이라는 공통점이 있다.

　왜 한국인들은 해장국을 선호하는 것일까. 한국인들이 언제부터 해장국을 즐겨 먹었는지 그 역사는 밝혀지지 않았다. 해장국을 즐기는 술꾼조차 해장국의 어원과 유래를 모른다.『국어대사전』에 해장의 어원은 해정(解酲: 과음을 풀기위하여 아침 식전에 술을 조금 마심)이라고 풀이하고 있다, 과음을 풀기위해 해장에 조금 마시는 술이라는 해석이다. 해장국은 해정탕(解酲湯)으로 풀이하고, 해장술은 해정주(解酲酒)에서 나온 것으로 풀이하고 있다[1]. 과연 해장의 어원이 해정에서 나온 것이

맞는 것일까? 최근 해장국의 원조가 효종갱(曉鐘羹)이라는 주장이 제기
되었지만 정확한 근거나 자료는 없다. 왜 효종갱이 태동하였는지에 대
한 논리도 매우 약하다.

이 글에서는 해장국이 태동한 배경과 변천 과정을 밝혀보고자 한다.
해장국이 처음에 어디에서 어떻게 태동한 것인지, 어떠한 과정을 거쳐
서 과음한 자들의 속풀이 해장국으로 정착하게 된 것인지를 밝혀보고
자 한다. 해장국은 일본식 해정탕 용어에서 빌어온게 아니라, 주막에서
국밥의 근원을 찾아서 국밥이 어떻게 해장국으로 변화해갔는지 전주콩
나물국밥을 사례로 살펴보고자 한다. 전주콩나물국밥은 해장국의 대
명사격으로 타 지역에서도 한국의 대표적인 해장국으로 통한다. 전주
콩나물국밥의 발생 배경과 변천 과정을 통해서 해장국의 근원을 추적
해보고, 해장국이 어떠한 과정을 거쳐서 속풀이 해장국을 정착하게 되
었는지 역사적 배경을 살펴보고자 한다.

2. 해장국의 발생 배경

1) 주막과 장시의 발달

국밥은 주막음식이었다. 酒幕은 주점, 점막, 술막, 숫막, 여점, 야점
등으로 불렸다. 주막의 역사는 고려시대까지 거슬러 올라간다. 주막은
고려시대에 국가에서 화폐 유통을 목적으로 지방에 설치하면서 생겨났

---

1 민중서관, 『새로나온 국어대사전』, 국어국문학회 감수, 2001, 2730쪽.

다[2]. 이규보의 시문에 주막과 비슷한 점막(店幕)이 등장하고 있다. 그런데 주막의 본격화는 조선후기 5일장의 정착하는 과정에서 주막이 장시 근처에 등장하면서 시작되었다. 『신증동국여지승람』에는 전국 모든 행정구역에 역원의 설치, 운영을 보여주는 역원조가 편재되어 있다. 이러한 역원(驛院) 기록은 고려시대부터 역원이 통신과 수송과 교통을 수행하는데 중요한 기능을 하였던 곳이었음을 말해준다. 역원은 중앙의 관리가 공무차 지방에 내려가서 머무는 숙소이지만, 상인과 과객들도 사용할 수 있었다. 조선시대는 중앙집권적 지배체제가 전개되면서 중앙의 관리가 지방에 파견되기도 하고, 공무수행을 위하여 지방에 행차할 때에 숙식의 해결이 필요하였으며, 지방의 유생과 선비가 과거시험을 보러 한양에 가거나 지방관리가 중앙관서에 올라갈 때에도 숙식문제를 해결할 수 있는 곳이 역원(驛院)이었다. 역원은 군현 단위로 지방 교통의 요충지에 조성되었으며, 지방관리들이 운영하였던 관영여인숙이었다. 그러다가 조선후기에 이르러 장시 발달과 함께 장시 근처에 장시주막(場市酒幕)이 형성되었다. 조선 후기에는 주막이 본격적으로 역원의 역할까지 떠 맡으면서 역원이 퇴조하는 현상이 나타났다. 고갯마루 근처의 주막은 주로 보부상과 과객들이 이용하였지만[3], 장시 주막은 5일장을 떠돌며 장사하는 장돌뱅이, 보부상들의 아지트같은 곳이었다.

조선 전기 역원이 활성화되었을 때는 주막은 여행객들에게 술, 물,

---

2 한식재단, 「주막」, 『한식에 담긴 화폭』, 2015, 110쪽.

3 송화섭, 「전주남문밖 장시음식이 전주음식문화에 미친 영향」, 『전주음식의 문화적 토대』, 전주역사박물관, 2016.

꼴, 땔나무를 공급할 정도였고, 음식은 여행객이 자체적으로 해결할
정도로 영세했었다. 주막은 술막인데 술막이 숯막과 음이 비슷하여 술
막이 숯막으로 불려졌다는 이야기도 전한다[4]. 그러나 임진왜란과 병자
호란 이후 전쟁의 상처가 가라앉고 대동법의 제정으로 중계무역이 발
달하고, 농업에서 발생한 잉여생산 등이 상업을 자극하면서 물자수송
이 활발해지면서 주막이 활성화되는 계기를 가져왔다. 점차 주막은 여
행객들에게 술, 음식과 숙박을 제공하였으며 전국 각 교통의 요충지에
주막이 번창하면서 주막거리가 조성되었다[5].

주막의 활성화는 장시의 발달과 병행되었다. 주막은 교통의 요충지
의 가옥에서 영업을 하였다면, 장시주막은 장터근처 가건물에서 보부
상을 대상으로 국밥과 술을 팔았다. 이러한 사실은 김홍도(1745~1806)
의 주막풍속화에 보부상의 모습에서 확인할 수 있으며, 조선후기 장시
주막의 전형을 이해할 수 있다. 조선후기에 주막은 주택과 별도의 공간
에 설치되면서 숙박과 국밥, 술을 판매하는 전문주막집이 태동하는 모
습을 보여준다. 조선후기 장시 주막 외에 주막거리의 모습은 김득신
(1754~1822)의 풍속화에서도 찾아볼 수 있다. 18세기말 경에 주막은 숙
식을 겸하는 시설을 이미 갖추고 있었다.

주막의 발달은 상대적으로 역원의 기능을 축소시키는 결과를 가져왔
다. 역원의 쇠퇴는 상대적으로 주막을 발달시켰다[6]. 조선 후기 5일장의
확산은 주막을 중심으로 보부상과 장돌뱅이의 네트워크가 형성되었

---

4 강명관, 『조선풍속사①』, 푸른역사, 2010, 364쪽.

5 강명관, 앞의 책, 365쪽.

6 한식재단, 「주막」, 『화폭에 담긴 한식』, 2015, 110쪽.

다. 조선 후기에 암행어사가 임무 수행하러 지방행차를 가던 도중에 주막에서 숙식을 해결할 정도로 주막이 거리곳곳에 성업중이었다. 주막은 누구나 여행객, 과객이면 숙식을 해결할 수 있는 신분평등과 숙식 일치를 해결하는 곳이었다. 누구나 음식과 잠자리에서 차별이 없었고, 밥값으로 잠까지 잘수 있는 곳이 주막이었다. 오늘날 고속도로의 휴게소같은 곳이 주막이었다.

장시주막과 달리 교통의 요충지와 옛길따라 고개마루를 넘기 전 마을이나 고개넘어 마을에 주막이 조성되었다. 이러한 주막은 여행객들이 머무는 숙소 기능을 하였으며, 근래까지도 마을 입구에는 주막이 술도 팔고 가게상점의 역할을 해왔다. 場마당의 중심에 주막이 들어서기도 하였고, 주막거리가 장터의 기능도 하였다[7]. 19세기 후반에는 촌락 10~20리 사이에 한 개 이상의 주막이 있었고, 장이 열리거나 역이 있는 곳, 마을 어귀, 큰 고개 밑, 나루터, 광산촌에 주막이 생겨났다[8].

김홍도의 풍속화 '주막'은 18세기 장시주막의 풍정이 어떠했는지를 보여준다.

〈그림 1〉장시주막 그림은 초가지붕의 주막에 주모와 아이, 보상과 부상이 1명씩 4명이 등장한다. 주막은 반드시 술국을 끓이는 화로(火壚)를 갖춘 주로가 있었다. 이러한 주로(酒壚)는 조선후기 주막 풍속화에 등장한다. 〈그림 1〉酒母가 주로에 앉아서 국밥과 술을 파는 주막의 전형을 그린 것이다. 주막은 술안주로 국물을 끓여서 내놓았고, 그 국물

---

7 구본술, 「주막과 장터의 문화사적 고찰–장수 번암 도주막거리와 시동강을 중심으로」, 『남도민속학』 34집, 남도민속학회, 2016.

8 한식재단, 앞의 책, 110쪽.

〈그림 1〉 김홍도의 주막 풍속화

에 밥을 말면 국밥이었다. 〈그림 1〉 은 보상(褓商)은 보타리를 깔고 앉 아서 국밥을 퍼 먹는 모습이며, 그 옆에 앉은 부상(負商)은 국밥을 먹 고 난뒤에 입에 연죽을 물고 국밥 값을 돈주머니에서 꺼내려는 모습 이다. 주모의 좌측에는 그릇이 포 개어 엎어놓은 것을 보면, 주막은 국밥을 파는 집임을 알 수 있다. 보 상의 국밥상에는 2개의 작은 그릇 이 보이는데, 작은 간장종지와 섞

박지를 담은 작은 보시기로 보인다. 주모의 앞에는 함지박에 밥이 담겨 있고, 그 옆의 항아리에 국자를 넣고서 오른손에 든 밥그릇에 국물을 담아서 국밥을 만드는 모습이다. 항아리 옆에는 술병이 보여 주막에서 국밥과 술을 함께 팔았음을 알 수 있다. 주막의 주로(酒壚)는 술국이나 국밥을 항상 끓일 수 있었음을 보여준다. 술국이 술안주라면, 술국에 밥을 말면 국밥이었다. 술국으로 내놓았던게 우거지시래기국이 대표 적이었다고 한다[9].

조선 후기 상품유통과 상거래가 활발해질수록 장시에서 보부상들이 늘어나고, 그들의 거점인 주막집에서 보부상 문화가 발달하였다. 대포 잔 돌리기가 대표적인 보부상문화이다. 대포잔(大匏盞) 돌리기는 보부

---

9 제보자: 성만용(87세, 전주 남부시장에서 40년간 건어물가게 운영), 조사일시: 2017. 8.22.

상 집단에서 나왔다. 보부상들은 조직과 결속을 강조하는 모임에서 대포장을 돌리며 서로의 동료애와 동류의식을 강화하였다[10]. 막걸리집을 대포집, 왕대포집의 뿌리는 酒幕임을 알 수 있다. 조선 후기 장시주막을 거점으로 보부상들이 활약하면서은 상업의 번창과 물류유통의 발달을 가져왔다. 조선 후기 화폐유통이 가장 활발했던 곳이 여각(旅閣)과 주막거리였다. 5일장의 발달은 장돌뱅이, 보부상들의 증가와 장시주막이 성업하였고, 행상정보를 주고받는 정보센터 기능과 커뮤니티센터 기능도 하였다. 자연스럽게 거리행상을 하는 보부상들은 주막의 단골 고객이 되었다. 장시의 단골주막집이 분화하면서 장꾼들이 정기적으로 거처를 정하는 하숙집이 생겨나기 시작하였다.

2) 근대 장시의 발달과 주막의 분화

(1) 근대 장시의 국밥문화

조선 후기 5일장의 발달과 보부상의 장시활동은 활발히 전개되었다. 보부상들은 장시를 이동하면서 행상을 하였으며, 주막은 보부상들에게 보금자리같은 곳이었다. 장시의 발달은 교통의 요충지−고갯길, 포구, 나루터 등 곳곳에 주막거리가 생겨나는 동기 유발을 가져왔다. 장돌뱅이가 말해주듯이, 보부상들은 장시를 전전하는 봇짐과 등짐의 행상인들이었다. 보부상들은 상거래와 상권을 유지하기 위하여 조직적으로 활동을 전개하였고, 보부상들은 주막에서 회합하고 정보를 교환하는 등 주막을 주 행상 활동의 거점으로 활용하였으며, 주막은 단순히

---

10 이창식, 『한국의 보부상』, 밀알, 2001, 161쪽.

음식과 숙박을 제공하는 차원을 넘어서 보부상들의 욕구를 충족시켜줄 수 있는 공간적 기능을 하였다.

주막은 보부상들의 주 생활근거지가 되면서 화폐와 물류 유통의 다양한 문화적 현상들이 나타났다. 주막은 단순히 장삿꾼들의 숙식을 해결하는 차원을 넘어서서 지역경제의 활성과 지역문화의 유통을 견인하는 역할도 수행하였다. 일제강점기에 일반인들에게 장시에서 점포 개설이 가능해지고, 유통과 상거래의 방식에 변화가 생기면서 보부상들이 자취를 감추게 되었고, 주막의 기능도 점차 상실해 갔다. 1909년 주세령이 제정되면서 주막은 숙식과 주류를 판매하던 영업활동에 규제를 받게 된다. 일제강점기 조선총독부는 식민통치자금을 일본에서 조달하지 않고 식민지인 한국에서 자체적으로 마련해야 한다는 재정독립의 수단으로 다양한 조세수입의 법령을 만든다. 그 가운데 하나가 주세법령이다. 주세법령은 1916년 7월에 주세령을 제정하고, 8월에는 주세령시행규칙을 제정 공포하여 9월 1일부터 시행하였다. 통합 기능의 주막이 업종으로 분화하면서 무료숙박 기능은 사라지고 국밥집, 대포집으로 분화되었다[11]. 장시주막은 보부상들이 단골고객으로 숙박, 음식, 술을 함께 해결하는 곳이었으나, 조선총독부의 법령화에 따라 불가피하게 분업화의 길로 나아가게 된다.

조선 후기 전주부성의 사람들이 외식할 수 있는 공간은 장시공간이 유일하였다. 외식은 화폐로 음식을 구매하는 방식이다. 장시음식이 주막에서 태동하였지만, 일반인들이 장시주막에 드나들면서 외식할 수 있는 여건은 아니었고, 장시주막이 분화되면서 국밥을 파는 음식점이

---

11 주영하, 『음식인문학』, 휴머니스트, 2011, 214쪽.

장시에 생겨나면서 일반인들의 출입과 외식이 가능해졌다. 전주의 대중음식은 장시음식에서 파생되었고, 장시음식은 행로와 주막에서 발달하였다. 행로는 대중이 모이는 거리에서 좌판을 만들어서 잔술을 파는 방식이었고, 주막은 비록 초라할 지라도 화로를 만들어 놓고 술국을 끓여서 내놓는 방식인데, 술국에 밥을 말아서 파는게 국밥이었다. 그래서 국밥에 막걸리를 곁들이기도 하고, 대포잔을 돌릴때에 술국을 내놓기도 한다.

전주 남문밖 장시주막은 전주천 서천교와 완산교 사이에 형성되었다. 전주천 건너 완산동 원각사 골목에 오씨집으로 알려진 콩나물국밥집이 있었고, 서천교 건너기전 완산교 머리에 '도래파집'과 '김제파집'에서 해장국밥을 팔았다고 한다[12]. 도래파집과 김제파집은 국밥을 파는 집이었으나, 장삿꾼들이 찬밥을 가지고 오면 따뜻한 국물을 말아주는 집도 있었다[13]. 나무등짐장사꾼이 막걸리집에 밥을 가지고 오면 우거지시레기국물에 밥을 말어주는 집도 있었다[14]. 국밥은 장시주막에서 팔던 음식이었으나, 상거래 품폭이 아니어서 시전의 공간에서 팔지 못했을 것이다. 장시는 시전과 난전이 있는데, 전주 남문밖의 장시에 국밥집이 들어선 것은 일제강점기 이후의 일이다. 전주교에서 매곡교에 이르는 구간에 조성되었던 주막거리는 장시에 점포가 개설되면서 점차 쇠퇴의 길을 걷다가 1960년대 장시에 점포개설이 쉬워지면서 장시음식이 본격적으로 성업을 하게 된다.

---

12 송영상, 「해장국집」, 『전주천변』, 전주문화원, 1995, 35쪽.

13 장명수, 「번지없는 주막」, 『일제 식민시대 구술실록』제1권, 전주문화재단, 2007, 455쪽.

14 전주남부시장내 구르마집은 막걸리집(주막)이었는데, 나무등짐꾼과 구루마꾼이 찬밥을 가지고 오면 우거지국에 밥을 말아주기도 했다고 한다.

(2) 주막의 분화와 전문 장시음식점의 출현

① 국밥집

주막은 숙박과 음식의 판매가 핵심이었다. 그리고 주막의 음식은 국밥과 술이 주종이었다. 주막(酒幕)은 장시음식의 원동력이었다. 주막은 손님에게 음식과 술을 제공하고 음식값으로 숙박비를 대신하는 일이 종종 있었다[15]. 주막집의 전통과 관행은 일제 강점기에 해체되기 시작하였다. 주막의 해체는 음식업, 숙박업, 주점업으로 업종 분화가 이뤄졌다. 주막의 분화는 장시에 음식점이 들어서는 계기를 가져왔는데, 전주 남문밖 장시에서는 전주교에서 매곡교 사이 천변에 판자촌이 형성되었고, 판자촌 거리에서 콩나물국밥, 국수, 팥죽 등 손쉽게 만들수 있는 음식을 팔기 시작하였다. 장시음식은 시전(市廛)의 상거래 품목이 아니기에 처음에는 점포를 확보할 수 없었다. 전주천변 판자촌거리는 국밥, 국수, 비빔밥, 팥죽 등 난전(亂廛)음식을 태동시켰다. 난전은 行爐, 노점상 거리라고 할 수 있는데, 전주천변의 판자촌 거리에서 다양한 간이 장시음식이 만들어져 팔렸다[16].

국밥은 장시음식(場市飮食)으로써 주막거리의 대표음식이라 할 수 있다. 국밥은 장시음식으로 만들기 쉽고 차리기 쉽고 먹기 쉬운 음식으로 장시음식으로는 제격이었다. 장시음식은 재료구입이 쉬어야하고, 손쉽게 만들어야 하고, 대중을 상대로 하는 음식이어야 한다. 이러한 장시음식은 장국밥, 장터국밥, 장터국수이라는 명칭에서 그 특성을 알수 있다. 전주의 콩나물국밥, 우거지시레기국밥 뿐만아니라 경상도 지

---

15 무라야마지준, 『조선의 장시 연구』, 최순애·요시무라미카 옮김, 민속원, 2014, 50~51쪽.
16 유민수(65세, 전주 완산구 감영로 죽림집 운영), 조사일시:2016.6.29. 송화섭.

방의 돼지국밥, 순대국밥, 경기도 충청도의 소머리국밥, 내장국밥, 선지국밥 등도 모두 장시음식에서 비롯된 것이다. 장시의 국밥은 정식이 아닌 간식이었다. 간식은 간이음식을 말하는 것으로 끼니의 개념과 다르다. 한국인들에게 정식은 집에서 매 끼니마다 한식상을 차려서 먹는 관행이지만, 장터에서는 눈요기 음식으로 국수, 국밥 한그릇 사먹는 방식이었다.

장시에서도 국밥은 상품유통의 대상이 아니기에 처음에는 行爐飮食으로 판매되다가 점차 점포음식으로 변모하였다. 전주 남문 밖 시장의 국밥집은 1950년대 약관(도매시장)이 들어서면서 본격화된다. 약관은 농산물, 청과물, 수산물 도매시장이 조성되고 경매가 이뤄지면서 도매·경매장 부근 골목에 콩나물국밥집, 비빔밥집, 순대국밥집 등이 생겨났고, 상인들과 장꾼들이 주 고객이었다. 새벽에 도매시장이 문을 열면 경매끝나고 물건이 배열, 배송되는 과정까지 마치고 나면 아침 6시경이 된다. 경매가 설때면 소매상인과 장꾼들이 도매시장에 북적거렸다. 이 상인들과 장꾼들을 반기고 찾아가는 곳이 국밥집이었다. 따라서 장시에 국밥집들이 옹기종기 모여서 장사를 시작한 것도 1960년대 경이다. 1960년대에 업종 분화로 주막집이 해체되면서 전주천변 행로음식을 팔던 사람들이 장시 내에 국밥집을 조성하기 시작한 것이다. 주막거리가 퇴조하고 장시음식이 시장 내 국밥집으로 정착한 것이다.

조선후기에 보부상을 상대하던 주막거리는 쇠퇴하고 시장을 찾는 대중을 상대로 음식을 파는 집들이 장시에 들어서기 시작하였다. 전주 풍남문 밖 장시음식이 풍남문 안 전주부성 내 대중음식으로 들어오기 시작하는 것도 1961년 시장법의 개정 이후이다. 민간인이 장시에 점포 개설이 가능해지면서 장시음식의 상업화가 본격화되었다[17]. 장시의 민

영화는 민간인들이 장시와 부성 내에 대중음식점을 열게 되었고, 남문 밖장의 백반, 콩나물국밥, 비빔밥, 국수, 칼국수, 팥죽 등 장시음식이 전주부성 내에 대중음식으로 외식화(外食化)된 것도 이때 쯤이다. 일제 강점기 전주의 음식점은 주로 일본인 취향의 한정식, 일식 음식 등을 주로 판매하였지만, 해방이후 6.25동란을 거치면서 가장 서민적인 우거지국밥, 순대국밥, 콩나물국밥, 칼국수, 국수, 팥죽집 등이 외식화되면서 대중음식점으로 전면 등장하였다.

장시음식의 특징은 속전속결(速戰速決), 박리다매(薄利多賣), 다량생산(多量生産)의 특성을 갖고 있다. 장시음식은 빨리 만들어서 빨리 먹을 수 있어야 하고, 대중을 상대로 하는 음식이다. 값이 싸지만 많이 팔수 있어야 하고, 장터에 나온 소비자를 상대해야 하기에 한꺼번에 많이 만들어 팔아야 한다. 장시는 속성상 생산과 소비가 신속하게 이뤄져야 하는 곳이기에 국밥, 비빔밥, 국수, 칼국수 등 만들기 쉬운 음식이 제격이었다. 전주부성 남문 밖 장터에서 콩나물국밥과 순대국밥집이 외식화되면서 전주부성으로 들어와 콩나물국밥집과 순대국밥집으로 성업하면서 대중음식으로 정착되었다[18].

② 대포집

주막의 고유 기능가운데 하나가 술 판매다. 주막이 분화하면서 술 판매 전문점인 '대포집'을 출현시켰다. 앞에서 언급한 것처럼 대포집

---

17 구혜경, 「1950년대 이후 전주 시장의 변화양상」, 『전주의 시장과 경제』, 전주역사박물관, 2013, 67쪽.

18 송화섭, 앞의 글, 참조.

명칭은 보부상문화에서 나왔다. 대포집은 일제강점기에 태동하면서 일본의 선술집 영향을 많이 받았다. 대포집은 막걸리를 대포잔에 파는 서민적인 술집이었다. 대포집은 주막이 분화하면서 주막의 전형을 그대로 승계한 술만 파는 술집이었다. 대포집은 주로(酒壚)가 만들어지고 그 안쪽에 주모가 서서 판매하는 방식이었다. 대포집은 밥집이 아닌 술집으로 업종이 분명하다. 대포집에서는 국밥을 팔지 않는 대신 술국을 안주로 내놓았다. 대포집에서 막걸리에 곁들여 술국을 내놓지만 국밥을 팔지않았다. 오늘날 전주의 막걸리집의 전신은 대포집이다.

전주 막걸리집은 술안주가 많이 나오기로 소문난 도시이다. 그런데 18세기 전주에서 술보다 안주가 더 좋았다는 사실이 역사기록에 등장한다. 全州四不如에서 "酒不如肴"[19]는 전주에서 예부터 술안주가 좋은 곳이었음을 알 수 있다. 지금도 전주에서는 어느 막걸리집을 가더라도 안주가 푸짐하게 나온다. 이러한 관행은 전주사람들이 안주상을 갖추어 품격있게 술을 마시는 관행에서 비롯된 것으로 보인다. 조선시대 주막에서 팔던 대포잔술은 큰 사발에 술을 따라서 마시는 방식에서 나온 것이다.

대포집은 보부상들의 술마시는 관행에서 비롯되었다. 조선시대 주막을 중심으로 보부상들의 음주문화가 전승되었는데, 대포잔 돌리기가 그 한 사례이다. 대포잔(大匏盞) 돌리기는 보부상 집단적 관행이었다. 보부상들은 조직과 결속을 강조하는 모임에서 대포잔을 돌리며 서

---

19 주불여효는 담헌 이하곤의 『南遊錄』에 등장하는 全州의 四不如說 가운데 하나다. 『南遊錄』에 기록된 전주 사불여설은 班不如吏, 妓不如通, 梨不如菁, 酒不如肴이다. 酒不如肴는 술은 안주와 같지 아니하였다는 뜻인데, 전주에서 술맛보다 술안주가 훨씬 더 좋았다는 인상은 18세기 전주남문밖장의 주막분위기였던 것으로 보인다.

〈그림 2〉 혜원 신윤복의 酒肆擧杯 풍속화

로의 동료애와 동류의식을 강화하는 음주문화를 즐겼다[20]. 일제강점기 주막이 해체되는 과정에서 일본의 선술집과 닮은 대포집들이 술집 전문점으로 등장한 것이다. 선술집은 말 그대로 술을 서서 마시는 술집을 말한다. 혜원 신윤복의 풍속화에도 선술집같은 분위기의 주사(酒肆) 그림이 있다. 주사거배라는 이 술집 분위기는 관리들이 드나들던 퇴기(退妓)가 운영하는 선술집같다. 주사는 대중적인 주막과 달리 퇴기가 집안에 차린 선술집으로 상권을 가진 객주, 한량 등이 은밀하게 드나들던 고급스러운 선술집이었다. 퇴기의 주모가 앉아있는 곳은 2개의 솥단지가 놓인 주로(酒壚)가 있기에 선술집은 분명하다. 〈그림 2〉에서 철릭을 입은 관리들이 금주령 단속을 나온 모습을 그린 것으로 보인다[21]. 일반적으로 대중적인 선술집은 일본의 立ち飲み屋(たちのみや)과 닮은 꼴이지만, 조선시대부터 주로와 주모가 등장하는 전통적인 선술집도 있었으며, 일제강점기 立ち飲み屋의 영향을 받으면서 대포집이 대중화된 것으로 보인다. 일제강점기 대포집은 일본 선술집처럼 입구 전면에 헝겊가림막을 걸어놓았다.

오늘날 전주막걸리의 명성은 남문 밖 장터 주막거리에서 시작하였

---

20 이창식, 『한국의 보부상』, 밀알, 2001, 161쪽.
21 주영하, 『그림속의 음식, 음식속의 역사』, 사계절, 2005, 153쪽.

다. 남밖장의 주막거리는 매곡교와 완산교 사이에 집중되어 있었다. 1965년 전주시 상가지도를 들여다보면, 남밖장 주막거리에 오성주조장이 있었고, 전주천 건너편에 완산주조장이 있었다. 오성주조장·완산주조장의 위치는 매곡교와 완산교 사이 일대에서 막걸리의 수요가 많았음을 의미한다. 주조장은 일제강점기에 태동하지만 왜 전주천변 남문밖장 매곡교 부근에 집중되었느냐 하는 점이다. 1950년대 전주상가지도를 살펴보면 오성주조장 인근에는 ○○하숙, ○○여인숙이 집중 분포하고 있다. 일제강점기 주막의 해체 과정에서 숙박업이 유지된 결과다. 주막에서 분화된 대포집과 음식점은 전주부성 안으로 진출하였고, 사람들이 운집하는 번화가와 버스정류장 부근에 대포집과 국밥집이 대중음식점으로 정착하였다.

현재에도 전주의 대표음식은 콩나물국밥집과 막걸리 대포집이다. 전주 콩나물국밥과 전주막걸리의 뿌리는 남문 밖의 장시주막이라 할 수 있다.

(3) 숙박업–여인숙·하숙

주막업은 숙박업과 음식업이 미분화되어 있었는데, 일제강점기에 장시의 주막이 음식점과 여인숙(旅人宿·旅館)으로 분화되었다. 주막에서 숙박업 분화는 하숙집, 여인숙, 여관 등 전문숙박집을 태동시켰다. 1960년대 전주상가지도를 살펴보면, 주막 분화가 진행되는 과정을 전주 남문 밖 장시주막거리에서 찾아볼 수 있는데, 완산주조장과 오성주조장, 하숙집과 여인숙 밀집 분포가 말해준다. 하숙과 여인숙은 5일장의 장시를 돌아다니는 보부상들이 단골로 사용하였던 하숙집같은 곳이었다. 하숙은 숙식을 정해놓고 해결하기에 좋은 방식이었다. 조선총독부는 1916년 3월 31일에 朝鮮總督府 警務總督府令으로 제1호 宿屋營業取締規則, 제2호 料理屋 飮食店取締規則, 제3호 藝妓·酌婦·藝妓置屋取締規則을 제정 공포하였다. 기존의 주막업에서 숙박과 요리집 영업을 분리하였고, 요리집과 음식점의 영업을 분리시켰고, 기생들과 술집여자들을 분리시켰으며, 식품위생법령에 강제하고 단속하였다. 1925년 요리옥 음식점영업취재규칙 제정에 따라 조선인이 객실을 설치한음식점과 숙박의 겸업은 허가 사항으로 정하였다.

숙박업의 분화는 여인숙과 여관이 등장하는 계기였으며, 요리집(술집)과 전문음식점이 분리되었으며, 예기와 작부를 집에 두고 영업을할 수 없도록 하였다. 그 결과 각 업소에 세금을 부과하였으며, 세금부과로 숙박업과 음식업과 주점업이 분리되었다. 이러한 식품위생법은 군정기간을 기간을 거쳐 크게 손질하지 않은채 오늘날까지 지속되었다. 그러나 1970~80년대까지도 여인숙과 여관에서 투숙객에게 아침밥이 제공되었다. 남문밖장의 여인숙과 여관은 5일장이 설때에는보부상과 장꾼들이 숙식을 해결하는 곳이었지만, 장시의 점포가 상시운영되고, 5일장의 해체로 보부상들이 떠난 남문 밖 주막거리의 여인숙·하숙, 여관은 성매매업 숙박업소의 거리로 변화하였다. 일제강점기에 규칙과 법령을 제정, 공포하고 각 업종별로 세금을 부과하였지만, 실제 생활현장에서는 숙박업과 음식업, 주점업이 미분화된채 음성적으로 영업이 지속되었다. 지금도 전주 매곡교 근처 속칭 개골목의 성매매업소들은 장시주막의 잔영이라 할 수 있다. 매춘업소들은 장시주막에 매춘이 행해졌음을 보여주는 근거가 된다[22].

---

22 이마무라 도모, 『조선풍속집』, 홍양희 옮김, 최혜주 감수, 민속원, 2011, 281쪽.

〈지도 1〉 1950년대 전주상공시가도에서 매곡교 부근 주조장과 하숙집

〈지도 1〉은 일제강점기 이후 전주시내 숙박업소가 남문 밖 장 매곡교 부근 개골목과 다가동·중앙동의 짱골목 일대에 밀집되어 있었다. 개골목은 남문 밖 장에서 유통과 상거래가 흥행할 때에 보부상들이 숙식을 해결하는 주막거리가 조성되어 있었다. 보부상들의 정기적인 왕래와 투숙으로 주막거리는 흥청거렸고, 자연스럽게 술과 여자도 함께 흥청거렸다. 오늘날 매곡교 근처 성매매업소는 보부상과 장돌뱅이들이 떠난 후 문화후유증이 남긴 장시문화의 잔영이라 할 수 있다. 이러한 잔영은 상업이 번창하였던 다른 지역의 장시문화에서도 나타난다. 남문밖 매곡교 근처 장시주막의 자취는 오성주조장과 하숙·여인숙 등 숙박업소가 말해준다. 매곡교 근처 천변의 숙박업소는 강남하숙, 조광하숙, 전주하숙, 제일하숙, 금성하숙, 영산여관 등이 있었다(지도1). 이 지역의 하숙집들은 보부상과 장돌뱅이들이 단골로 다녔던 주막거리였음을 말해준다. 장시의 근대화 과정에서 장돌뱅이들은 떠나고 숙박업을 겸하는 성매매업소만 남았다.

3. 전주콩나물국밥과 해장국의 등장 : 토렴식 콩나물국밥과 즉열식 콩나물국밥

1) 전주 남문 밖 장 '탁배기집'의 콩나물국밥

콩나물국밥은 전주의 전통음식가운데 하나다. 전주 콩나물국밥의 역사는 1929년 12월 1일에 발간된 『別乾坤』「天下八道名食物禮讚」에 기술되어 있다. 전주의 콩나물국밥은 "탁백이국"으로 소개되었다.

(가) 탁백이국은 원료가 단지 콩나물일 뿐이다. 콩나물을 솟헤 너코(시래기도 죠금 넛키도 한다) 그대로 푹푹 살머서 마눌 양념이나 죠금 넛는 등 마는 등 간장은 설넝탕과 한가지로 大禁物이요 소곰을 쳐서 휘휘 둘너 노흐면 그만이다. 元來 달은 채소도 그러하겟지만 콩나물이라는 것은 가진 양념을 만히 너어 맛잇는 장을 쳐서 잘 만들어 노아야 입맛이 나는 법인데 全州콩나물국인 탁백이국만은 그러치가 안타. 단지 재료라는 것은 콩나물과 소곰뿐이다. 이것은 분명 전주콩나물 그것이 달은 곳 것과 품질이 달은 관게이겟는데 그러타고 전주콩나물은 류산암모니아를 쥬어서 길으은 것도 아니요 역시 달은 곳과 물로 길을 따름이다. ①다가치 물로 길으는데 맛이 그렇게 달으다면 결국 全州의 물이 죠다고 하지 않을 수 없다. 그런 것은 엇잿든 그처럼 맨콩나물을 푹신 살머서 소곰을 쳐가지고 휘휘 내져어 노흔 것이 그와같이 맛이 잇다면 신통하기가 짝이 업는 것이다. 이 신통한 콩나물국밥을 먹는 법이 또한 운치가 있다. ②아츰 식전에 그러치 아니하면 子正후에 일즉 일어나서 쌀쌀한 찬 기운에 목을 웅숭커리고 탁백이집을 차져간다. ③탁백이집이라는 것은 서울가트면 선술집이다."

전주 콩나물국밥의 특징은 솥에 콩나물을 넣고 마늘양념을 조금 넣는둥 마는둥하고서 소금으로 간을 맞추는 것이 전부다. 콩나물국을 끓이는데 장(醬)은 금물이고 반드시 소금(鹽)으로 맛을 낸다. 맨콩나물을 푹신 삶아서 소금을 치는 일 밖에 없는데, 다른 곳과 맛이 다르다니 신통할 수 밖에 없다고 하였다. 전주 콩나물국밥의 맛이 어디에서 나오는 것일까. "다가치 물로 길으는데 맛이 그렇게 달으다면 결국 全州의 물이 죠다고 하지 않을 수 없다((가)-①)." 좋은 물로 기른 콩나물이 좋은 식재료였고, 전주콩나물로 끓여낸 국밥이 전주콩나물국밥의 명성이 되었다.

(가)는 1920년대에 전주 콩나물국밥의 시식 관행을 밝혀놓았다. 전주 콩나물국밥은 아침 식전에 먹거나 자정 후 일찍 일어나서 날씨가 쌀쌀한 기온에서 먹어야 제맛이고, 차가운 기온에서 탁백이집을 찾아간다는 것이다((가)-②). 전주지역에서는 아침 식전의 시간을 '해장'이라고 한다. 해장은 아침식사하기 이전의 시간을 말한다. 그러니 전주 콩나물국밥은 아침 식사하기 전 해장에 먹는 국밥이었다. 그리고 탁배기국은 아침 식전이나 자정 후 일찍 일어나서 쌀쌀하고 차가운 날씨에 먹는게 운치가 있다고 하였으니, 일반인들에게 새벽에 음식을 먹는 관행은 없었다. (가)의 내용에 전주콩나물국밥은 자정이후 아침식전에 활동하는 사람들이 탁백이집 찾아가서 콩나물국밥을 먹었다는 이야기가 핵심이다.

그렇다면 1920년대 아침 食前 새벽에 탁백이집을 찾아가는 사람들은 어떤 사람들이었을까? 일반인들이 잠든 고요한 시간, 새벽에 바쁘게 움직이는 사람들이 모여드는 곳은 전주 남문 밖 수산물, 청과물, 농산물의 도매시장이 있었다. 1965년경에 제작된 전주시내 상가지도에 남문 밖의 남부시장에서 수산물회사가 수산시장을 운영하였고, 청과물회사가 청과소채시장을 운영하고 있었다. 자정넘어서 전주 남문 밖장까지 수산물과 청과물을 운반해온 상인들, 남밖장에서 물건을 운반하고 나르는 지게꾼과 손수레를 이끄는 장꾼들이 바쁘게 움직여야 새벽 도매시장에서 경매(競賣)가 이뤄졌다. 수산물, 청과물, 농산물의 경매가 이뤄지는 전후 새벽녘에 남문 밖 장 시장사람들은 모두가 매우 분주하다. 특히 수산물과 청과물을 나르고 운반하는데 구슬땀을 흘린 상인과 장꾼들은 출출한 뱃속을 따뜻한 국물과 막걸리 한잔으로 달래주기 위하여 찾는 곳이 탁백이집이었다.

탁백이집은 콩나물국밥집이었지, 선술집은 아니다. 다만 콩나물국밥으로 허기진 뱃속을 달려주는데 막걸리 한사발을 반주로 마시는 정도였기에 선술집같다고 한 것이다((가)-③). 선술집은 막걸리 전문점이라면, 탁배기집은 콩나물국밥 전문점이라 할 수 있다. 콩나물국밥을 먹는 운치가 아침 식전 새벽녘이라는 시간의 설정과 쌀쌀한 찬기운이 감돌 때라는 기온의 설정은 새벽장시라는 시간과 공간이 딱 들어맞는다. 전주 콩나물국밥은 처음부터 남문밖장의 해장국밥이었다. 전주 콩나물국밥의 태생지는 새벽 도매시장이 운영된 남문 밖의 남부시장이었고, 탁배기집 콩나물국밥의 단골 고객은 새벽녘 남밖장에서 땀흘리며 부지런히 뛰어다니는 상인과 장꾼들이었다.

김옥녀(66세)는 1970년대 부친이 운영했던 구미식당을 기억하고 있다. 구미식당은 산지에서 산물(생선, 과일, 채소 등)을 밤새 운반해서 남부시장까지 운반해온 장삿꾼들이 잠시 눈을 붙여 잠을 청할 수 있도록 방을 무료로 제공하고 국밥과 막걸리를 판매하는 국밥집이었다. 이러한 증언은 주막에서 음식값으로 숙박까지 할 수 있는 전통이 1970년대까지도 남부시장에서 유지되었음을 알 수 있다. 따라서 1970년대 남문 밖 장터의 구미식당은 원거리에서 온 청과물 상인과 수산물 상인에게 반주막(半酒幕)같은 곳이었다. 남문 밖 장에는 부안, 심포, 군산 등 원거리에서 수산물과 청과물을 실고 남부시장의 경매장에 출하하려고 온 상인들이 쉬고 먹고 잘 수 있는 국밥집이 몇 곳 더 있었다고 했다.

이와같이 남문밖장의 국밥집들은 상인들에게 반주막같은 공간이었고, 새벽 경매장에서 장꾼들이 농수산물을 바쁘게 나르는 일을 마치고 찾아가는 곳이 탁배기집이었다. 김옥녀는 새벽에 상인과 장꾼들이 먹는 국밥을 '양치기'라고 불렀다[23]. 이처럼 새벽 동트기 전 새벽시장에서 분주히 움직이는 산지 상인들과 짐을 나르는 짐꾼들이 새벽 경매를 마치고 허기진 배를 달래려고 요기하던 국밥이 콩나물국밥이었고, 아침 식전의 해장에 먹는 국밥이 해장국이었던 것이다. 전주 농산물, 수산물 경매시장이 1990년대 중반 남문밖장에서 송천동에 농수산물시장으로 옮겨가기 전까지는 매일 새벽에 생선, 채소, 과일 경매장(약관)[24]

---

23 김옥녀(66세)는 부친이 남밖장에서 '구미식당(콩나물국밥집)'을 운영할 때, 어려서부터 국밥집 일을 도왔다. 김옥녀는 '양치기'를 「해장에 밥맛이 없으니 찬밥을 조금만 말아서 간단히 먹는 식사」라고 풀이하였다. 1979년 구미식당을 문 닫을때까지 부친 김창순(54세)씨 밑에서 국밥집을 실질적으로 운영하였다. 당시 남밖장에는 해방관, 한일관, 구미식당, 시장식당이 유명하였다고 한다. 구미식당에서는 콩나물국밥을 전문적으로 팔았는데, 국밥을 싫어하는 사람에게는 개별적으로 비빔밥을 만들어 팔았다고 한다. 비빔밥은 큰 그릇에 뜨거운 밥을 넣고 콩나물, 시금치, 생채를 넣고 고추장으로 비빈 후에 육회, 참기름을 마무리를 해서 내놓았다고 한다.(현재 남밖장에서 형제젓갈집을 운영하고 있음. 조사자: 송화섭, 조사일자: 2016.7.3.)

24 일반적으로 새벽 경매시장이 벌어지는 곳을 약강이라고 불렀는데, 약강은 약관(約款)이 사투리로 변화한 것으로 보인다. 약관은 계약의 당사자가 다수의 상대편과 계약을 체결하는 내용과 행위를 말하는 것으로 약정된 도매상거래가 이뤄지는 곳을 통상적으로 약관이라고 부른 것으로 보인다.

이 서는 진풍경이 벌어졌다[25]. 경매는 새벽 5시 전후 시간에 진행되었다. 경매가 끝난 뒤 새벽장터의 장삿꾼과 인부들이 찾는 곳이 콩나물국밥집이었다.

남문 밖 장터의 콩나물국밥은 찬밥을 중탕식 국물에 말아주는 토렴식(退染式) 국밥이었다. 『새로나온 국어대사전』에는 토렴에 대하여 "식은밥이나 국수에 뜨거운 국물을 여러차례 부었다 따랐다 하여 하는 일"이라고 풀이해 놓았다[26]. 따라서 토렴식국밥은 전날 저녁에 해놓은 찬밥을 뚝배기에 넣고서 중탕식 콩나물국물을 서너번 국물말이하는 토렴 과정을 거쳐서 손님에게 내놓는 따끈따끈한 국물의 콩나물국밥을 말한다. 토렴식 콩나물국은 많은 양의 콩나물을 삶은 국물에 계속해서 콩나물을 넣어 끓여내는 방식의 중탕식이다. 찬밥도 토렴 과정을 거치면서 부드러워져 먹기에 좋다. 토렴식 국밥은 콩나물국밥이기에 가능했던 것이며, 중탕용 국물을 사용하여 진한 국물맛이 난다. 남문밖장 콩나물국밥은 뚝배기에 끓여내놓는 국밥이 아니라 중탕용 국물을 토렴해서 파는 국물말이 국밥이었다[27].

남문밖장터에서 산지 상인과 시장의 장꾼들이 경매를 마친 뒤 해장에 콩나물국밥으로 요기하고 국밥집을 나설때에 아침해가 떠오를 때즈음이었다. 남문 밖 장의 상인과 장꾼들이 새벽 경매일을 마치고 해뜨기 전 '해장'에 탁백이집을 찾는 관행이 남문밖장의 경매가 설때까지

---

25 송천동에 농수산물시장이 들어서기 전에는 남문밖장에서 매일 새벽에 여러 경매장이 섰다. 경매장은 더났지만, 지금도 남부시장에서는 새벽장의 전통이 유지되고 선술집과 국밥집의 전통은 지속되고 있다.

26 국어국문학회, 『새로나온 국어대사전』, 민중서관, 2001.

27 박미자(46세, 콩나물재배업, 송화섭 조사, 조사일시: 2016.4.22.)

유지되었다. 해장국밥의 '해장'은 아침밥 먹기 전의 시간을 말한다. 해장국은 '해장에 먹는 국밥'을 말한다. 일반인들은 이른아침(食前)의 해장에 콩나물국밥을 먹을 일이 없다. 해장국은 아침밥을 정식으로 먹기 이전에 장터에서 장꾼들이 간단하게 요기(療飢)할 수단으로 먹는 간이 국밥이었다. 따라서 해장국은 '장꾼들이 해뜨기 이전에 장터에서 먹는 국밥'으로 정의할 수 있다[28]. 원래 '해장국'은 새벽 경매시장에서 땀흘리며 부지런히 경매물건을 나르던 장꾼의 몫이지 술꾼들의 속풀이 국밥은 아니었다.

2) 전주시 다가동 '짱골목'의 해장국

(1) '짱골목' 일대의 주류문화와 식문화의 결합

해방직후 전주에는 밤마다 술꾼들과 술집아가씨들이 흥청거리는 홍등가와 색주가가 있었다. 속칭 '짱골목' 일대가 그곳이다. 짱골목의 명칭은 전주극장이 위치하는 골목이라서 극장의 '장(場)'를 딴 골목의 명칭이다. 전주극장은 1925년 9월에 帝國館(鳥飼末吉 建立)으로 문을 연 전주 최초의 근대적 극장이었다. 당시 영화는 신문화의 상징이었다. 제국관이 1945년 해방 당시까지 전주의 유일한 극장이었다. 선진문화가 깃든 곳에 번화가의 형성은 도시발달의 기본이다. 도시의 발달은 처음에는 공무원의 파견으로 관공서가 들어서고, 각종 소비 물품을 거래하는 상점과 생활과 관련하는 다양한 점포가 생겨나면서 유흥가도 동반 형성된다. 그곳은 도시의 중심이고, 번화가가 된다. 일제강점기

---

28 송화섭, 「전주음식의 DNA와 진화」, 『전북전통문화론』, 글누림, 2009, 65쪽.

전주의 짱골목이 유흥가, 번화가 인근에 형성되었다.

일제강점기 전주 최고의 번화가는 本町과 大正町 거리였다. 본정은 다가동과 중앙동 사이의 거리를 말하는데, 전주의 간선도로망을 갖춘 도심거리였다. 반면에 대정정은 大正町一丁目에서 大正町三丁目까지가 상점, 약국, 여관, 요리집, 음식점, 酒場, 양조장과 극장, 유희장, 다방, 카페 등 유흥업소 등이 집중 분포하는 상업지구의 거리로 형성되었다[29]. 신문화의 상징인 帝國館은 大正町二丁目에 위치하였다. 제국관은 해방 이후에는 공립극장으로 개명되었고 그 후에는 전주극장으로 명칭이 바뀌었다[30]. 이 大正町 거리는 일본인을 위한 상업지구로서 일본인들이 선호하는 소비성 점포들이 들어서 번화가를 형성하였다. 다방과 소바집이 처음 들어선 곳도 대정정 거리였다.

일제강점기에 전주 유곽은 고사동과 태평동 일대에 조성되었다. 유곽은 일제강점기 매춘업을 전문으로 하는 창녀촌(公娼)을 말한다. 1939년 4월말 통계에 태평동 유곽에는 공창 74명이 있었는데, 일본인 1명, 한국인 73명이라고 하였으니, 한국인 여자들이 거의 대부분을 매춘업에 종사하였다. 그리고 공창 외에 권번에서 관리하는 기생들도 있었다. 기생들은 권번에서 요정, 요리집으로 파견하는 방식이었다. 요리집의 기생(藝妓)들은 일본인들의 술시중을 드는 술집아가씨들이었다. 요리집과 요정이 본정과 대정정에 밀집되어 있었으니, 이미 일제강점기부터 다가동과 중앙동은 밤이 화려한 환락가였다.

1945년 해방이후 유곽(遊廓)은 해체되었지만, 홍등가의 거리는 약간

29 전주시·전주부사국역추진위원회, 『전주부사』, 신아출판사, 2008, 482~484쪽
30 전주문화재단, 『일제 식민지 구술실록』, 휴디자인, 2007, 424쪽.

〈지도 2〉 1960년대 전주 짱골목과 그 주변의 여관들

침체되었을뿐 유흥가의 밤문화는 지속되었다. 유곽과 권번의 해체로 자유인의 몸이 된 아가씨들은 술집과 여관으로 파고들었다. 아가씨들을 짱골목에서 술집의 번창을 촉진시켰으며 색주가(色酒家)의 밤거리를 더욱 화려하게 만들었다. 아가씨들이 여인숙과 여관에 월세로 기거하면서 밤에 술집에 나아가게 되어 다가동과 중앙동에 여관업이 동반 성업하게 만들었다. 그 중심이 전주의 짱골목이다. '짱골목'의 명칭은 해방 이후에도 유흥가의 전통은 계속되었고, 짱골목 인근의 여관들도 성업하였다. 짱골목은 색주가의 밀집지대였다. 색주가는 술집아가씨들이 작부(酌婦)로 나아가는 술집과 작부들이 거주하는 여관 거리를 말한다. 짱골목 일대는 다양한 술집들이 번창하였고, 술집아가씨들은 술꾼들과 밤늦게까지 흥청거려 야간동행금지도 무색할 정도의 우범지대였다. 이러한 색주가들은 大正町과 本町에 밀집되어 있었고, 그 뿌리는 일제강점기에 일본인들이 조성해놓은 색주가의 전통이 이어졌다.

　1950년대 제작된 전주상공시가도의 짱골목 일대에는 유난히 여관이 많았다. 서울여관, 기린여관, 경성여관, 선각여관, 남성여관, 경기여관, 은행여관, 박일여관, 반도여관 등 크고 작은 여관들이 짱골목 일대에 밀집한 것은 매춘하는 아가씨와 색주가 아가씨들의 월세방 수요가

〈사진 1〉 전주 다가동 짱골목 입구

많았음을 말해준다. 유민수씨는 색주가의 여자들이 거처하는 여관들
은 월세방놓는 여관들이 많았고, 여관에서 월셋방으로 거처하는 아가
씨들은 화류계 여자들이 대분이었다고 증언하고 있다[31].

　1960년대에 짱골목은 전주에서 유일하게 통행금지의 효력이 미치지
못하는 곳이었고, 청소년들이 접근할 수 없는 우범지대였다고 한다[32].
짱골목 일대는 야간통행금지를 무시하고 밤늦게까지 술꾼과 접대부아
가씨들로 흥청거렸다. 짱골목 색주가의 전통은 60년대말 70년대초에
중앙동 일대에 나이트클럽이 들어서면서 커다란 변화를 가져왔다. 기
생과 아가씨들이 술시중을 드는 일본식 酌婦집거리는 밀려나고 미국식
청바지문화와 함께 브란스밴드가 연주되는 나이트클럽이 들어서기 시
작하였다. 다가동 청석동 파출소 옆의 황금마차, 중앙동에 가고파클
럽, 신혼클럽, 관광호텔나이트클럽, 명동클럽 등이 들어서고 정종대포

---

31 유민수(65세, 전주 완산구 감영로 죽림집 운영, 조사자: 송화섭, 조사일시: 2016.6.29.)
32 유민수(65세, 전주 완산구 감영로 죽림집 운영, 조사자: 송화섭, 조사일시: 2016.6.29.)

집, 막걸리대포집 등 술집이 짱골목 거리에서 호황을 이루었다. 1980
년대에는 전주음식의 대명사인 콩나물불고기집들이 짱골목에서 성업
했었다[33]. 지금은 콩나물불고기집들도 자취를 감추었다.

(2) '속풀이' 해장국의 등장

속풀이 해장국의 역사는 1970년대 이후 일이다. 미국식 나이트클럽
이 속풀이 해장국을 태동시켰다고 해도 과언이 아니다. 당시에는 자정
에서 새벽4시까지 야간통행금지가 유지될 때였다. 늦은밤 통행금지
시간이 임박하면 술꾼들은 나이트클럽에 들어가서 밤새 술마시고 춤추
는 일이 비일비재였다. 전날 저녁부터 나이트클럽에서 새벽까지 술을
마셔 속쓰려하는 술꾼들이 아침에 찾아가는 곳이 콩나물국밥집이었
다. 본래 콩나물국밥은 새벽 경매시장의 상인과 장꾼들이 해장에 먹는
국밥이었지, 술취한 사람들이 숙취(宿醉)용으로 먹는 속풀이용 국밥은
아니었다. 그런데 새벽 4시에 나이트클럽이 파장한 후에 밤새 술마시
고 취한 술꾼들이 찾아갈 수 있는 곳이 해장국집이었다. 시장에서 장꾼
들이 새벽일을 마치고 해뜨기 전 '해장'에 먹던 국밥이 해장국이었는
데, 1960년대 말부터 짱골목 일대 색주가와 나이트클럽에서 밤새 술마
신 술꾼들의 속풀이해장국으로 바뀌었다. 이와같이 장꾼의 해장국이
술꾼의 해장국으로 바뀐 것은 불과 50여년전 일이다.

우리나라 사람들은 해장국을 '장(腸)을 해독시키는 국밥'으로 잘못

---

33 장골목은 1970년대 이후 한양불고기(구. 신)집이 성업중이었으며, 콩나물불고기에 소
　주 한잔 즐기는 서민들이 가장 많이 찾는 전주에서 가장 명성이 높았던 콩나물불고기집
　거리였다. 지금도 밤에는 술한잔하기에 좋은 거리가운데 하나다.

인식하고 있다. 이러한 해석은 日本式이다. 일본인들은 解腸(숙취한 창자를 풀어준다: よい解け)이라는 용어를 쓴다. 해장(解腸)이 일본말이라면, 해장은 순수한 우리말이다. 해장은 아침식전의 시간, 해뜰 때 이전의 시간을 가리킨다. 해장이 일본어라면 '탕(湯)'을 붙였겠지만, 순수한 우리말이기에 '국'자를 붙여서 해장국이라고 부르는 것이다[34]. 지금까지 해장국의 어원과 정의를 몰랐으니 국어대사전에 바르게 표기할 수 없었다. 국어대사전에는 해장국을 해정탕(解酲湯)으로 풀이하였고, 일반인들은 해정탕을 속풀이 해장국으로 알고 있었던 것이다. 한국인의 생활습관상 해뜨기 이전에 국밥을 먹는 음식문화도 없었고, 습관적으로 아침 식전에 먹는 음식도 없었다. 왕실에서 국왕은 기침한 뒤 식전에 미음, 약간의 죽을 먹는 관행이 있었지만 전통사회에서 일반 백성들에게 해장음식은 없었다.

콩나물국밥이 술꾼의 속풀이 해장국으로 정착한 것은 1960년대 후반이다. 한국에 서구의 신문화가 들어오는 시점이 1960년대 말 1970년대 초이다. 미국에서 미니스커트, 팝송 등 양키문화가 들어오면서 브라스밴드를 연주하는 나이트클럽이 짱골목 일대에 들어섰고, 통행금지가 실시되는 시점에 나이트클럽에서 올나이트하는 젊은이들이 속풀이 해장국의 주역들이었다. 나이트클럽에서 밤새 술마시고 춤추며 허기지고 속쓰린 배를 채워주고, 달래주는데 따뜻한 콩나물국밥보다 더 좋은 음식은 없었던 것이다. 그 대표적인 사례가 전주 다가동의 삼백집이었다.

---

34 '탕'은 소뼈같은 식재료를 장작불로 오랫동안 고아서 내놓은 국물을 말하는 것이라면, '국'은 채소같은 것을 끓여서 내놓는 국물을 말한다.

〈사진 2〉 전주 다가동 삼백집-콩나물국밥

가) '삼백집'의 사례

삼백집이 다가동에 처음으로 콩나물국밥집을 허가받은 것은 1967년
이다. 1960년대 콩나물국밥집은 남문밖장에서 몇집이 영업하였으나,
삼백집이 부성안의 다가동에 처음으로 자리를 잡았다. 삼백집은 다가
동 짱골목 입구에 해장국집으로 처음 문을 열었다. 삼백집은 장꾼들의
해장국이 아닌 술꾼을 대상으로 해장국 영업을 시작하였다. 색주가 거
리였던 짱골목이 나이트클럽과 다양한 술집으로 흥청거리던 1960년대
말 짱골목 입구에 삼백집이 들어섰다. 당시는 자정에서 새벽4시까지
통행금지가 시행되고 있었다. 짱골목 일대의 술집과 나이트클럽, 여관
등지에서 쏟아져 나온 취객들은 삼백집을 찾아가 해장국으로 속풀이를
하였다. 삼백집 옆 삼일관이 1978년경에 들어섰으니, 1970년대에도
다가동, 고사동은 불야성이었음을 알 수 있다.

삼백집은 통행금지가 풀리는 새벽 4시 완산종 인경소리[35]에 맞춰 술

---

35 경향신문 1977년 11월 4일자 전주콩나물국밥 기사

〈사진 3〉 동문거리 왱이콩나물국밥 전문점

에 취한 청춘남녀들이 삼백집을 찾았다. 콩나물국밥이 '속풀이 해장국'
으로 정착한 것도 이때쯤이다. 삼백집의 콩나물국밥은 선술집같은 주
로(酒壚) 형태의 식탁이 있었다. 주로에서 술국을 끓여 주듯이 식탁의
가운데에 숯불을 피워 즉석에서 가열하여 끓여 내놓는 즉열식(卽熱式)
콩나물국밥이었다[36]. 삼백집은 주로형 식탁은 선술집과 국밥집이 병행
되었거나, 주막에서 국밥집과 선술집이 태동하였음을 보여준다. 주로
는 선술집에 남아 있었으나 초창기 삼백집에서는 주로식탁에서 즉열식
콩나물국밥을 끓여주었다. 남문 밖 장의 콩나물국밥은 중탕국물을 사
용하는 토렴식 국밥이었지만, 삼백집의 즉열식 콩나물국밥은 밤새 술
마시고 속이 허해진 술꾼들에게는 안성맞춤이었다. 삼백집은 욕쟁이
할머니집으로 명성을 갖고 있다. 매일 아침 식전에 젊은 취객을 대상으

---

36 유민수(65세)의 증언에 따르면, 삼백집에는 시멘트로 만든 긴 선술집형 조리대 가운데
에 길게 홈파인 곳에 숯불을 피우고 그 위에 콩나물국밥이 담긴 뚝배기를 숯불에 올려놓
고 즉석에서 가열하여 끓여 내놓는 방식이었다. 따라서 남문밖장의 콩나물국밥을 중탕
토렴식이라 한다면, 삼백집, 한일관식은 즉석가열식이었다.

로 콩나물국밥을 팔다보니 자연스럽게 욕쟁이 할머니가 될 수 밖에 없었을 것이다.

나) 동문거리의 콩나물국밥

1970년대 술집의 대중화와 소주, 막걸리의 음주 확산이 색주가와 다른 공간에 해장국집이 들어서는 계기가 되었다. 동문거리 콩나물국밥집의 조성이 그 본보기다. 지금도 동문거리에는 왱이집을 중심으로 콩나물국밥집이 성업중이다. 그렇다면 왜 동문거리에 콩나물국밥집이 성업하게 된 것일까. 다가동, 중앙동 색주가의 콩나물국밥은 주 수요층이 젊은 취객의 술꾼들이었다면, 동문거리 콩나물국밥의 수요층은 국가 기관의 공무원들이었다. 1970년대 전주시청과 전주시의회, 금융기관 등 국가공공기관이 미원탑 사거리에 집중되어 있었다. 당시 군사정권시절 한국의 술문화는 보부상들의 대포문화와 1970년대 군대문화의 영향으로 밤늦게까지 직장별로 동료들끼리 회식과 술자리가 2차, 3차까지 이어지면서 술집을 전전하는 음주문화가 보편화되어 있었다. 밤늦게까지 술마신 공무원들이 아침 일찍 동문거리의 콩나물국밥집에서 '속풀이해장국'으로 콩나물국밥을 먹는 관행이 생겨났다. 그것도 근현대화 과정에서 태동한 신문화라 할 수 있다.

콩나물국밥의 외식화 과정에서 구 전주시청(미원탑사거리) 길 건너에 백도극장(후에 아카데미극장으로 변경) 뒷골목에 콩나물국밥집이 성업하였다[37]. 이곳은 전주시청 중심의 관공서 공무원들이 아침 일찍부터 자주 찾은 해장국집 거리였다. 그리고 일제강점기 양조장의 희석식 소주

---

37 전주 기령당 이사장 김한봉(84세·완산동 거주, 조사자: 송화섭, 조사일시: 2016.6.29)

가 국민주로 정착하던 시점과 해장국밥집의 성업이 시기적으로 엇비슷
하다. 희석식소주의 영향인지 속풀이해장국이 콩나물국밥 외에 시레
기국밥과 선지국밥, 순대국밥 등으로 다양해져 갔다. 1970년대 동문거
리 콩나물국밥집이 성업했던 전통은 동문사거리 근처 왱이콩나물국밥
집을 중심으로 해장국밥집이 그 전통을 승계하고 있다. 왱이콩나물국
밥집은 동문거리 콩나물국밥집의 부활을 선도하였으며, 자연스럽게
동문거리 콩나물국밥집의 전통이 복원된 것이다. 동문거리의 콩나물
국밥은 대체로 남문밖장의 토렴식 콩나물국밥의 전통을 계승하고 있
다. 전주 콩나물국밥은 다가동 중앙동 짱골목 일대에서 성업한 삼백집
의 즉열식 콩나물국밥과 남문밖장과 동문거리 왱이집의 토렴식 콩나물
국밥이 대세를 이루고 있다.

3) 1970년대 이후 해장국의 확산과 한국인의 술문화

전세계에서 희석식소주를 즐겨마시고, 해장국을 즐겨먹는 나라는
한국 밖에 없다. 우리나라 사람들은 발효주, 증류주의 전통술을 즐겨마
셨으나, 일제강점기에 식민통치자금을 확보하기 위하여 세수(稅收)에
혈안이 된 조선총독부는 1930년대 일본 주류 제조업자들이 연속증류
기를 들여와 희석식 소주를 대량생산하는 양조장을 만들었다[38]. 일제
강점기에 일본의 소주 제조 기술로 소주가 만들어지기 시작하였으니,
현재 희석식소주는 '일본식 소주'라 할 수 있다. 이제는 희석식 소주가
전국의 모든 양조장에서 생산되면서 국민주로 자리잡았지만, 일본에

---

38 주영하, 『차폰, 잔폰, 짬뽕』, 사계절, 2009, 151쪽.

서 들여온 연속증류기로 뽑아낸 주정에 물을 섞어서 만드는게 희석식 소주다. 희석식 소주는 알콜 농도 95% 주정(酒精)으로 만든다. 엘틸알 코올에 물을 섞는 방식으로 희석식 소주를 제조한다. 그러나 정작 일본 에서는 희석식 소주를 마시지 않는다. 그러나 한국인들은 희석식소주 가 대중주로 즐겨마시고 있다. 중국과 일본에서 생산되는 술은 발효주 와 증류주만 있을뿐 희석식소주는 없다. 세계인들이 외면하는, 한국인 만 마시는 희석식 소주는 일제강점기 식민소주(植民燒酒)라는 사실을 알아야 한다.

우리나라와 똑같이 술문화가 발달한 중국과 일본에는 해장국이 없는 반면, 희석식소주와 막걸리를 즐겨마시는 한국에만 해장국이 있다. 왜 한국인들이 속풀이 해장국을 선호하는 것일까. 속풀이해장국은 과음 한 다음날 아침에 속풀이가 목적이지만, 왜 과음하는 중국에서는 해장 국이 없는 것인지 곰곰이 생각해볼 일이다. 전날 저녁의 과음으로 이미 간(肝)에 치명상을 입힌 후에 콩나물국밥을 먹어본들 무슨 소용이 있겠 는가. 간을 위협하는 그릇된 술문화를 바로잡는다면 해장국도 필요없 어 질 것이다. 해장국문화는 근대현에 한국인이 만든 기형적인 음주문 화에서 비롯되었다.

일제강점기에 만들어진 양조장에서 희석식소주와 희석식탁주(막걸 리)가 만들어졌다. 주세수입을 위하여 술집이 대중화되면서 대포집과 국밥집들이 대중 술집과 해장국집으로 확산되었다. 대포집과 국밥집 은 그 뿌리가 주막이다. 주막에서 분화된 대포집은 선술집으로 거듭나 면서 막걸리전문점으로 정착하였고, 국밥집은 시장 내 장꾼들의 국밥 집에서 1970년대 초 술꾼들의 속풀이 해장국으로 정착하였다. 1970년 대 군사정권시절에 군인들의 상명하복식 술문화가 공공기관에 확산되었고, 소주와 맥주를 섞어서 마시는 폭탄주문화가 점차 확산되었다. 1970년대부터 보부상들이 남긴 대포집 술마시는 관행과 군인교관들이 남긴 폭탄주마시는 관행이 엉켜 있는게 오늘날 한국의 술문화이다.

식민지소주인 희석식소주가 단절되지 않고, 대포집 술문화와 폭탄주 술문화가 개선되지 않는 한 해장국집은 더욱 번창할 것이다. 해방 70년을 맞이한 이 시점에서 한국의 술문화를 바로잡을 필요성이 있다. 식민문화의 잔재를 청산하는 차원에서 식민소주인 희석식소주를 증류식소주, 발효주로 바꿔 대중주로 정착시키는 방안이 강구되어야 하고, 보부상과 군사문화로 파생된 음주문화와 쏘맥마시는 관행이 바로잡는 사회적 분위기가 형성되기를 바란다. 좋은술과 건전한 술문화가 재정립된다면 속풀이로 시달리는 육체적 고통도 없어지고, 속풀이해장국으로 뱃속을 달래야 하는 반주술적(半呪術的)인 음주관행도 해결될 것이다.

4. 맺음말

이 글은 해장국집의 발생 배경과 변천과정을 살펴보았다. 해장국은 '해장에 먹는 국밥'을 말한다. '해장'은 아침 해뜨기 이전 '食前의 時間'을 가리킨다. 해장국은 전주 콩나물국밥이 대명사이다. 전주 남문 밖 장시는 근현대과정에서 농수산물, 청과물 도매시장이 형성되었다. 일제 강점기 남부시장 일대에는 탁백이국집이 성업중이었다. 탁백이집은 뚝배기에 콩나물을 끓여서 파는 콩나물국밥 전문점이었다. 근현대화 과정에서 농수산물이 대량으로 유통되면서 새벽 경매시장의 장꾼들이 勞役을 마치고 찾아가는 탁백이집이었다. 남문밖장의 장꾼들이 새벽일 마치고 탁백이집에서 먹던 간이국밥이 해장국이었다.

　그런데 일제강점기 전주시내 중앙동에는 일본인 상점이 번화가를 이뤘고, 그 주변에 술집과 홍등가들이 생겨났다. 해방직후에 다가동에는 짱골목이 형성되었고, 짱골목에는 술집과 여관들이 번창하는 색주가 거리로 변모하였다. 이 거리에 1960년대 후반 서구의 신문화가 들어오면서 나이트클럽에서 올나이트한 술꾼들이 통금해제 후에 콩나물국밥집을 찾아가면서 속풀이해장국으로 전환되었다. 장터해장국은 새벽시장에서 허기진 장꾼들이 먹는 국밥이었다면, 속풀이해장국은 나이트클럽에서 새벽까지 춤추고 술마시느라 허기진 술꾼들이 먹는 국밥이었다. 이러한 해장국은 남문 밖 장터에 위치한 뚝배기집에서 1970년대 초 나이트클럽이 성업하면서 나이트클럽 주변으로 옮겨가 속풀이해장국을 성행시켰다. 속풀이 해장국은 일제강점기에 희석식소주와 대포집 술마시기, 군사문화가 낳은 쏘맥이 낳은 음식문화라 할 수 있다.

참고문헌

강명관, 『조선풍속사』, 푸른역사, 2010.

구혜경, 「1950년대 이후 전주 시장의 변화양상」, 『전주의 시장과 경제』, 전주역사박물관, 2013.

국어국문학회, 『새로나온 국어대사전』, 민중서관, 2001.

무라야마지준, 『조선의 장시 연구』, 최순애·요시무라미카 옮김, 민속원, 2014.

송영상, 「해장국집」, 『전주천변』, 전주문화원, 1995.

송화섭, 「전주남문밖 장시음식이 전주음식문화에 미친 영향」, 『전주음식의 문화적 토대』, 전주역사박물관, 2016.

송화섭, 「전주음식의 DNA와 진화」, 『전북전통문화론』, 글누림, 2009.

이창식, 『한국의 보부상』, 밀알, 2001.

장명수, 「번지없는 주막」, 『일제 식민시대 구술실록』 제1권, 전주문화재단, 2007.

전주문화재단, 『일제 식민지 구술실록』, 휴디자인, 2007.

전주시·전주부사국역추진위원회, 『전주부사』, 신아출판사, 2008.

주영하, 『그림속의 음식 음식속의 역사』, 사계절, 2005.

_____, 『음식인문학』, 휴머니스트, 2011.

_____, 『음식전쟁과 음식문화』, 사계절, 2000.

_____, 『차폰, 잔폰, 짬뽕』, 사계절, 2009.

한식재단, 「주막」, 『화폭에 담긴 한식』, 2015.

주막과 장터의 문화사적 고찰

장수 번암 도주막거리와 시동강을 중심으로

구본술

1. 머리말

지금은 장수군 번암면이 광무10년(1906)까지는 남원부에 속한 번암 방(번암면, 1895)이라는 작은 고을이었다. 조선시대 주 교통로인 '10대 로'도 아닌 이 곳은 지역의 교통 중심지로 18세기 중엽부터 장시가 열렸 다. 산이 많은 지역의 작은 면인 번암은 길과 길을 이어주는 교통의 연결지점에 위치해 있다. 장시가 개설되면서 사람들의 이동이 많아지 고 자연스럽게 주막거리가 함께 생겨났다. 번암의 장시(장터)와 주막거 리와 관련된 문화적 전통은 오늘날에도 그 흔적을 찾아볼 수 있다.

이 글은 주로 지역민들의 구술 자료를 토대로 이 작은 산골에 상권이 형성되었는지, 주막거리와 시장이 번성하고 분화되고 쇠락해가는지를 문화사적으로 살피려는 하나의 시도이다. 옛 길을 따라 형성되었던 주 막과 장터의 변화 과정에 대한 연구는 우리 지역사와 지역문화에 대한 성찰의 기회가 될 것이다.

번암지역에는 18세기 중엽부터 현재의 죽림마을 앞 삼각주 부근에 장시가 개설되고 사람들이 몰려들었다. 일반적으로 시장은 천변가나 길의 교차로에 생기는데 죽림마을 앞 도주막거리가 바로 두 가지에다 해당되는 그런 지역이다. 쉼과 식사 그리고 숙박까지 제공하는 주막은 상인들이나 먼 길을 가는 과객에게는 꼭 들러야 하는 곳이었다. 도주막거리는 장터와 함께 상업적 교역뿐만 아니라 문화 교류면에서도 지역의 중심적 역할을 해왔다. 그 후 도주막거리와 장터는 번성하다가 1928년 새로운 시장이 지금의 시동강으로 확장·이전하게 되면서 내리막길을 걷게 된다.

새로운 시장에서는 5일장이 더 활성화되고 지역농산물은 물론 우시장도 열려 소와 돼지도 거래되었다. 일제강점기 이전부터 금광 채굴을 위해 사람들이 몰려들었고, 이 지역 특산물인 잎담배와 누에고치 생산량이 증가하면서 시장에서 대량 수매가 이루어졌다. 장날에는 상인들과 지역주민들로 북적거렸고 난장이 열리면서 씨름대회가 큰 구경거리로 자리잡았다. 새 장터가 우시장, 금광들과 함께 번성하면서 옛 주막거리를 대신하는 새로운 주점(선술집)들이 생겨나 장날엔 문전성시를 이뤘다. 옛 도주막거리는 두어 채의 술집만이 남아 가끔씩 찾는 손님들을 맞이했다. 해방 후에는 소리꾼들이 소리를 전수하는 공간으로 남아 있다가 지금 그 자리엔 도주막이라는 이름으로 음식점이 들어서 있다.

주막거리에서의 쉼은 전통을 매개로 사람들끼리의 문화적 소통도 가능하게 한다. 번암지역은 깊은 산에서 흘러나오는 두 개의 천이 만나는 곳이다. 예로부터 물이 맑고 깨끗해 가정이나 주막에서 막걸리를 양조하여 즐길 수 있었다. 장터는 농산물과 생필품의 교역 뿐만 아니라 고유의 민속놀이도 같이 행해지는 문화적 소통 공간이었다. 많은 세월이 흐른 지금도 이 지역에는 막걸리가 생산되고 옛 장터에서는 문화센터를 중심으로 지역문화를 만날 수 있다.

지금은 장터에 북적거리는 사람들도, 주막거리에서 막걸리 한 잔에 흥청거리는 사람들도 볼 수 없다. 도시 트럭 장꾼들만이 인근 주민들과 한가하게 옛 장터를 지키다가 갈 뿐이다. 지금은 옛 장터나 주막을 재현할 수는 없지만 주민들은 옛 추억과 역사·문화를 만나기 위해 천변 공원 문화센터에 모인다. 이 글은 번암 죽림 도주막거리와 새 장터인 시동강시장이 담당했던 지역의 경제·문화적 역할을 그들이 번성하고 쇠락해가는 과정을 통해 새롭게 살펴보고자 한다.

2. 번암을 지나는 길

1) 이성계의 진군길 '장수별로'

장수별로는 대로에서 갈라진 장수지역의 소로를 임의적으로 만든 용어다. 영남대로, 호남대로가 있지만, 통영에서 한양을 가는 길인 통영별로라고 한 것에서 따온 명칭이다. 장수별로는 고려말 이성계 장군이 황산대첩을 위해 황산으로 진격하는 길 중에서 장수 구간을 가리켜 붙인 말이다.[1]

장수별로는 황산대첩 당시 이성계 장군 진군과 관련된 전설이 깃든 곳을 근거로 추정된다. 장수 용계리, 수분치와 뜬봉샘 관련 전설이 그

---

1 이성계 장군의 진군로로 추정하는 '팔공산 뒤 장수 서구이재-수분재-번암도주막-남원아영-운봉'에 이르는 길의 별칭이다.(송화섭, 「장수의 역사문화생태 자원으로 생생한 교육과정 만들기」, 『전북교육 2016-287』, 전북교육연수원, 2016, 47~48쪽.

것이다. 여기에 1783년 전라감사 이서구의 죽림마을 앞에서 예언한 곳인 도주막, 그리고 황산대첩지인 운봉을 잇는 길의 별칭이다. 황산대첩 진군로 여정은 앞으로 더 많은 사료나 조사를 통해 보완되어야 할 것이나 추정되는 황산대첩 진군로는 "금산-진안 안천-진안용담-진안 마령-장수서구이재-용계리 마을 숲-수분재-당재-밤재-죽림리-노단리시동강-봉화산짓재-남원아영-인월황산"로 이어진다.[2]

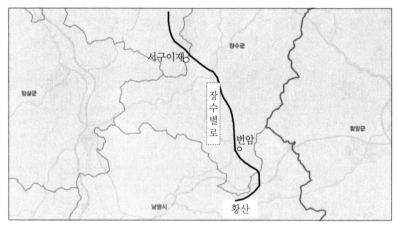

〈그림 1〉 이성계의 황산대첩 진군로 중 '장수별로'

황산은 인월에서 운봉으로 향하는 24번 국도를 끼고 위치하는 해발 607m의 산이다. 황산 아래는 협곡인데, 도로변에 피바위라는 표지석이 세워져있다. 황산 아래에는 황산대첩을 기념하는 황산대첩비각이 위치한다. 피바위와 협곡은 황산대첩이 얼마나 치열하게 전개되었는지를 보여준다.

---

2   송화섭, 위의 논문, 48쪽 재인용(권정임, 장수군청 소속 문화해설사).

"삼가 여조말을 살펴보건대 나라의 운명이 위태로움에 섬의 오랑케들
이 쳐들어와 성을 부수고 고을을 불사르며 사람을 죽이니 시체가 들 가운
데 가득하여 지나는 곳마다 피로 물결을 이루니 천리가 조용하였다. 함양
을 섬멸하고 운봉을 불태운 뒤 인월에 군대를 주둔시킨 뒤 식량을 말에
실어 북으로 쳐 올라간다고 발설하니 나라 안팎이 두려워 떨었다. 이 때
태조께서 남원을 출발 운봉을 경유하여 황산에 다달아 양쪽으로 나누어
공격할 것을 가르쳐 주시면서 작은 힘까지 다해 분발하여 적을 냅다 치라
하셨다. 열 배나 되는 왜적을 하루 종일도 못되어 모조리 쓸어 버렸다."³

당시 위기의 상황에서 이성계의 군대는 신속하게 황산에 도달해야만
했다. 이때 진군한 길은 충청도를 지나 진안과 장수 번암을 지나는 길
이었다. 이 때에도 번암지역을 통과하는 장수별로는 인근의 인월이나
운봉, 남원으로 접근하는 지름길이었다.

2) '통영별로'인근의 지름길

조선 후기 김정호가 편찬한『대동여지도』(1861)와『대동지지』(1863)
는 전국의 도로망을 10대로로 기술하고 있다. 여기에 제10대로에 해당
하는 이른바 '통영별로'는 서울에서 수원, 천안을 거쳐 나주, 해남으로
가는 호남대로에서 중간의 전주근처 삼례진에서 오른쪽으로 갈라지는
별로에 해당하는 길이다. 통영별로는 삼례-전주-남원-운봉-산청-
단성-진주-사천-고성-통영으로 이어지는 길이다.⁴

---

3 남원문화원,『황산대첩과 유적』, 1991, 22쪽.
4 김숙정,「서부경남 유교문화의 전파와 권역형성」, 한국교원대학교 석사학위논문,
   2010, 90쪽 참조.

또한 이 통영별로는 『증보문헌비고』(1903~1908)에서도 제6로로 서울과 통영을 연결하는 간선으로 표시된다. 주요 노정은 '서울-동작나루-과천-유천-청호역(수원)-진위-성환역-천안-차령-공주-노성-은진-여산-삼례-전주-오수역-남원-운봉-함양-진주-사천-고성-통영이다.[5]

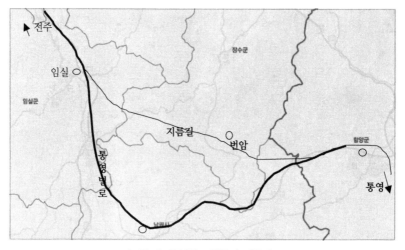

〈그림 2〉 통영별로 인근의 지름길

번암 지역도 이 통영별로의 인근에 위치하면서 조선 후기 상인들의 활동 범위가 확대되고 지역 장터에서 물품의 유통이 늘어나면서 새로운 장길이 필요하게 되었다. 또한 인근 장시를 순회하는 장꾼들이 늘어나면서 많은 샛길과 지름길이 생겨나게 되었다. 늘어나는 과객들과 상인들은 빠른 길을 이용하여 목적지에 도착하고자 했을 것이며, 지역과

---

5 옛길박물관, 『길위의 역사, 고개의 문화』, 대원사, 2014, 95쪽.

지역을 이어주는 새로운 길에는 주막의 설립이 증가하였다.[6]

경상도 남해안과 호남지방을 이어주는 통영별로는 원래 번암 인근의 함양–운봉–여원재–남원–오수–전주에 이르는 길이다. 조선 후기에 상인들과 과거시험에 응시하는 과객들이 증가하면서 이 곳 번암길은 통영별로보다 빠른 길로 이용되었을 것이다. 이 지역 원로들의 이야기를 들어보자.

> "아, 우리도 어릴적에 봤지만요잉, 어른들 말을 들으면, 옛날에는 경상도 함양쪽에서 내치재를 넘어 아영에 오고, 또 짓재를 넘어서 번암에 오는 선비들이나 과객들이 많았다고 그래요이. 아, 그 사람들이 피곤헐꺼 아니요이, 그리서 요 번암 도주막에서 자고 쉬었다가 국포를 지나 말치재 있잖아요이, 아 그 말치재를 넘어 산서로 갔을께, 산서에서 아침재를 넘어 왕방리 저수지를 지나 임실 성수에서 관촌, 그래갔꼬 전주에 갔을꺼아니에요이, 그 한양으로 과거보로 다니는 사람들이 이곳을 많이 지나다녔당께. 아, 이길이 남원을 지나서 가는 것보당 빠르재이"[7]

위의 그림을 보면, 함양에서 남원을 거치지 않고 인월–아영–번암–산서–임실–전주(삼례)로 가는 길이 통영별로의 빠른 길임을 알 수 있다. 뿐만 아니라, 번암지역의 길은 군사적으로도 요충지이다. 이성계의 황산전투 진군로인 '장수별로'와 호남의병들의 항일투쟁 진군로가 그것이다.[8] 지역 주민의 말을 들어보자.

6 김대길, 「조선후기 장시 발달과 사회·문화 생활 변화」, 『정신문화연구』, 제35권(4호), 2012, 100쪽 참조.
7 서*순, 87세, 두동마을, 면담(2016.7.30. 천변공원 느티나무 카페).
8 임실문화원, 『정재 이석용 선생 문집:호남창의록』, 2002, 412쪽.

"우리 어렸을 때까지만 해도 오수장에서 소금을 사서, 지게로 지고 산서를 지나 마치재를 넘어 번암장에 가져와서 파는 것을 보았고요. 새벽같이 출발해서 함양장에서 송아지를 사갔꼬 밤 늦게나 이곳에 도착했지요. 다음 날 우시장에 내다 팔기도 하고, 집에서 키우기도 하고요. 또 어른들 말을 들으면, 인공 때는 인민군들이 사람들을 동원시켜 실탄짐을 지게에 지고 산서에서 말치재를 넘어 번암을 지나 아영 쪽으로 운반하는 일도 시켰답니다. 아무래도 이게 빠른 길인게 그런갑죠?"[9]

이처럼, 번암 지역은 시골의 작은 면단위 지역이지만 6개 방향으로 인근 지역을 잇는 상업적, 군사적 교통의 요지이다. 따라서 조선 후기 시장경제가 발달하면서 지역의 곡물류를 비롯한 농업생산물과 소, 돼지 등의 가축류, 그리고 수공업 물품과 각종 생활필수품 등이 장터에서 활발하게 유통되었다. 따라서 지역 교통의 중심인 번암의 장터는 보부상을 포함한 장꾼들의 활동이 활발해졌고 그 장꾼들과 과객, 과거를 응시하려는 지방 유생들의 쉼터인 도주막거리가 생겨나면서 사람들로 넘쳐났다.

3) 동학농민군과 항일의병의 길

번암지역은 호남의병들이 이 곳을 경유하면서 활동하기에 앞서, 동학농민군들이 장수–번암–운봉 등으로 이동하며 민보군과 전투를 벌이기도 한 곳이다.

---

9 임*택, 64세, 견천마을, 면담(2016.7.30. 천변공원 느티나무 카페).

"1894년 11월 동학농민군은 운봉을 공격하기 위해 장수를 점령하여 군수물자를 확보한 뒤, 번암을 거쳐 산동 부절리로 이동하였다. 관음치를 사이에 두고 운봉민보군과 치열한 전투를 별였으나 참패하였다.……장수 접주 황내문은 농민군을 이끌고 다시 운봉을 공격하기 위해 번암의 원촌에 집결하였다. 이 곳 원촌 전투에서 농민군은 많은 사상사를 내고 크게 패하였다. 이후 농민군은 산동 북치 등으로 흩어졌으며, 원촌전투에서 크게 이긴 민보군은 남원성을 진격하여 동학농민군에게 패배를 안겼다. 이후 동학농민군은 사실상 해산되어 각지로 흩어졌다."[10]

또한 이 곳 번암지역은 1907년부터 호남의병운동을 이끈 이석용 의병장의 활동 무대이기도 하다. 정재 이석용(의병장)은 1878년 임실군 성수면 삼봉리에서 태어났다. 이석용은 대한제국 융희 1년(1907) 고종이 퇴위하고 군대가 해산되자 호남의 유림들과 호남의병창의동맹단을 결성한다. 그 후 임실, 진안, 장수, 남원, 함양 일대를 넘나들며 항일의병전쟁을 전개하였으나 1912년 10월 일본경찰에 체포되어 안타깝게도 서른 여섯의 나이로 대구 형무소에서 처형되었다.[11]

호남의병전쟁 중 이석용(의병장)은 의병들을 이끌고 전략적으로 빠른 이동을 위해 지역과 지역을 잇는 재를 넘거나 은폐가 쉬운 소로길이나 빠르게 이동할 수 있는 지름길인 장길 등을 따라 이동하면서 게릴라식 전투를 벌였다. 예부터 사용되던 이 곳 번암면 주변의 고개나 장길도 주로 이용했던 것으로 보인다. 다음 문집에 나타난 내용에서 이석용 장군의 부대가 임실에서 재를 넘어 장수로, 번암면을 지나 다시 재를

---

10 장현근, 「살아 숨쉬는 항일항쟁의 숨결」, 위의 책(전북교육 2016-287), 2016, 63쪽.
11 장현근, 「체험을 통한 역사 바르게 알기」, 『전북교육 2015-429』, 전북교육연수원, 2015, 81~82쪽.

넘어 운봉으로, 남원 산내로 이동한 흔적을 볼 수 있다. 군사적으로 중요한 요충지인 번암을 지나 운봉으로 이동하는 의병들의 고단한 여정을 볼 수 있다.

"1908년 2월 5일 : 안화촌에 진쳤다.……밤에 무사한 것을 확인하고 출발하여 장수 동고지에 당도하니 송선봉이 군사를 거느리고 와서 기다렸다. 최 포장도 역시 아무런 탈이 없었다.

2월 6일 : 진중에서 헛 놀라서 산으로 올라갔다가……정탐꾼의 보고에 왜놈이 동화시장 백서를 잡아 갔다고 하므로 마침내 군사들을 단속하여 팔공산 험한 기슭으로 들어가 적을 제압하여 이길 계획을 세웠다. 2월 7일 : 율천에 진치고 술을 걸러 군사들을 먹였다. 밤에 재를 넘어 수분리로 들어가 유종사를 찾았는데 오지 않았다. 2월 9일 : 정탐꾼의 보고에 "순검 놈들이 양총을 가지고 죽림에서 사냥을 한다고 한다. 부창 선봉이 그놈들을 쫓아 뒤를 밟으니 순검놈들이 이미 소문을 듣고 도망해 갔다."고 한다. 파수병이 하동에 들어가서 마을 사람에게 방금 점심을 대접받고 있는데, ……밤에 눈재를 넘에 20리를 갔다. 2월 10일 : 부곡에 진쳤다. …… 종자가 권포리에 가서 돌아오지 않았다. 밤이 몹시 찬데 간신히 30리를 걸어 백장암에 올라가 유숙했다."[12]

3. 장터를 겸한 도주막거리의 번성

1) 고개와 길을 이어주는 도주막거리

장터를 잇는 장삿길의 확보는 상업발달에 중요한 요건 중 하나이다.

---

12 임실문화원, 앞의 책, 412쪽.

상인들은 가능하면 빠른 길을 따라 이동함으로써 비용을 줄이고 이익을 늘리고자 하였다. 조선 후기 상업 인구가 증가하면서 이제 교통로도 행정적 의미와 군사적 의미에서 점차 경제적 의미로 관심을 가지게 되었다. 18세기 들어 상인들은 관청 등이 있는 관로(官路)보다 빠른 길인 상업로인 사잇길(간로, 間路)을 선호하게 되었다.[13]

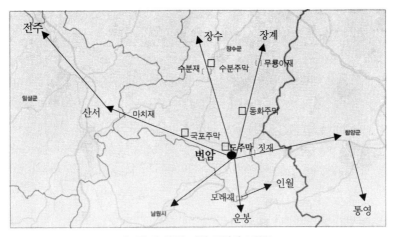

〈그림 3〉 번암 지역 주변의 교통로

번암 지역은 산이 많은 산골 지역이지만 고개만 넘으면 주변의 장과 연결되는 교통의 요지이다. 남원방향은 재가 없지만 다른 방향은 재를 넘어 접근하면 되었다. 그림에서처럼 재를 넘어 6개 방향으로 주변 장터에 접근할 수 있어 상인들과 주민들의 이동이 많았다. 거꾸로 주변 고을에서 번암을 경유하여 인근의 장터나 큰 고을로 이동하기도 하였

---

13 정기범, 「조선후기 음성지역 장시연구」, 『장시와 교통체계』, 민속원, 2008, 457~458쪽 (최영준의 『영남대로–한국도로의 역사지리적 연구』 재인용).

다. 교통의 중심지에서 장터가 번성하고 사람들의 이동이 많아지면서 번암 장터에 주막거리가 생기게 된 것은 당연했으리라 본다. 지역 원로의 말을 들어보자.

> "그러니께 번암이 쬐깐혀긴해도 예부터 괴통의 중심이지. 장안산 무룡재서 시작해서 삼거리, 광대동, 드랭이(동화) 사람들은 재를 안 넘꼬 남원까쟁 백리를 갓째잉, 남원장이 크기도 허고. 함양사람들도 요리 오고 우리도 송아치를 사로 함양으로 갓째잉. 아영사람들은 거의 번암장으로 오재, 과거보로가는 선비들도 여기를 지나서 마치재를 넘어서 전주로 갔응께. 암, 여기 주막거리에서 쉬었다 가재잉. 또 인월이랑 운봉으로 장보로 가고 했제잉, 거그를 갈라면 모래재를 넘어야혀. 장수는 잘 안갔째잉, 그리도 갈라면 수분째를 넘어야재잉. 그렇께 여기에서는 다른디를 가기도 좋코, 다른 사람들이 거쳐가기도 많이 했제. 지금은 괴통이 좋아져서 옛날맹키 다니간디잉!······."[14]

장터는 사람과 사람, 지역과 지역 간 상품과 문화를 연결해주는 백성들의 삶이 담겨 있는 곳이다. 장터에서 상인과 지역민들은 물품을 교환하고 정보를 주고받으며 서로 어우러진다. 조선시대 시장을 대표하는 장시는 15세기 중엽 전라도에서 개설되기 시작해 16세기를 지나면서 10일 또는 보름 간격으로 정해진 곳에서 교역이 이루어지게 되었다. 장시의 개설을 반대하는 주장과 옹호하는 입장이 적지 않았지만 17세기에 이르러서는 점차 5일장으로 발전해갔다. 18세기말에는 장시가 1천여 곳 이상 개설되고[15] 대부분 한 달에 6회 열리는 5일장으로 통일되

---

14 임*준, 87세, 두동마을, 면담(2016.7.30. 천변공원 느티나무 카페).

어갔다. 그러면서도 장시는 도적 발생과 과소비 퇴폐 등의 문제점도 지적되었지만, 그 후 5일장이 정착되고 점차 인근지역과 연계하여 더 큰 시장권을 형성하게 된다.[16]

장은 교통의 요지에 들어선다. 장시가 전국적으로 확산되면서 장은 하루걸이인 30~40리 거리를 두고 열렸으며 5일장으로 1,6장~5,10장의 순환 형식으로 열리니 일정한 권역의 상설시장이라고 볼 수 있다. 장시가 열리는 장터의 주인은 지역의 농민으로 논밭에서 나는 곡물, 오이, 가지, 참외 등의 채소, 하다못해 고구마 줄기, 호박잎 등을 장에 나가 판다.[17]

장터에는 물론 인근의 장을 떠돌아다니는 행상 즉 장돌뱅이들이 있었다. 대표적 행상인 보부상들은 조직을 형성하여 상거래의 주역이면서 계층과 지역문화를 이어주는 인간 고리 구실을 하였다. 장꾼들 중 봇짐장수(보상)는 주로 세공품이나 사치품 등 잡화를 취급했고, 등짐상수(부상)는 주고 지게를 이용하여 부피가 큰 생활용품 즉 생선, 소금, 토기, 목기, 수철기 등을 포함한 식생활관련 소비품이나 도구들을 취급하였다.[18]

조선 후기에 이르러 상인들 이외에도 과거를 보러가는 유생들, 구경을 떠나는 일반인들이 거주지역을 벗어나는 기회가 많아졌다. 보통 지역 주민들은 가능하면 지름길을 이용하여 하루 빠듯하게 장길을 다녀

---

15 장시 수의 변동에 관한 자세한 사항은 고성호의 「조선후기 지방시장의 분포와 특징」 42쪽 표3을 참조하기 바람.

16 김대길, 앞의 논문, 89~92쪽 참조.

17 송기호, 「시전과 장시」, 『대한토목학회지』 60권, 2012, 88쪽 참조.

18 이창식, 『한국의 보부상』, 밀알, 2001, 21~23쪽.

오지만, 장터를 전전하는 전문 장사꾼들과 큰 도읍으로 향해 이동하는 과객들은 주막을 이용할 필요가 증가되었다. 상인들의 활동범위가 늘어나고 과객들이 늘어나면서 새로운 길이 개척되고 그 길에는 주막과 같은 시설들이 늘어나게 되었다.

주막이 생겨나기 이전, 조선초기에는 관립 주식점인 원(院)이 있었지만 왜란과 호란 후에 대부분이 문을 닫았다. 16세기 중엽 이후 원은 점차 점막(店幕), 주막(酒幕) 등으로 불리는 사설 숙박업소 겸 음식점으로 대체되었다.[19] 17세기 후반 이후 국제무역이 활발해지고 18세기 초 대동법이 실시되고 상업활동이 활발해지면서 술집이면서 동시에 무료 숙박이 가능한 주막이 생겨나 주막거리를 형성하였다. 19세기 중엽 이전까지 조선사회 장시는 대부분 교통의 요지인 길목에 형성되었다. 한양이나 큰 고을을 향하는 여러 갈래의 길들이 겹치는 곳에 자연스럽게 주막거리가 만들어지기도 했다.[20] 이렇게 등장한 조선후기 주막은 금속화폐의 유통, 장시 발달, 농업생산력 증대, 이동인구 증가, 대동법 금납제 등 상품화폐경제가 발달하면서 크게 활성화되었다.[21] 19세기 초에는 남원지역 주변에 장시가 발달한 것으로 미루어(뒤의 고성호의 논문, 그림-6: '1830년경 남원 지역의 장시 분포' 참조), 여섯 갈래로 통하는 교통의 요지인 이 곳 번암 지역에도 도주막거리가 생겨나고 장터가 함께 번성했을 것이다. 장터와 주막거리의 번성을 가져오게 된 번암지역의 교통체계를 다음에서 살펴보자.

---

19 주영하, 「'주막'의 근대적 지속과 분화」, 『실천민속학연구』 11권, 2008, 11쪽.(김종헌 학위논문 중 『대동지지』 번역 재인용)

20 주영하, 앞의 논문, 15쪽.

21 조혁연, 「조선시대 교통로와 영남선비 상경기」, 『중원문화연구』 23집, 2015, 47쪽.

2) 도주막거리와 장터의 번성

번암의 경우 19세기 후반인 1872년의 그림의 '남원부지도'를 보면, 상번암 국포에 한 곳, 중번암 동화에 한 곳, 하번암 죽림에 한 곳에 주막 표시가 되어 있다. 마을의 위치와 시장의 위치의 표시에 있어 부분적으로 오류가 있으나, 죽림마을 도주막 옆에는 시장의 초가집(5일장이 설 때 물건의 진열과 판매에 이용되는 가건물인 듯)이 표시되어 있다. 이로 미루어 당시에 번암지역에 주막과 장시가 성하였음을 보여주고 있다.

〈그림 4〉 간행자 미상, 『남원부지도』, 전라도남원부(조선)편, 고종9년(1872)

조선 후기에 번암 지역에 장시의 발달과 함께 주막거리가 형성된 배경에는 주변의 장터를 잇는 지름길이 새롭게 생겨나면서부터이다. 장시가 발달하기 시작하는 18세기 후반부터 상인들과 과객들에 의해서 통영별로보다 빠른 길을 찾게 된 것으로 보인다. 남원을 거쳐야하는 관리들과는 달리 상인들이나 과객들은 함양-아영-번암-산서-임실-전주의 길을 많이 이용하게 되었다는 것이다. 번암의 도주막거리에서 쉬면서 막걸리도 마시면서 피로를 풀었으리라. 일제 이전까지는 가정이나 주막에서 전통적 방식으로 양조를 했을 것이니 번암 막걸리가 그 때부터 명성을 얻었던 것 같다. 동네 어르신의 말을 들어보자.

> "아, 함양에서 서울이나 전주를 갈라면 남원으로 가면 한참 돌아가는 것이여, 이 길로 가먼 훨씬 빠르제잉, 아, 함양에서 내치재를 넘고 아영을 지나 짓재에서 쉬었다가, 짓재에도 목을 축이고는 번암으로 내려오재, 이 밑에 새터 쪽으로 내려오면 번암 주막이 다다르재, 아, 옛날에는 조그만 재도 다 주막들이 있었지, 지금은 없어졌지만, 번암에서 산서로 가는 마치재도 쪼끄만 주막들이 다 있었재잉, 남원으로 가는 대론에도 주막이 있었재잉, 먼 길 갈라면 피곤혀잔여잉, 그렇께 여그 주막에서 쉬어가면서 막걸리도 마시고 했을꺼 아녀, 여그는 양쪽에서 내려오는 물이 하도 좋아서 막걸리도 유명하쟌여, 그렇께 번암 막걸 리가 유명허게 되었재잉."[22]

이 곳 번암은 1906년(광무 10)까지 남원부에 속해 있었다. 문헌에 의하면 번암장시는 용성지(1699)에 보이지 않지만, 동국문헌비고(1770)부터 1,6일장으로 나타나기 시작한다. 번암장은 아마 18세기 중반부터 개설된 것으로 보인다. 『여지도서』(1757~1765)가 편찬된 당시 번암은 하번암방과 상번암방으로 나뉘어져 있었으며 지역민은 2,200명이 살고 있었다. 『여지도서』 당시에는 지금의 원촌에 번암원이 있었지만, 장시는 조금 윗 쪽 길들이 만나는 하번암 죽림의 주막거리에서 열렸다.[23] 임원경제지(1830)에도 1,6일에 개설된 장으로 나타나고 있다.

---

22 서*순, 89세, 두동마을, 면담(2016.7.30. 천변공원 느티나무 카페).
23 변주승 역주, 『여지도서』(보유편-전라도) 48권, 2009, 240~241쪽.

1699년 기록당시 모두 6곳이었던 남원부 내의 장시의 수는 1830년 당시에는 7개소로 늘어났다.(남원읍, 오수, 아산, 산동, 번암, 동화, 횡탄 등) 1770년 기록 이래로 번암장은 현재까지 1,6일 장의 전통을 이어오고 있다.[24]

〈그림 5〉 1770년경 남원 지역의 장시 분포[25]　　〈그림 6〉 1830년경 남원 지역의 장시 분포[26]

죽림의 도주막거리와 장터(구장터[27])는 용림천과 백운천이 만나는 쌍수합수처인 죽림마을 입구에 자리하게 된다. 예로부터 쌍수합수처는 길지로 여겨지는데[28] 지형적으로 삼각주를 형성한다. 합수처에는 깊은

---

24 고성호, 「조선후기 지방장시의 분포와 특징-전주, 남원을 중심으로」, 『대동사학』 3집, 2004, 54쪽. '남원 지역의 시기별 장시 변화' 〈표7〉 참조.
25 고성호, 앞의 논문, 57쪽. 그림5.
26 고성호, 앞의 논문, 58쪽. 그림6.
27 1928년에 개설된 노단리 요천 건너의 새로운 장터인 시동강 시장과 구분해 부른다.
28 이서구가 정조 17년(1793)에 전라감사로 부임하여 초도순시 중, 이 곳 도주막에 들러 죽림마을과 뒷산을 바라보며 장차 큰 인물(3·1독립운동 불교계대표 백용성 조사)이 나올 것이라 예언.

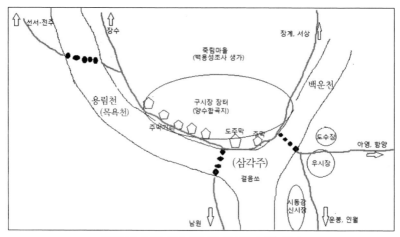

〈그림 7〉 번암 죽림마을 앞 도주막거리와 장터

쏘가 형성되는데 양쪽 천의 수량에 따라 쏘가 옮겨다닌다는 걸음쏘가 있다. 조선 후기 여느 시장처럼 천변을 따라 아름드리 왕버드나무가 늘어져 있었으나 해방 직후 화재로 소실되어 지금은 한 그루의 버드나무만이 도주막가든(옛도주막이 있던 자리) 앞을 지키고 있다.

도주막 상류부의 앞을 흐르는 용림천 줄기를 목욕천이라고도 부른다. 바위가 움푹 들어가 목욕통 같아 말 그대로 목욕하는 곳이다. 원래는 도주막 위쪽으로 목욕천을 따라 수양버들이 늘어져있어 주막과 어울려 풍치가 아름다웠다. 더운 여름에는 길손들이 도주막을 찾아 더위를 식혔으며, 주막 앞은 합수천으로 물고기가 많아 막걸리의 안주감으로 일미였다 한다. 도주막 앞 징검다리 위에 '도주막보'가 있었고 노단마을로 물을 흘려 아래쪽 들판에 농업용수를 공급하였는데 그 들판이 '도주막들'이다.[29]

위 그림에서 보는 것처럼 도주막거리와 장터는 길과 길이 만나는

교통의 중심지에 위치한다. 삼각주 끝 부분에 위치한 도주막거리는 사
람들이 이동하기 위해 지나가는 지역이다. 천을 따라서 길이 이어지는
삼각주 끝부분에 주막들이 들어서고 또 장터가 형성된 것은 지리적으
로 자연스러운 일이다. 특히 도주막은 사람들이 장터 장꾼들과 금광에
서 금광을 채굴하는 사람들이 몰려들어 돈이 넘쳐나서 돈주머니 → 돈
주막 → 도주막이 되었다는 이야기도 전해 내려온다.[30] 하지만 주막거
리의 대표 주막이라는 해석도 있으며(송화섭, 견천마을 임정택), 길 옆에
있는 주막이라는 뜻으로 길도자 도주막이라는 해석도 있다(두동마을 임
채준). 이 곳 죽림의 도주막거리와 구장터는 원래 교통의 요지로 5일장
이 열리고 많은 사람들이 모여 번성하였으며, 일찍부터 이곳에 금광이
많아 사람들이 넘치고 주막에는 술과 노래 춤이 끊이지 않았다.[31]

도주막은 국악인 명창 박초월, 박초선씨가 소리연습을 하며 후배
양성에 힘쓰면서 머물다간 곳이기도 하다. 한양으로 향하는 과객이나
장사치들이 하룻밤 묵어간 곳이기도 하며 오가는 길손들이 그냥 지나
치지 못하고 시원한 막걸리 한 잔으로 목을 축이고 국밥 한 그릇으로
요기를 하고 엽전을 뿌려대는 곳이었다.[32] 5일장인 도주막장터에서는
인근 주민들이 집에서 기르거나 생산한 곡물과 채소를 갖고 장터로
내려와 물물교환을 하거나 농산물을 팔아 대신 생필품을 구입하였다.
소와 돼지와 같은 가축도 갖고 내려오고 철에 따라 누에고치나 잎담배
말린 산나물도 거래하였다. 봇짐장수, 등짐상수들은 생필품이나 그릇

---

29 장수문화원, 『장수의 마을과 지명유래(상)』, 2005, 332~333쪽.
30 장수문화원, 앞의 책, 358쪽.
31 장수문화원, 위의 책, 438쪽.
32 장수문화원, 위의 책, 438쪽.

종류, 죽제품, 소금 등을 팔았다. 지역 어르신들의 이야기를 들어보자.

> "우리 어렸을 때 어른들헌티 듣기로는, 도주막시장(구시장)에 사람들이
> 원체 많았다고해, 거그에 주막이 6~7개 정도 있었다고 허고, 5일장이라
> 보부상들이 먹고 자기도 허고, 금광사람들도 몰려들고잉, 소는 일찌감치
> 함양시장에서 사갖고 저녁에야 번암에 코뚜레를 끌고 오제잉, 돼지 같은
> 것도 지게에 지고 내려오고, 닭도 갖고 내려오제, 아, 자기가 키운 곡석,
> 채소도 갖고 오고잉, 아 근디, 아무래도 도주막시장이 쌍수합처고 삼각주
> 라 홍수가 나면 자꾸 좁아졌는가바, 나중에 일제때 요리 이사왔지잉, 시동
> 강으로, 우시장이랑 도수장(도축장)도 생기고잉"[33]

지방의 작은 고을에도 주막거리가 없었던 것은 아닌데, 일반적으로
주막이 유별나게 많았던 곳으로는 장터, 큰 고개 밑, 광산촌 등이었다.
장터는 장꾼들로 붐볐고 큰 고개는 그 고개를 넘지 않고서는 목적지로
갈 수 없었기에 고개 밑 주막에서 묵어가기 일쑤였다. 도둑을 피하거나
밤길을 걷지 않기 위해 주막에서 묵지 않을 수 없었다. 광산촌은 광부
들이나 상인들을 위해 주막이 생겨났다.[34]

번암지역은 1900년 초부터 노단리 주변에 여러 군데의 금광이 있어
금을 채광했으며 채광된 금을 제련하기 위한 금방앗간(두동마을, 신기마
을)도 운영될 정도였다. 도주막거리는 금광은 운영하는 사람들, 광산에
서 일하는 사람들, 제련하는 사람들도 몰려들고, 장꾼들과 주민까지
어울려 주야로 주객이 성황이었다. 일제 때에는 일인들이 금광으로 몰

---

33 임*준, 87세, 두동마을, 면담(2016.8.3. 자택).
34 배도식, 『한국 민속의 현장』, 집문당, 1993, 23쪽.

려들어 1935년부터 금광을 장악했으며, 본격적인 금의 채광을 위해 1939년 노단리 소재지에 변전소를 설치하게 된다.[35] 번암지역은 다른 지역보다 전기가 훨씬 빨리 들어왔으며 많은 사람이 몰려들고 물품과 화폐의 유통이 활성화된 시장이 성하게 되었다.

장터는 교통의 요지에서 많은 사람들이 만나는 터이며 물품이 유통되는 삶의 현장이다. 장터는 단순이 물건만 사고파는 곳이 아니라 민중의 문화가 총체적으로 숨쉬는 곳이다 상인들은 물건의 양을 조절하기도 언술을 통해 구매 욕구를 자극하기도 한다. 또한 상인들은 장을 활성화하기 위해 씨름, 줄다리기, 윷놀이, 남사당패놀이, 보부상놀이 등 민속행사를 벌이기도 한다. 구경거리를 제공하여 장꾼을 불러 모으는 이른바 '난장을 틀기도' 했다.[36] 특히 이 곳 번암장에서도 난장이 열리면 윷놀이, 씨름은 물론이고, 약장사, 서커스 등 좋은 구경거리가 있었다 한다.

번암지역 장터에서도 이 같은 문화 전승 행위들이 주막거리 장터에서 또 나중에는 시동강 장터로 계승되어왔다. 난장은 단오, 백중, 추석, 대보름, 설날 등의 절기나 명절을 앞두고 열렸으며, 특히 추석이나 설날 전에는 대목장이 열려 성황을 이루었다. 이 때 주민들은 물건만 사는 것이 아니라, 모처럼 만난 이웃, 친척, 친구들과 정담도 나누고 술도 얼큰하게 마시고 난장의 재미도 함께했다.

---

35 장수문화원, 앞의 책, 357쪽.
36 이창식, 앞의 책, 66~67쪽.

4. 장터와 도주막거리의 근대적 분화

1) 장터의 분화와 도주막거리의 쇠퇴

새로운 장터인 시동강 마을은 원래 시장마을과 동강마을이 자연스럽게 합쳐져서 형성된 마을이다. 동강마을은 나지막한 산 아래라는 뜻으로 일명 동네터로 불리었으며, 시장은 말 그대로 시장마을로 자연스럽게 한 마을이 되었다. 1927년에 시장개설 허가를 받아 1928년 2월 1일을 시작으로 1,6일 5일장인 번암시장[37]으로 개장되어 번창일로를 거듭한다. 개설 당시 시동강 시장은 요천 천변에 위치하였다.[38] 이 시동강에 개설된 번암장은 인근의 장보다 유명한 장터로 1935~1950년대 번암광산과 함께 전성기를 누렸다. 인근에는 우시장을 비롯한 가축시장도 열려 도수장거리(도축장)와 소전거리(가축시장)도 생겨났다. 인근 주민과 상인들이 몰려들어 각종 농산물과 생필품 교환도 활발하였다.[39]

조선시대 주막은 18세기에 들어와서 교차로를 중심으로 본격적으로 들어서기 시작했고, 19세기 중엽 이후 자연스런 모습으로 정착된다. 적어도 19세기까지의 주막거리는 장시의 중심이 되었고 20세기 초까지 전통적인 형태의 주막은 술과 음식과 숙박을 겸하는 통합적인 기능을 해왔다. 근대적인 산업과 상업이 시작되면서 주막 역시 근대적 형태로 분화되기에 이른다. 일제 강점기에 들어와 주막은 국가체계에 포섭

---

37 1928년에 발간된 『한국근대읍지』 48권 '장수읍지'에는 '노단시(장)'으로 표시되어 있다.
38 조금 위에 위치한 죽림의 주막거리 삼각주에서 용림천과 백운천이 합수되어 요천상류가 된다. 1984년 큰 홍수로 시동강시장과 건너편 노단리 상가가 수몰되기도 한다.
39 장수문화원, 앞의 책, 354쪽.

되면서 통합적인 기능이 분화되거나 새로운 양상을 띠면서 1960년대
까지 명맥을 유지한다. 이제 주막 대신 술을 주로 파는 주점(酒店)이나
선술집들이 생겨나게 된다. 1916년에는 '주세령'이 제정돼 일반인의 주
조 행위가 전면 금지되어 주막이나 주점은 그 수가 해마다 줄어들게
된다.[40] 일제는 주세법과 각종 규칙 등 근대적 법률을 적용하여 주막의
활동을 위축시켰다. 이제 주막은 숙박 기능은 사라지면서 전문술집으
로 바뀌는 근대적 분화를 겪게 되는 것이다.[41]

이 곳 도주막거리의 주막들도 20세기 초를 지나면서 서서히 쇠퇴의
길은 걷는다. 장시가 근처의 시동강으로 이전되었기 때문이다. 일제는
1910년부터 시장조사를 통해 시장세를 부과하고 '시장규칙'(1914)을 공
포하여 시장을 줄이고 상인 활동을 통제하여 상권을 장악하려 하였다.
그러나 장시의 견고한 농촌사회구조로 인해 시장활동은 위축되기보다
는 오히려 활발하게 확대되었다. 나중에 총독부는 사회교육사업이나
체제선전 및 교화의 실시로 방향을 전환하게 된다.[42]

원래 장터는 읍, 면의 간선도로변이나 하천변, 제방 빈터에 주로 개
설되었었다. 그러다보니 장터는 수해에 노출되고 홍수로 인한 침수 피
해가 끊이질 않았다. 또한 소재지에 인구가 집중되가 물자교육이 증가
하면서 시장은 갈수록 협소해지고 위생도 좋지 않았다. 이를 빌미로

---

40 조혁연, 「대한제국기 진천군의 주막 입지와 경영」, 『역사와 담론』, 72호, 2014,
103~104쪽(조선후기나 대한제국시기에도 주막에 주세를 특별세로 부정기적으로 부과
하기도 했다.)

41 주영하, 『음식인문학─음식으로 본 한국의 역사와 문화』, Humanist, 2015, 205~214쪽
참조.

42 허영란, 『일제시기 장시 연구』, 역사비평사, 2012, 50~58쪽.

1920~30년대에 이르러 일제는 시장을 정비하고자, 도지사로 하여금 시장 확장·이전을 허가하도록 한다.[43]

시동강으로 확장·이전한 번암시장은 처음엔 천변 공터로 조성되어 장날에 상인들이 좌판을 벌이는 형태로 운영되었다. 그러면서 주변에 주점(선술집)이 3군데 들어서게 된다. 이제 예전의 도주막시장은 몇 군데의 주막만이 도주막거리를 지키고 있으면서 옛 명맥을 유지하게 된다. 이와 함께 시동강 시장 위쪽에 우시장도 들어서게 된다. 1930년대 가축거래는 병설 우시장에서 축산조합의 중개를 통해 거래되었다. 일제는 시장을 확장·이전시키고 병설 우시장을 운영케하여 시장세는 물론 우시장 사용료, 중개수수료 등의 세원을 확보하려 했다.[44]

도주막 장터나 주막에서는 아마도 주막이나 가정에서 양조한 전통막걸리를 주로 마셨지만, 이제 시동강 시장터에서는 새로운 주점이 생겨나고 마시는 술도 다양해져 막걸리를 주로 마시다가 나중엔 소주도 들어오게 된다. 일제강점기에 주세법이 시행되면서 이제 개인양조보다 면허를 취득한 양조장에서 생산된 막걸리가 대량으로 유통되었다. 실제로 이 시기에 번암지역 동화리, 노단리 두 곳에 양조장이 있었다. 그러다가 지금은 동화주조장은 없어지고, 번암주조장이 막걸리와 동동주를 대량생산하면서 그 명성을 이어가고 있다. 지역 주민의 말을 들어보자.

---

43 허영란, 앞의 책, 123쪽.
44 허영란, 위의 책, 133쪽.

"저 우에 도주막시장에 주막이 여러군데 있었다고 어른들헌티 들었어요, 나중에는 박초월이 소리도 가르치고 했지요. 사람들이 도주막에서 쉬어 갔다고도 했어요. 우리는 어려서도 그렇고 그 이전에는 장날인면 사람들이 바글바글했데요. 아메 선술집인가 서울집도 있었고잉, 부산집, 남원집도 있었고요. 술도 마시고 밥도 먹고 또 방이 따로 있어서 담배를 수매할 때는 사람들이 자고도 그랬지요. 서울집은 여그 시동강 시장에, 부산집, 남원집은 다리 건너에 있었지요. 전부터 금광 사람들도 많고 상인들도 많고잉, 한 70년대 초까지도 엄청 돈이 돌고, 사람들이 시장에서 술먹고 노름도 허고, 거그다 해방전부터 누에고치나 잎담배 수매가 있으명, 거 감정하는 사람들이랑 지역 사람들이 어울려 몇날 몇칠을 마시고, 먹고 자고 그랬지요. 막걸리만 마시는 것이 아니라, 나중에는 옹기 소주도 들어 오고 그랬지요. 그리도 암만해도 막걸리를 사람들이 많이 마셨지요."⁴⁵

"시동강 시장은 원래 천변 장터였는디, 무슨 건물은 없었고, 장날이면 상인들도오고 주민들이 몰려들제, 장날이 되면 상인들이 치알을 치고 좌 판을 벌리고 물건을 팔고그랬지, 우시장이 있었고 돼지도 많이 갖고 나왔 어. 그때부터 장수에 소, 돼지가 유명했는가벼, 추석과 설날 대목이면 사 람들이 많아서 장터를 걸어다닐 수 없을 정도였제, 난장에 한 번씩 황소를 걸어놓고 씨름 대회가 열리면, 함양같은디서 씨름꾼들이 몰려와서 난리 였제. 담배수매 때가 되면 한달 가까이 여그서 수매를 허고잉, 팥도 많이 생산되어서 갖고 나오고, 그 후 물난리가 나고는 천변 시장은 없어져버리 고 지금 천변공원 자리에 2층집을 지어줬는디, 도로변에서 장이 열렸제, 길가집은 말하자면 상설 점포를 열기도 혔지. 이발소, 술집, 구멍가게(수 퍼), 순대집, 분식점, 음식점, 신발집, 문구점. 지금은 두어 집만 있고 없 어졌제."⁴⁶

---

45 장*노, 78세, 시동강마을, 면담(2016.7.30. 자택).

한동안 번성했던 죽림의 도주막거리와 인근 시장이 쇠퇴하게 되는 몇 가지 요인을 정리해보자.

첫째, 도주막 시장은 18세기 중엽 쯤 길이 만나는 교차로인 죽림마을 앞 용림천가에서 시작되었다. 용림천과 백운천이 만나는 삼각주에서 농산물과 생필품의 교역이 이루어졌다. 점차 상인들과 과객들이 길을 가다가 쉬고, 자고, 먹는 일을 동시에 해결할 수 있는 주막이 생겨나게 된다. 그러나 도주막거리 골목을 중심으로 협소한 삼각주 하단에서 장이 열렸지만, 홍수로 인해 장터가 유실되면서 삼각주 시장이 협소해져 불편이 커졌다.

둘째, 일제는 장시 개시일을 줄이고 시장을 감축하여 상권을 장악하려 했고, 우리의 전통 장시와 주막거리를 '낡고 타락한 곳'이라 여기면서 일방적으로 시장활동을 통제하려 했다. 그와 같은 정책으로 이 곳에도 1927년 근대적 시장의 개설을 명분으로 시동강에 새로운 시장개설을 허가하게 된다.

셋째, 일제 강점기에 번암-남원간, 번암-장수간 도로의 폭이 넓어져 사람들이 접근이 쉬워지고, 담배나 누에고치 수매가 많아지고, 광산의 금채굴이 늘어나면서 면소재지에 인구의 유입이 집중되었다. 이로 인해 협소한 도주막 시장에서의 상업활동이 불편해지고 혼잡해졌을 것이다. 대부분 지역주민들은 보다 넓은 지역에서의 교역활동을 원했을 것이다.

넷째, 해방 직후에 도주막거리에 화재가 발생하여 초가주막이 대부분 타버리고 도주막거리 천변을 따라 늘어졌던 아름드리 버드나무도

---

46 임*창, 78세, 윗섬뜰(옛 시장터상인), 유선통화(2016.8.7.).

대부분 소실되었다. 60년대까지도 두어 채의 주막과 불에 탄 버드나무
가 남아있었지만, 지금은 그 자리에 버드나무 한 그루와 '도주막가든'
이 자리하고 있다.

2) 오늘날의 번암 장터의 모습

시동강의 번암 시장은 개설 당시에는 천변터에 5일장이 열리기 시작
하여 1950년대에는 시장 현대화사업으로 목조, 함석점포 12동을 신축
하였다. 1984년 폭우로 시장 전체가 침수되어 기존의 시설물이 완전
철거되었다. 군·관·민의 도움으로 낮은 시장자리를 높게 성토하여 콘
크리트 2층 건물로 4개동 35세대 건물이 신축으로 시장사람들과 지역
주민들이 입주하였다.

그러나 21세기 후반 급격한 산업화로 인한 인구감소는 5일장의 시장
활동 위축을 가져왔다. 최근에는 노후된 시장 건물마저도 철거되었으
며 그 동안 시장 건물에서 살던 35세대 주민들은 인근의 윗섬뜰, 동강
마을, 견천 마을로 이사를 갔다. 옛 장터 자리에 2015년에 새로 조성된
천변공원에 지역주민들을 위한 지역문화센터인 멋진 2층 건물이 들어
서 있다.

이제 사람들은 장터가 아닌 대형마트에서 필요한 물건을 구한다.
도로가 좋아지고 자가용이 보급되어서 가능한 일이다. 하지만 지금도
번암에서는 1, 6일에 5일장이 열린다. 옛날 번암시장 장터 그 자리에
서. 옛날처럼 문전성시 모여든 사람들이 막걸리를 마시고 흥청거리고
장을 구경하는 모습은 볼 수 없다. 다행인지 아직도 남원 장꾼들은 번
암 장터를 찾는다. 옛날처럼 봇짐, 등짐이 아닌 트럭에 물건을 싣고

온다. 생선을 싣고 온 트럭, 이런 저런 생활용품을 싣고 온 트럭, 채소를 싣고 온 트럭, 또 가끔은 강아지를 팔러 온 상인도 있다. 모두 길가에서 판을 벌이고 있다가 하루 종일도 못 기다리고 사람들이 뜸한 점심 때 쯤 짐을 정리하여 떠난다.

지금 옛 장터는 '천변공원'이 자리하고 있다. 앞에서 말한 2층 건물에서는 인문학 강의가 열리고 영화를 감상하는 시설이 있고, 성악공연, 소리공연하는 실내 공연장도 갖추어져 있다. 건물 앞 요천이 바라보이는 곳에는 야외 공연장도 만들어 지역 축제의 장으로 이용되고 있다. 옛 날의 장터나 난장은 더 구경할 수 없지만, 옛 장터에서 행해졌던 교역, 오락, 문화 공간의 역할은 계속되고 있어 다행이다. 앞으로도 지금의 죽림마을 앞 도주막거리와 시동강 장터는 옛 사람들의 삶의 공감할 수 있는 곳으로 남아 있기를 바란다. 나아가 사라져가는 지역의 문화를 다시 추억할 수 있는 지역문화컨텐츠도 개발되어 전통의 맥이 이어졌으면 한다.

5. 맺음말

장수 번암 지역은 고려말 이성계가 황산전투를 위해 행군했던 진군 길인 '장수별로'가 지나는 길이다. 조선 후기에 번암길은 주요 도로망 중 '통영별로' 인근에 있으면서, 남원을 거치지 않고 전주로 바로 가는 지름길이었다. 또한 구한말에는 동학농민군과 항일의병들이 이동했던 길이었다. 이처럼 번암지역은 시골의 작은 고을이지만 교통의 중심지였다. 산이 많은 지역이었지만 고개만 잘 넘으면 인근 고을로 쉽게 갈

수 있는 지역이기도 했다.

장꾼들은 비용을 줄이고 이익을 늘리고자 지름길이나 샛길을 이용했다. 번암에도 18세기 중엽부터 5일장이 정착되면서 남원부 인근에서 제법 큰 시장권을 형성했다. 장날도 예나 지금이나 변함없이 1, 6일이다. 상인들과 큰 고을로 가는 과객들이 붐볐으며 길이 저물면 이 곳 도주막거리에서 막걸리를 마시면서 고향 생각과 함께 쉬어간다. 장꾼들도 장날에 지친 심신의 피로를 풀면서 다음 장을 준비한다. 이처럼 도주막거리 장터는 사람과 사람을, 지역과 상품과 문화를 연결해주는 삶의 공간을 제공했다. 그후 도주막장터는 잦은 홍수로 인해 시장이 협소해지고 또한 일제의 시장정리 정책으로 지금의 시동강으로 1928년에 이전되면서 급속히 쇠퇴한다.

새롭게 들어선 시동강 시장은 면소재지로 인구가 집중되면서 사람들이 모여들었다. 게다가 담배와 누에고치 생산이 늘어나고 주변에 금광 채굴이 일본인들에 의해 본격화되고 전기가 들어오게 된다. 시장에는 도주막거리의 주막을 대신하는 주점들이 생겼으며, 광부들과 농민들 그리고 농산물 검사원들로 문전성시를 이루었다. 이 지역 맑은 물로 만든 막걸리는 대량으로 생산되어 소비되었고 나중에는 옹기 소주까지 들어오게 된다. 죽림의 도주막장터와 달리 시동강의 시장은 상설과 5일장을 겸하는 시장으로 전환되었고, 상가건물을 사용하는 상인들, 우시장을 이용하여 가축을 거래하는 농민들, 막걸리를 만드는 주조장집은 모두 중요한 일제의 세수원이었다.

오늘날 번암 5일장 시장은 옛날의 그 자리에 1,6일 변함없이 열린다. 그러나 막걸리를 마시고 문전성시 흥청거리며 장날을 구경하던 사람들의 낭만적인 모습은 더 이상 볼 수 없다. 시장상인들과 지역주민이 살던 옛 시장건물은 철거되고, 대신 잘 조성된 '천변공원'이 자리한다. 다행히도 지금 그 천변공원에선 야외 무대가 있어 지역민들의 축제공간으로 이용된다.

1년 전에 완공된 멋진 2층 건물에는 제과점을 겸한 카페가 있고 한 켠엔 음식점도 자리한다. 그리고 무엇보다도 지역주민들이 문화로 소통할 수 있는 문화공간이 2층에 자리한다. 시간은 흘렀지만 옛 사람들의 삶의 공간에서 지금도 옛 주막과 장터를 추억할 수 있는 지역문화활동이 열리고 있다.

이 글은 앞으로 더 진전된 연구를 위해 몇 가지 보완이 필요하다. 먼저, 지역주민의 구술자료가 지니는 한계를 보완하기 위해 번암권 주막과 장터에 관한 1차 자료의 조사가 필요하다. 다른 지역의 주막과 장시 연구에 중요 자료로 활용된 대한제국 토지조사자료인 '광무양안' 등이 그것이다. 다음으로 번암 중심 상권이 지역문화의 소통에 어떤 영향을 미쳤는지에 대한 구체적 설명이 보완되어야 한다. 끝으로 연구와 관련된 지역(고개, 장터, 주막, 인근지역 장터)을 직접 답사하여 현장감 있는 근거를 제시해야 할 것이다.

참고문헌

1. 자료
남원문화원, 『황산대첩과 유적』, 1991.
배도식, 『한국 민속의 현장』, 1993.
변주승 역주, 『여지도서』(보유편-전라도), 2009.

옛길박물관, 『길위의 역사, 고개의 문화』, 2014.

이창식, 『한국의 보부상』, 2001.

임실문화원, 『정재이석용 선생 문집: 호남창의록』, 2002.

장수문화원, 『장수의 마을과 지명유래(상)』, 2005.

주영하, 『음식인문학-음식으로 본 학국의 역사와 문화』, 2015.

허영란, 『일제시기 장시 연구』, 2012.

2. 논저

고성호, 「조선후기 지방장시의 분포와 특징-전주, 남원을 중심으로」, 『대동사학』 3집, 대동사학회, 2004.

김대길, 「조선후기 장시 발달과 사회·문화 생활 변화」, 『정신문화연구』, 한국학중앙연구원, 2012,

김숙정, 「서부경남 유교문화의 전파와 권역형성」, 한국교원대학교 석사학위논문, 2010.

배도식, 「옛 주막의 민속적 고찰」, 『한국민속학』 15집, 한국민속학회, 1982.

송기호, 「시전과 장시」, 『대한토목학회지』 60권, 대한토목학회, 2012.

송화섭, 「전북교육연수원, 장수의 역사문화생태 자원으로 생생한 교육과정 만들기」, 『전북교육 2016-287』, 2016.

장현근, 「살아 숨쉬는 항일항쟁의 숨결」, 『전북교육 2016-287』, 2016.

_____, 「체험을 통한 역사 바르게 알기」, 『전북교육 2015-429』, 2015.

정기범, 「조선후기 음성지역 장시연구」, 한국문화원연합회, 2008.

조혁연, 「대한제국기 진천군의 주막 입지와 경영」, 『역사와 담론』, 72호, 호서사학회, 2014.

_____, 「조선시대 교통로와 영남선비 상경기」, 『중원문화연구』, 충북대 중원문화연구소, 2015.

주영하, 「'주막'의 근대적 지속과 분화」, 『실천민속학연구』 11권, 실천민속학회, 2008.

제3부

풍류와 동아시아 문학
風流　　　東亞細亞　　　文學

魏晉時代 名士들의 風流와 時代的 使命

최세윤

1. 들어가는 말

중국의 魏, 晉 시기는 정권의 교체 시기로서 중국 역사상 당쟁으로 말미암아 가장 혼란스러웠고, 사회적으로는 가장 고통스러웠던 절망의 시대였다. 그러나 동한 말기 통치이념으로 숭앙받아오던 유가 사상이 공전의 위기를 맞이하면서 그동안 주목받지 못했던 도가와 불교사상 등이 유행하면서 정신적, 사상적으로는 오히려 지극히 자유분방하고 열정이 가득한, 그야말로 춘추전국시대 이후 제2의 사상해방의 시기를 맞이한다. 이 가운데 특별히 도가사상은 당시 시대적 불안과 혼란으로 말미암아 사람들의 죽음에 대한 걱정과 생명의식에 대한 고취로 새롭게 지식인들의 주목을 받게 되었고, 더욱이 사대부들의 사고능력을 강화해 본질에 관한 탐구로 이어졌으며, 이러한 사상의 해방과 자아의식의 각성 속에서 점차 魏晉의 다채로운 면모들이 형성되었다. 중국의 저명한 철학자인 宗白華도 그의 저서에서 "漢末 魏晉 六朝는 중국 정치사상 가장 혼란했고, 사회적으로는 가장 고통스러웠던 시대였지만 오히려 정신적으로는 지극히 자유분방했으며 지혜와 열정이 가득한 시대"[1]라고 평가한 바 있다.

　이로 인해 학술과 문화예술 등 사회 전반에 걸쳐 거대한 변혁의 바람이 불어오게 되고, 그 시대를 살아가는 魏, 晉의 名士들은 암울한 시대에 직면하여 그동안 눈길조차 돌리지 않았던 것에 점차 관심을 보이기 시작하면서 각자에게 주어진 상황 속에서 형식적이고 예교적인 굴레에서 벗어나 좀 더 자유분방한 분위기 속에서 자신이 가장 좋아하고 익숙한 방법으로 한편으론 시대에 순응하기도 하고 때론 저항하면서 그 시대를 살아간다. 魏, 晉 시대의 風流는 바로 이같은 시대적 환경 속에서 형성되고 또한 유행하여 하나의 독특한 문화 현상으로 자리 잡게 된다. 그렇다면 위, 진 시기의 명사들은 당대를 대표하는 지식인으로서 공전의 위기와 암울함 현실을 어떻게 바라보았을까? 이들이 삶을 통해 표출했던 풍류에는 어떤 것들이 있었으며, 풍류를 통해 이들이 드러내고 싶었던 것은 무엇이었고, 어떠한 의의를 지니고 있을까? 본 연구는 사회 전반에 걸쳐 崩壞와 重建이라는 거대한 변혁 가운데 일어났던 魏, 晉 시대 名士들의 風流와 이에 나타난 시대적 사명에 대해 논해보고자 한다.

2. 魏晉 風流의 발현 : 사회 전반에 걸친 崩壞와 重建의 변혁

1) 儒學의 몰락과 玄學의 흥기

　魏, 晉은 漢 왕조에서 魏로, 그리고 다시 晉 왕조로 정권이 교체되는

1　"漢末魏晉六朝是中國政治上最混亂、社會上最苦痛的時代，然而卻是精神上極自由、極解放，最富於智慧、最濃於熱情的一個時代。"(宗白華，『美學散步』，上海，人民出版社，1998.5.，149쪽.)

과정에서 국가와 사회 전반에 걸쳐 일대 변혁이 일어났던 시기로서, 계층 간의 대립과 반목, 이에 따른 분열과 모순, 그리고 갈등이 첨예하게 드러났던 암울한 시기라고 할 수 있다. 정치적으로는 동한 말엽 환관과 외척 간의 지속적인 권력다툼으로 급기야는 대통일 제국을 유지할 만한 강력한 황제의 통제권이 상실되어 국가의 바탕이 흔들리기 시작했다. 이에 따라 漢 왕조의 정국과 사회는 극심한 혼란 속에 빠져들어 점차 분열국면으로 접어들자 전국 곳곳에서 농민들의 봉기가 일어나는 등 절체절명의 위기에 놓이게 된다. 더욱 심각한 것은 통치이념으로 대통일 제국을 유지하는데 중추적 역할을 담당했던 유가 사상도 내용으로는 '讖緯說'[2]의 가세에 따라 神秘主義로 흘렀고, 聖賢의 한 마디 한 마디를 주석하여 그 성지를 전달하는 데 주요 목적이 있었던 '章句之學' 역시도 번잡함[3]에 빠져들게 되어 더 이상 官學으로서 유연하게 정국을 통제하고 시대적 요구에 부응하여 당면한 위기를 극복해가기 어려운 처지에 놓이게 되었다는 것이다.

이렇듯 국가의 질서가 근본부터 흔들리게 되자 당시의 지식인들은 사람들의 의식구조 확립과 가치관 형성에 지대한 영향력을 행사해왔던 유가 사상의 역할론에 의구심을 품고 이를 대체할 새로운 사조의 출현이 그 무엇보다도 시급한 상황이라고 판단하게 된다. 즉, 유가 사상이 더 이상 국가와 사회를 지탱해주는 정신적 지주 역할을 수행하지 못하고 쇠락하자 이른바 治國하여 平天下하려는 集體意識이 붕괴하면서

2　'讖緯'는 고대 중국 통치계급의 儒家神學으로 陰陽五行說을 토대로 日蝕, 月蝕, 地震 등의 천재지변이나 吉凶禍福을 예언하던 學說인데, '圖讖說' 혹은 '讖緯學'이라고도 한다.

3　『漢書·藝文志序』에 "다섯 글자로 이루어진 한 구절을 이, 삼만 자로 해석(說五字之文, 至於二三萬言, 1723쪽.)"하는 漢代 경학의 번잡함을 지적하고 있다.

사람들의 관심과 시선은 국가와 사회로부터 개인으로 옮겨가면서 自我
를 중심으로 한 意識의 각성이 일어나 도가사상을 중심으로 유가 사상
을 재해석하려는 '顯學'이 새롭게 등장하게 된다. 玄學은 형식적이면서
도 시대의 어려움에 적절히 대응하지 못했던 儒學과는 달리 노장사상
을 기초로 하여 인생과 죽음, 그리고 自然 등 보다 실질적이고도 본질
적인 문제를 다루는 데 그 학문의 초점을 맞추었기 때문에 이후 많은
지식인의 환영을 받아 시대를 풍미하는 이른바 '玄風'을 일으켰다.[4]

이러한 새로운 사조의 중심에는 바로 何晏과 王弼이 있었다. 이 두
사람을 중심으로 한 새로운 학풍에 대해 다음과 같이 설명하고 있다.

> 魏 正始시기에 何晏과 王弼 등은 일찍이 노장사상에 대해 말하며, 천지
> 만물은 모두 무를 근본으로 삼는다고 이론을 세웠다. 無라 함은 사물을
> 열고 이루는 데 힘쓰며, 존재하지 않는 곳이 없다. 음양은 이를 의지하여
> 생겨나고 만물은 이를 의지하여 그 형체를 이루며, 어진 자는 이를 의지하
> 여 덕을 이루며 어리석은 자는 이를 의지하여 죽음을 면한다. 그러므로
> 무의 쓸모 있음은 관직이 없어도 귀함을 받는다.[5]

正始는 玄學과 玄風이 성행하기 시작한 시기다. 이때 활약한 명사들
로 何晏, 王弼, 裴徽, 荀粲, 李豊, 王廣, 鍾會 등이 있는데, 이들 모두
당대를 대표하는 현학이론가들이자 왕필을 제외한 모두는 정부 관리들

---

4 儒學을 대체하여 일어난 玄風은 한마디로 자아각성에 따른 사상계의 거대한 변혁이라
   고 할 수 있다.
5 "魏正始中何晏、王弼等祖述老莊, 立論以爲天地萬物, 皆以無爲本。無也者, 開物成
   務, 無往不存者也。陰陽恃以化生, 萬物恃以成形, 賢者恃以成德, 不肖恃以免身。故無
   之爲用, 無爵而貴矣。"(『晉書・王衍傳』, 1236쪽.)

이다. 이들은 항상 자신들이 흥미 있어 하는 정치와 이에 관련된 철학 문제에 대해 열띤 토론을 벌였는데, 가령 '以無爲本', '言意之辯', '才性 四本' 등이며, 중요하게 여긴 문헌 또한 『周易』과 『老子』였다. 이리하 여 하안과 왕필은 漢代 경학의 폐단을 고치고 더 나아가 새로운 시대와 정치에 부합하는 사상체계와 이론적 근거를 마련하기 위해 유가의 경 전을 바탕으로 노장사상을 끌어들여 경전을 새롭게 해석하며 자기만의 독특한 이론을 정립해 나갔다.

당시 이러한 사회적, 사상적 변화에 대해 劉大杰 선생은 "중국정치사 상 위·진 시대는 의심할 여지 없이 흑암의 시기였지만 사상적으로는 오히려 특별한 의의와 가치를 가지고 있다. 위, 진 시기의 사람들은 강렬한 개인주의와 낭만주의 정신으로 충만해 있었으며, 어지럽고 혼 란했던 사회, 정치적 환경 속에서 과거 윤리 도덕과 전통사상으로부터 해방되어 우주와 정치, 인생, 그리고 예술에 있어서 모두 대담하고 독 립적인 견해를 가지고 있었다."[6]라고 평가한 바 있다. 다시 말해서 위, 진 시대는 풍류와 재기가 넘치는 시대로서 순박함과 탈세속화를 추구 하는 인생관이 풍미하여 기존 전통적인 것과는 전혀 다른 양상을 보인 시대라는 말일 것이다.

이렇듯 현학은 당시 이미 사회적, 학술적으로 주류사상이 되었지만, 그렇다고 해서 전통적으로 사상의 흐름을 주도해 왔던 유가 사상을 완전히 배제할 수는 없었다. 그러므로 현학가는 經學의 학문적 폐단을 없애고 시대의 요구에 부합되는 새로운 사상의 도입을 학문적 사명으 로 삼고 道家의 無爲自然사상을 중심으로 儒家의 綱常倫理[7]와의 결합

---

6 劉大杰, 「魏晉思想論」, 『魏晉思想』, 臺北, 里仁, 1995, 19쪽.

을 시도하여 수백 년간 통치이념으로서 숭배되었던 경학의 전통에 종지부를 찍게 되었는데, 이러한 시도는 사회 전반에 걸쳐 많은 영향력을 행사하였고, 특히 문학 영역으로까지 확대되어 문학에 대한 자각 운동[8]의 기폭제가 되어 문학이 경학으로부터 탈피하여 기존의 예교나 정치교화 수단으로 이용되었던 것과는 달리 개성을 중시하고 개인의 희로애락이나 현실에 대한 고통이나 감회를 묘사하는 방향으로 발전하는데 중요한 발판이 되었다.[9]

---

7 '綱常倫理'라 함은 이른바 三綱과 五常으로서 사람이 기본적으로 지켜야 할 도리를 말한다. 여기서 三綱은 君爲臣綱, 父爲子綱, 夫爲婦綱을 말하며, 五常은 사람이 항상 지키고 실천해야 할 5가지 바른 행실, 곧 仁, 義, 禮, 智, 信을 말한다.

8 文學에 대한 自覺에 대해 李澤厚는 "한말 위·진 시대의 지식인(文人士子)은 정신적으로 분명한 특징을 가지고 있었는데, 바로 강렬한 생명에 대한 각성이다."라고 했다. 다시 말해서, 문학에 대한 자각 운동은 본질적인 것의 중요성을 추구하는 인간의 각성에서 비롯되었다는 것이다. 그렇다면 이 시기에 왜 자아에 대한 각성이 일어날 수 있었는가? 동한 말기 계속되는 권력투쟁과 이로 인해 촉발된 사회의 불안으로 지식인들은 생명에 대한 위협을 느끼게 되었을 뿐만 아니라 당시 사회에 만연되었던 매관매직 현상과 사대부들의 관직에 오를 기회를 원천적으로 봉쇄하는 두 차례의 '黨錮의 亂'으로 말미암아 관직에 오르는 일이 사실상 불가능하게 되자 사대부의 이른바 '學而優則仕'에 대한 신념이 사라지게 되어 '修身齊家治國平天下' 하고 '殺身成仁' 하는 것을 자신의 사명으로 여겨 국가에 충성을 다짐했던 지식인들의 가치체계 또한 이와 함께 일순간에 무너지게 되었다. 이에 따라 더 국가와 사회를 위해 희생할 필요성도 책임감도 느끼지 못하게 된 그들의 관심은 자연스럽게 국가에서 '자신'으로 옮아가게 되었는데, 이것이 바로 당시 사대부들의 자아 각성의 시작인 것이다. (『美的歷程』, 北京, 文物出版社, 1981.3. 96쪽.)

9 그 대표적인 인물이 바로 王弼이다. 王弼은 시대적 명제인 유가와 도가사상의 융합을 위해 '崇本擧末(본체를 숭상하고 이를 위해 말단을 들어 사용한다)'이라는 기본명제 아래 '무를 귀하게 여기되 유를 천하게 여기지 아니한다(貴無而不賤有).'라는 등의 방법론을 제시하여 無의 本體를 실현하기 위해 有의 作用을 중요시하는, 즉 無의 本體는 有의 作用을 통해서만 그 본체를 드러낼 수 있다는 것을 밝히고 있는데, 이것이 바로 王弼의 有와 無에 대한 이해이자 더 나아가 그의 사상체계의 기저가 되었다.

2) '名士少有全者'[10]의 위기 : 생명의 고귀함과 인생무상

東漢 黃巾賊의 난이 일어난 후 漢 제국의 국운도 급속도로 쇠하기 시작하여 사회 전반에 걸쳐 근본적인 동요가 일어났다. 그 뒤를 이어 전쟁이 끊이지 않았고, 전염병도 창궐하여 내일을 기약할 수 없는 상황에 이르는데, 이러한 사태를 직접 목도한 조조는 담담하게 다음과 같이 이야기한다.

> 들녘에 백골이 나뒹굴고, 천 리 안에 닭 울음소리가 들리지 않았는데, 이 난리 통에 살아남은 사람들이 극히 드물어 이를 생각하면 마음이 끊어진다….[11]

하층부의 백성들은 말할 것도 없거니와 상층부의 귀족들도 이러한 시대적 대재앙을 피해갈 수 없었으니, 실로 당시는 죽음을 목전에 두고 너나 할 것 없이 하루하루 목숨을 부지해가는 것조차 힘들었던 암울한 시대였다. 이와 더불어 당시 시대상을 더욱 암울하고 어렵게 만드는 커다란 사건이 발생하였으니 그것이 바로 '高平陵政變'이다.

魏 明帝 曹叡가 景初 3년(239)에 붕어하면서 당시 8세였던 황태자 曹芳이 왕위를 계승하게 되고, 大將軍 曹爽과 太尉 司馬懿가 황제를 보필하게 되었다. 조상은 당시 조위 황실의 실세로서 何晏, 鄧颺, 李勝, 畢軌, 丁謐 이른바 正始 명사들을 중용하고 사마의를 太傅(황제의

---

10 "屬魏晉之際, 天下多故, 名士少有全者."(『晉書·阮籍傳』, 1360쪽.)

11 "白骨露於野, 千裏無雞鳴。生民百遺一, 念之斷人腸。"(楊家駱主編, 『宋書·志第十一·樂三·蒿里行』, 606쪽.)

스승)에 임명하여 그의 실권을 빼앗아버린다. 계속해서 자신의 동생인 曹羲와 曹熹을 中領軍과 武衛將軍에 임명함으로써 조상의 무리는 병권까지도 손에 넣게 된다. 이렇게 되자 사마의는 아무런 힘을 발휘할 수 없게 되자 후에 일을 도모하기 위해 正始 8년 병을 핑계로 모든 관직에서 물러난다. 조상은 그제야 마음을 놓고 더 이상 사마의를 견제하지 않았는데, 사실 사마의는 암암리에 그의 아들인 사마사와 사마소, 그리고 蔣濟 등이 정변을 일으킬 준비를 시키고 있었다.

正始 10년 정월(249) 초엿새 때 司馬懿는 曹爽이 曹芳 황제를 모시고 洛陽을 떠나 明帝의 무덤인 高平陵을 방문한 틈을 타 신속하게 정변을 일으켜 조상의 일련의 행위에 불만을 품던 많은 원로대신의 적극적인 참여와 지지 속에 조상의 통제를 받던 군대를 접수하고 사람을 파견하여 曹爽의 죄상을 曹芳에게 낱낱이 보고하고 그의 모든 직위를 삭탈할 것을 요구하였다. 司馬懿는 그들이 낙양으로 돌아온 후 그들을 감금시키고 내란음모와 반역죄를 적용하여 曹爽과 曹羲, 曹訓 형제와 何晏 등 조상을 추종했던 正始名士들을 모조리 참수하고 3족을 멸하였다. 이후 계속되는 피비린내 나는 사마씨의 살육행위는 차마 눈을 뜨고 볼 수 없을 정도로 매우 참혹했다. 嘉平 3년(251), 太尉였던 王淩이 모반을 일으켰으나 사전에 발각이 되어 전부 몰살당하였고, 王淩이 옹립하려던 楚王彪도 죽음을 면치 못하였다. 正元 元年(254)에는 조위 황실의 핵심인사였던 夏侯玄, 李豊, 張緝, 蘇鑠, 樂敦, 劉保賢 등은 물론이거니와 3족이 몰살당했고, 齊王芳마저도 폐위된다. 正元 2年(255)에는 司馬師가 毌丘儉과 文欽의 반란을 평정하였고, 甘露 3년(258)에는 사마소가 諸葛誕을, 그리고 景元元年(260)에는 사마소가 高貴鄕公인 曹髦를 시해하기에 이른다. 景元 2年(262) 사마소는 당대의 대명사로 알려

졌던 혜강을 처형함으로써 약 10여 년 동안 사마씨 집단은 수단과 방법
을 가리지 않고 曹魏 황실을 철저히 무력화시켰다. 이처럼 고평을 정변
이후 正始 年間 동안 활약했던 명사들 가운데 살아남은 자의 수를 헤아
리기가 어렵게 되고, 사마씨의 공포정치는 더욱 심해져 당시 명사들은
어쩔 수 없이 그들과 타협하며 목숨을 부지하거나 화를 피하고자 자연
으로 귀의하여 은둔생활을 가운데 나름의 풍류를 즐기면서 그렇게 세
월을 보내야만 했다.

3. 魏晉名士의 風流와 시대적 사명

'風流'란 무엇인가? 일반적으로 '풍류'라는 말은 어느 한 사람의 겉모
습이나 분위기, 혹은 삶에 대한 태도를 설명할 때 많이 사용되는데,
흔히 '이 사람 참 풍류가 넘친다.' 혹은 '풍류를 알지 못하면 어찌 명사
라고 할 수 있겠는가?'라고 말한다. '풍류'는 또한 '운치'가 느껴지며
'멋스러움'이 넘치는 사람들의 고아한 멋과 낭만적인 정취를 얘기하기
도 하며, 진지하고 어려운 상황 속에서 자기 뜻을 관철하는 '해학'으로
까지 풀이될 수 있다. 그래서 풍류는 풍류를 통해 사람들과 '즐겁게
소통하고 노는 일', 더 나아가 '雅趣가 있는 고상한 유희' 정도로 정의할
수 있겠다. 이와 함께 일반적으로 풍류라 하면 원래 '풍조의 유행' 또는
'교화의 전파'를 의미하는데, 후에 훌륭한 인품과 함께 빼어난 재주와
원대한 뜻을 품은 당대를 대표하는 명사를 일컫는 전문용어로 사용되
었다. 즉, 자신의 언행과 가치관, 그리고 세상을 바라보는 태도가 많은
사람으로부터 공감을 불러일으키고 동시대에 지대한 영향력을 끼치게

되어 '風潮'가 되었기에 풍류를 얘기할 때 반드시 시대적인 특징과 함께 그 시대를 살아간 사람들의 방식이 매우 중요하다.

중국 역사상 풍류는 어느 시대를 막론하고 다 존재해 왔는데, 태평성 대를 구가했던 왕조에서는 풍요로움과 여유가 넘치는 풍류가 유행하였 다. 이와는 반대로 세상이 혼란할 때면 이전보다 더욱 많은 지식인이 난세에 생명을 보존하면서 나름의 지조와 절개를 지켜가며 당시의 실 권을 쥐고 있는 세력과 영합하지 않고 자신만의, 혹은 자신들과 뜻을 같이하는 사람들과 함께 독특한 세계를 구축하여 멋스럽고 고상한 삶 을 이어간다. 이런 면에 있어서 중국의 위, 진 시대야말로 역사적으로 전에 없던 혼란한 상황 속에서 다양한 풍류가 넘쳐났던 낭만의 시기로 당시의 풍류는 단지 하나의 유행을 넘어 시대를 대표하는 문화의 아이 콘이 되었다. 이런 이유로 위진 풍류에 대해 '위, 진 시기 사인들이 추구해 던 일종의 매력적이면서 영향력이 지대한 인격미'라 평했고,[12] 李擇厚도 그 시대의 특징에 대해 '인격상의 정신 상태와 그 외재적 표현 에는 내재적 지혜와 고상한 정신, 그리고 통속적인 언행, 아름다운 외 모를 포함한다.'[13]고 말한 바 있다.

당시에는 '名士'라고 불리는 특별한 계층이 존재하였다. '名士'는 『禮 記·月令·季春之月』에 처음 등장하는데, "제후를 격려하고 명사를 등 용하였다."[14]라는 구절을 鄭玄이 "명사란 관직에 오르지 않은 자를 말 한다."[15]라고 주해하였다. 이를 통해 명사란 '이미 그의 이름이 널리

---

12 袁行霈, 『陶淵明研究』, 北京, 北京大學出版社, 1997, 31쪽.
13 李擇厚, 『美的歷程』, 安徽文藝出版社, 1999, 96쪽.
14 "勉諸侯, 聘名士."(『十三經注疏·禮記注疏卷之十五』, 303쪽.)
15 鄭玄注, "名士, 不仕者."

알려졌으나 관직에 오르지 않은 자'를 가리키는 말로 사용되었다. 그러
므로 명사란 한 마디로 관직의 유무와 고하를 막론하고 '학식과 명망이
높아 이름이 널리 알려져 많은 사람으로부터 칭송을 받는 사람'을 가리
킨다. 위, 진 시대에 이런 명사가 되기 위해서 반드시 갖춰야 할 조건이
있는데, 『世說新語·任誕』에 잘 나와 있다.

> 명사는 특별히 기이한 재주가 필요하지 않다. 다만 평소에 하는 일이
> 없어야 하고, 통쾌하게 술을 마시고 이소를 읽을 줄 알면 가히 명사라
> 할 수 있다.[16]

명사라 칭송을 받기 위해서는 특별한 재능을 갖고 있지 않아도 되는
데, 다만 평소에 일이 많지 않아야 하며, 어느 것에도 구애받지 않고
통쾌하게 술을 마시고 이소를 많이 읽어 자신의 감정을 잘 표현할 줄
알면 된다는 것이다. 즉, 위진 시기의 명사는 과거 국가와 종묘사직을
위해 기꺼이 자신을 희생하며, 유가의 전통적인 삶의 가치 기준인 이른
바 덕을 세우고(立德) 공을 세우며(立功) 말을 세운다(立言)는 '三言'[17]을
통해 존재의 가치와 의의를 찾으려는 유가의 명사들과는 판이하다. 사
회의 통념이나 제도, 규칙에 얽매이지 않고 구속됨이 없으며, 사회적
분위기상 명사들과 어울려 그 흥이 다할 때까지 통쾌하게 술을 마시며,
때론 시대의 아픔을, 때론 시대와 운명을 같이하는 사람들의 비통함을
서로 나누고 이를 표현할 수 있는 사람, 이런 사람을 가히 명사라고

---

16 "名士不必須奇才。但使常得無事, 痛飮酒, 熟讀離騷, 便可稱名士。"(『世說新語·任誕·
   53』, 762쪽)
17 『十三經注疏·左傳·襄公二十四年』, 13쪽.

할 수 있는 것이다. 명사의 정의를 이렇게 내리니 이 명사들이 만들어
낸 풍류 또한 그 시대적 상황을 고스란히 드러내는 위, 진의 독특한
문화 현상으로서 지식인으로 옳지 못한 시대 상황에 저항해보려는 일
종의 사명감이라고도 할 수 있겠다.

1) 名敎와 自然 : 淸談의 핵심주제

위, 진 시대 명사의 풍류 가운데 가장 기본이자 핵심은 바로 '名敎'와
'自然'을 둘러싼 淸談에 능하다는 것이다. 淸談은 일반적으로 談論, 즉
'이야기하다'라는 뜻으로 특별히 위진 시기 노자, 장자, 주역을 주된
내용으로 하는 토론을 지칭하며, '玄談'이라고도 한다. 청담은 漢代 정
치를 비평하고 견제할 목적으로 만든 '淸議'에서 비롯되었는데, '黨錮
의 禍'와 '黃巾賊의 亂'등 정치, 사회적 불안으로 인해 당시 淸議를 주도
한 지식인들의 입지가 크게 위축되어 '人物品評'을 주로 하는 '空虛한
談論'의 형식으로 전환되었다. 당시 淸談의 盛況에 대해 『世說新語』는
다음과 같이 소개하고 있다.

> 하안은 吏部尙書로서 명망이 높았는데 당시의 청담객들이 가득 들어앉
> 아 서로 토론을 했다. 아직 20살이 넘지 않은 왕필은 하안을 만나러 왔다.
> 하안은 왕필의 이름을 들은 적이 있어 지난번 담론 때 가장 우수했던 문제
> 를 골라 왕필에게 주면서 "이 논리는 이미 그 이치가 끝에 이르렀다고
> 생각하는데 다시 반론할 수 있겠는가?" 하자 왕필은 곧바로 반론을 시작
> 하였고 사람들은 하안이 졌다고 생각했다. 그래서 왕필은 혼자서 문제출
> 제자와 응답자 되어 수차례 변론을 하자 앉아 있던 모든 사람은 모두 그에
> 미치지 못했다.[18]

何晏은 東漢의 大將軍이었던 何進의 손자로 권문세가의 후손이었으며, 曹魏정권의 중요한 대신으로 당대를 대표하는 현학가였다. 그는 명망이 높아 많은 사람이 그에게 모여들었는데, 그 또한 청담하기를 좋아하여 그의 집에서는 거의 매일 밤늦게까지 청담 하는 사람들로 꽉 찼다고 한다. 그는 사실 왕필과 함께 현학을 일으켰던 주요 인물로서 왕필보다 먼저 선인들의 경전 가운데 『周易』과 『老子』를 텍스트로 하여 '무를 본으로 삼는다(以無爲本)'라는 '貴無論'을 주장하였다.[19] 이렇게 정치적 위상도 높았던 하안은 학문적 깊이가 남달라 왕필과도 청담을 나누었는데, 하안은 그때 이미 나이가 50여 세이고 왕필은 20세도 채 되지 않았다고 한다. 나이는 그렇다 치고 정치적 지위나 학술적 명망을 보더라도 왕필은 하안과 청담의 자리에서 서로 의견을 주고받을 만한 위치가 아니었지만 하안은 이런 것들을 개의치 않고 오로지 진리 탐구를 위해 왕필과 청담을 벌였고 심지어 왕필에게 가르침을 구하기까지 했다고 한다.

何晏의 이러한 학문적 태도와 깊이에도 불구하고 하안의 '貴無論'에 대한 자료가 거의 산실 되어 안타깝게도 현학의 창시자라는 영예는 자연 王弼에게 돌아가게 된다. 왕필은 하안과 함께 漢末 魏初에 이르는 시기 유학의 한계를 극복하고 시대의 모순을 극복하기 위해 도가사상

---

18 "何晏爲吏部尙書, 有位望, 時談客盈坐, 王弼未弱冠往見之. 晏聞弼名, 因條向者勝理語弼曰, 此理僕以爲極, 可得復難不? 弼便作難, 一坐人便以爲屈, 於是弼自爲客主數番, 皆一坐所不及."(『世說新語 · 文學 · 6』, 197쪽.)

19 『晉書 · 王衍傳』에서 이르길, "위 정시 시기 하안과 왕필 등은 일찍이 노장사상에 대해 말하며, 천지만물은 모두 무를 근본으로 삼는다고 이론을 세웠다(魏正始中何晏、王弼等祖述老莊、立論以爲天地萬物。皆以無爲本。)", 1236쪽.

을 援用하여 유가의 경전을 새롭게 해석하려고 시도하였다. 그리하여 당시 명교와 자연의 모순과 괴리에 대해 '儒道兼宗(유가와 도가를 모두 높임)', '體用竝重(본체와 작용을 모두 중시함)'을 주장하였고, 유와 무의 개념에 대한 해석에 있어서 절충안을 제시하였다. 즉, 이 두 사람은 訓詁와 章句之學에 빠져버린 漢代 경학의 폐단을 고치기 위해 유가의 경전을 근거로 노장사상을 끌어들여 그 경전을 해석하며 자기만의 독특한 이론을 전개하였는데, 그 목적은 바로 '儒道會通(유가와 도가는 서로 통한다.)' 즉, '經學의 玄學化'라고 할 수 있다.[20]

王弼과 何晏을 중심으로 일어났던 淸談은 嵇康과 阮籍을 중심으로 한 竹林名士와 玄學으로 이어진다. 혜강과 완적은 曹魏 황실과 사마씨 집단 간의 권력투쟁이 첨예하게 일어났던 시기에 활동하였는데, 자연 사마씨 집단의 극악무도한 방법으로 정권을 손에 넣은 모든 과정을 친히 목도한 터라 사마씨의 회유와 위협을 竹林之遊를 통해 피해 보고자 했다. 그러므로 이들의 교유가 막 시작되었을 때는 시종일관 사마씨가 내세운 '명교를 극복하고 자연으로 돌아가자(越名教而任自然)'[21]는 기저를 유지하였다. 그러나 사마씨의 정치적 탄압과 박해가 더욱 심해져 완적의 '천하의 변고로 인해 온전한 명사들이 그 수를 헤아리기 어렵다'라고 한 고백처럼 생명의 위협을 느끼게 된 죽림의 명사들도 각자 상황

---

20 何晏과 王弼은 유가와 도가의 조화를 위해 가장 중요하게 생각했던 것은 바로 도가 학설을 경학에 융합시키는 일이다. 그 가운데 『論語』와 『周易』이 유가 사상의 양대 철학적 기초이기 때문에, 이를 재해석하는 데 중점을 두고 何晏은 『論語集解』를, 王弼은 『論語釋疑』를 저술하였다. 이에 관한 자세한 내용은 劉大杰, 「魏晉學術思想的新傾向」 참고하기 바란다.(『魏晉思想』, 台北, 里仁書局, 1995, 23~24쪽.)
21 "越名教而任自然。"(『嵇康集·釋私論』, 234쪽.)

에 따라 입장을 달리하기에 이른다. 즉, 죽림에서의 교유 자체가 어떤
정치적 성향이 있거나 목적을 달성하기 위해 형성된 것이 아니므로
시대적인 상황이 열악해질수록 그 모임을 계속 유지하는 건 매우 어려
운 일일 것이다. 그래서 명교에 비교적 관대한 태도를 보여 온 山濤와
王戎[22], 그리고 向秀[23]는 혜강이 사마소에 의해 죽임을 당한 후 본격적
으로 출사하여 높은 관직에 오르게 된다. 阮籍과 阮咸, 그리고 劉伶은
그들이 제일 좋아하는 '술'과 방탕함으로 시대에 대한 울분을 직, 간접
적으로 표출하였다. 名敎와 自然이라는 청담의 핵심주제에 있어서 이
둘은 서로 양립할 수 없는 관계로 극명하게 명교를 비판한 이는 혜강이
다. 혜강은 曹魏 황실과의 관계로 인해 관직에 오르기도 했지만, 이보
다도 당시 사마씨 집단이 반인륜적이고 도덕적인 행위를 일삼으면서도
정권을 차지하기 위한 명분으로 명교를 내세우는 것에 대해 철저하게
반대의 입장을 취하였다. 가령, 혜강은 유가 경전이 "사람의 욕구를
억제하고 교화하는 것을 주된 목적으로 삼기 때문에 인간의 기본욕구
를 억제하고 자연의 본성을 해치는 도구"[24]이며, 단순히 "개인의 영화

---

22 완적은 琅琊 왕씨 출신으로 명문귀족이었던 왕융이 竹林之遊에 들어올 때부터 '世俗之士'
하여 별로 마음에 들지 않았는데, 그런 그를 '속물'이라고까지 폄하한 바 있다(『晉書
·王戎傳』卷49, "戎每與籍爲竹林之遊, 戎嘗後至. 籍曰: 俗物已復來敗人意。", 1232쪽.)
23 향수는 혜강이 은거 생활을 할 때도 함께 지냈던 막역한 사이였다. 하지만 사마씨의
탄압에 결국 그 뜻을 접고 출사하게 된다. 이때 사마소는 그런 향수를 비웃으며, "당신
은 원래 기산의 뜻을 품고 있다고 들었는데, 어찌 이곳에 있는가?"라고 묻자, 향수는
"소부와 허유가 비록 강직한 선비이나 요임금의 뜻을 제대로 살피지 못했다고 생각하여
그다지 부러워할 것이 없다고 생각한다."(文帝問曰: 聞有箕山之志, 何以在此? 秀曰:
以爲巢許狷介之士, 未達堯心, 豈足多慕。)고 대답하여 사마소가 크게 기뻐하였다고 한
다. (『晉書·向秀傳』卷49, 1375쪽.)
24 "六經以抑引爲主, 人性以從欲爲歡, 抑引則違其願, 從欲則得自然。"(「嵇康集·難自然
好學論」, 261쪽.)

와 이익을 얻기 위한 수단(開榮利之途)"[25]이 된 경학교육을 비판하면서 철저하게 명교를 부인하고 배척하는 태도를 견지하고자 했다.

曹魏 황실과 司馬氏 집단 간의 권력투쟁은 결국 사마씨의 승리로 끝이 나고, 司馬炎이 晉武帝로 등극하면서 새로운 왕조가 시작되었다. 晉武帝가 265년에 즉위하여 290년에 죽기까지 약 20여 년 넘게 안팎으로 평화가 유지되는 小康국면을 맞이하여 "당시 천하에 궁핍한 사람이 하나도 없게 되었다는 소문이 돌 정도였다."[26]고 한다. 서진왕조는 권문세가와 호족계층의 이익을 대표하기 때문에 정권을 탈취한 후 각각의 명망 있는 권문세가의 전폭적인 지지를 얻기 위해 晉武帝는 宗室의 27인을 왕으로 책봉하고 각국은 군대를 설치하는 등 정치적, 경제적 특권을 누리게 하였다. 또한, 호족들은 능력의 高下를 평가하여 관리로 등용하는 九品中正制를 통하여 인재선발권을 장악함으로써 정부 각급의 요직을 독점하면서 문벌 제도를 확립하게 된다. 이러한 서진의 안정과 번영을 바탕으로 사회 전반에 걸쳐 공전의 상황을 맞이하게 되는데, 문단에서는 이른바 太康문인들이 등장하여 당시 문학의 부흥을 선도하였다.[27] 심지어 많은 문인이 함께 별장에 모여 '밤새 연회를 베풀면서(晝夜遊宴)' '음악을 감상하기도 하고(琴瑟笙筑)' '술을 마시며 시를 쓰면서(飮酒賦詩)' 이 좋은 시절에 '생명의 유한함을 애석해하고 기약 없는 죽

---

25 "學以致榮。"(「嵇康集·難自然好學論」, 260쪽.)

26 "於時有天下無窮人之諺。"(『晉書·孝愍帝』, 126쪽.)

27 鍾嶸은『詩品序』에서 태강 시기 문학에 대해 다음과 같이 말하고 있다. "태강 중에는 三張, 二陸, 兩潘, 一左 등이 왕성하게 일어나 전대의 발자취를 이어받아서 풍류가 그치지 아니하였으니 문학이 크게 중흥되었다(太康中, 三張、二陸、兩潘、一左, 勃爾復興, 踵武前王, 風流未沫, 亦文章之中興也。)"『譯註詩品』(경기, 창비, 2007.2.), 76쪽.

음을 아쉬워했다(感性命之不永, 懼凋落之无期)'라고 하였다.[28]

이와 함께 철학 방면에 있어서 문벌 세족의 이익을 모색하기 위한 현실을 중시하는 사조가 나타났고, 晉 武帝가 학술사상에 대해 비교적 개방적인 태도를 보이게 됨으로써 이제까지 진행되어왔던 청담의 핵심 주제인 名敎와 自然 간의 문제가 모순과 대립에서 조화와 융합의 길로 들어서면서 이론의 최고조에 이르게 된다. 그리하여 서진의 청담가들은 이전의 완적과 혜강처럼 예교를 비판하고 세속적인 것을 멸시함으로써 정권을 신랄하게 비판하는 태도에서 벗어나 통일왕조의 정당성을 확립하고 사람들의 의식구조에 부합하는, 유가와 도가의 사상을 융합하는 것에 그 중점을 두게 되면서 "명교는 곧 자연(名敎卽自然)"이라는 이론적 합의에 이르게 된다.

東晉 시기 永嘉의 亂 이래 서진왕조가 몰락한 후 정치, 문화의 중심이 황량하고 척박한 자연환경의 河北 지역에서 기후가 溫暖濕潤하고 토지가 비옥하며 사계절 녹음이 우거져 산수 경관이 수려한 建康, 會稽, 江州와 荊州 등을 중심으로 한 강남지방으로 옮겨가게 되었다. 당시 유명한 화가였던 顧凱之는 강남의 풍경, 특히 會稽에 대해 평가하기를,

> (회계는) 천 개의 바위가 수려함을 뽐내고 만 개의 골짜기가 흐름을 다투는데, 그 위를 초목이 덮고 있어 마치 구름이 일어나고 노을이 짙게 깔린 듯하다.[29]

---

28 石崇의 『金谷詩序』 金谷의 集會는 이 모임의 주선자인 石崇 본인이 다른 곳으로 발령을 받아 이직하는 가운데 그의 지인들과 함께 연 송별회의 성격을 띠고 있지만, 당시 문단의 성황을 이해하는 데 도움이 될 만하다. (『世說新語·品藻·23』注이하, 516쪽.)

29 "千岩競秀, 萬壑爭流, 草木蒙籠其上, 若雲興霞蔚." (『世說新語·言語·88』, 143쪽.)

이제까지와는 전혀 다른 자연환경에서 처하게 되자 사회 전반에 걸쳐 새로운 국면을 맞이하게 된다. 즉, 현학으로 인해 떨치고 일어났던 정신적 자유로움과 逍遙遊는 실제 생활에 적용되어 당시의 사대부들이 직접 深山幽谷을 찾아다니며 자연생활의 정취와 아름다움을 직접 체험하고 그 속에서 자연의 미를 인식하게 되었다. 그뿐만 아니라 당시 정치적 환경은 혜강이나 완적의 시기와는 전혀 다른 북방의 강력한 이민족들과 대치상황에 처해 있어서 동쪽으로 옮겨온 정권은 특별히 이 국면을 타개할 인재들이 필요했고, 사회의 여론 또한 재야에 묻혀있던 인재들을 밖으로 불러내는 데 적극적이었다. 이러한 상황 속에서 청담의 핵심주제인 名敎와 自然 간의 문제는 완적과 혜강을 중심으로 명교를 초월의 대상으로 여겼던 시기를 거쳐 西晉 시기 일시적 평온의 시기를 맞이하여 '명교는 곧 자연'이며, '명교 가운데 즐거운 경지가 있다.'[30]는 이론상의 대통합과 조화를 거쳐 동진에 이르러 더 이상의 발전 없이 원만히 해결되는 분위기가 조성되었다.

동진의 명사를 대표하는 인물들 가운데 王導가 있는데, 그는 서진이 망하자 王敦과 함께 司馬睿를 황제로 추대하여 동진을 세웠다. 그의 청담 능력을 살펴보자.

예로부터 왕승상이 강을 건너 강좌로 온 후 「聲無哀樂論」과 「養生」, 그리고 「言盡意」 등 세 가지 현리만을 논했다고 전해진다. 그렇지만 이 세 주제만을 가지고도 이리 돌리고 저리 풀어내어 섭렵해 보지 않은 것이 없었다.[31]

---

30 "名敎中自有樂地, 何爲乃爾也。"(『世說新語 · 德行 · 23』, 24쪽.)

王導는 재상으로서 군사와 정사에 탁월한 능력을 갖추고 있었으며, 게다가 당시 청담의 주요명제였던 「聲無哀樂論」과 「養生」, 그리고 「言盡意」 주제에 대해 막힘이 전혀 없었다고 하니 그의 정치적 능력과 학문의 깊이를 잘 알 수 있는 대목이다. 이렇듯 동진의 명사들은 사상적으로는 현학에 심취해 "3일 동안 도덕경을 읽지 않으면 혀가 굳어져 밥도 먹을 수 없다."[32]고 할 정도로 청담의 주제들에 대해 논의하기를 즐겼으며, 실제로도 매우 '소탈하고 욕심이 없는 삶(簡素寡慾)'을 추구하였다.

> 손흥공과 허현도는 모두 당대를 대표하는 명사였다. 어떤 사람들은 허현도의 고아한 정치를 높이 평가하고 손흥공의 더러운 행동을 비루하다고 여겼다. 또 어떤 사람들은 손흥공의 재능과 절개를 좋아하면서 허현도에게는 취할 것이 전혀 없다고 하였다.[33]

위 기록을 통해 동진 현학이 추구하는 바를 알 수 있는데, 그것은 바로 '外儒內道'라는 것을 이상적인 본보기라 생각하고, 이전 명사의 방탕하고 얽매임이 없는 행위 자체를 매우 저급한 것으로 생각한 것이다. 다시 말해서 이들은 새롭게 현학이론과 실제 생활상의 괴리를 조절하여 '명교와 자연은 곧 하나'라는 인식하고 더는 사변철학으로서의 개념도 아니고 방탕함과 소탈함만을 추구하는 도가적인 삶도 아닌 실

---

31 "舊云王丞相過江左，止道聲無哀樂、養生、言盡意，三理而已。然宛轉關生，無所不入。"(『世說新語·文學·21』, 211쪽)

32 "三日不讀道德經，便覺舌本間强。"(『世說新語·文學·63』, 242쪽.)

33 "孫興公、許玄度皆一時名流。或重許高情，則鄙孫穢行；或愛孫才藻，而無取於許。"(『世說新語·品藻·61』, 531쪽)

제 생활에서 淸秀한 자연경관과 더불어 자연을 인지하고 그 속의 아름다움을 발견하는 데 초점을 맞추면서 멋스러움과 운치를 추구하되 결코 유가적인 기본윤리와 도덕 관념을 넘지 않아야 함을 고수하였다. 동진 명사들의 이와 같은 변화는 서진 시기와 비교해 보았을 때 동진 정권은 남쪽에 근거를 둔 지방 토착세력인 문벌 세족이었고, 이들은 부유한 장원경제를 기반으로 하고 있으므로 공명심과 시대에 대한 사명감이 이전만 못 했으며, 게다가 강남지방의 수려한 자연과 하나가 되어 단지 산 좋고 물 맑은 곳을 찾아다니며 이를 마음껏 즐기고 '眞情'을 표출함으로써 정신적인 安頓을 추구하기를 바라는 태도에 기인한 것이었다. 그리하여 동진의 풍류는 더는 세속적인 것을 무시하거나 방탕한 행위로 표현되지 않고 오히려 정치적으로 융통성 있게 대처하는 지혜와 정치 생활에 있어서 출사와 은거의 유연함, 그리고 '몸은 조정에 있지만, 마음은 강호를 사모하는 초연한 태도'로써 표현되었다.[34]

2) 飮酒와 放蕩

위진 명사들의 풍류를 대표하는 행위 가운데 아마도 '飮酒'만 한 것이 없을 것이다. 세상살이가 어려우면 어려울수록 사람들은 그러한 현실적 문제를 해결하기 위해 정면으로 대결하기보다는 여러 방법을 통해 회피하기에 십상인데, '飮酒'하는 것은 당시 누구든지 손쉽게 할 수 있는 선택이었을 것이다. 그러므로 당시 명사들의 풍류와 술은 꽤 불가분의 관계에 있다고 할 수 있다.

---

34 「陶淵明與魏晉風度」, 袁行霈, 『陶淵明硏究』(北京, 北京大學出版社, 1997.7.), 36쪽.

한 손에는 게 발을 잡고 한 손에는 술잔을 잡고 술 못에서 첨벙거리며 살았으면 여한이 없겠다.[35]

올해 농사 때 밀기울을 칠백 곡이나 수확했는데, 공무가 바빠서 모두 다 누룩으로 만들지 못할까 걱정이다.[36]

얼마나 술을 좋아하였으면 평생 술잔을 옆에 끼고 살았으면 좋겠다고 고백을 다 하였고, 풍년이 들어 그것을 다 술로 만들지 못할까 봐 걱정이 들 정도였다고 한다. 그러고 보면 지위가 높고 재능이 많아 명성이 자자한 명사나 그렇지 않은 하급관리 또한 모두 술을 즐겼다고 해도 과언이 아닐 것이다. 어떤 한 명사가 잡다한 사람들과 허구한 날 술타령을 하여 그런 그를 비웃자 이렇게 대답하였다.

나보다 나은 자와 술을 마시지 않을 수 없고, 나보다 못한 자와도 역시 술을 같이 마셔 주지 않을 수 없다. 또 나와 비슷한 자와 어찌 술을 마다하겠는가? 그러니 종일 마실 수밖에![37]

원래 '지기와 술을 마시면 천 잔의 술도 적다'라고 하였는데, 당시의 상황은 누구랑 마시는 것보다 그저 술을 마실 수 있다는 그 자체만으로도 좋았다.

그렇다면 당시 명사들은 '痛飮酒'하면서 각종 병태를 드러내며 탐닉

---

35 "一手持蟹螯, 一手持酒杯, 拍浮酒池中, 便足了一生."(『世說新語·任誕·21』, 739쪽.)
36 "今年得七百斛秫米, 不了麴蘗(木爲米)事."(『世說新語·任誕·24』, 741쪽.)
37 "勝公榮者不可不與飮, 不如公榮者亦不可不與飮, 是公榮輩者又不可不與飮."(『世說新語·任誕·4』, 729쪽.)

264 제3부 풍류와 동아시아 문학

한 진정한 의도는 무엇일까? 결론부터 말하자면 그건 바로 난세를 살아가는 사람들의 생명에 대한 집착과 갑자기 찾아든 죽음에 대한 공포, 그리고 지식인으로 살아가면서 시대의 불의와 부도덕함에 정면으로 대항할 수 없음에서 비롯된 것 때문이라 할 것이다. '술' 하면 떠오르는 위, 진을 대표하는 명사에는 누가 있었을까? 아마도 그 시대의 역사를 이해하는 사람이라면 분명 劉伶이라고 대답할 것이다. 유령은 당대를 대표하는 명사였던 嵇康, 阮籍과 함께 이름을 나란히 하면서 竹林之遊를 즐겼던 竹林七賢의 한 사람이었다. '竹林七賢'의 명칭과 구성, 그리고 집단의 성격에 대해『世說新語』에 다음과 같은 기록이 남아 있다.

> 陳留의 완적과 譙國의 혜강, 그리고 河內 산도 이 세 사람은 나이가 서로 비슷하였는데 혜강의 나이가 제일 적었다. 이 모임에 참석한 사람들로는 沛國의 유령과 陳留의 완함, 河內의 향수, 琅玡왕융 등이었는데, 이들 일곱 사람은 늘 대나무 아래 모여 마음껏 술을 마시며 즐기곤 했다. 후세 사람들은 이들을 죽림칠현이라 불렀다.[38]

曹魏政權과 司馬氏 집단과의 권력투쟁 속에서 위나라의 군사 실력자인 司馬懿는 중신들 사이의 치열한 권력투쟁에서 승리하여 실권을 장악하게 되었다. 司馬懿에 뒤를 이은 司馬師와 司馬昭, 그리고 司馬炎은 주도면밀하고 잔인한 방법을 사용하여 실권 장악에 방해가 되는 세력들을 모조리 말살하면서 위 왕조 찬탈계획을 차근차근 진행하게

---

38 "陳留阮籍、譙國嵇康、河內山濤, 三人年皆相比, 嵇康少亞之, 預此契者: 沛國劉玲、陳留阮咸、河內向秀、琅玡王戎, 七人常集於竹林之下, 肆意酣暢, 故世謂之竹林七賢。"(『世說新語·任誕·1』, 726쪽.)

된다. 사마씨 집단의 잔혹하고 집요한 명사들에 대한 회유와 숙청으로 인해 曹魏정권의 주축을 이루며 활약했던 대부분의 명사들이 사라지자 그동안 재야에서 유유자적한 삶을 추구하며 활동해왔던 竹林七賢이 주목을 받게 된다. 嵇康과 阮籍, 그리고 山濤, 向秀, 阮咸, 王戎, 劉伶은 혜강의 고향인 山陽縣에 모여 저마다의 독특한 삶의 방식과 취미생활을 통해 어지럽고 살벌한 현실을 떠나 자연과 더불어 한적한 생활을 하며 지냈다. 그런데 특이한 것은 죽림칠현 가운데 유령의 경우 가히 죽림칠현의 일원이 될 만한 심오한 철학과 사상도, 그리고 사회적 지위와 능력도 없었다는 점이다. 더군다나 유령은 당시 명사가 되기 위해 필수요건이었던 외모에서도 '신장은 6척이 채 안 되고 외모는 너무 추하고 초라하다'[39]는 모욕에 가까운 평가를 받은 바 있었다. 유일하게 다른 여섯 명의 명사와 공통점을 찾아보면 그것이 바로 '술'이라는 것이다. 竹林之遊를 통해 죽림의 명사들은 시간만 나면 대나무 숲에서 한바탕 술을 마셨다고 했는데, 아마도 유령의 주량과 술로 인한 풍류가 당시의 명사들 가운데 따라올 자가 없었기 때문으로 보인다. 마침 죽림칠현 중에도 술 마시는 것을 매우 즐겼던 완적과 완함이 있었던 걸 보면 유령은 바로 이 '술'을 매개로, 그리고 술로 인한 방탕함으로 竹林之遊에 합류했던 것으로 보인다.

그렇다면 유령은 얼마나 술을 좋아했고 마셨을까? 유령과 술 하면 회자되는 많은 일화가 있다. 유령이 하도 술을 좋아해 그의 아내는 내심 이를 걱정하며 건강을 위해 술을 끊으라고 권면한 바 있는데, 그러자 유령은 그렇게 좋아하는 술을 자신의 의지로는 도저히 끊을 수 없으

---

39 "劉伶身長六尺, 貌甚醜悴."(『世說新語·容止·13』, 611쪽.)

니 술과 고기를 구해주면 귀신에게 제사를 지내 단주할 것을 맹세하겠
노라고 했다. 아내가 술과 고기를 준비해주자 유령이 이르길,

> 천하의 유령은 술로 그 명성을 얻었습니다. 한 번 마시기 시작하면 5말
> 을 마셔야 비로소 나의 술버릇을 고칠 수 있으니 부디 부인의 말을 듣지
> 마소서.[40]

유령은 그럴듯한 구실을 대고 부인이 준비해준 술과 고기를 그 자리
에서 다 먹어버렸다. 심지어 유령은 대낮에 술을 잔뜩 마시고 알몸으로
집에서 누워 자다가 때마침 찾아온 손님이 이를 괴이하게 여기자 오히
려 그에게 말하길,

> 나는 천지를 내 집의 지붕으로 여기고 내 집을 속바지로 여겨왔는데
> 어찌 그대는 내 바지 속에 들어와 있는고?[41]

과연 천하의 酒神이라 할 수 있는 유령의 궤변이다. 물론 유령의
이러한 언사는 당시 상황으로 볼 때 충분히 법도에 어긋나는 가히 퇴폐
적인 행위라 할 수 있으나 이를 통해 유령의 삶에 대한 달관한 태도와
세속의 예법에 얽매이지 않는 지극히 자유로운 경지에 도달해 있음을
알 수 있다. 그는 항상 한 손에는 술병을 들고 사슴이 끄는 수레를 타고

---

40 "天生劉伶, 以酒爲名。一飮一斛, 五斗解酲。婦人之言, 愼不可聽。"(『世說新語·任誕
   ·3』, 728쪽.)
41 "劉伶恒縱酒放達, 或脫衣裸形在屋中, 人見譏之。伶曰, 我以天地爲棟宇, 屋室爲揮衣,
   諸君何爲入我褌中!"(『世說新語·任誕·6』, 730쪽.)

다니면서 시종에게는 삽을 들고 뒤를 따라오게 하면서 그에게 이르길,
"내가 술을 마시다가 죽으면 바로 그 자리에 나를 묻어라!"[42]고 했다.
이처럼 유령은 자기 생각대로 '육체를 흙이나 나무처럼 여기면서 술을
마심으로써 한세상을 즐겁게 노닐었던 것'이다.[43]이것으로 볼 때, 유령
에게 있어서 술은 현실의 모순과 갈등을 잊게 해주는 동시에 잔혹한
현실에 맞서는 자기 나름의 최선의 방법이자 유일한 수단이며 이렇게
라도 불의한 세상을 조롱하면서 한편으로는 소통하고자 했던 유령의
절박함을 알 수 있는 대목이기도 하다.

유령만큼 술을 탐닉했던 명사가 있었으니 그가 바로 완적이다. 완적
의 어린 시절에 대해 다음과 같은 기록이 전해진다.

그 옛날 내가 14, 5세 때 『시경』과 『상서』 읽기를 좋아하였다. 내 비록
허름한 베옷을 걸쳤으나 품속에는 고귀한 주옥을 품고 있으면서 가난하지
만, 덕과 재능을 갖춘 顔回와 閔損와 함께 할 수 있었으면 좋겠네. 창문을
열어 사방을 둘러보고 높은 곳에 올라 내가 그리던 이를 바라보네.[44]

완적은 비교적 평범하고 가난한 관리의 가정에서 태어났다. 완적의
아버지 阮瑀는 당시 유명한 시인이자 문장가이며 '建安七子' 중의 한
사람으로, 조조의 휘하에서 '司空軍師祭酒'와 '丞相軍師祭酒'라는 직책
을 다년간 역임했던 조조의 중요한 관리였을 뿐만 아니라 문장에 능했

---

42 "劉伶初不以家産有無介意。常乘鹿車, 攜一壺酒, 使人荷鋪而隨之, 謂曰, 死便埋我。"
43 "土木形骸, 遨遊一世。"(『世說新語·文學·13』引「文士傳」, 69쪽.)
44 "昔年十四五, 志尙好書詩。被褐懷珠玉, 顔閔相與期。開軒臨四野, 登高望所思。"(『詠
懷詩·其十五』, 364쪽.)

고 시를 잘 썼으며, 음악에도 정통해 가야금을 잘 탔다고 한다. 완적은
비록 3세 때 이런 아버지를 여의고 모친 슬하에서 부유하지 않은 소년
기를 보내면서 장성했지만, 기본적으로 깊고 두터운 유가 학통의 가문
에서 성장하여 어릴 적부터 『시경』과 『상서』같은 전통 유가 경전을
읽고 공부하였다. 그뿐만 아니라 그는 「詠懷詩」에서 다음과 같이 술회
하고 있다.

어렸을 적에 격검을 배웠는데, 그 기술이 하도 좋아 곡성의 한 장수를
뛰어넘네.[45]

이 시를 통해 완적은 어릴 적부터 尙武정신에 따라 훌륭한 장수가
되어 '建功立業'하려는 원대한 포부가 있었음을 알 수 있다. 완적의
이와 같은 포부와 의지는 그의 대표적인 작품인 詠懷詩에 잘 묘사되어
있다.

기개가 높은 한 장사가 있었는데, 나라를 위해 그 뜻을 세워 위세가
먼 곳까지 이르네. 수레를 몰고 멀리까지 나가 군인의 임무를 다하고,
일단 명령을 받으면 자기의 욕심과 일체의 잡념을 모두 버린다. 손에든
좋은 활은 오호이고 몸에 걸친 갑옷은 번쩍번쩍 빛이 나니 해와 달과 같네.
어려움에 봉착하면 분투하여 자기 몸을 돌보지 않고 몸은 비록 전쟁에서
죽으나 영혼은 높이 높이 드날리네. 그의 명성은 훗날까지 전해져 많은
사람에게 그의 절개는 원래부터 사람이 반드시 지켜야 할 도리라고 말하
고 있네.[46]

---

45 『詠懷詩·其六十一』, "少年學擊劍, 妙技過曲城." (郭光校注, 『阮籍集校注』, 北京, 中華
書局, 1987.10., 365쪽.)

　다재다능했던 아버지의 영향과 曹魏 왕실과의 밀접한 관계로 완적
또한 청년 시절 당시 正始 名士들의 적극적인 정치참여의식의 영향을
받아 "세상을 구하고자 하는 웅대한 포부"[47]를 가지고 있었다. 그렇지
만 정권의 교체 시기에 즈음하여 曹魏 황실과 사마씨 집단 간의 계속되
는 권력투쟁과 이 소용돌이 속에 휘말린 당시 내로라하는 명사들이
부지불식간에 목숨을 잃게 되자 세상사에 다시는 관여하고 싶지 않아
술로 세월을 보냈다.[48] 두 세력 간의 모순과 대립은 '高平陵政變'이 일
어남에 따라 정점에 이르게 되는데, 사마씨 집단은 정변을 통해 실질적
으로 정권을 손에 넣게 되고 이를 공고히 하려는 목적으로 당시 명사들
을 대상으로 집요하게 포섭을 하게 된다. 당시 명사 집단을 대표하는
완적도 그들의 손아귀에서 벗어날 수가 없었는데, 이에 대해 완적의
생각은 이러했다.

　　말을 함에 있어 심사숙고하여 절대 남을 비방하거나 칭찬하지 않았다.[49]

　司馬氏 집단의 포섭과 회유, 그리고 위협에 적절히 대응하기 위해
완적은 이전보다 더욱 언행에 있어 시비를 가리지 않고 한 번 더 생각하
면서 그렇게 살아가기로 한다. 사마씨 집단 또한 완적의 명성과 그의

---

46 『詠懷詩·其三十九』, "壯士何慷慨, 志欲威八荒。驅車遠行役, 受命念自忘。良弓挾鳥
　號, 明甲有精光。臨難不顧生, 身死魂飛揚。豈爲全軀士, 效命爭戰場。忠爲百世榮, 義
　使令名彰。垂聲謝後世, 氣節故有常。 (『阮籍集校注』, 365쪽.)

47 "籍本有濟世之志。"(『晉書·阮籍傳』, 1360쪽)

48 "屬魏晉之際, 天下多故, 名士少有全者。籍由是不與世事, 遂酣飮爲常。"(『晉書·阮籍
　傳』, 1360쪽.)

49 "籍雖不拘禮敎, 然發言玄遠, 口不臧否人物。"(『晉書·阮籍傳』, 1361쪽.)

재능을 높이 평가하여 수단과 방법을 가리지 않고 그를 회유하여 자신의 편으로 만들려고 하였다. 가령, 사마소가 완적을 끌어들이기 위해 그의 아들 사마염으로 하여금 완적의 딸에게 혼인을 청했다. 정치적 의도가 다분한 혼례인지라 완적은 정면으로 거절하지 못하고 종일토록 술을 마셔대며 60여 일이나 취해있었다. 사마소는 이 상황을 보자 어쩔 도리 없이 그 계획을 포기하고 말았다.[50] 이 밖에도 사마소의 심복인 鍾會는 여러 차례 완적에게 政事와 관련된 의견을 물어보면서 그의 대답 중에 그를 死地로 몰 죄명을 찾으려고 했지만, 이때도 역시 완적은 술에 흠뻑 취해 횡설수설하여 그 어떠한 약점도 남기지 않았다고 한다.[51] 또한,

> 완적은 나중에 보병의 부엌에 좋은 술 3백 석이 있다는 소리를 듣고 아주 기뻐하며 교위직을 수락했다. 그리하여 그곳으로 가 유령과 함께 즐겁게 마셨다.[52]

사마씨 집단과의 그 어떠한 식으로든지 관계 맺는 것을 싫어했던 완적이라 그들을 위해 벼슬길에 오르는 것은 상상조차 할 수 없었다. 하지만 그런 완적도 딱 한 번 스스로 원해서 관직에 오른 적이 있었는데, 이것도 사실 좋은 술을 마시기 위함이었으니 그가 얼마나 술을 좋아하는지, 그리고 왜 술을 마시는지 알 수 있었는데, 완적이 이같이

---

50 "文帝初欲爲武帝求婚於籍, 籍醉六十日, 不得言而止."(『晉書 · 阮籍傳』, 1360쪽.)
51 "鍾會數以時事問之, 欲因其可否而致之罪, 皆以酣醉獲免."(『晉書 · 阮籍傳』, 1360쪽.)
52 "後聞步兵廚中有酒三百石, 忻然求爲校尉. 於是入府舍, 與劉伶酣飮."(『世說新語 · 任誕 · 5』注引『文士傳』, 727쪽.)

술을 마시는 이유에 대해 王忱은 "완적의 가슴 속에 응어리가 쌓여
있으므로 모름지기 술로 씻어 내려야 하지요!"[53]라고 했단다. 술을 마
신다고 해도 가슴 속에 맺힌 응어리가 없어질 리 만무하지만 완적으로
서는 오로지 술을 마셔서 잠시나마 시름을 잊는 방법밖에는 없었을
것이다.

3) 放浪形骸, 기괴한 언행

(1) 放誕과 簡傲

방달함과 오만함은 당시 대명사가 되기 위한 필수조건으로 이로 인
해 많은 풍류가 표출되었는데, 당시 혜강의 방달함과 오만함을 따라올
자가 없었다. 혜강은 완적과 더불어 지대한 영향력을 미쳤던 당대의
명사로서, 혜강의 고고함과 방달함은 그 시대를 대표하는 아이콘이 되
었다. 혜강은 완적 등과 함께 자신의 고향인 山陽縣에 모여 竹林七賢을
결성하고 '竹林之遊'를 하면서 은거 생활을 하고 있었는데, 景元 2년
(261)에 사마소가 정식으로 산도를 중용하자 산도는 자신의 자리를 대
신할 사람으로 혜강을 천거하였다. 이에 혜강은 산도에게 그 즉시 絶交
書를 보내 자신이 성격상의 이유와 더불어 관직 생활을 할 수 없는
이유를 구체적으로 아홉 가지로 나누어 설명하였는데, 이것이 바로 이
른바 '七不堪(일곱 가지 참을 수 없는 것)'과 '二不可(두 가지 할 수 없는 것)'이
다. 그 내용을 살펴보면 다음과 같다.

---

53 "阮籍胸中壘塊, 故須酒澆之."(『世說新語·任誕·51』, 762쪽.)

인간과 인간 사이에는 예의가 있고 조정에는 법도가 있는데, 깊이 생각해보니 내가 관직에 오르지 못하는 일곱 가지 감당 못할 일과 두 가지 해서는 안 될 이유가 있습니다. 나는 한번 누우면 늦게 일어나기를 좋아하는데 당번이 불러 깨우고 그냥 두지 않으니 이것이 첫 번째 감당하지 못하는 것입니다. 거문고를 안고 노래를 부르며 초야에서 고기 잡고 새 잡는 것을 좋아하는데, 관리들이 그것을 지키고 있어 마음대로 행동하지 못하니 이것이 두 번째 감당하지 못하는 것입니다. 오랫동안 정좌하고 있으면 다리에 마비가 와 움직이지 못하고, 천성이 지저분하여 몸에 이가 많아 쉴 새 없이 긁어야 하는데 관리가 되면 마땅히 관복을 입고 상관에게 경례해야 하니, 이것이 세 번째 감당하지 못할 일입니다. 그리고 나는 평소에 글을 잘 쓰지 못하고 글 짓는 것도 좋아하지 않는데, 관리가 되면 세상의 번잡한 일들로 나의 책상엔 서류가 많이 쌓이고 그것에 일일이 답을 하지 못하면 교화와 의리를 해치게 됩니다. 나름대로 열심히 하려 하나 그것이 오래 못가니, 이것이 네 번째 감당하지 못하는 일입니다. 또한, 문상 가는 것을 좋아하지 않으나 세상은 이러한 도를 매우 중요하게 생각하여, 나를 이해하지 못하는 사람들에게 원망을 사고 심지어는 이것으로 인해 중상모략을 당하는 경우도 있습니다. 나는 비록 이것이 매우 두려워 자책도 해보지만, 본성은 쉽게 변하지 않아 자기를 굽혀 세상에 맞추려 하여도 그것은 거짓이기 때문에 역시 칭찬도 비난도 받지 않는 경지를 얻을 수가 없습니다. 이것이 바로 다섯 번째 감당할 수 없는 일입니다. 세상 사람들을 싫어하는데 벼슬을 하면 이런 사람들과 함께 일해야 하고, 혹은 손님들이 몰려와 시끄러운 소리로 귀를 어지럽게 하면서 소란스럽게 먼지를 일으키며 냄새를 피우고, 온갖 잡기를 부리는 사람들이 눈앞에 있을 것인데, 이것이 여섯 번째 참지 못할 일입니다. 내 마음은 번거로움을 참지 못하는데, 직무가 마음에 걸려 끊임없이 나의 마음을 어지럽게 하고 세상일은 더욱 근심거리를 만드니 이것이 일곱 번째로 감당하지 못하는 것입니다. 또한, 나는 항상 은나라 탕왕과 주나라 무왕을 비난하고 주공과 공자를 무시하는데, 세상에 나가서도 이 일을 그치지 않는다면, 그 일이 드러나 명교에 용서받지 못할 일일 것입니다. 이것이 내가 관직을 맡아서는 안 될 첫 번째 이유이다. 그리고 나는 성격이 강직하고 악을 미워하고 경솔하며 말을 직선적으로 하여 어떤 일에 부딪히면 즉시 반응을 하는데 이것이 두 번째 관직을 맡으면 안 될 이유입니다.[54]

위 절교서에서 혜강은 자신이 게으르고, 놀기 좋아하며, 산만하여, 오만하다는 이유와 함께 성격상의 장애로 다른 사람과 함께 정사를 도모할 만한 인물이 못 된다고 말하고 있다. 당시와 같이 권문세가들에 의해 관직이 독점되어 있어 하급관리가 되기도 쉽지 않은 상황에서 단지 자신의 성격 때문에 관리가 될 수 없다고 하는 것을 보면 혜강은 실로 그 어느 것에도 얽매이기 싫어하고 제도권 안에 들어가는 부자유스러움을 죽기보다 싫어했던 그런 풍류를 지닌 대명사라고 할 수 있다. 실제로 혜강은 '어릴 적부터 아버지가 일찍 돌아가셔서 어머니와 형의 지나친 사랑을 받으며 성장했기 때문에 아버지의 엄한 가르침이 없었고'[55], 응당 갖춰야 할 예의 법도도 모른 채 방종하고 제멋대로인 성격을 갖게 되었을 것이다. 또한, 유가 경전에 대한 가르침도 없었기에

---

54 "又人倫有禮, 朝廷有法, 自惟至熟, 有必不堪者七, 甚不可者二: 臥喜晚起, 而當關呼之不置; 一不堪也. 抱琴行吟, 弋釣草野, 而吏卒守之, 不得妄動; 二不堪也. 危坐一時, 痺不得搖, 則犯教傷義; 欲自勉強, 則不能久; 四不堪也. 不喜弔喪, 而人道以此爲重, 已爲未見恕者所怨, 至欲見中傷者; 雖懼然自責, 然性不可化, 欲降心順俗, 則詭故不情, 亦終不能獲無咎無譽, 如此五不堪也. 不喜俗人, 而當與之共事, 或賓客盈坐, 鳴聲聒耳, 囂塵臭處, 千變百伎, 在人目前, 六不堪也. 心不耐煩, 而官事鞅掌, 萬機纏其心, 世故煩其慮, 七不堪也. 又每非湯武而薄周孔, 在人間不止此事, 會顯世教所不容, 此甚不可一也. 剛腸疾惡, 輕肆直言, 遇事便發, 此甚不可二也."(「與山巨源絶交書」, 戴明揚, 『嵇康集校注』, 臺北, 河洛圖書公司, 1978. 5.), 119쪽.
55 "加少孤露, 母兄見驕, 不涉經學."(「與山巨源絶交書」, 117쪽.)

자라면서 '노자와 장자는 나의 스승'⁵⁶이라 고백하며 노장사상에 심취하게 되었고, 명교에 대해 매우 부정적인 태도를 견지하며 공공연하게 '은나라 탕왕과 주나라 무왕을 비난하고 주공과 공자를 무시(非湯武而薄周孔)'한다고 말하며 '명교를 부정(越名教)'한 바 있다.

그러나 혜강은 일찍이 曹魏 황실의 駙馬로서 中散大夫라는 관직을 역임한 이력을 가지고 있는 것을 보면 자신이 말한 대로 '방탕하여 얽매임이 없고' 제멋대로 자기하고 싶은 데로 하는 성격 때문에 관직에 오르지 않는 것이 아닐 것이다. 혜강은 앞서 말한 바와 같이 "노자와 장자는 나의 스승"이라고 천명하였을 뿐만 아니라 실제로도 산중을 헤매며 약초를 채집하는 등 큰 노력을 기울여 養生術을 익혔고,⁵⁷ 당시 유명한 隱士였던 孫登을 만나 함께 生活하기도 했다.⁵⁸ 이렇듯 혜강은 명교에 대해 비판적인 견해를 밝히고는 있지만, 유가의 전통적인 인격의 본보기나 이상세계에 대해 매우 긍정적인 견해를 보인다. 가령, 혜강은 "인간 사회에는 예가 있고 조정에는 법도가 있음"⁵⁹을 인정하고 있으므로 그가 진정 원하고 바라는 것은 자연적 본성이 그대로 존재하는 합리적이고 이상적인 사회이다. 또한 "왕은 조용히 위에 거하고 신하는 아래에서 순종하는 봉건사회"⁶⁰의 인성을 전적으로 중시하면서 그 방법으로 이른바 '아무것도 안 하지만 하지 않는 것이 없다(無爲而無不爲)'라는 도가의 이상적인 지도력을 찬양하고 있다. 다시 말해서 혜강이 바라는

---

56 "老莊, 吾之師也."(「與山巨源絶交書」, 114쪽.)
57 "我頃學養生之術."(「與山巨源絶交書」, 125쪽.)
58 "嵇康遊於汲郡山中, 遇道士孫登, 遂與之遊."(『世說新語·悽逸·2』, 648쪽.)
59 "人倫有禮, 朝廷有法."(「與山巨源絶交書」, 119쪽.)
60 "君靜於上, 臣順於下."(「聲無哀樂論」, 221쪽.)

것은 "위에서는 군주와 신하가 서로 자신의 지위와 신분을 잊고 아래에서는 백성들이 집집마다 만족해하는 이상적인 사회"[61], 즉 명교와 자연이 서로 본분을 잊지 않고 조화를 모색하는 그런 사회를 갈망하고 있는 것이다. 그러므로 이 절교서에 제시된 '七不堪(일곱 가지 참을 수 없는 것)'과 '二不可(두 가지 할 수 없는 것)'에서 볼 수 있는 방달함과 게으름, 오만불손함 등 그의 풍류의 이면에는 당시 정권을 잡기 위해 명교를 기치로 내세우면서도 온갖 불충하고 불의한 수단을 사용하는 사마씨 집단의 만행에 저항하기 위한 하나의 시대적 정신인 것으로 풀이될 수 있다.

稽康의 고고함과 오만함은 여기에 그치지 않았다. 사마씨 집단의 최측근으로 司馬師를 도와 255년에 일어난 毌丘儉과 文欽의 반란을 평정하였고, 이후 司馬昭의 親臣으로 대소사에 관여하면서 높은 지위에 오르게 된다. 종회는 박학다식하여 당시 청담의 주제 가운데 하나인 才性 이론에도 일가견이 있어 직접 『才性論』이라는 책을 쓰기도 했다. 당시 학문적 명망이 자자했던 혜강과는 비록 일면식도 없었으나 그의 학식을 흠모하여 자기가 쓴 책을 혜강에게 보여주며 가르침을 받고 싶었다. 그러나 감히 엄두를 내지 못해 몰래 혜강의 집을 찾아가 책을 던지고 왔다는 이야기도 전해진다.[62] 그런 종회가 큰맘 먹고 당시의 현준한 명사들과 함께 혜강을 방문하게 되었다. 혜강은 마침 큰 나무 아래에서 상자기와 함께 풀무질하고 있었는데, 너무 열중한 나머지 종회는 한참 동안 혜강에게 말을 건네 볼 수가 없었다. 이에 종회가 그

---

61 "臣相忘於上, 蒸民家足於下."(「答難養生論」, 171쪽.)

62 "鍾會撰四本論, 始畢, 甚欲使稽公一見。置懷中, 既定, 畏其難, 懷不敢出, 於戶外遙擲, 便回急走。"(『世說新語·文學·5』, 195쪽.)

자리를 떠나려 하자 다음과 같은 대화가 오고 간다.

> 그대는 어디서 무슨 소리를 듣고 왔고, 또 무엇을 보았기에 그렇게 가는
> 것인가?
> 나는 어디서 들은 바가 있어 찾아온 것이고, 또 볼 것은 다 보았기에
> 가는 것입니다.[63]

종회는 혜강의 이런 오만함에 매우 불쾌감을 느끼고 돌아갔다고 한
다. 그로부터 얼마 지나지 않아 사마소가 시정에 관해 묻자 종회는 이
렇게 대답했다.

> 혜강은 누워있는 용이니 절대 일어나게 해서는 안 됩니다. 왕께서는
> 천하에 걱정할 것이 하나도 없으나 다만 혜강만이 근심거리가 될 뿐입
> 니다."[64]

이후 사마소는 비록 혜강을 명사로서 존경하였지만 어쩔 수 없이
그를 제거하는데, 결국 혜강의 고고함과 오만함이 그를 죽음으로 몰고
간 결정적인 계기가 되리라고 그 누가 상상했겠는가? 그렇지만 천하의
대명사인 혜강의 고고함은 오히려 위기 순간에 더욱 그 빛을 발하게
된다. 혜강은 종회를 비롯한 사마씨의 권세 앞에서 조금도 굴하지 않는
명사다운 풍모를 잃지 않았는데, 그는 이 일로 후에 사마소에게 처형을

---

63 "康曰, 何所聞而來, 何所見而去? 鍾曰, 聞所聞而來, 見所見而去。"(『晉書·嵇康傳』,
　1373쪽.)
64 "嵇康, 臥龍也, 不可起。公無憂天下, 顧以康爲慮耳。"(『晉書·嵇康傳』, 1373쪽.)

당할 운명에 놓이게 된다. 그렇지만 혜강은 처형당하는 그 순간까지도
안색조차 변하지 않은 채 금을 가져오게 한 후 마지막으로 〈廣陵散〉을
연주하며 이 곡이 이제 끊어지게 되었음을 한탄하였다.[65] 혜강의 고고
한 풍모와 죽음 앞에서도 초연한 명사의 모습을 느낄 수 있는 대목이
며, 처형 직전에 '태학생 3천여 명이 상소를 올렸고, 후에 그를 처형한
문왕도 후회했다.'[66]는 기록을 보면 혜강이 당시 얼마나 많은 영향력을
가진 대명사임을 잘 알 수 있다.

　혜강과 절친한 사이였던 呂安 또한 '世俗之士'를 멸시하는 오만함이
있던 사람이다.

　　혜강과 여안은 절친한 사이였는데, 매번 서로 생각날 때면 천 리 길을
　　멀다 하지 않고 수레를 몰고 와서 만나곤 했다. 어느 날 여안이 혜강을
　　찾아왔으나 마침 혜강이 없고, 혜희가 나와 그를 맞이했는데, 들어가지
　　않았다. 대신 문 위에 '봉'자를 써넣고 가버렸다. 혜희가 그 뜻을 알지
　　못했지만, 매우 좋은 뜻으로 여기고 기뻐했다. 기실 봉자는 세속적인 새라
　　는 뜻이다.[67]

　여안은 혜강과 매우 가까운 사이로서 후에 여안이 곤경에 처하게
되자 어려움을 무릅쓰고 그를 변론했다가 이를 빌미로 죽음을 당하게

---

65 "嵇中散臨刑東市, 神氣不變。索琴彈之, 奏廣陵散。曲終, 曰, 袁孝尼嘗請學此散, 吾靳,
　固不與, 廣陵散於今絶矣! 太學生三千人上書, 請以爲師, 不許。文王亦尋悔焉。(『世說
　新語·雅量·2』, 344쪽.)
66 "太學生三千人上書, 請以爲師, 不許。文王亦尋悔焉。"(『世說新語·雅量·2』, 344쪽.)
67 "嵇康與呂安善, 每一相思, 千里命駕。安後來, 値康不在, 喜出戶延之, 不入。題門上
　作鳳字而去。喜不覺, 猶以爲欣, 故作。鳳字, 凡鳥也。(『世說新語·簡傲·4』, 769쪽.)

된다. 소탈하고 초연한 여안이 사마씨의 부름에 관직 길에 나선 혜강의 형 혜희를 좋아할 리가 없었다. 그렇다고 대놓고 그를 비방할 필요성도 느끼지 못했던 여안은 속물인 혜희와 말을 섞는 것조차도 꺼렸던지라 단지 대문 위에 알지 못할 글자 한 자 써놓음으로써 그를 한낱 '세속과 영합하는 인물'로 치부했다.

2) 淸白眼

죽림칠현의 일원이었던 완적은 '淸白眼'에 능했다고 한다. 靑眼이란 눈동자가 정중앙에 위치하여 검은자위가 매우 많이 보이게 하는 행위로서, 일반적으로 호감이나 존중의 뜻을 표할 때 나타난다. 반면 '백안'은 반대로 흰자위가 검은자보다 훨씬 많이 보이게 눈을 뒤집어 뜨는 것으로 사람을 무시하거나 싫어할 때 하는 행위이다. 완적의 淸白眼에 관한 얘기는 그가 상을 당했을 때 등장한다. 완적이 모친상을 당하자 혜희가 문상하러 갔다. 완적은 혜희를 아는 척도 하지 않았을 뿐만 아니라 백안으로 그를 대했다. 혜희는 완적이 자신을 무시한다는 것을 알고 맹 불쾌하게 여겨 절을 한 번만 하고 그냥 와버렸다. 혜희가 집으로 돌아와 동생이 혜강에게 이 얘기를 했더니 혜강이 형을 위로하면서 말하길, "완적은 원래 그런 사람이다. 부귀공명에 열중해 있는 사람들을 무시하는데, 이런 사람들에게는 보통 백안으로 대한다. 그러니 너무 마음에 담아두지 마세요!" 이에 혜강은 술 한 동이와 거문고를 들고 완적의 집에 문상하였는데, 완적은 혜강을 보자마자 얼굴빛이 온화해지더니 靑眼으로 그를 대했다. 혜강은 초췌해진 완적을 즉시 위로하지 않고 단지 술 한 잔 건네고 거문고를 연주하여 완적의 슬픔을 달래주었다고 한다.[68] 혜희는, 그러니까 사마씨 집단에 영합하는 세속적인 인물은 당시 명사들로부터 이런저런 방법으로 집중 공격을 받았다.

완적은 본시부터 세속의 예법을 무시하고 자신의 감정에 매우 충실한 사람이었다. 이와 같은 완적의 성정은 어머니 상중에 많이 나타난다. 완적이 모친상을 당하자 배령공은 조문하였다. 이때 완적은 술에 취해서 머리를 풀어헤치고 상에 앉아 다리를 쭉 편 채 곡도 하지 않고 있었다. 배령공은 도착한 후 자리를 깔고 울면서 조문을 마쳤다. 어떤 사람이 배령공에게 물었다. "무릇 조문의 예는 주인이 곡을 한 후 문상객이 비로소 예를 행하는 것인데, 그대는 어찌 완적이 곡을 하지도 않았는데 곡을 하였습니까?" 그러자 배령공은 이렇게 대답했다. "완적은 세속을 벗어난 사람이니 세속의 예법을 중시하지 않는다. 그러나 우리는 세속의 인물이니 세속의 예법에 따라 조문을 하는 것이다." 그러자 사람들이 모두 이 둘의 말이 다 옳다고 여겼다.[69]

3) 放縱情感 : 王徽之의 '不前而返(들어가지 않고 다시 돌아오다)'

왕자유는 산음에 살고 있었는데, 어느 날 밤 함박눈이 흩날리자 잠에서 깨어 문을 열고 하인에게 술을 가져오라고 하였다. 온 천지가 하얗게 눈으로 덮인 것을 보고 조금도 주저함 없이 좌사의 《招隱》시를 읊었다. 그러다가 갑자기 친구인 戴逵가 생각이 났다. 이때 戴逵는 剡縣에 있었는데,

---

68 "籍又能爲靑白眼。見禮俗之士, 以白眼對。常言"禮豈爲我設耶?"時有喪母, 嵇喜來弔, 阮作白眼, 喜不懌而去; 喜弟康聞之, 乃備酒挾琴造焉, 阮大悅, 遂見靑眼。"(『晉書·阮籍傳』, 1360쪽.)

69 "阮步兵喪母, 裴令公往弔之。阮方醉, 散髮坐床, 箕踞不哭。裴至, 下席于地, 哭; 弔唁畢, 便去。或問裴: 凡弔, 主人哭, 客乃爲禮。阮旣不哭, 君何爲哭? 裴曰: 阮方外之人, 故不崇礼制; 我輩俗中人, 故以儀軌自居。"(『世說新語·任誕·11』, 733쪽.)

즉시 밤새 작은 배를 타고 그곳으로 갔다. 한밤을 가고 나서야 겨우 그의 집 문 앞에 도착했지만 들어가지 않고 다시 돌아갔다. 사람들이 그 이유를 물으니, 왕휘지는 "본시 그를 보고 싶은 마음이 들어 나왔다가 다시 그 마음이 없어져 돌아간 것인데, 굳이 그를 만날 필요가 있겠는가?"라고 대답했다.[70]

여기에 등장하는 주인공 왕휘지는 문벌 세족임에도 불구하고 당시 어떤 형식이나 예법에 구애됨 없이 오로지 자신의 감정에 충실하여 이런저런 사정 볼 것 없이 친구를 찾아갔다. 그러다가 친구를 보고 싶은 마음이 다해 비록 친구 집 문 앞에 도착했음에도 불구하고 만나지도 않고 그 길로 집으로 돌아갔다. 어찌 보면 친구에 대한 예의가 아닐 수도 있지만 왕휘지에게 있어서 예보다 더 중요했던 것은 자신의 감정이었고, 그 감정을 어떤 것에도 구애됨 없이 그대로 표출한 것이다.

이 밖에도 당시 명사들의 기괴한 행위는 그 수를 헤아릴 수 없을 정도로 많다. 가령, 완적이 모친상을 당했는데도 晉 文王의 연회에 참석하여 술과 고기를 먹었다. 이를 본 왕의 측근이 옆에 있다가 이를 참다못해 왕에게 이르길,

왕께서는 지금 효로써 천하를 다스리고 계십니다. 그런데 완적은 모친의 상중에도 이렇게 공식적인 자리에서 술과 고기를 먹고 있으니, 이런 자는 마땅히 아주 먼 곳으로 유배를 보내 풍속과 가르침을 바로 잡아야 합니다.[71]

---

70 "王子猷居山陰. 夜大雪, 眠覺, 開室命酌酒, 四望皎然; 因起彷徨, 咏左思, 『招隱』詩, 忽憶戴安道. 時戴在剡, 卽便夜乘小船就之, 經宿方至, 造門不前而返. 人問其故, 王曰, 吾本乘興而行, 興盡而返, 何必見戴!"(『世說新語 · 任誕 · 47』, 759쪽.)

그랬더니 진 문왕의 대답이 더욱 가관이다. "사종이 이렇게 수척해져 있는데 그대는 같이 근심해 주지는 못할망정 무슨 말을 그렇게 하는가? 병이 있어 술을 마시고 고기를 먹는 것은 오히려 상례에 맞는 법이다."[72] 당시 사마씨 집단은 이미 정권을 손에 넣기 위해 황제를 폐위시키는 등의 반유가적인 행위를 자행했기에 유가의 전통가치인 '忠'을 내세우면 정당성을 인정받을 수가 없었기에 충과 함께 가장 중요한 덕목이자 윤리인 '孝'로써 천하를 다스리는 것을 명분으로 삼았다. 그러나 이런 '孝'의 개념마저도 제대로 알지 못했던 문왕이었기에 완적과 같은 대명사는 이들을 멸시하는 태도로 일관했다. 이후 완적은 이들을 비웃기라도 하듯 더욱 일탈함과 방탕함으로 일관했는데, 완적의 제수가 친정에 갈 때 완적은 그와 직접 마주하여 전송하는가 하면,[73] 이웃에 예쁜 여인이 술을 팔자 이 여인을 쫓아 술을 마시고 그 여자 곁에 자기도 하였다.[74]

4. '꽃보다 남자' : '才色'을 겸비한 美男子의 출현

司馬懿, 司馬師, 그리고 司馬昭 등 二代에 걸쳐 지속하였던 曹魏

---

71 "阮籍遭母喪, 在晉文王坐進酒肉。司隷何曾亦在坐, 曰, 明公方以孝治天下, 而阮籍以重喪顯於公坐飮酒食肉, 宜流之海外, 以正風教。"(『世說新語·任誕·2』, 727쪽.)

72 "文王曰, 嗣宗毁頓如此, 君不能共忧之, 何謂? 且有疾而飮酒食肉, 固喪禮也!"(『世說新語·任誕·2』, 727쪽.)

73 "阮籍嫂嘗回家, 籍見與別。"(『世說新語·任誕·7』, 730쪽.)

74 "阮公臨家婦, 有美色, 當壚酤酒。阮與王安豊常從婦飮酒。阮醉, 便眠其婦側。"(『世說新語·任誕·8』, 730쪽.)

황실과 司馬氏 집단 간의 권력투쟁은 결국 司馬炎에 이르러 曹魏 황실을 완전히 무력화시키면서 魏 元帝인 曹奐을 폐위시키고 晉 왕조를 건립하여 晉武帝에 등극하면서 끝이 나게 된다. 이후 정치, 사회적으로 상대적으로 안정된 국면을 맞이하여 晉武帝는 연호를 '太康'으로 정하였다. 오랜 환란 끝에 찾아온 평화인지라 각 분야에 걸쳐 이전 시대와는 다른 면모를 보여준다. 특별히 이전의 난세와 비교해 보았을 때 생명에 대한 고귀함, 삶에 대한 애착 등이 내 자신과 주위 환경에 대한 전아함과 화려함을 추구하는 시대의 흐름이 형성되어 아름다움과 멋을 중시하는 전형적인 태평성대의 특성을 보여주게 된다.

위·진 시대는 문벌 사회로서 가문을 무척 중시하였으며, 관직에 오르기 위해서는 여전히 좋은 인물품평이 있어야만 했기 때문에 다른 사람들로부터 호평을 받기 위해서는 본시 가지고 있었던 학식은 기본이었고, 좋은 성품과 덕행은 물론이거니와 남자라 하더라도 여성들 못지않은 아름다운 용모를 선호했던 것은 당연했다. 게다가 이 시대에는 '淸談'이라는 독특한 학문교류방식이 유행하여 언변에 능하고 독특하고 자유분방한 '행동거지'는 물론이거니와 많은 사람 앞에서 자신의 학문을 드러내는 일이 많았기에 외재적인 아름다움까지 뒷받침이 되어준다면 당대를 대표하는 명사가 될 수 있었기 때문에 아름다운 외모는 청담 능력과 함께 그 시대를 살았던 명사들의 풍류 생활에 있어서 필수 요건이기도 했다.

> 배령공은 준수한 용모와 자태를 지녔는데, 어느 날 갑자기 병에 걸려 궁핍하게 되자 진혜제가 왕이보를 보내 살펴보게 했다. 배령공은 마침 벽을 향해 누워있다가 왕이 보낸 사신이 왔다는 소식을 듣고 겨우 눈을

돌려 맞이하였다. 왕이보는 문병을 끝내고 나와 사람들에게 이르길, "두 눈동자가 번쩍이는 것을 보니 마치 바위 아래 번개가 내리는 것 같고 정신을 꼿꼿하여 생동하나 몸에는 작은 병이 난 거 같다."[75]

배령공은 당시 河東裴氏 가문으로 그 지역에서 매우 유명한 권문세가 출신이다. 어렸을 때부터 매우 총명하였고, 『老子』와 『易經』에 조예가 깊었다. 사마씨의 심복이었던 종회의 추천을 받아 사마소 때 관직에 오르기도 한 당대를 대표하는 명사 중의 한 사람이었다. 그런 그가 아름다운 외모까지 갖추었으니, 얼마나 배령공을 귀하게 여겼으면 그가 병에 걸렸다고 하자 혜제가 친히 사신을 보내 그를 문병했겠는가! 당시 미남자는 왕의 마음을 움직일 정도로 막강한 힘이 있었고, '美'를 추구하는 풍조가 사회 전반에 걸쳐 만연해 있었음을 알 수 있는 대목이다.

사실 인물의 외모를 중시하는 당시의 사회 풍조는 동한 말기부터 두드러지게 나타난다. 조조는 이제까지 덕행을 바탕으로 관리를 선발하는 '察擧'제도[76]를 무시하고 혼란한 시대에 가장 적합한 인재를 등용하기 위해 이른바 '唯才是擧'[77]라는 인재 등용 방식을 제시하였다. '唯才是擧'는 말 그대로 인재를 등용하는 기준으로 오로지 그의 재능만을 본다는 것인데, 조조는 당시의 인물 등용 방식이 오랫동안 한 인물을

---

75 "裴令公有俊容姿, 一旦有疾至困, 惠帝使王夷甫往看。裴方向壁臥, 聞王使至, 強回視之。王出, 語人曰, 雙眸閃閃若岩下電, 精神挺動, 體中故小惡。"(『世說新語·容止·10』, 610쪽.)

76 '察擧'제도는 '薦擧'라고도 하는데, 이는 地方郡國의 守相 등 고급관료가 한 사람의 모든 면을 자세히 조사한 후 인품이 고상하고 재능이 출중한 평민이나 하급관리를 '孝廉'으로 조정에 천거하여 그들에게 중요한 관직을 주거나 그 품계를 높여주는 제도이다. 이는 漢 文帝가 처음 만든 인재선발제도로서, 漢 武帝때 정식으로 확립되었다.

77 "唯才是擧, 吾得而用之。"(『三國志·魏書·武帝紀·求賢令』, 32쪽.)

살펴보고 결정할 수 있는 단점이 있음을 인지하고 '不孝不忠' 하더라도 오로지 그 시대가 직면한 위기를 극복할 능력만 갖추면 중용하겠다는 것이다. 한 번은 조조가 흉노의 사신을 접견할 기회가 있었는데, 자신은 풍채가 초라하여 멀리서 온 사신을 접대하기에 부족하다고 여긴 나머지 부하를 자신인 양 세우고 자신은 그 옆에 칼을 잡고 시종처럼 행사하였다. 접견이 끝난 후 조조가 이르길,

> 위왕이 어떻습니까? 그러나 흉노의 사자는 위왕의 고아한 덕망이 보통을 넘습니다. 그러나 그 곁에 서 있던 사람이 오히려 진정한 영웅 같았습니다. 조조는 이 말을 듣고 사람을 시켜 뒤따라가서 그를 살해하였다.[78]

당시 천하를 집어삼킬 듯한 기세를 가졌던 조조도 자신의 외모에 대해 그렇게 자신이 없어서 풍채가 자기보다 좋은 부하에게 사신을 접대하게 하였다. 또한, 흉노의 사신은 그런 계략이 있는 줄도 모르고 한눈에 조조의 비범함을 알아보았다. 이것으로 볼 때, 동한 말기 외모를 중요하게 생각하는 풍조가 이미 형성되었음을 알 수 있다.

그 뒤를 이어 위진 시기에 찾아온 대혼란은 기존의 질서와 가치관을 무너뜨리기에 충분하여 국가와 종묘사직을 위해 개인의 헌신과 희생을 감수하는 이른바 '群體意識' 또한 붕괴하면서 모든 관심이 바로 '나'에게로 집중되는 '自我覺醒'의 결과를 낳았다. 이러한 '自我'에 대한 관심과 중시는 이전의 획일적이거나 맹목적으로 국가와 사회에 대해 희생

---

[78] "魏武將見匈奴使, 自以形陋, 不足雄遠國, 使崔季珪代, 帝自捉刀立床頭。既畢, 令間諜問曰, 魏王何如? 匈奴使答曰, 魏王雅望非常; 然床頭捉刀人, 此乃英雄也。魏武聞之, 追殺此使。"(『世說新語·容止·1』, 605쪽.)

을 요구했던 것과는 달리 자신의 생명은 물론이거니와 용모와 복식, 행동거지에도 영향을 미치어 당시 '美'를 추구하는 풍조가 형성되는 데 일조를 하게 된다. 당시 출중한 용모와 멋있는 품위를 가진 위진 명사들에 대한 기록은 『世說新語·容止』편에 상세하게 소개되고 있다. 제일 먼저 아름다운 명사의 전형으로 알려진 하안을 보도록 하자.

> 하평숙(하안)은 용모가 준수하고 얼굴은 몹시 새하얗다. 위 명제는 그
> 가 분을 바른 그것으로 의심하여 한여름에 뜨거운 탕면을 먹게 했다. 그는
> 먹으면서 땀을 뻘뻘 흘리며 붉은 옷으로 닦아냈지만, 안색은 더운 새하얗
> 게 되었다.[79]

위·진 시대 정치, 사회적 혼란에 대한 근본적인 해결책을 구하기 어려운 상황 속에서 일반적으로 사람들은 '술'을 마심으로써 잠시나마 근심을 잊고 울분을 달래었다. 이와 함께 상류사회에서는 이른바 '服藥'하는 풍조가 유행하였는데, 흔히 '五石散'이라는 약을 먹는다. '五石散'이란 명칭은 이 약이 紫石英, 白石英, 赤石脂, 鍾乳, 石硫黃 등 다섯 가지 원료로 만들어져서 비롯된 것인데, 五石散을 복용하면 생명을 연장할 수 있다는 설이 있어 당시 명사들 사이에 이를 복용하는 풍조가 대단히 성행하였다. 대표적인 인물로 何晏을 들 수 있는데, 하안은 위진 명사들 가운데 아름다운 용모와 새하얀 피부를 가진 것으로 유명하다. 하안은 이 五石散을 복용하면 병을 고칠 수 있을 뿐만 아니라 정신까지도 일깨워 맑게 해준다고 믿었다.[80] 그래서 당시 明帝는 상술한

---

79 "何平叔美姿儀, 面至白。魏明帝疑其傅粉, 正夏月, 與熱湯餠。旣啖, 大汗出, 以朱衣自拭, 色轉皎然。"(『世說新語·容止·2』, 605쪽.)

바와 같이 하안의 피부가 너무 하얀 것이 혹 분칠을 한 것이 아닌가
하는 의심을 할 정도였다. 劉孝標는 『魏略』을 인용하여 하안의 용모에
평하기를,

> 하안은 성격이 자신의 용모를 좋아하여 움직일 때나 가만히 있을 때나
> 흰 분을 손에서 놓지 않았으며, 걸어 다닐 때에도 자신의 그림자를 돌아볼
> 정도였다.[81]

하안은 자신의 그림자마저도 돌아볼 정도였다고 하니 자기 자신의
용모에 대해 얼마나 자신이 있었으며, 또한 자부심을 느끼고 있는지를
알 수 있다.

이 밖에도 정시 명사 가운데 夏候玄에 대해서 '가슴에 달이 들어있는
것처럼 환하게 밝다'라고 평하고 있다.[82] 이런 식으로 명사의 외모를
묘사한 대목이 많이 등장하는데, 가령, 裴楷에 대해서는 "뛰어난 용모
와 자태를 지니고 있어서 관모를 벗고 있거나 허름한 옷에 머리를 풀어
헤치고 있어도 모두 좋았는데, 당시 그를 옥 같은 사람이라 여겼다."[83]
라든가, 왕우군이 두홍치를 보고 찬탄하며 "얼굴은 기름이 엉겨있는
것 같고 눈은 옻칠을 찍어 놓은 것 같으니 이는 신선계의 인물"[84]이라

---

80 "何平叔云, 服五石散, 非唯治病, 亦覺神明開朗。"(『世說新語·言語·14』, 74쪽.)
81 "晏性自喜, 動靜粉帛不去手, 行步顧影。"(『世說新語·容止·2』, 605쪽.)
82 "時人目夏侯太初朗朗如日月之入懷, 李安國頹唐如玉山之將崩。"(『世說新語·容止·4』, 607쪽.)
83 "裴令公有俊容儀, 脫冠冕, 粗服亂頭皆好, 時人以爲玉人。"(『世說新語·容止·12』, 610쪽.)
84 "王右軍見杜弘治, 歎曰; "面如凝脂, 眼如點漆, 此神仙中人。"(『世說新語·容止·26』, 619쪽.)

평하기도 했으며, 당시 사람들이 왕희지를 '떠다니는 구름처럼 표일하다가도 놀란 용처럼 솟구친다.'[85]라고 평했다고 한다.

죽림칠현 가운데 출중한 외모를 가진 이가 있었으니 그가 바로 혜강이다. 혜강의 경우 신장이 무려 7척 8촌이나 되며 수려한 외모를 갖고 있어서 그를 본 사람들은 하나같이 '깔끔하며 엄숙하다' 혹은 '상쾌하고 청준하다'라고 평했고, 심지어 어떤 사람들은 '쏴아 하고 소나무 아래의 바람처럼 높고 천천히 분다.'라고 평했다. 혜강과 함께 산양에서 오랫동안 은거 생활을 했던 산도 역시 혜강의 사람됨에 대해서 '외로운 소나무가 홀로 서 있는 것처럼 우뚝하며, 그가 취했을 때는 옥산이 무너지는 것처럼 흔들거린다.'라고 평했던 것을 보면 혜강이야말로 당시 명사들 가운데 외모뿐만 아니라 고고한 인품까지 갖춘 명실상부한 대명사라고 할 수 있다.[86] 죽림칠현 중 혜강 이외에도 완적은 '아름답고 준걸한 외모'를 갖고 있었고,[87] 산도는 '도량이 넓기로 유명'했으며,[88] 왕융은 '마치 바위 아래에서 번개가 치는 것과 같은 총명한 눈'[89]을 가지고 있었다고 한다.

西晉시기의 명사들 가운데에서도 오늘날의 유명한 아이돌 못지않은 인기를 누렸던 명사들이 있었는데, 바로 潘岳과 衛介 등이다.

---

85 "時人目王右軍, 飄如遊雲, 矯若驚龍。"(『世說新語·容止·30』, 621쪽.)

86 "嵇康身長七尺八寸, 風姿特秀。見者歎曰: 蕭蕭肅肅, 爽朗淸擧。或雲: 肅肅如松下風, 高而徐引。山公曰: 嵇叔夜之爲人也。岩岩若孤松之獨立; 其醉也, 傀俄若玉山之將崩。"(『世說新語·容止·5』, 607쪽.)

87 "容貌瑰傑。"(『晉書·阮籍傳』, 1359쪽.)

88 "少有器量, 介然不群。"(『晉書·山濤傳』, 1223쪽.)

89 "裴令公目, 王安豊爛爛如岩下電。"(『世說新語·容止·6』, 608쪽.)

> 반악은 용모가 뛰어났고, 기색과 정신 또한 훌륭했다. 젊었을 때는 彈弓
> 을 가지고 낙양 거리에 나서면 그를 본 여인네들은 누구 하나 그의 손을
> 잡아끌지 않는 사람이 없었다.[90]

반악은 어릴 때부터 신동으로 알려졌고 후에 서진 시대를 대표하는
훌륭한 문인의 한 사람이었다.[91] 그의 문학적 재능 못지않게, 아니 오히
려 그의 문학적 재능을 더욱 돋보이게 한 것이 있었으니 그것이 바로
그의 외모였다. 그가 탄궁을 끼고 서진의 도읍지였던 낙양 거리에 나타
나기라도 하면 그 멋진 모습과 세련된 매너에 반한 성안의 뭇 여성들이
그를 보기 위해 가는 수레도 에워싸고 길을 막는 바람에 도시가 마비될
정도였다고 한다. 어디 그뿐이었겠는가?

> 반악은 너무 미남이었기에 그가 거리에 나올 때면 할머니들까지 그에게
> 과일을 던져주어 수레에 가득 찼다.[92]

젊은 여성들뿐만 아니라 나이 든 할머니까지도 그의 외모에 반하여
그가 수레를 타고 지나갈 때 과일을 던져주어 늘 수레에 가득 찼다고
하여 이후 민간에서는 "擲果盈車(과일을 던져 수레에 가득 찼다)"라는 고사

---

90 "潘岳妙有姿容, 好神情. 少時挾彈出洛陽道, 婦人遇者, 莫不連手共縈之." (『世說新語
  · 容止 · 14』, 612쪽.)
91 鍾嶸은 『詩品』에서 "반악의 시는 아름답고 화사하기가 마치 비단을 펴 놓은듯하여 아름
  답지 않은 곳이 없다.(潘詩爛若舒錦, 無處不佳。)"고 평하면서 그를 上品에 올려놓았다.
  (『譯註詩品』, 76쪽.)
92 "安仁至美, 每行, 老嫗以果擲之, 滿車." (『世說新語 · 容止 · 7』 劉孝標注引用 『語林』,
  608쪽.)

가 유행하였다고 한다. 더욱 재미있는 것은 그런 장관이 부러웠던, 역시 서진을 대표하는 대문호였던 左思가 이 소문을 듣고 반악을 따라 했다가 그만 많은 여인이 그를 향해 침을 뱉고 놀리는 바람에 기가 꺾여 돌아왔다고 것이다.[93]

衛玠는 河東 安邑 사람으로, 왕필과 하안의 뒤를 잇는 유명한 청담 명사이자 현학가이다. 그는 노장사상에도 조예가 깊었을 뿐만 아니라 반악과 함께 중국 역사상 가장 아름다운 4대 남성과 함께 중국 역사상 가장 아름다운 4대 남성중의 한 사람으로 알려져 있다. 그는 어릴 적부터 준수한 용모를 가지고 있었기에 그가 하얀 양이 끄는 수레를 타고 낙양 시내에 나타나면 사람들이 쏟아져 나와 '누구네 집 옥인가?'라고 소리치며 그를 구경했다고 한다.[94] 당대를 대표하는 미남자였던 왕무자도 위개를 보고 "주옥이 옆에 있으니 내 모습이 초라하다."[95]라고 말할 정도였으니 그의 미모가 얼마나 출중한지 가히 짐작할 수 있을 것이다. 하지만 위개의 미모는 반악의 것과는 다른 특징을 가지고 있었는데, 바로 피부가 백옥같이 흰 것과 함께 여자와도 같은 가련함과 연약함을 가졌다는 것이다. 위개의 어머니는 위개가 너무 허약해서 그를 만나러 온 사람들이 너무 많아 몸을 상하게 할까 봐 마음대로 사람들과 만나 교류하는 것을 허락하지 않고 특별하게 날을 정했다고 한다. 어머니의 이런 조바심도 위개의 건강을 지켜주지 못했는데, 위개가 예장에

---

93 "左太沖絶醜, 亦複效岳遊邀, 於是群嫗齊共亂唾之, 委頓而返。"(『世說新語・容止・7』, 608쪽.)

94 "乘白羊車於洛陽市上, 喊曰, 誰家璧人?"(『世說新語・容止・19』注引『玠別傳』, 613쪽.)

95 "驃騎王武子, 是衛玠之舅, 雋爽有風姿; 見玠, 輒嘆曰: 珠玉在側, 覺我形穢!"(『世說新語・容止・14』, 612쪽.)

서 경도로 돌아오자 옥과 같은 미모를 지닌 위개를 보기 위해 찾아온 강동 사람들이 너무 많아 줄곧 몸이 허약하고 병이 있었던 위개는 구경꾼들이 보러 오는 스트레스를 견디다 못해 그만 병들어 죽고 말았다.[96]

그다음에 소개할 명사는 王衍이다. 왕연은 서진 말기 중신으로 노장사상에 심취하여 현학 청담에 뛰어난 명사이다. 그는 曹魏 황실에서 幽州刺史를 역임했던 王雄의 손자이고 平北將軍 王乂의 아들이다. 훌륭한 가문에서 나고 자란 왕연도 외모에 있어서 다른 명사에 손색이 없었다.

> 왕이보는 생김새가 단정하고 수려하였으며 현담에도 뛰어났다. 그는 늘 손잡이가 백옥으로 만들어진 주미를 가지고 있었는데, 주미와 손이 모두 희어 구분할 수 없을 정도였다.[97]

왕연은 당대를 대표하는 다른 명사들처럼 노장사상에 조예가 깊어 청담 현학가로서 명성이 자자했으며, 역시 그 명성에 부합된 수려하고 단정한 외모를 가지고 있었다. 특기할 만한 것은 그가 평상시나 혹은 사람을 만날 때 항상 일명 '塵尾'라고 하는 깃털 장식이 달린 부채모양의 장신구를 가지고 다녔다는 것이다. '塵尾'는 일반적으로 청담의 대가만이 이 도구를 가지고 다닐 수 있었고, 특별히 청담을 주재할 때 자신의 신분을 나타내는 일종의 표시로 사용되었다고 한다. 게다가 그

---

96 "衛玠從豫章至下都, 人久聞其名, 觀者如堵牆。玠先有羸疾, 體不堪勞, 遂成病而死。時人謂看殺衛玠。"(『世說新語·容止·19』, 613쪽.)

97 "王夷甫容貌整麗, 妙於談玄, 恒捉玉柄塵尾與, 手都無分別。"(『世說新語·容止·8』, 609쪽.)

가 백옥으로 만들어진 부채의 손잡이를 잡고 있으면 새하얀 자신의
손과 손잡이가 구별이 안 될 정도라고 하니 왕연 자신도 그런 자신의
우월함을 인지하고 이를 드러내려고 했던 것으로 보인다. 당시의 사람
들 모두 이런 왕연의 손을 모두 '옥수'라고 불렀으며, 심지어는 그가
뭇 사람들과 함께 있으면 마치 '주옥이 기왓장 사이에 있는 것 같다'[98]고
하였다.

이상과 같이 위, 진의 사대부들 가운데 대명사가 되어 풍류를 제대로
즐기기 위해서는 상술한 바와 같이 술을 잘 마셔야 하고, 때론 예법에
얽매이지 않고 자유분방하며 소탈한 행위를 일삼기도 하고 때론 술에,
약에, 그리고 시대의 불우함에 마비되어 방탕한 행동으로 세월을 보낼
수 있어야 한다. 가장 중요한 명사들의 풍류는 역시 노장철학에 조예가
깊어 청담을 통해 다른 명사들과 교류하는 것인데, 수려하고 기개가
높으며, 특히 백옥같이 새하얀 피부는 위진 명사들의 풍류를 가일층
돋보이게 하는 상당히 중요한 요소임을 짐작해 볼 수 있다.

5. 나가는 말

위진남북조 약 300여 년간 중국 사회는 시종일관 극심한 혼란과 갈
등 속에 처해 있었다. 그리하여 이 시대를 살았던 사대부들은 하나같이
암울한 현실 가운데 죽음에 직면하면서 생명의 고귀함을 깨닫고 자아
를 중시하는 이른바 '憂患'의식을 갖게 되었다. 위, 진의 풍류 정신은

---

98 "王大將軍稱太尉, 處眾人中, 似珠玉在瓦石間。"(『世說新語·容止·17』, 612쪽.)

이와 같은 난세의 시대 상황과 이에 따른 '憂患'의식 속에서 발생하였고, 상황이 악화될수록, 시대가 더욱 혼란해질수록 이들의 풍류는 더욱 다양해지고 만연하게 된다. 그러므로 그 시대를 살아가는 사대부들에게 있어서 풍류란 한 마디로 목숨을 보전하여 삶을 이어가게 하는, 그리고 나름대로의 방식으로 삶에 의의와 재미를 찾아보려는 정신적 초탈로서 그 풍류 배후에는 시대에 대한 지식인의 비애와 고통, 그리고 인생의 무상함, 생명에 대한 고귀함과 삶에 대한 애착이 진하게 배어있고, 더 나아가 그 풍류 속에는 자신이 잊지 말아야 할, 아니 시대의 커다란 조류 속에서 시대를 대표하는 명사로서 자신들이 감당해야 할 사명이 존재하고 있음을 상기시키고 있다.

이와 같은 이유로 위·진 시대 명사들의 풍류와 그 정신에 대해 단순하게 '퇴폐적'이다 혹은 '방탕'하다는 편협한 관점으로 평가하고 있는데, 이는 명사들의 겉으로 보이는 행위만을 보고 그것이 당시의 예법에 어긋났고 상식에 어긋났기 때문에 내린 일방적인 평가라고 할 수 있다. 방탕함과 기괴한 행동으로 회자되었던 완적에게 阮渾이라는 아들이 있었다. 이 아들은 기개와 분위기가 아버지와 매우 흡사하여, 그 역시도 아버지처럼 방달한 행위를 하고 싶어 했다. 하지만 완적은 그런 아들에게 단호하게 이르길, "우리 집안에 중용(완함)이 이미 방달함에 참여하고 있는 것으로 충분하니 너는 더 이상 그렇게 하지 마라."[99]고 했다. 완적인 시대를 향해 행했던 온갖 기행과 방달함은 사실 부득이한 상황 속에서 그러했음을 알 수 있는 대목이다. 완적 자신도 그런 자신

---

99 "阮渾長成, 風氣韻度似父, 亦欲作達。步兵曰, 仲容已預之, 卿不得復爾。"(『世說新語·任誕·13』, 734쪽.)

을 못마땅하게 생각했으니, 그의 아들이 자신을 따라 하겠다는 것을
도저히 받아들일 수 없었다. 어디 이뿐이었겠는가? 가장 강렬하게 불
꽃처럼 풍류를 일삼으며 시대를 살았던 혜강조차도 죽음이 임박해 참
회하면서 자기 아들에게 철저하게 유가 사상의 도덕적 표준에 따라
"올바른 뜻과 신념을 갖고"[100] 그 뜻을 지켜 관철하는 방법으로 "마음을
깨끗이 하고 원대한 안목을 가질 것"[101]을 신신당부하였다. 이것으로
볼 때, 당시의 명사들의 풍류에 드러난 방탕함과 오만함, 그리고 지나
치게 세속적인 모습 그 이면에는 '나'를 중요하게 여기는 각성에 따라
자신의 감정에 충실하고 자아실현과 만족을 위한 정신적인 초연함이
존재한다. 이들이 풍류를 통해 드러내고 싶었던 것은 아마도 시대적
상황에 기인한 내재적인 지혜요, 고매한 정신이며, 탈속의 행위이며,
더 나아가 풍류는 지식인으로서, 명사로서 불의와 불충, 그리고 불합리
한 시대적 상황에 대해 민감하게 반응하고 소극적이나마 대항하려는
일종의 사명감이었을 것이다. 이에 대해 노신은 "위진 시기 사람들이
표현한 것은 소탈하고 개성이 있으며 표일하고 지족하는 것이지만, 당
시 사회의 진실은 오히려 어지러움과 혼란, 재난, 그리고 피로 얼룩진
암울함 그 자체였다. 그러므로 표면적으로 소탈하여 멋이 있는 것 같지
만 뼛속 깊이 거대한 고뇌와 공포, 그리고 염려가 내재되어 있다."[102]고
평가하였다.

---

100 "立志高遠。"(『嵆康集·家誡』, 315쪽.)

101 "立身當淸遠。"(『嵆康集·家誡』, 315쪽.)

102 『魏晉風度二十講·魏晉風度及文章與藥及酒之關係』, 北京, 華夏出版社, 2009.1.17.,
7~209쪽.

참고문헌

【晉】陳壽撰,【宋】裴松之注,『三国志注』, 台北, 台灣商務, 1968, 300~320쪽.

【唐】房玄齡撰,『晉書』, 上海, 上海古籍出版社, 1986, 1359~1376쪽.

【淸】嚴可均校輯,『全晉文』, 北京, 商務印書館, 1999, 465~545쪽, 763~765쪽.

李澤厚,『美的歷程』, 北京, 文物出版社, 1981.3. 1~96쪽.

王瑤,「文人與酒」,『中古文學史論』, 北京, 新華書店, 1986, 156~175쪽.

田文棠,『魏晉三大思潮論稿』, 陝西, 人民出版社, 1988.12, 1~150쪽.

戴明揚,『嵇康集校注』, 臺北, 河洛, 1978.5, 1~200쪽.

余嘉錫箋疏,『世說新語箋疏』, 上海, 上海古籍出版社, 1993.12, 1~778쪽.

劉大杰,「魏晉思想論」,『魏晉思想』, 臺北 : 里仁, 1995, 1~210쪽.

袁行霈,『陶淵明研究』, 北京, 北京大學出版社, 1997, 30~56쪽.

宗白華,『美學散步』, 上海, 人民出版社, 1998.5, 120~150쪽.

馮友蘭, 魯迅外,『魏晉風度二十講』, 北京, 華夏出版社, 2009.1. 177~209쪽.

박경희,「세설신어에 나타난 팬덤 현상」,『중국어문학논집』84호, 2014.2. 325~
        351쪽.

杜瑩, 盧曉河,「魏晉風流背後的人生世相」,『隴東學院學』19卷, 1期, 2008.1., 56~
        57쪽.

李晓笋,「从《世说新语》看魏晋风流」,『华北水力水电学院学报』26卷 1期, 2010.2.,
        79~81쪽.

刘利华,「从《世说新语》看魏晋名士标准」,『伊犁师范学院学报(社会科学版)』, 2012.
        2期, 89~91쪽.

孙海东,「《世说新语》中魏晋风流的表现形式」,『文獻資料』, 2013.15期, 1~2쪽.

康庄,「魏晉风流史态观照」,『社會科學家』, 2019.12期, 24~27쪽.

일본 고전문학의 풍류와 미야비(みやび)에 대한 연구

만엽집과 이세 이야기, 다케토리 이야기를 중심으로

이상준

1. 서론

아오키 다카코(青木生子)는, 일본문학에 있어서의 미(美)의 구조(構造)에서 "중고 왕조의 와카(和歌)와 모노가타리(物語)는, 이른바 이「미야비」의 문화적 정신을 완성하기 위해, 한 결 같이 최선을 다해왔다. 그리고 결국『원씨 이야기(源氏物語)』에 이르러 정점(頂点)을 찍었다고 해도 좋을 것이다. 정말로 일본적인 문화와 미(美)가 확립된 것은 헤이안시대(平安時代)이고, 그것은 정말로『원씨 이야기』에 구현되어 있는「미야비」의 세계를 의미했다."[1]고 주장하고 있다.

아오키의 상기와 같은 주장처럼, 일본의 헤이안 시대 문학의 미의식을 대변하는「미야비」와 고대 동아시아 문학을 풍미하게 했던 풍류(風流)와의 관계를 구명하고, 일본의 고전 문학에서의 풍류에 대한 인식의 변천과정과,『이세 이야기(伊勢物語)』의「이치하야키 미야비(いちはやき

---

1 青木生子,「みやび」,『日本文學における美の構造』, 雄山閣, 1982, 31쪽.

みやび)」의 의미 등을 군지 마사카즈(郡司正勝)[2]와, 후지와라 시게카츠(藤原成一),[3] 스즈키 슈지(鈴木修次),[4] 아오키 다카코(青木生子),[5] 신은경(辛恩卿)[6] 등 「풍류」와 「미야비」에 관하여 연구한 선학들의 연구성과에 기인하여 구명하는 것이 본 연구의 주제다.

일본 고전 문학사에서 「미야비」라고 하는 용어가 처음으로 등장하는 것은 『만요슈(万葉集)』이다. 즉, 『만요슈』 05/0852歌의 일자일음(一字一音)의 만엽가나로 표기된 「미야비(美也備)」이다.

> 05/0852 梅の花 夢に語らく 美也備(みやび)たる 花と我れ思ふ 酒に浮かべこそ〔一は云はく、いたずらに我を散らすな酒に浮べこそ〕
> 한역: 매화꽃이 꿈속에 말하길, 風流的인 꽃이라고 나 자신은 생각합니다. 술에 띄워 주십시오. (또는, 허무하게 떨어뜨리지 말고 술에 띄워 주십시오.)

상기의 「美也備」를 일자일음(一字一音)으로 읽으면, 「미야비」가 된다. 그리고 『이세이야기(伊勢物語)』 제1단인 초관(初冠)에 나오는 「이치하야키 미야비(いちはやきみやび)」의 「미야비」다.

이외에도 「미야비」라고 읽을 수 있는 것이 『만요슈』의 노래(歌)와 제사(題詞), 좌주(左注)에 다음과 같이 등장한다.

---

2 郡司正勝, 『風流の図象誌』, 三省堂, 1987.

3 藤原成一, 『風流の思想』, 法藏館, 1994.

4 鈴木修次, 「風流考」, 『中國文學と日本文學』, 東京書籍株式會社, 1987.

5 青木生子, 「みやび」, 『日本文における美の構造』, 雄山閣, 1982, 31쪽.

6 辛恩卿, 『風流동아시아 미학의 근원 風流』, 보고사, 1999.

① (02/0126와 0127, 06/1016, 07/1295, 09/1429歌)의 「遊士」를 「みやびを」로 읽었을 때의 「遊(みやび)」

② (02/0126와 0127歌)의 「風流士」를 「みやびを」로 읽었을 때의 「風流(みやび)」

③ (04/0721歌)의 「風流無三」[7]을 みやびなみ로 읽었을 때의 風流(みやび).

④ (06/1011歌의 題詞)의 「風流意氣之士」[8]의 風流

⑤ 「容姿佳艶風流秀絕」(02/0126歌의 左注)[9]의 風流

상기의 『만요슈』의 「풍류사(風流士)」와 「유사(遊士)」는 「아소비오(あそびを)」[10]와 「다와레오(たはれを)」[11] 등으로 읽기도 하였지만, 모토오리 노부나가(本居宣長)가 『만요슈타마노 오고토(万葉集玉の小琴)』에서 「미야비오(みやびを)」로 읽은 이후, 오늘날은 「미야비오」는 것이 통설로 정

---

7 天皇(すめらみこと)に獻上した歌一首(04/0721) 「足引の山にし居れば風流(みさを)無み 我がせるわざを咎め給ふな」와 같이 「風流無み」의 「風流」를 「미야비」로 읽지 않고, 「미사오(みさを)」로 읽고 「유교적인 정조(貞操)」로 해석하는 경우도 있다. 또한 『日本靈異記』 제13의 「大倭國宇多の郡塗部の里に、風流(みさお)なる女有りき。(야마토의 우다 郡 누리베里에, 마음이 고결한 여자가 있었다.」도 「미사오」로 읽고 있다. 『日本書紀』의 「閑, 閑雅, 藻」를 「미야비」로 읽는 경우가 있으나, 한자가 風流로 표기되지 않아 본 연구의 범위에서 제외한다.

8 冬十二月十二日歌儛所之諸王臣子等集葛井連. 成家宴歌二首, 比來古儛盛興 古歲漸 晚 理宜共盡古情同唱古歌 故擬此趣輒獻古曲 二節 風流意氣之士儻有此集中, 爭發念 心々和古体.

9 大伴田主字曰仲郎 容姿佳艶風流秀絕 見人聞者靡不歎息也 時有石川女郎 自成双栖之 感恒悲獨守之難 意欲寄書未逢良信 爰作方便而似寢嫗 己提堝子而到寢側 哽音蹋足叩 戸諮日 東隣貧女將取火來矣 於是仲郎 暗裏非識冒隱之形 慮外不堪拘接之計 任念取火 就跡歸去也 明後女郎 既恥自媒之可愧 复恨心契之弗果因作斯歌以贈謔戲焉(02/0126 歌의 左注)

10 鈴木修次, 「風流考」, 『中國文學と日本文學』, 東京書籍株式會社, 1987.

11 福澤健, 「石川女郎・大伴田主增報歌と藤原京」, 2000.

착되었다. 「풍류」를 「미야비」로 읽는 최고(最古)의 자료는 다이고지(醍醐寺) 본(本) 『유선굴(遊仙窟)』(正安二年, 1300)이다. 상대(上代)에는 「풍류」를 「미야비」로 읽는 자료는 없다. 단지, 『万葉集』 05/0852歌의 「미야비(美也備)」라고 하는 일자일음(一字一音) 표기(表記)의 예가 있기 때문에 상대에 「미야비」라고 하는 말(語)이 존재하는 것은 확인할 수 있다. 따라서, 「풍류사(風流士)」의 「풍류(風流)」와 유사(遊士)」의 「유(遊)」를 「미야비」로 읽을 수 있게 되었다.

상기의 用例에서 본 바와 같이, 「풍류」와 「유」를 「미야비」로 읽게 됨에 따라서, 이것은 헤이안 시대 문학의 「미야비」와 아주 밀접한 관련을 맺게 되는 것이다. 그러므로, 이 「풍류」와 「유」는 『만요슈』와 헤이안 시대 문학과 연결하는 중요한 요소를 작용하고 있기 때문에, 「풍류」 및 「유」와 「미야비」의 관련성을 구체적으로 구명해 보는 것도 문학사적인 의의가 충분히 있는 것으로 생각한다.

2. 군자와 현신 문사의 풍류

고대 일본 문학뿐만 아니라, 고대 중국과 고대 한국의 문학에 있어서도 「풍류」가 유행하고 있었다. 『논어(論語)』에 의하면, 풍류란 바람(風)의 흐름(流)이고, 바람이란, 군자(君子)의 덕(德)을 나타낸다.[12] 풍류는 군자의 덕이 후세에까지 유전(流傳)하는 것, 또는 선왕(先王)의 유덕(遺德)을 올바르게 계승(繼承)하는 것을 원래의 의미로 한다. 이후 육조시대(六

---

12 「君子之德豊, 小人之德草, 草上之風, 必偃」, 『論語』, 安淵篇.

朝時代)부터 당나라(唐)에 이르는 동안, 풍류의 의미는 크게 변천한다.

이에 대해서 신편 일본고전문학전집 6『만요슈』02/0126가(歌)의 두 주(頭註)에서는「풍류의 의미는 시대에 따라 변천이 있고, 진나라(晉)이 후, ① 개인의 도덕적 풍격, ② 방종불기(放縱不羈), ③ 관능적인 퇴폐성(頹廢性)을 띤 요염함, 등으로 추이(推移)했다.」[13]고 설명하고 있다. 고니시 진이치(小西甚一)는 "도덕적 풍격을 의미하는 풍류가 호색을 의미하는 풍류로 변화하는 것은 육조기(六朝期)의 노장사상(老莊思想)의 유행, 특히 육조 후기에 신선도(神仙道)가 큰 세력을 가진 것과 관련된다.「세력절륜(勢力絕倫)의 선인(仙人)과 용색미려한 선녀(仙女)와의 교정(交情)은 도교(道敎)에 있어서의 중요한 이상상(理想像)」이고,「선녀와 함께 음악·시문(詩文)·주연(酒宴) 등을 최고의 수준에 있어서 즐기는 것이 선계(仙界)의 생활」이었다. 그 선계의 생활을 모방하는 것으로, 금(琴)·시(詩)·주(酒)·기(妓)를 중요한 요소로 하는 당시(唐詩)의 풍류가 생겨나게 되는 것이다."[14]라고 설명하고 있다. 이와 같은 풍류에 대한 인식의 변천이 동점(東漸)하여 일본 문학에 영향을 미치면서 각 시대의 미의식(美意識)으로 나타난다.

「옛날 현인의 말씀에 귀 기울여서 아득히 먼 옛날 서적을 보니, 진무천황(神武天皇)이 휴가(日向) 다카치호(高千穗)에 강림하여 가시하라(橿原)에 나라를 세울 때는, 하늘이 만물을 막 창조하기 시작한 때라서 인문(人文)은 아직 만들어지지 않았다. 진구고고(神功皇后)가 조선(朝鮮)을

---

13 『新編日本古典文學全集6』(1994) 小學館, 97쪽.

14 小西甚一,「風流と『みやび』-琴·詩·酒·妓-」,『國文學 解釈と教材の研究27(14)』, 學灯社, 1982, 144~157쪽.

정벌하시고, 오진천황(応神天皇)이 즉위하시기에 이르러, 백제는 공물을 가져 와 입조(入朝)해, 서적을 가루노미야(輕の宮)의 우마야사카(厩坂: うまやさか)에 펼치고, 고구려(高麗)는 상주문(上奏文)을 바치며 입조하고, 서적에 새의 날개로 문자를 기록하여 바쳤다. 왕인(王仁)은 오진 천황(応神天皇) 대(代)에, 미야코인 가루노 시마(輕島)에서 몽매한 자를 가르쳐 이끌고, 오신니(王辰爾)는 비다쓰천황(敏達天皇) 대(538-585)에, 미야코의 와케다(譯田)에서 문자를 널리 가르쳤다. 그 결과, 사회에 공자(孔子)의 학풍(學風)이 퍼져, 사람들은 공자의 학문을 배우게 되었다. 쇼토쿠태자(聖德太子)가 섭정이 되셔서, 관직을 12등급으로 정하고, 비로소 예(礼)와 의(義)의 법을 제정하셨다. 그러나 주력은 불교에 傾注하고, 詩文을 만들 여유는 없었다. 선제(先帝)인 텐지천황(天智天皇)이 천자(天子)에 즉위하시어, 사업을 확장하고, 도모할 일을 열어 펼쳐나가셨다. 천자의 도(道)는 널리 이 세상에 이르고, 공적(功績)은 천지에 빛났다.」[15]

상기는 『가이후소(懷風藻)』 서문(序文)의 일부다. 이것에 의하면, 아득한 옛날부터 진구고고의 반도진출이전에는 인간세상의 문자와 문화, 사회제도가 없었고, 그 이후 조선(朝鮮)을 통해 중국의 문물을 수입하면서, 6세기 중엽에 이르러, 공자(孔子)의 학문을 사람들이 배우게 되었고, 스이코조(推古朝)의 쇼토쿠태자(聖德太子)의 섭정(攝政)에 의해서 인문(人文)의 전개가 왕조(王朝)의 제도건설(制度建設)에 비로소 미치게 되지만, 시문(詩文)을 만들 여유가 없었다.

---

15 「逖聽前修、退觀載籍、襲山降蹕之世、橿原建邦之時 天造艸創、人文未作 至於神后征坎品帝乘乾 百濟入朝啓於龍厩於馬厩 高麗上表圖烏册於鳥文 王仁始導蒙於輕島、辰爾終敷教於譯田 逖使俗漸洙泗之風、人趨齊魯之學、逮乎聖德太子、設爵分官、肇制禮義, 然而、專崇釋教、未遑篇章, 及至淡海先帝之受命也」.

「그래서 생각하시길, 풍속(風俗)을 정리하고, 인민(人民)을 교화(敎化)하기 위해서는, 학문(學問)보다 나은 것은 없고, 덕(德)을 기르고, 몸을 훌륭하게 하기 위해서는, 학문보다 앞서는 것은 없다고. 그래서 학교(學校)를 세우고, 수재(秀才)를 모아서, 다섯 개의 예의(禮儀)와, 여러 가지의 법도(法度)를 정하셨다. 법률 규칙이 넓고 크기로 말하면, 먼 옛날부터 현대에 이르기까지 본 적이 없다.

이렇게 해 **장대한 궁전(宮殿)을 지으시고**, 국가는 번영하고, 무위 상태로 잘 다스려져, 조정(朝廷)에는 여가도 많이 생겼다. 종종 문학을 애호하는 사람(士)을 초청해서, 때때로 **주연(酒宴)의 유희(遊戲)**를 여셨다.[16] 이 때에 이르러 **천자(天子) 스스로 문장을 만드시고, 현사(賢士)들은 찬미(讚美)의 글(詞)을 바쳤다.**」

상기는 오후미조(近江朝)의 문명에 대한 설명이다. 오후미조에는 여가가 생겨서, 한시문(漢詩文)이 흥륭(興隆)하고, 이것은 의례제도(儀禮制度)정비(整備)의 일환이고, 그 성공을 현창(顯彰)하는 것이다.

즉, 덴지천황(天智天皇)의 선정(善政)에 의해서 천하는 잘 다스려지고, 그런 가운데, 조정에서는 여가가 생겨서 때대로 연회(宴會)가 베풀어지고, 천자 스스로 어제시(御製詩)를 만들고, 현신문사(賢臣文士)들이 치세(治世)를 구가(謳歌)하는 미사여구의 사장(詞章)을 헌상했다. 치세의 구가는 사상이념의 확인이기도 하고, 향연(饗宴)이야말로, 그 의례정치(儀

---

16 下記의 漢詩는『懷風藻』에 전하는 大友皇子의 侍宴詩와 述懷詩다.
　　五言侍宴一絶　宴に侍す　五言　述懷　懷ひを述ぶ
　　皇明光日月　皇明　日月と光り　道德承天訓　道德　天訓を承け
　　帝德載天地　帝德　天地に載す　鹽梅寄眞宰　鹽梅　眞宰に寄す
　　三才並泰昌　三才　並びに泰昌　羞無監撫術　羞づくは監撫の術無きことを
　　萬國表臣義　萬國　臣義を表す　安能臨四海　安むぞ能く四海に臨まむ

禮政治)의 상징이고, 『시경(詩經)』의 아송제편(雅頌諸篇)이 불리는 장(場)
이기도 했던 것이다.[17]

『카이후소(懷風藻)』 서문에 거론된 오후미조 이후에 배출된 뛰어난
시인도 각기 선명한 개성을 가지고 있으면서, 오후미(近江)풍류(風流)를
계승한 점에서 같다. 이 오후미 풍류란 유학(儒學)을 의미하는 박고(博
古)를 사랑하는 것이다.

그러므로, 주연(酒宴)의 유희(遊戱)에 참석하는 멤버가 유사(遊士)다.
이 유사가 풍류를 즐기기는 풍류사인 것이다. 주연의 유희에 참석한
천자와 현신문사가 풍류를 즐기는 것이기 때문에 천자와 현신문사가
유사(遊士)이자 풍류사(風流士)인 것이다. 따라서, 오후미 풍류는 천자
와 현신문사의 풍류로, 모두(冒頭)에 언급한 중국의 풍류 중에서 치세
(治世)를 구가(謳歌)하는 미사여구를 구가하는 개인적인 도덕적 품격을
의미하는 풍류에 해당하는 것으로 볼 수 있는 것이다.

3. 유사의 풍류

01/0126歌

제사(題詞): 藤原京に天の下治めたまひし天皇の代 石川女郎, 贈大伴宿祢
田主謌一首 卽佐保大納言大伴卿第二子 母日巨勢朝臣也.

원문: 遊士跡 吾者聞流乎 屋戶不借 吾乎還利 於曾能風流士

훈독: 遊士(みやびを)と吾は聞けるを屋. (やと)貸さず吾を還せりおその風流

---

17 胡志昻, 「近江朝漢詩文の思想理念」, 『埼玉學園大學紀要(人文學部篇) 第11號』, 2011,
345쪽.

士(みやびを)

한역: 風流가 있는 분으로 나는 들었는데, (야밤에 몰래 찾아간 나에게,
하룻밤 그대와 同寢할) 침실도 내주지도 않고 (그대로 아무 짓도
하지 않고 나를 돌려보내다니 (여자의 기분도 모르는) 아둔한 풍류
인이군요.

좌주(左注): 大伴田主字曰仲郎、**容姿佳艶風流秀絕**。見人聞者靡不歎息
也。時有石川女郎、自成雙栖之感、恒悲獨守之難、意欲寄書未逢
良信。**爰作方便**而似賤嫗己提堝子而到寝側、哽音蹄足叩戶諮
曰、東隣貧女、取火來矣。於是仲郎暗裏非識冒隱之形。慮外不堪
拘接之計。任念取火、就跡歸去也。明後、女郎既恥自媒之可愧、
復恨心契之弗果。因作斯謌以贈諺戲焉。

한역: 大伴田主는 通稱을 츄로(仲郎)라고 했다. 容姿는 端麗, 風流는 비유
할 데가 없이 뛰어나고, 보는 사람, 듣는 사람, 한 사람으로서 感歎
하지 않는 사람은 없었다. 때마침 이로고노미인 石川女郎가 있었
다. 그녀는 평소 늘 田主와 함께 보내려고 해서, 늘 獨守空房의 어
려움을 참기 어려워했다. 마음속으로 몰래 戀文을 보내려고 했지
만, 人便이 없었다. **그래서 한 꾀(方便)를 생각해 내서**, 초라한 노파
(嫗)로 분장하고, 스스로 질그릇 냄비(土鍋)를 들고 田主의 침실
옆에 가서, 쉰 목소리를 내고 다리를 비틀거리고, 문을 두드리고
방문해서, 「나는 이 근방의 가난한 여자(東隣貧女)입니다만, 불씨
를 얻으러 찾아왔습니다.」라고 말했다. 이때, 田主仲郎은 주위가
아주 어두워서 상대가 설마 변장하고 있다고도 생각하지 않고, 또
생각지도 않은 일이었기 때문에 상대에게 동침을 원하는 속마음이
있는 것도 알아차리지 못했다. 그래서 여자의 생각대로 불씨를 가
지게 하고, 곧바로 돌아가게 해 버렸다. 다음날 아침, 그녀는 중매
인도 없이 스스로 짝을 찾아나간 것(自媒)에 대한 수치감에 괴로워
하고, 또, 밀회가 잘 이루어지지 않은 것을 원망했다. 그래서, 이

노래를 만들어 희롱으로 보냈다.

02/0127歌

제사: 大伴宿祢田主報贈一首

원문: 遊士爾 吾者有家里 屋戸不借 令還吾曾 風流士者有

훈독: 遊士(みやびを)に吾はありけり屋貸さず還しし吾(われ)ぞ風流士(みや
びを)にはある

한역: 나야말로 풍류인이다. 여자 몸으로 찾아온 그대에게 하룻밤 동침할
침실을 빌려주지 않고 그대에게 아무 짓도 하지 않고 그대로 돌려보
낸 나는 풍유인인 것이다.

상기의 가군(歌群)는 『만요슈』 권2소몽(相聞)에 전하는 「이시카와이
라츠메(石川女郎)와 오호토모 스쿠네타누시(大伴宿祢田主)의 증답가(贈答
歌)」다. 제사 「후지와라쿄(藤原京)에서 천하를 다스리신 천황어대」에 의
하면, 이 가군은 「지토 천황 어대(持統天皇御代)」의 노래다. 이점이 유의
할 만한 점이다.

오호토모 스쿠네타누시와 이시카와이라츠메의 노래에서는 「풍류인
(風流人)」이 「유사(遊士)」와 「풍류사(風流士)」로 되어 있다. 이것을 「미야
비오」를 읽을 때의 「미야비(みやび)」란 미야(ミヤ) + 부(ぶ)(위의 상태로 있
는 것을 나타내는 접미어)라고 하는 어 구성(語構成)을 가지는 상2단 활용
동사 「미야부(みやぶ)」의 연용형인 「미야비(みやび)」가 명사로 전성 된
것이다. 이 「미야비」라고 하는 말은 「가미비(神び)」「미야코비(都び)」등
과 같은 구성으로, 「미야비(宮び)」, 즉 궁정 풍(宮廷風)을 의미하는 말에
서 나온 것으로 생각되지만, 『대언해(大言海)』가 설명하듯이, 「미야코
비」를 줄인 말인지도 모른다. 「서울」인 「미야코(都)」는 궁(宮: 미야)이

있는 곳, 미야코(宮處)라고 하는 의미이기 때문에, 결국 본질은 변함없이, 「미야비」는 궁정(宮廷)및 그 넓은 의미로서 「서울 풍」인 「미야코비(都風)」를 가리킨다. 즉, 「미야비」는 「미야코비(都風)」이다.

그러나, 「풍류」에는 「서울 풍」인 「미야비」라고 하는 의미는 없다. 「미야비」는 「풍류」와는 본래 다른 말이다. 「풍류」가 「서울 풍」이라고 인식에 의거하여, 「풍류」를 「미야비」로 읽게 된다.

「미야비」가 지토 조(持統朝)에 모습을 나타낸 것은 이 시대에 후지와라쿄(藤原京)가 건설된 것과 무관하지 않다. 후지와라쿄는 중국식 도성제(都城制)를 채용한 최초의 본격적인 도성(都城)인 서울이다. 「서울 풍」인 것을 주장하는 「미야비」는 본격적인 「서울(都)」 없이는 출현할 수는 없는 것이다.

그럼, 「서울 풍」이란 어떤 것인가? 후지와라쿄는 예(礼)에 가장 충실한 형태로 건설된 서울이고, 그 사각형 형태는 예의질서의 상징이 되었다. 경관(景觀)의 예의질서는 후지와라쿄에 거주하는 사람들에도 미친다. 후지와라쿄 밖에서는 「남녀무별(男女無別), 주야상회(晝夜相會)」는 일상적인 광경이었다 해도, 후지와라쿄 내부에는 있어서는 안 되는 광경 이었다. 후지와라쿄는 예에 의해서 질서가 유지된 특별한 공간이었기 때문이다. 왕기(王畿)의 중심에 있는 도성은 왕의 덕을 가장 강하게 받는다. 따라서, 도성의 내부에서는 예가 가장 올바르게 지켜져야 하는 것은 이 때문이다.

또한, 「유사(遊士)」도 「서울 풍」이라고 하는 의미는 없지만, 「미야비오(みやびを)」로 읽고 있다. 이와 같은 읽기는 「유사」(歌詞)와 「풍류수재지사(風流秀才之士)」(左注)가 같은 뜻인 것을 나타내는 예다. 게다가 「유(遊)」를 일본어로 「아소부(あそぶ)」로 읽고, 이 「유(遊)」야말로 연석(宴席)등에서

문아(文雅)를 즐기는, 이른바 「미야비」의 실체인 것을 이 노래가 무엇보다도 증명하고 있는 것이다. 즉, 「유사」가 「미야비오」로 읽히는 것은 「유사」의 「아소비(遊び)」가 「서울 풍」이라고 인정되었기 때문이다.

그리고, 02/0126歌의 좌주에 의하면, 오호토모 스쿠네타누시는 「용자가염 풍류수절(容姿佳艶風流秀絶)」한 인물로서 대중(衆人)이 감탄하는 표적이 되어 있었다. 이것은 용모의 아름다움과 풍도의 빼어남을 말한 것이다. 여기에 남녀의 정사(情死)를 말하는 호색적인 의미까지 합해서 생각하면, 이런 자질을 가진 남자가 유사(遊士)또는 풍류사(風流士)인 것이다[18]. 그래서 이시카와이라츠메가 부부(夫婦)가 아닌데도 오호토모 스쿠네타누시와 함께 동침(同棲)하고 싶은 염원을 품고, 비천한 할망구로 변장해서 스스로 짝을 구하는 자매(自媒)를 시도했지만, 실패했다고 하는 이야기는 중국의 『유선굴(遊仙窟)』과 같은 호색담의 영향하고, 『문선(文選)』과 『옥대신영(玉臺新詠)』등에 보이는 어구(語句)가 문중에 많이 답습되고 있다.[19] 그녀는 「당신은 풍류인으로 듣고 있었건만, 나를 재우지 않고 돌려보내는, 어리석은 풍류인이었다.」고 조소(嘲笑)했다. 이것에 비해서, 그는 「스스로 찾아온 여자와 하룻밤을 함께 지낼 침대를 경솔하게 빌려주지 않고 그대로 돌려보낸 나야말로 진정한 풍류인인 것이다」라고 반박한다.

풍류인을 둘러싼 해석의 논쟁으로 볼만한 이 증답가가 보이는 것은 당시(奈良時代) 이것이 상당히 중시되고 있었던 것을 이야기하고 있다.

---

18 辛恩卿, 『風流동아시아 미학의 근원 風流』, 보고사, 1999, 33쪽.
19 藏中進, 「石川女郎·大半田主贈報歌」稻岡耕二·伊藤博, 『万葉集を學ぶ』第二集有斐閣, 1977, 93~95쪽.

 그녀의 노래는 연애(戀愛)와 호색(好色)의 의미를 지닌 호색적인 풍류를 나타내고 있는 것으로 보이지만, 그녀의 이러한 행위가 자매(自媒)에 의한 것이기 때문에, 바람(風)의 흐름(流)처럼 자연스러운 행위를 의미를 지닌 풍류로는 볼 수 없는 것이 아닌가 한다. 이것에 비해, 그의 풍류는 호색적인 면을 완전히 폄하하고 있는 것은 아니고, 남녀교유의 본연의 모습으로서 자기의 행위를 자찬하고 있는 것이다. 그는 원래 「용자가염(容姿佳艶)」에 상응하는 「풍류수절(風流秀絶)」이라고 하는 인물이기 때문에, 관능적인 퇴폐성을 띤 요염한 호색적인 풍류의 주인공 자격을 가지고 등장하고 있다. 하지만, 그의 노래에서는 밤에 의도적으로 찾아온 여성을 받아주지 않고 물리친 것은 당시 예의질서를 중시하는 후지와라쿄의 풍류를 대변하고 있는 것으로 볼 수 있고, 이러한 풍류는 도덕적이고 인격적인 면을 나타내고 있는 것이다.

 말할 필요도 없이, 남녀교유(男女交遊)의 세계에 있어서, 그것이 이시카와 이라츠메의 진실한 연애로부터 발생하지만, 특히 무례하게 된 상호 자조(自嘲)의 이면(裏面)이 희가(戲歌)가 된 것으로, 여기에는 꽤 고도의 웃음과 여유를 가진 문예적 태도를 엿볼 수 있다.

 후지와라쿄의 풍류를 잘 반영하고 있는 오호토모 스쿠네타누시는 「미야비오」인 것이다. 이시카와 이라츠메의 풍류는 호색적인 것으로 헤이죠쿄(平城京)에서 미야비 탄생을 위한 가교적인 역할을 하고 있는 것이다.

4. 미야비의 탄생

서기 710년 3월, 헤이죠쿄(平城京)로 천도가 행해진다. 헤이죠쿄는 후지와라쿄와 달리, 「풍류」는 도덕적인 것에서 호색적인 것으로 나타난다.

06/1016歌

제사: 春二月、諸大夫等集左少辨巨勢宿奈麻呂朝臣家宴謌一首

원문: 海原之 遠渡乎 遊士之 遊乎將見登 莫津左比曾來之

훈독: 海原(うなはら)の遠き渡(わたり)を遊士(みやびを)の遊ぶを見むとなづさひぞ來(こ)し

한역: 넓디넓은 바다(海原)를 건너는 아득히 먼 항해(航海)이지만, 풍류인(風流人)이 그 풍류(風流)를 즐기고 있는 것을 보려고, 고생하면서 풍류의 연(宴)에 찾아왔습니다.

좌주: 右一首、書白紙懸著屋壁也。題云蓬萊仙媛所囊蘱、爲風流秀才之士矣。斯凡客不所望見哉。

한역: 오른쪽의 일수는, 백지에 적어서 벽에 걸었다. 題에 말하길, 「蓬萊의 仙媛의 化身인 후쿠로카즈라(囊蘱)는, 風流秀才의 士가 덮어쓰기 위한 것이기 때문이다. 이것은 세상 수준의 손님에게는 우러러볼 수 없는 것이다.」라고 적혀 있다.

상기의 노래는 작자 불명이지만, 권6의 차례로부터 봐서 덴표(天平)9년(737)인 것이 분명하다. 중국의 봉래산(蓬萊山)에 있는 선녀(仙女)의 마음이 되어서, 「유사(遊士)가 즐기는(遊ぶ) 모습을 보기 위해 아득히 먼 바다를 건너왔다」고 하는 것이고, 좌주에 의하면, 이 노래를 쓴 종이가 벽에 걸리고, 거기에 후쿠로가즈라(囊蘱)라고 담쟁이덩굴의 그림이라도 그려져 있었던 것일까? 선녀의 화신인 담쟁이덩굴은 풍류사(風流士)가 머리 장식으로 꽂기 위한 것으로, 속세의 범인에게는 보이지 않을것이라고 아주 초속적(超俗的)인 기분을 토로하고 있다. 신선사상(神仙思想)의 깊은 윤색을 볼 수 있지만, 이상향(常世)에 있는 미녀(美女)를 그리워하면서 시정을 솟아나게 하고 있는 데에는, 호색적(好色的)인 요소를 지니게 된다.

즉, 육조기(六朝期)에 성행한 신선도(神仙道)의 영향을 받아서「선인(仙人)과 선녀(仙女)와의 교정(交情)은 도교(道教)에 있어서의 중요한 이상상(理想像)」이고,「선녀와 함께 음악·시문(詩文)·주연(酒宴)」등을 최고의 수준에 있어서 즐기는 선계(仙界)의 생활을 모방하는 호색적인 풍류가 나타난 것이다.

05/0852歌

제사: 後に梅の歌に追和する四首(849 - 852)

원문: 烏梅能波奈 伊米爾加多良久 美也備多流 波奈等阿例母布 左氣爾于可倍許曾[一云 伊多豆良爾 阿例乎知良須奈 左氣爾〈宇〉可倍許曾]

훈독: 梅の花 夢に語らく みやびたる 花と我れ思ふ 酒に浮かべこそ[一は云はく、いたずらに我を散らすな酒に浮べこそ]

한역: 매화꽃이 꿈속에 말하길, 미야비한 꽃이라고 나 자신은 생각합니다. 술에 띄워 주십시오. (또는, 허무하게 떨어뜨리지 말고 술에 띄워 주십시오.)

상기의 노래는 덴표 二(730)년 정월 13일, 다자이후(大宰府)에 있는 오토모노 다비토(大伴旅人)의 저택(邸)에서 개최된 관매연(觀梅宴)에서의「매화가(梅花歌)」에 추화(追和)한 작(作)이기 때문에, 나라시대, 만요 후기(万葉後期)에 속한다.

매화(梅花)는 중국에서 수입된 귀중한 나무로, 중국의 한시(漢詩)에서도 많이 등장하는 시(詩)의 제재(題材)이다. 이「미야비」는 매화꽃의 우미한 성질을 가리켜 말하고 있지만, 술잔에 달을 비추는 것과 똑같이, 술에 매화꽃을 띄워서 주연(酒宴)의 풍정(風情)을 북돋우는 풍류인의 미적취향에 정말로 잘 어울리는 데, 우미한 꽃이라고 들은 연유가 있다.

상기와 같은 관매(觀梅)의 대아연(大雅宴)은 덴표의「풍류사(미야비오)」들에 의해서 정진정명(正眞正銘)한「미야비」라고 하는 말이 탄생하게 된 것이다.

관매(觀梅)의 대아연(大雅宴)은 덴표의「풍류사(미야비오)」들에 의해서 정진정명(正眞正銘)한「미야비」라고 하는 말이 탄생하게 된 것이다.

결국, 만요 시대의 미야비는 이렇게 해서 중국으로부터 도래한 풍류 사상과 새롭게 완성된 서울 문화를 중심으로 해서, 일본적인 문화이념으로까지 발전하여 헤이안(平安)시대의 문학이념으로 자리 잡게 된다.

5. 「이치 하야키 미야비」

『이세 이야기(伊勢物語)』는,『다케토리 이야기(竹取物語)』와 거의 동시기(同時期)인 헤이안 시대(平安時代) 전기(前期)에 성립된 최초의 우타모노가타리(歌物語)이고, 나중의『원씨 이야기』에도 영향을 준 작품이다. 아리와라 나리히라(在原業平)를 모델로 한, 어느「옛날 남자(昔男)」의 일대기 풍(一代記風)의 이야기로 구성(物語構成)되어 있고, 와카(和歌)를 중

심으로 해서 장면(場面)과 심정(心情)을 만들어내고, 이야기(物語)를 전
개시키고 있다. 따라서,『이세 이야기』를 이해하기 위해서는, 등장인
물의 심정을 집약(集約) 와카 표현(和歌表現)을 충분히 이해하는 것이 요
구된다.

모델인 나리히라는 용자단려(容姿端麗)하고 자유분방(自由奔放)한 남
자로서 이로고노미(色好み)다. 그는 와카가 아주 뛰어났다고 한다. 와카
를 짓는 솜씨는, 오노노 고마치(小野小町)와 함께 육가선(六歌仙)에 나란
히 올릴 정도의 인물이었다.

헤이안 시대는, 한마디로 말하면, 천황을 정점으로 한 귀족 정치 시
대이다. 천황가(天皇家)와 인척관계(緣戚關係)를 맺은 후지와라씨(藤原
氏)가 정치적 실권(實權)을 잡고 섭관정치(攝關政治)를 하는 시대였다.
따라서, 헤이안 시대는, 문학 담당자도 서울(皇都)인 헤이안쿄(平安京)
의 귀족들이었다.

「미야비」란, 헤이안 귀족이 이상(理想)으로 한 미적이념(美的理念)이
다. 원래, 나라시대(奈良時代)부터 궁정 풍(宮廷風)·도회 풍(都會風)이라고
하는 의미로, 「시골 풍(鄙風: 서울로부터 떨어진 지방 풍)」에 대(對)한 말이다.
「호색적인 풍류로 고귀(高貴)하고 기품(氣品)이 있는 귀족적인 아름다움
(美)·도회적으로 세련된 풍아(風雅)한 행동」을 나타낸다. 헤이안 귀족들
은 이「미야비」를 아주 소중히 하고 있었다. 「미야비」인 것은 높이 평가
받고, 그렇지 않은 것은 「촌스럽다」고 해서 비판받았던 것이다.

아래에 인용한 문장은『이세 이야기』의 초단(初段: 초관(初冠))이다.
이 초단에 「이치하야키 미야비(いちはやきみやび)」라고 하는 용어가 등장
한다. 이 용어는 일본 문학사에서 이 부분에만 유일하게 등장하는 특이
한 표현이다.

옛날 어떤 남자가 한 남자로서 **생애 최초로 관(冠)을 쓰는 성인식을 마치고, 옛 도읍이었던 나라(奈良)의 가스가(春日:かすが)마을(里)에** 있는 영지(領地)를 가지고 있는 관계로 그곳으로 매로 짐승을 잡는 **매사냥을 하러 나갔다.** 그 마을에 **아주 아름다운 자매가 살고 있었다.** 이 남자는 그 자매를 가려진 틈으로 몰래 엿보았다. 뜻밖에도, **(너무 아름다워서) 이런 쇠락한 구도(舊都)에 어울리지 않은 존재였기 때문에, 남자는 마음이 흔들려 그녀들에게 빼앗겨 버렸다.** 남자는 자신이 입고 있었던 가리기누(狩衣)라고 하는 **사냥복의 소매를 찢어서, 노래(歌)를 적어 보냈다.** 그 남자는 바로 **문양이 어지러운 시노부즈리의 가리기누를 입고 있었던 것이다.**

가스가 들녘의 연보라 빛의 싱싱한 지치처럼 아름다운 당신을 만나 뵙고 이내 마음은 지치 뿌리를 문질러 염색한 문양처럼 이내 마음도 한없이 혼란스럽다.

라고, 곧바로 노래를 불러 보낸 것이었다. 이럴 때 노래를 생각해내서, 여자에게 보내는 과정도 유쾌하게 생각한 것이겠다. (이 노래는)

미치노쿠노 혼란스러운 시노부즈리는 아니지만, 그와 같이 내 마음은 어지러운 것이다. 누구 때문에 내 마음 흔들리는 것일까? 바로 당신 때문인 것이다.

라고 하는 노래의 취지에 답습한 것이다. 옛사람은 이렇게도 열정을 담아서 과감하면서도 세련되게 한 성급한 행동(いちはやきみやび)을 한 것이다.[20]

---

20 片桐洋一,『新編日本古典文學全集12』, 竹取物語·伊勢物語 小學館, 1999, 113쪽. 伊勢物語의 初段(一 初冠)「昔, 男, 初冠して, 平城の京, 春日の里に, しるよしして, 狩りにいにけり。その里に, いとなまめいたる女はらから住みけり。この男, 垣間見てけり。思ほえず, ふるさとにいとはしたなくてありければ, 心地惑ひにけり。男の, 着たりける狩衣の裾を切りて, 歌を書きてやる。その男, しのぶずりの狩衣をなむ着たりける。「春日野の 若紫の すり衣 しのぶの亂れ 限り知られず」となむ, 追ひつきて言ひやりける。ついでおもしろきことともや思ひける。「みちのくの しのぶもぢずり たれゆゑに 亂れそめにし 我ならなくに」といふ歌の心ばへなり。昔人は, かくいちはやきみやびをなむしける。」

상기의 문장 속에 「이치하야키 미야비(いちはやきみやび)」는 중고문학의 미의식을 대변하는 「호색적인 풍류인 미야비」와는 어떻게 다른 것인가 하는 것이다.

이 「이치하야키 미야비」는 「이치하야시(いちはやし)」라고 하는 형용사와 「미야비(みやび)」라고 하는 명사가 결부해서 생긴 어구(語句)다. 그 「이치하야시」에 대해서, 고주(古註)와 신주(新註)이래, 그 대부분이 「민첩하다(すばやい)」의 의미로 해석되어 왔다. 그러나 1960(昭和35)年에 쓰키시마 히로시(築島裕)가 「정도가 격심하다, 열렬하다, 와 같은 의미로 해석해야한다.」[21]라고 주장한 이래, 이 「이치하야키 미야비」의 「하야키(はやき)」도, 「이치(いち)」라고 하는 「정도가 심하다」라고 하는 의미의 접두사를 앞에 둬서, 「아주 격렬한」의미로 해석되게 이르고, 이 어구도 「아주 격렬한 풍류적인 행동(大.激しい風流な振舞)」의 의미로 해석되는 것이 통설로 되어왔다.[22]

하지만, 「아주 격렬한 풍류적인 행동」과 호색적인 풍류인 「미야비」와의 차이를 구체적으로 알 수 없는 것이다.

『다케토리 이야기』에 등장하는 「이로고노미」들의 「미야비」와 비교해서 그 차이점을 알아보고자 한다.

1) 옛날 남자(昔男)은 아직 사랑의 경험이 없는 성인식을 막 올린 젊은 남자다. 『다케토리 이야기』의 남자들, 특히 다섯 이로고노미(色好み)들은 「세상에 많이 있는 여자들조차, 조금만 용모가 좋다고 하는 소문을 들으

---

21 築島裕, 「伊勢物語の解釋と文法上の問題点」·『講座解釋と文法4』, 明治書院, 1960.

22 滝瀬爵克, 「万葉のみやびと「いちはやきみやび」- その連續性と不連續性-」, 『日本文學誌要50巻』, 法政大學, 1994, 26쪽. 『HoseiUniversityNII-EledtronicLibery Service』.

면, 자기 아내로 맞이하고 싶어 하는 사람들이다.

2) 옛날 남자와 『다케토리 이야기』의 남자들, 특히 다섯 「이로고노미」
들은 아름다운 여성이 있다는 것을 알고 찾아간다.

3) 옛날 남자와 『다케토리 이야기』의 남자들, 특히 다섯 「이로고노미」
들도 여자를 엿보는 행위[23]를 한다.

4) 옛날 남자가 본 여자는 「쇠락한 옛 서울(舊都)에 어울리지 않는 아름
다운 여성이다. 『다케토리 이야기』의 가구야히메(かぐや姫)는 빛이 날정
도로 아다운 여성이다.[24]

---

23 片桐洋一, 『新編日本古典文學全集12』, 竹取物語·伊勢物語 小學館, 1994, 19쪽 「(가구
야히메의 평판을 듣고서)그녀를 자신의 아내로 맞이하고 싶어서, 먹을 것을 먹지 않고
계속 생각하면서, 그녀의 집에 가서, 서성거리거나 계속 돌아다녔지만, 효험이 있을
리도 없다. 편지(연문)를 써서 보내지만, 답장도 하지 않는다. 고생담을 담은 노래인
와비우타 등을 써서 보내지만, 효험이 없다고 생각할지라도, 11월, 12월의 눈이 내려얼
고, 유월 한여름 태양이 내리쬐고, 천둥번개가 울릴 때에도. 아무런 지장 없이 찾아왔
다. 이 사람들은, 어느 때는 다케토리 할아버지를 불러내서, 「당신의 딸을 내 아내로
주십시오.」라고, 엎드려 절하고, 두 손을 모아서 간절히 바라지만, 할아버지는 「내가
낳은 자식이 아니기 때문에, 내 생각대로 딸은 따라 주지 않는 것이다.」라고 말하고,
시간을 보낸다. 이러한 이유로, 이 사람들은 자기 집에 돌아가서, 가구야히메를 향한
근심에 빠져서, (신불에) 기도를 하고, 소원성취를 빈다. (그러나), (가구야히메에 대한)
생각을 단념하려해도 단념할 수도 없다. 「그렇기는 해도, 결국 남자와 결혼시킬 것이
아닌가?」라고 생각해서 기대를 했다. (이 사람들은) 일부러 자신의 뜻이 (가구야히메에
게) 보이도록 (그 집근처를) 계속 돌아다닌다.」

24 片桐洋一, 상게서, 18쪽. 「삼개월정도 될 동안에, 한 사람의 성인 정도의 키만큼 되어
버렸기 때문에, 머리 올리기 등 이것저것 만반의 준비해서 머리를 올리게 하고, 치마를
입힌다. (할아버지는 히메를) 방장 안에서 나오게 하는 일도 하지 않고, 소중히 키운다.
이 아이의 용모가 아름다운 것은, 세상에 비할 바가 없이 아름답고, 방 안은 어두운
데가 없을 정도로 가득 차서 넘쳤다. 할아버지는 기분이 나쁘고 힘들 때도 이 아이를
보면 힘든 일도 없어졌다. 화가 나는 일도 누그러졌다.

5) 옛날 남자는 그 자매를 가려진 틈으로 **몰래 엿본 결과,** 뜻밖에도, **(너무 아름다워서)이런 쇠락한 舊都에 어울리지 않은 존재였기 때문에, 그는 마음이 흔들려 그녀들에게 빼앗겨 버렸다.**『다케토리 이야기』의「이로고노미」는 (가구야히메가 아름답다고 하는) 평판을 듣고서 그녀에게 마음이 끌려서 동요한다.

6) 옛날 남자는 자신이 입고 있었던「가리기누(狩衣)」라고 하는「사냥복」의 소매를 찢어서, 거기에 노래(歌)를 적어 보냈다.『다케토리 이야기』의「이로고노미」들은 편지와 노래를 보낼 뿐만 아니라, 자신들이 할 수 있는 모든 행동을 계속한다.[25]

7) 옛날 남자는 고가(古歌)를 근간으로 해서 자신의 마음을 나타내는 노래를 부르지만,『다케토리 이야기』의「이로고노미」들의 노래에 대해서는 구체적인 언급이 없다.

8) 옛날 남자의 흔들리고 혼란스러운 마음을「시노부즈리(しのぶずり)」의 혼란스러운 문양으로 나타내고 있다.『다케토리 이야기』에서는 이러한 표현은 없다.

상기의 여덟 가지를 정리하면, 옛날 남자의 행위도 분명 호색적인 풍류인「미야비」임에는 틀림이 없지만, 옛날 남자와「이로고노미」들의 미야비와 다른 점은 다음과 같이 발견된다.

첫째, 호색적인 경험이 많아서 익숙한「이로고노미」들과는 달리, 옛날남자는 이제 막 성인식을 마쳤기 때문에, 호색적인 풍류인「미야비」

---

25 片桐洋一, 상게서, 19쪽.

의 세계에 처음으로 발을 내딛는 초보자다.

둘째, 옛날 남자는 호색적인 풍류인 「미야비」의 세계에 처음으로 발을 내딛는 초보자이기는 하지만, 한 치의 머뭇거림도 없이 자신이 입고 있던 옷소매를 과감하게 찢어 자기의 감정을 고가(古歌)에 기인하여 만든 와카를 적어 자신의 의사를 상대 여성에 세련되게 전한다.

상기의 두 가지를 요약하면, 「이치 하야키 미야비」는 미야비의 세계를 생애 처음으로 경험하는 젊은이가 과감하면서도 세련되게 한 성급한 행동」을 상징적으로 나타낸 표현이 아닌가 한다.

6. 결론

본 논문에서는 고대 동아시아 문학을 풍미하게 했던 풍류(風流)와, 일본의 고전 문학에서의 풍류에 대한 인식의 변천과정과, 풍류와 일본의 헤이안 시대 문학의 미의식을 대변하는 「미야비」와의 관계 및 『이세 이야기(伊勢物語)』에 나오는 「이치하야키 미야비(いちはやきみやび)」의 의미 등을 고찰해 보았다.

중고문학의 「미야비」는 『만요슈』의 「풍류」와 「유사」 등과 밀접한 관련이 있다. 그러므로, 이 「풍류」와 「유사」는 상대 문학과 중고 문학의 미의식을 연결하는 중요한 요소가 되는 것이다.

오후미조(近江朝)에는 여가가 생겨서, 한시문(漢詩文)이 흥륭(興隆)하고, 이것은 의례제도(儀禮制度)정비의 일환이고, 그 성공을 현창(顯彰)하는 것이다. 오후미 풍류(近江風流)는 천자와 현신문사의 풍류로, 모두(冒頭)에 언급한 중국의 풍류(風流)중에서 개인적인 도덕적 품격을 의미하는 풍류에 해당하는 것으로 볼 수 있는 것이다.

「풍류」와 「미야비」는 본래 다른 말이다. 「풍류」를 「미야비」로 읽는 것은 「풍류」가 「서울 풍」인 「미야코비(都風)」이라고 하는 인식에 의거하는 것이다.

「미야비」가 지토조(持統朝)에 모습을 나타낸 것은 지토조에 후지와라쿄(藤原京)가 건설된 것과 관련된 것으로 생각한다. 후지와라쿄는 도성제(都城制)를 채용한 최초의 본격적인 서울인 미야코(都)이다. 서울 풍인 미야코비가 「미야비」가 되기 위해서는 본격적인 미야코 없이는 출현 할 수는 없는 것이다.

02/0126-0127가군(歌群)의 「미야비」는 도성이 예의질서의 공간인 것과 무관하지 않다. 후지와라쿄(藤原宮)에서부터 천황의 덕을 유출시키고 있는 한, 후지와라쿄에서는 예(礼)가 지켜진다. 후지와라쿄의 예의질서는 천황의 덕성(德性)이 발현되는 증명이다. 그리고, 상기의 가군에서는 후지와라쿄의 예의질서를 지키는 풍류를 「미야비」로 인식하고 있는 것이다. 후지와라쿄의 풍류를 잘 반영하고 있는 것이 오호토모 스쿠네타누시의 「미야비」이고, 이시카와 이라츠메의 풍류는 호색적인 것으로 풍류가 헤이쬬쿄의 미야비로 발전하는 가교적인 역할을 하고 있는 것이다.

관매(觀梅)의 대아연(大雅宴)은 덴표의 「풍류사(미야비오)」들에 의해서 정진정명(正眞正銘)한 「미야비」라고 하는 말이 탄생하게 된 것이다.

결국, 만요 시대의 미야비는 이렇게 해서 중국으로부터 도래한 풍류 사상과 새롭게 완성된 서울 문화를 중심으로 해서, 일본적인 문화이념으로까지 발전하여 헤이안(平安)시대의 문학이념으로 자리 잡게 된다.

『이세 이야기』의 「이치하야키 미야비」는 미야비의 세계를 생애 처음

으로 경험하는 젊은이가 과감하면서도 세련되게 한 성급한 행동을 상
징적으로 나타낸 표현인 것이다.

참고문헌

白川靜, 『詩經』, 中央公論新社, 2002.
小島憲之, 『日本古典文學大系69 懷風藻, 文華秀麗集, 本朝文粹』, 岩波書店, 1964.
_____, 『新編日本文學全集6万葉集』 1, 小學館, 1994.
_____, 『新編日本文學全集7万葉集』 2, 小學館, 1995.
片桐洋一, 『新編日本古典文學全集12 竹取物語·伊勢物語』, 小學館, 1999, 18쪽.
滝瀬爵克, 「万葉のみやびと「いちはやきみやび」-その連.性と不連.性-」, 『日本文學誌
　　　　　要50卷』, 法政大學, 『HoseiUniversity NII-Eledtronic LiberyService』,
　　　　　1994, 26쪽.
鈴木修次, 「風流考」, 『中國文學と日本文學』, 東京書籍株式會社, 1987.
福澤健, 「石川女郎·大伴田主增報歌と藤原京」, 2000.
藏中進, 「石川女郎·大牛田主贈報歌」, 稻岡耕二·伊藤博, 『万葉集を學ぶ』 第二集,
　　　　　有斐閣, 1977, 93~95쪽.
靑木生子, 「みやび」, 『日本文學における美の構造』, 雄山閣, 1982, 31쪽.
築島裕, 「伊勢物語の解釋と文法上の問題点」·『講座解釋と文法4』, 明治書院, 1960.
辛恩卿, 『風流동아시아 미학의 근원 風流』, 보고사, 1999, 33쪽.
胡志昂, 「近江朝漢詩文の思想理念」, 『埼玉學園大學紀要(人文學部篇) 第11號, 2011,
　　　　　345쪽.

와카[和歌]를 통해 본
일본 헤이안[平安] 시대 연애풍류

남이숙

1. 풍류의 어원과 역사적 유래

한국의 경우, 풍류하면 '풍치가 있고 멋스럽게 노는 일' 또는 '운치가 있는 일'로 풀이한 사전이 있는가 하면, '아취(雅趣)가 있는 것' 또는 '속(俗)된 것을 버리고 고상한 유희를 하는 것'으로 풀이한 사전도 있다. 또 어떤 이는 풍류를 풍속의 흐름으로 보아 문화와 같은 뜻으로 보는 이도 있고, 풍월(風月)과 같은 뜻으로 음풍농월(吟風弄月)하는 시가(詩歌)와 관련짓기도 한다.[1]

일본의 경우, 풍류란 말이 맨 먼저 문헌에 등장하는 것은 『萬葉集』이다. 『萬葉集』에 대해서는 두 종류의 風流가 등장하는데, 하나는 중국어 한자 그대로의 '風流'이다. 이에 관해서는 古西甚一씨의 면밀한 조사가 있다. 그는 고대 일본문화에 영향을 끼친 것은 六朝(3~6c)와 唐(7~9c)라고 하며, 『全唐詩』에서 '風流'가 포함된 모든 문구를 뽑아 다음

---

1 김천일 엮음, 『풍류인』, 어드북스, 2012, 12쪽.

과 같은 결론짓고 있다.[2]

> 풍류란 주로 '가야금(琴)' '詩' '술(酒)' '기생(妓)' 및 그것과 공통된 의미
> 의 말과 관련이 있음을 알았다. 따라서 풍류란 음악을 감상하고, 시문을
> 즐기고, 술을 사랑하고 여성과의 교유를 즐긴다고 하는 생활에서 승화된
> 이상적 전형이었다고 생각할 수 있다.

본어의 경우, 風流는 'みやび'란 훈을 달아 읽고 있다.
卷四의 사카노우에노 이라쓰메(坂上郎女)의 다음 노래를 보자.

> 721 あしひきの山にし居れば風流(みやび)なみわがするわざを咎めたまふな
> 산에 있기에 우아함 모르니 내가 하는 일을 책망하지 마오

노래 서문을 참고하면, 사호(佐保)자택에서 작자가 쇼무(聖武)천황에
게 보낸 노래이다. 여기서 사호란 정말 산 속을 가리키는 것이 아니라
자기가 있는 곳을 겸허하게 나타내기 위해 사용하고 있다. 'みやび'란
워낙은 '宮び', 즉 궁정풍이라든가 도회적이라는 의미로 귀족의 생활
스타일로서의 표준, 이상적인 것이라고 할 수 있다. 지면의 제한이 있
어 인용을 생략하지만 만엽집 126, 127 노래의 경우도 '遊士'를 'みやび
を'라고 훈독을 하는데 거의 거의 같은 의미로 쓰이고 있다고 보아야
할 것이다.[3]
이러한 내용을 전부 참고하여 정리했다고 보여지는 일본 국어사전

---

2 尼ヶ崎彬, 『いきと風流』, 大修館書店, 2017, 43쪽 참조.
3 앞의 책 47~52쪽 참조.

고지엔(廣辭苑)의 'みやび' 뜻풀이를 보면 다음과 같다.[4]

'① 궁정풍이고 도회적인 것. 우아하고 품격이 있는 것 ② 세련된 감각을 가지고 연애의 정취나 인정을 잘 알고 있는 것. 風雅. 풍류.'로 되어 있다.

이러한 관점에서, 일본의 헤이안시대(794~1192)의 문학을 바라보면, 진솔한 심정을 우아한 시로 표현하고 자연을 즐길 줄 아는 풍류인들이 세상을 풍미한 시대가 아닌가 하는 생각이 든다. 특히 이 시대는 詩歌 없이는 일상생활이 불가능할 정도로 중류층 이상의 귀족들의 생활 속에 자리잡고 있었다. 이 때 시가란 와카를 말한다. 와카란 일본전통시가로 5·7·5·7·7의 31자로 우리의 시조와 같은 정형시이다. 우리의 시조처럼 편지나 선물을 주고받을 때 문안할 때도 연애할 때 와카는 항상 커뮤니케이션의 매개체 역할을 하였다.

당시의 일기문학이나 모노가타리 문학의 다양한 장면, 그 중에서도 연애 장면에서는 와카를 증답하는데, 이는 와카창작의 소양이 없이는 불가능한 일이었다고 생각된다. 일기문학 중에서도 1007년 성립되었다는 설이 유력한 『和泉式部日記』는 142수의 와카와 5수의 연가 증답을 축으로 和泉式部와 아쓰미치 황태자의 사랑이야기를 전개시키고 있다. 1008년 성립된 일본의 고전 『源氏物語』에서도 795수의 와카가 포함되어 있다. 이 와카들은 주변에 펼쳐지는 사계절의 자연미를 배경으로 등장인물의 심정 이야기를 전개하는데 중요한 역할을 하고 있다.

따라서 본고에서는 헤이안시대 여류문학 속에 등장하는 작품을 중심으로 당시 귀족들의 풍류 생활에 있어서 와카가 어떤 역할을 했고, 당

---

4 新村出編, 『廣辭苑』, 岩波書店, 1993년, 2475쪽.

시의 귀족들이 풍류의 이상으로 삼은 세계가 어떠했으며, 이러한 미의
식은 어떻게 형성되었는지에 관해 고찰해 보고자 한다.

2. 와카와 연애 풍류

1) 연가를 통해 본 헤이안 귀족들의 연애 풍류

헤이안시대 남성 풍류인에 관한 가장 오래된 기록은 『伊勢物語』에
서 찾아볼 수 있다. 작자 미상으로 아리와라노 나리히라(在原業平;
825~880)를 연상케 하는 남자의 일대기를 그의 노래를 중심으로 그린
작품이다. 와카를 모노가타리 속에 설정해 놓고 그 주제를 드러낼 수
있도록 이야기 흐름이 전개되는 것이다.

텍스트는 전본(傳本)에 따라 약간의 차이는 있지만 일반적으로 125단
으로 구성되며, 대부분의 단이 "옛날 남자 …(昔, 男 …)"로 시작되며,
연애·유리·우정·이별 등 다양한 내용을 와카를 중심으로 전개하고
있다.

먼저 1단의 내용을 살펴보자. 1단에는 당대의 이상형으로 생각되는
'이로코노미(色好み) 나리히라'란 옛날 남자(昔男)가 등장한다. '이로코
노미(色好み)'는 자칫 잘못 번역하면 여자를 좋아하는 바람둥이인 호색
남으로 번역하기 쉬운데 −물론 일본에서도 후대에 와서는 그런 의미로
와전되기도 했다− 헤이안시대 '이로코노미(色好み)'는 이와는 다르다.
'높은 문예적 취향을 지니고 여성의 마음을 헤아릴 줄 아는 세련된 남
자'라는 의미로 쓰였다. 다음에 소개하는 『伊勢物語』 1단과 63단의 내
용을 통해서도 알 수 있다.

먼저 1단을 요약해 소개하면 다음과 같다.[5]

옛날 한 남자가 성인식을 치른 후 자신이 다스리던 곳으로 사냥을 나가서 아름다운 자매를 발견한다. 한 눈에 반한 그는 자신이 입고 있던 가리기누[6]의 소매를 찢어 거기에 노래를 적어 보냈다. 그 노래인즉 다음과 같다.

> 春日野の若紫のすり衣しのぶの乱れかぎり知られず
> 가스가들녘 연보라 물들인 옷무늬가 어지럽듯이 당신 생각으로 내 마음도 혼란스럽다.

본문의 내용을 참고하면 남자가 입고 있었던 옷은 시노부즈리문양[7]이다. 이 문양은 자초(紫草)의 줄기나 뿌리를 불규칙적으로 문질러서 물들인 것으로 매우 어지러운 모습이었다. 노래의 내용은 그 어지러운 옷의 무늬처럼 당신 모습을 보고 자신의 마음도 혼란스러워져 괴롭기만 하다는 것이다.

그리고 이야기 말미에 이와 같이 와카를 읊어 자매에게 보낸 남자의 행동을 '옛날 사람들은 열정적이고 풍류어린 행동을 했던 것이다(むかし人は、かくいちはやきみやびをなむしける)'라고 평하고 있다. 앞의 밑줄 친 일본어 본문 '미야비(みやび)'를 한국어로 '풍류어린 행동'으로 해석했는데, 이는 당시 인간으로서 가장 세련된, 우아한 품위를 지니고 있다는

---

5 中野幸一 譯注, 『伊勢物語』, 旺文社, 1990, 12쪽 이하 본문도 같은 텍스트를 참고함.
6 사냥을 나갈 때 입었던 옷으로 나중에는 문신용으로 평복이 되었다.
7 지금의 후쿠시마(옛 미치노쿠)의 시노부지방에서 생산되던 직물의 문양으로 자초(紫草)의 줄기나 뿌리를 불규칙적으로 문질러서 물들인 것.

것을 의미한다. 여기서 주인공 남자의 우아한 행동이란 다름 아닌 입고 있는 옷소매를 잘라내어 마음에 든 여성이 나타나면 와카를 읊어 보냈다는 점이다. 풍류를 아는 세련된 멋진 행동이란 당시에는 이와 같이 마음에 든 여성이 나타나면 거침없는 행동으로 정열적인 와카를 읊어 보내는 것이라고 생각했던 것이다.

65단에는 99세 늙은 백발(つくも髮)의 노녀와 나리히라의 연애담이 소개되고 있다. 이성을 그리는 마음에 사로잡힌 여자가 정이 깊은 사람을 만나고 싶어 자식 셋을 불러 꿈에 좋은 남자를 만났다는 이야기를 한다. 두 아들은 건성이었지만 셋째아들은 어떻게 해서든지 그런 조건을 갖춘 나리히라를 만나게 해주어야겠다고 생각한다. 그래서 나리히라가 사냥간 곳까지 찾아가 어머니의 사정을 이야기하자 나리히라는 하는 수 없이 찾아와 만나 주었다. 그러나 그 뒤로 찾아와 주지 않자, 노녀는 남자의 집으로 가서 그 집안을 엿보았다. 그 모습을 본 남자는

> ももとせにひととせたらぬつくもがみわれをこふらしおもかげにみゆ
> 백 살보다 한 살 적은 백발 노파 나를 좋아하는 듯 주변에 어른거리네

라고 읊고는 여자의 집으로 가는 기색을 보였다. 노녀는 가시나무와 탱자나무에 걸리는 것도 개의치 않고 집으로 돌아와 자리에 누워 있었다. 남자는 여자가 했던 것처럼 여자의 집을 몰래 엿보았다. 그랬더니 여자는 한탄하며 자려고 하다가

> さむしろに衣かたしき今宵もや恋しき人にあはでのみ寝む
> 자리에 누워 한 자락 옷을 깔고 오늘밤에도 그리운 사람 만나지도 못하네

라고 읊었다. 그러자 남자는 불쌍하게 생각하여 그날 밤 함께 잤다. 세상의 이치로 보면 남녀관계란 자신이 사랑하는 사람은 그리워하고 사랑하지 않은 사람은 그리워하지 않는다며 이야기를 맺고 있다. 관점에 따라서는 이 이야기는 노년이 되어서도 남자를 밝히는 여성을 희화화한 내용으로 볼 수 있다. 하지만 여기서는 그런 점보다 이 남자는 미추, 나이 구별 없이 자신의 사랑의 감정을 문학으로 전하는 여성이라면 다르게 봐야 한다고 주장하는 것 같다. 노녀는 자신의 진심을 담아 읊은 와카 덕택으로 결국 사랑을 성취했음을 강조한 것은 아닐까.

헤이안시대, 귀족사회에서 와카는 이와 같이 일종의 커뮤니케이션 도구로 사용되었다. 자신의 생각과 문안을 전하거나 선물을 할 때도 공적인 행사에서도 와카를 사용했다. 그 중에서도 특히, 와카는 남녀 간의 연애에서도 중요한 역할을 했다. 최초의 칙찬집인『古今和歌集』에 수록된 와카를 보면 전부 20권으로 봄(상·하), 여름, 가을(상·하), 겨울, 사랑(1~5권), 축하, 이별, 여행, 사물의 이름, 애상, 雜, 雜體, 오우타도코로노래(大歌所御歌)[8]로 분류하여 1111수이다. 그 중 연가, 즉 사랑을 주제로 한 것은 360수로 압도적이다. 가집 편찬자들도 다른 주제의 와카보다 연가를 상당히 비중 있게 다루고 있음을 알 수 있다.

당시 귀족들의 연애는 현대에서와 같이 남녀가 직접 얼굴을 보고 대화하거나 용모에 반해서 이루어지는 경우는 거의 없다. 그렇다면 헤이안 연애는 어떻게 성사될까. 남성들은 여성을 직접 보지는 못하지만

8　오우타(大歌)는 일본의 고대부터 전승된 노래를 궁정의 신사나 연회에 사용되던 중국에서 온 음악들과 구분해서 일컫는 말이다. 오우타도코로(大歌所)는 그런 노래를 수집 관리하고 교습하는 관청이었다.

어떤 아름답고 기품 있는 아가씨가 있다는 소문을 들으면 다음과 같이 와카로 읊어 상대에게 보낸다.『古今和歌集』에 수록되어 있는 노래이다.

> 470 音にのみきくのしら露夜はおきて昼は思いにあへずけぬべし(古今⁹)
> 소문으로만 듣던 님 때문에 밤엔 국화위 이슬처럼 깨어 있고 낮에는 햇빛에 사라지는 이슬처럼 못 견디고 사라진다
>
> 475 世中はかくこそありけれ吹風の目に見ぬ人もこひしかりけり(古今)
> 남녀 인연이란 이런 것인가 부는 바람처럼 눈으로 보지 않았는데도 그리워지네
>
> 637 雨雲に鳴きゆく雁の音にのみ聞き渡りつつあふよしもなし(後撰)
> 높은 하늘 구름 속을 나는 기러기 울음처럼 소문으로 몇 번이고 듣고는 있지만 직접 만날 방법이 없네요

당시엔 470에서와 같이 소문이나 이름만 듣고도 사랑에 빠질 수 있었다. 475의 '바람처럼 눈에 보이지 않아도'란 표현은 중류층 이상의 여자는 부모나 형제 이외의 남자에게는 얼굴을 보이지 않는 관습 때문에 여인을 맘대로 볼 수 없었음을 묘사하고 있다. 그처럼 볼 수는 없어도 소문만으로 그리게 되었다는 심정을 읊고 있다.『後撰和歌集』637의 노래에는 '뜻이 있는 여자에게 보낸 노래(こころざしありける女につかはしける)'라는 해설인 고토바가키¹⁰가 붙어 있다. 이 노래 역시 소문만

---

9 와카 인용의 경우 노래의 출처를 (古今)이라고 표기하였는데 이는『古今和歌集』를 의미한다.

10 고토바가키란 와카를 읊게 된 배경에 대한 설명을 말하는데, 어떤 경우는 이 설명이 길어지는 경우도 있다. 이것이 점점 발전하면 소설과 비슷한 와카이야기(歌物語)가 만들어지기도 했다. 위에서 든『伊勢物語』가 그와 같은 경위에 의해서 성립한 이야기라고 할 수 있다.

듣고 구애 작전을 펴는 와카라 할 수 있다.

위의 세 와카는 모두 남자가 보낸 노래인데, 여자 쪽에서는 다양한 방식으로 상대 남성의 마음을 받아들인다. 실제 자신의 경험을 기록한 『蜻蛉日記』를 참고로 보자. 당시 넘버원의 권세를 자랑하는 세도가 후지와라노 가네이에(藤原兼家)가 장안의 미녀라고 소문난 작자의 이야기를 듣고 그녀에게 다음과 같이 프로포즈하는 와카를 보낸다.

音にのみ聞けばばかなしなほととぎすことかたらはむと思ふこころあり
소문으로 듣고 애태우네 소쩍새 직접 만나 친히 얘기를 나누고 싶구려

그러자 일기의 작자는,

かたらはむ人なき里にほととぎすかひなかるべき声なふるしそ
상대가 될 만한 사람도 없는 곳을 향해 소쩍새여 소용없는 행동 하지마시오

가네이에의 노래를 보면 처음 사랑을 호소하는 남자답지 않게 불쑥 초여름의 가어 소쩍새(ほととぎす)[11]에 자신을 빗대어 상투적인 구혼가를 보낸 것이다. 이에 대한 여자의 노래는 상대의 歌語를 공유하면서도 남자의 구애를 은근히 거부하는 내용을 담고 있다. 이런 식의 응수가

---

11 大岡信, 『あなたに語る日本文学史』, 新書館, 1995, 92쪽.
  '소쩍새'는 일본 와카에 자주 등장하는 새이다. 여름의 도래를 알리는 새로 봄을 알리는 휘파람새와 함께 단골로 등장한다. 낮뿐만 아니라 밤에도 우는 습성이 있어 상대방을 그리며 잠 못 이루는 밤에 외로움을 달래주는 대상으로 많이 읊어진다.

보통의 방식이었으나 당시 문학작품을 들여다 보면 응수법은 각양각색
이다.

다음은 『和泉式部日記』의 와카를 예로 들어보자. 작자 和泉式部는
처음에는 레이제천황의 세 번째 황자인 다메다카친왕과 사랑하는 연인
사이가 된다. 그러나 다메다카(爲尊)친왕은 얼마 안 있어 세상을 떠나
고, 시름에 빠져있는 작자 앞에 동생인 아쓰미치(敦道)친왕이 자신의
시동으로 하여금 귤꽃 가지와 함께 편지로 프로포즈를 한다.

그러자 和泉式部는

> かをる香によそふるよりは時鳥きかばや同じ声やしたると
> 향긋한 귤향으로 옛 님 생각만 나게 하지 말고 소쩍새여 당신 목소리가
> 형과 같은지 들려주시오

라고 귤꽃이 의미하는 '옛 님 생각나게 한다'는 뜻을 이해하고, 동생
친왕을 소쩍새에 빗대어 당시 여성으로서는 상당히 적극적으로 동생
황태자에게 관심을 표명한다. 황태자 역시 강한 관심을 내보이며 다음
과 같이 답한다.

> 同じ枝に鳴きつつをりし時鳥こゑや変らぬものと知らなむ
> 같은 형제이니 어찌 목소리가 다를 수 있겠소 당신을 향한 마음까지도
> 똑같지요

이렇게 해서 두 사람의 관계는 때로는 소원해지기도 하고 때로는
고조되어 가기도 한다. 그러는 동안 和泉式部의 반응이 차가워지면

> うち出でてありにしものをなかなかに苦しきまでも嘆く今日かな
> 솔직히 심정을 표현하지 말았어야 될 걸 고백해 버려 고통스러운 오늘이군요

라고 제대로 응해주지 않는 和泉式部를 은근히 원망한다. 그럴 때, 여자는

> 今日の間の心にかへて思ひやれながめつつのみ過ぐす心を
> 오늘 하루 고통스러웠다 하지만 형님 잃고 계속 고통스러운 제 마음을 헤아려 보셨는지

라고 응수한다. '오늘'이라는 말을 구실 삼아 '당신은 오늘 하루 괴로우신 거죠. 형님을 잃고 난 후 저는 얼마나 오랫동안 슬픔에 잠겨 있었는지 아세요?'라고 되받아치고 있다. 초기단계에서는 이러한 식으로 재치 있게 주고받는 증답이 이루어진다. 그러다가 사랑의 감정이 깊어지면 다음과 같은 내용의 와카를 주고받는다.[12]

> 616 起きもせず寝もせで夜を明かしては春のものとてながめ暮しつ(古今)
> 깨어 있지도 잠들지도 못하고 밤을 지샌 후 하염없이 봄비 바라보며 지냈다오

사랑하는 이에 대한 그리움과 기대감, 상대방의 생각에 사로잡혀

---

12 이 노래의 고토바가키는 '삼월 초하루 은밀히 사랑하는 이와 대화를 나눈 후에 비가 소리 없이 내릴 때에(弥生の一日より、忍に人にものら言ひて、後に、雨のそほ降りけるに)'로 되어 있다.

아무것도 할 수 없는 자신의 심정을 봄비를 소재로 31음의 와카로 잘 묘사하고 있다.

이렇게 해서 함께 사랑하는 사람과 하룻밤 지내고 난 다음날은 함께 보낸 감회를 와카에 담아 보내지 않으면 안 된다. 이러한 와카를 '기누기누(後朝)'의 노래라고 한다.

> 634 恋ひ恋ひてまれにこよひぞ逢坂の木綿つけ鳥はなかずもあらなむ (古今)
>   몹시 그리다 어렵사리 오늘밤 만나네 만남을 방해하는 닭 울지 않았으면
> 849 朝寝髪我はけづらじうつくしき人の手枕触れてしものを(拾遺)
>   아침 일어나 흐트러진 머리 손질하지 않으리 사랑스런 임의 팔베개를 잔향이 남아 있으니

634는 '오랫동안 기다리다 만나 못 다한 정을 오래 나누고 싶으니 닭이여 제발 울지 말아다오'라고 호소하고 있다. 헤이안시대에는 '訪妻婚'으로 남자가 여자의 집을 방문해야 한다. 이러한 방문이 사흘간 계속되어야 결혼이 성사된다. 여기서 '오사카(逢坂)'의 의미는 당시 동쪽의 관문으로 도읍지를 떠나는 사람이나 돌아오는 사람을 보내거나 맞이하는 곳이지만, 이 노래에서는 '남녀가 만나 하룻밤을 지내는 것'을 의미한다. 와카의 내용은 두 사람이 그리워하다 어렵사리 만나게 됐는데 새벽에 닭이 빨리 울어 헤어질 시간이 되었다고 재촉하지 않으면 좋겠다는 심정을 호소하고 있다. 여자와 함께 보내는 날은 닭이 울기 전에 여성의 집을 나와 다른 사람들 눈에 띄기 전에 자신의 집으로 돌아가야 했기 때문이다. 849는 사랑하는 이에게 팔베개를 해주고 하룻밤을 같이 보낸 후 그 체취가 얼마나 소중하게 느껴졌는지를 도치법

을 통해 호소하고 있다.

다음은 『後拾遺集』에도 『百人一首』에도 수록되어 있는 기누기누(後朝) 和歌이다.

> 君がため 惜しからざりし 命さへ ながくもがなと 思ひけるかな (後拾遺)
> 당신을 만나기 전에는 당신을 위해 아깝지 않던 목숨까지도 하룻밤을
> 함께 한 오늘은 아깝기만 하다

라고 읊어 보내고 있다. 고토바가키에 '여자가 있는 곳에서 집으로 돌아와 읊어보낸 노래'로 되어 있다. 남성의 노래이다. 위에서 말한 것처럼 방처혼으로 여자와 함께 살지 않고 남자가 여성의 집을 다녀야 했기 때문에 새벽이 되면 다른 사람들 눈에 띄기 전에 신부 집을 빠져 나와야 했다. 사랑하는 당신과 만나기 위해서라면 목숨을 버려도 좋다고 생각했지만, 첫날밤을 함께 보낸 후에는 생각이 완전히 바뀌었다. 오랫동안 같이 지내기 위해 이제는 오래 살고 싶다고 얼핏 모순같이 생각되는 심정을 담아 사랑의 진실을 호소하고 있다.

하지만 이러한 사랑이 감정이 영원히 지속되는 것은 아니다.

> 691 今来むといひしばかりに長月の有明の月を待ち出でつるかな(古今)
> 금방 온다던 그 말만 믿고 기다렸건만 그대는 오지 않고 새벽달만
> 떴구나

'有明の月'은 '9월 음력 하순에 뜨는 새벽달'을 의미한다. 와카에서는 밤이 길어진 가을밤 밤새워 임을 기다리는 여인의 처량한 모습을 묘사할 때 자주 읊어지는 소재로 등장한다. 정을 나눈 후 금방 온다던 말을

곧이곧대로 믿었는데 결국 홀로 밤을 지샌 것이다.

이렇게 상대가 변심할 경우도 남성을 책망하는 와카를 읊어 보낸다.

> 心ざしをろかに見えける人につかはしける
>
> 841 待たざりし秋は来ぬれど見し人の心はよそになりもゆくかな(後撰)
>
> 싫증의 계절, 가을이 와서 당신의 마음은 딴 곳에 있군요
>
> 返し
>
> 842 君を思ふ心長さは秋の夜にいづれまさるとそらに知らなん(後撰)
>
> 당신 생각하는 내 맘과 가을밤 어느 쪽이 길까요 당신은 잘 아시고
> 계시죠

841번 와카는 여성의 노래이고, 842번은 남성의 노래이다. '가을(秋)'
에는 '싫증(飽き)'이라는 의미가 포함되어 있다. 고토바가키에서 알 수
있듯이 소홀해져 믿음이 가지 않는 상대에게 보낸 노래이다. 싫증(飽き)
의 시기라고도 하는 가을, 그런 가을이 오리라 믿지 않았는데 그런 가
을이 되었네요, 이 계절에는 깊게 믿었던 당신의 마음도 어쩔 수 없군
요'라고 상대를 가볍게 문책하고 있다. 그러자 842번의 상대는 '당신을
생각하는 변함없는 내 마음을 가을의 밤에 비교하지 마시오, 그보다
훨씬 길고 길다오'라고 재치 있게 응수하고 있다. 남성의 변심 기색을
알고 이를 질타하는 와카를 읊어 적극적으로 연애를 주도해 낸 여성
쪽의 승리라고 볼 수 있다.

이와 같이 당시 연애 문화에서는 보지 않은 사람을 소문으로 듣고
사모하는 단계에서부터 실연당했을 때까지 모든 단계에서 와카로 의사
소통하고 있음을 알 수 있다. 와카는 앞에서도 이야기했지만 5·7·5
·7·7의 31자로 정형화된 시로 운율을 맞춰 읊어야만 한다. 거기에 음

식·술·노골적인 성적 욕망 등을 그대로 표현하는 속어를 사용해서는 안 된다는 규정이 있었다. 그런 룰을 지켜야 했으므로 상당히 힘들었을 것이다.

그럼에도 불구하고 와카를 이용한 까닭은 무엇일까. 현대에서처럼 자유롭게 남녀가 만나 대화를 하거나 교제할 수 없는 문화 속에서 비일상적인 언어, 우아한 언어를 사용해 자신의 감정을 전달하는 것은 교양 있고 품격 있는 행위로 인식되었을 것이다. 그리하여 와카를 읊는 일은 멋이나 풍류의 유무의 문제로 귀결되고 와카 창작 행위는 상대방의 사랑을 얻고 지속하기 위한 수단이 되었다고 생각된다. 그리하여, 자신의 모든 역량을 쏟아 부어 와카를 창작했을 것이다.

2) 헤이안 풍류인들의 이상적인 자연관

그렇다면 당시 가인들은 자신이 처해 있는 심정을 와카에만 의탁할 수 있으면 풍류인이라고 할 수 있을까. 헤이안시대 일기, 모노가타리, 가집 등의 작품 내용을 보면 결코 그렇지 않다.

다음 『更級日記』의 한 장면을 살펴보자. 이 작품은 헤이안후기 菅原孝標의 딸이라는 여성이 소녀시절에서부터 만년에 남편과 사별하기까지 여자의 일생을 회상의 형태로 정리한 작품이다. 작자가 13살인 寬仁 4年(1020)부터 52살인 康平 2年(1059)까지 약 40년간의 기록이다.

작자가 궁궐에 출사해 얼마 되지 않은 시점에 쓴 글을 보자. 좀 길지만 줄거리와 본문을 소개해 보겠다.

10월 초의 어느 날 현대의 양력으로 치면 11월 초겨울 밤, 목소리 좋은 스님이 불경을 읊는다 하여 그것을 들으러 갔다. 가 보니 상류귀족이 자리해 있었다. 자리를 피하는 것도 민망하여 다른 뇨보와 그 자리에 앉았다. 그런데 여색을 밝히는 것도 아닌데 간혹 분위기 있는 화제를 이끌어내기도 하는 한 남성이 나타났다. 이 남성의 이름은 源資通인데, 일기의 주인공을 향해 '아직도 제가 모르는 분이 있군요'라고 관심을 내보이며 말을 이어간다. 때마침 별빛도 없는 어둔 밤, 겨울을 재촉하는 비가 내리고 있었다.

'오히려 운치가 있는 밤이네요. 달빛이 밝아 얼굴을 환히 비치는 것도 왠지 쑥스럽지요(なかなか艶にをかしき夜かな。月の隈なく明からむもはしたなくまばゆかりぬべかりけり。)하며 남자는 봄과 가을의 정취를 비교하는 이야기로 화제를 옮긴다. 여기서부터는 중요한 내용이기 때문에 본문 그대로 인용해 보기로 하자.

時にしたがひ見ることには、春霞おもしろく、空ものどかに霞み、月のおもてもいと明うもあらず。遠う流るるやうに見えたるに、琵琶の風香調ゆるるかに弾きらしたるいといみじく聞こゆるに、また秋になりて月いみじう明きに、空は霧りわたりたれど、手にとるばかりさやかに澄みわたりたるに、風の音、虫の声、とりあつめたる心地するに、箏の琴かきならされたる、横笛の吹き澄まされたるは、なぞの春とおぼゆかし。また、さかと思へば、冬の夜の、空さへさえわたりいみじきに、雪の降りつもりひかりあひたるに、篳篥のわななき出でたるは、春秋もみな忘れぬかし。[13]

계절에 따라 사방에 봄안개가 한가롭게 피어올라 달도 어슴푸레 흐려 있는 그런 밤에 비파를 여유롭게 뜯는 것도 정취가 있지요. 또한 가을이 되어 달이 밝게 내리쬐는 밤, 사방은 안개가 피어오르지만 달만큼은 손에

---

13 藤岡忠美・中野幸一・犬養廉校注・訳(1995), 『和泉式部日記・紫式部日記・更級日記・讚岐土典侍日記』, 小学館, 334~335쪽.

잡힐 만큼 맑고 바람소리랑 풀벌레 소리까지가 들릴 때 마치 약속이나
한 것처럼 쟁과 거문고를 연주하고 횡적을 부는 소리도 들리지요. 그런가
하면, 또 하늘도 얼어붙을 것 같은 겨울밤 눈이 내려쌓인 곳에 달빛이
쏟아져 내리는데 필률이 떨리는 듯한 음색으로 울려퍼지기라도 한다면
봄도 가을도 다 잊어버리게 되지요.

라고 얘기를 하며 '두 분은 사계절 중 어느 계절에 끌리는지요?'라고
묻는다. 친구가 가을밤에 더 끌린다고 대답해 자신이 똑같이 대답하지
않겠다고 생각해

> あさみどり花もひとつに霞つつおぼろに見ゆる春の夜の月
> 푸른 하늘도 피어있는 꽃도 함께 어우러져 어슴푸레한 봄밤이야말로
> 마음이 끌린다

라고 와카로 답하자 그 사람은 반복해서 이 노래를 읊어보더니

> 今宵より後の命のもしもあらばさは春の夜をかたみと思はむ
> 오늘밤 이후 만약 장수하게 된다면 봄밤을 당신 만난 추억거리로 오래
> 간직하겠소

라고 와카로 답한다. 그러자 가을에 마음이 끌린다는 친구가,

> 人はみな春に心を寄せつめり我のみや見む秋の夜の月
> 두 분 모두 봄에 끌리니 가을밤의 달은 나 혼자 바라보겠군요

라고 읊었다. 이처럼 계절의 정취에 관한 이야기를 주고받는 중에 와카

를 읊어 증답을 하는 것도 상당히 인상적이다. 와카가 그만큼 일상화
되었다는 것을 반증하는 것이라 할 수 있을 것이다.

그런데, 남성은 상당히 신이 나서 계속 이야기를 이어간다. '중국에
서도 예로부터 춘추우열은 결정하기 어려워했는데 여러분이 이렇게
결정한 것은 뭔가 사연이 있겠지요' 하며 왜 봄과 가을을 선택했는지
듣고 싶다고 하며 잊을 수 없는 겨울밤의 추억을 이야기한다. 이듬해
작자가 모신 내친왕이 궁궐로 들어가 이 남자를 다시 볼 수는 있었지만
단둘이 앉아 이야기할 기회를 얻지 못한 채로 두 사람의 교섭은 끝났다
고 술회하고 있다. 이 작품 속에 연애담에 관한 기술은 이 장면에서만
언급되고 있다. 이는 결실 맺지 못한 사랑에 대한 미련이라고도 추정할
수 있지만, 모처럼 풍류를 이해하는 스케미치와 만나 끌렸기 때문이라
생각된다.

이 부분에서 알 수 있는 바와 같이 헤이안시대 풍류인이란 와카만
잘 읊는다고 되는 것이 아니라 각 계절이 빚어내는 자연의 아름다움이
나 정취에 관해 자신의 안목을 가지고 있어야만 가능했다.

헤이안 중기에는 계절을 상징하는 대상물이나 꽃이나 식물을 꺾어
와카를 읊은 편지에 곁들이는 후미쓰게에다(文付枝)라는 방식의 와카증
답이 빈번히 행해졌다.

> 85 垣越しに散り来る花を見るよりは根込めに風の吹きも越さなん(後撰)
>   울타리 너머로 지는 꽃을 바라보기보다는 바람이 불어 나무를 뿌리까
>   지 뽑아 보내주었으면 한다
> 427 君恋ふと涙に濡るるわが袖と紅葉といづれまされり(後撰)
>   당신을 사모하게 되어 흐르는 눈물을 닦은 소매와 단풍잎, 어느
>   쪽이 더 붉을까요

963 かくばかり深き色にもうつろふをなほ君きくの花と言はなん(後撰)
   이토록 국화꽃이 진하게 변해가는 것을 보면 당신 마음도 같겠지
   요. 아직도 내 얘기 듣겠다고 하는 약속 같은 것 말아주세요

85는 고토바가키[14]를 통해 알 수 있듯이, 아사다다(朝忠)란 관리가 옆에 사는데 벚꽃이 계속 지기 때문에 읊어 보낸 노래라고 되어 있다. 울타리 너머로 지는 꽃을 보며 낙화의 아름다움에 나무를 뿌리까지 뽑아 보내주었으면 한다고 호소하고 있다고 볼 수도 있다. 하지만 연가로 보면 옆집에 사는 당신을 울타리 너머로 가끔 보는 걸로는 만족할 수 없네요. 아주 저희 집으로 와 함께 지냈으면 한다는 연애감정을 호소하는 노래로도 해석가능하다. 김영씨의 설에 따르면 고토바가키의 '읊어보낸'으로 해석한 'いひつかはしける'의 표현은 후미쓰게에다를 곁들일 때 쓰는 표현이라고 한다.[15] 그렇다면 꽃이 많이 떨어진 벚꽃 가지에 와카를 첨부해 보낸 것이라 생각된다.

427은 해설부분을 참고하면 단풍과 붉은 천을 여자에게 보내면서 부른(紅葉と色濃きさいでとを女のもとにつかはし) 노래이다. 사랑으로 애태우는 임에게 가을을 상징하는 빨간 단풍잎과 사랑의 번민으로 흘리는 피눈물을 나타내는 붉은 천을 동시에 보내며 어느 쪽의 색깔이 더 붉은지 당신은 알거라고 연심을 호소하고 있다.

963은 해설부분을 참조하면 한참동안 사이가 좋았던 남자가 냉랭해졌기 때문에 거기에 시들어진 국화꽃을 곁들여 보낸 노래[16]이다. 일본

---

14 원문 '朝忠朝臣隣に侍りけるに、さくらのいたうちりければいひつかはしける'.
15 金英, 『日本王朝時代の書簡文化』, 제이앤씨, 2005, 59쪽.
16 원문 '年をへてかたらふ人のつれなくのみ侍べれければうつろひたる菊につけてつかはし

어의 국화를 나타내는 기쿠(菊)는, 히라가나로만 표기하면 동사의 '듣다(聞く)'라는 의미도 있다. 이러한 언어유희를 사용해 '내가 보낸 국화처럼 당신의 나에 대한 감정이 시들어 버린 거죠. 지금까지 내 이야기를 잘 듣겠다고 했는데 이젠 그런 거짓말은 그만두세요.' 라고 국화에 자신의 심정을 빗대어 보낸 것이다. 이처럼 당시에는 직접 말로 하기 힘든 상황을 와카로 읊고 꽃이나 나뭇잎, 풀 한포기에 실어 말없이 전하는 풍류 있는 서간문도 유행하였다. 후미쓰게에다는 자연의 일부를 축약시킨 것으로 자연풍경과 내면풍경을 융합시켜 주로 연인들을 매개하는 회화의 장치로 많이 이용되고 있다.

앞장에서도 예를 든 『和泉式部日記』의 경우도 계절의 자아내는 정취를 배경으로 와카의 증답이 이루어지는 모습을 곳곳에서 확인할 수 있다. 4월 30일에 和泉式部가 먼저 초여름을 알리는 소쩍새를 경물로 아쓰미치 친왕을 소쩍새에 빗대어 다음의 와카를 읊어 보냈다.

> ほととぎすよにかくれたるしのびねをいつかは聞かん今日もすぎなば
> 소쩍새여 모습 숨기며 우는 소리 언제 듣지요 4월의 끝자락인 오늘도
> 지나버리면

첫 만남 이후 친왕은 본처에 대한 배려와 주변에 대한 눈치로 한동안 和泉式部가 있는 곳을 방문하지 않는다. 생각지도 못한 친왕의 소식두절을 한탄하는 여자는 두 사람이 맨 처음 주고받았던 노래 속의 'かをる香に~' '同じ枝に~' 와카 속의 소쩍새를 떠올려 '아직은 잘 모르

けず'.

는 관계에 지나지 않는 당신과 나는 오늘이 지나버리면 언제 또 목소리를 들을 수 있을까요.'라며 남자가 방문하기를 호소한다. 그러자 친왕은

しのびねはくるしきものを時鳥こだかき声を今日よりは聞け
소쩍새의 울음 괴롭기만 하오 오늘부터 높은 나뭇가지에서 우는 소리를 들으시오

'신분이 신분인지라 남의 눈을 피해 숨어 다니며 하는 밀회는 괴롭기만 하구려. 5월이 된 오늘부터는 모습을 숨긴 소쩍새가 아닌 높은 나뭇가지 끝에서 우는 소쩍새소리를 들어주시오. 저도 당당히 당신이 계신 곳을 방문하겠소.'라며 자부심 가득한 노래로 응수하고 있다.
5월 장마(さみだれ)가 계속되는 시기에는 친왕이 먼저 노래를 보낸다.

おほかたにさみだるるとや思ふらん君恋わたる今日のながめを
무료하게 계속되는 비를 당신은 5월의 장마탓이라 하겠죠 당신을 계속 그리워하는 제 눈물인 것을…

그러자 和泉式部는

しのぶらんものとも知らでおのがただ身を知る雨と思ひけるかな
당신께서 남몰래 저를 생각하는 눈물인 줄 모르고 사랑받지 못한 제 처지를 깨닫게 하는 비라고 생각했네요

라고 재치 있게 응수하고 있다. 일본의 음력 5월은 지리한 장마가 계속되는 계절이다. 본문을 참고하면 작자의 기분은 자신의 출입하는 남자

에 관한 소문으로 침울하고 가라앉아 있다. 친왕은 자신의 사랑이 특별하다는 것을 '당신이 그리워 장마비처럼 계속 눈물을 흘린다'고 표현하고 있다. 하지만 작자 和泉式部가 읊은 노래를 보면 그녀의 마음은 5월 장마비 기간이 빚어내는 계절의 어두운 분위기이다. 그녀의 심정과 외부의 자연이 일치되는 정경일치(情景一致)의 묘사이다.

이와 같이 계절마다의 자연을 배경으로 두 사람의 와카의 증답은 다른 사람이 개입할 틈을 전혀 주지 않는 내밀한 형식을 취하며 다양한 형태로 전개된다. 또한 작중와카는 고조된 기분을 표현하고 세련되고 예의 바른 회화로 인사치레 기능을 하기도 하지만 읊는 사람의 심정을 전달하는 내면의 고백도 담는 역할을 하고 있다. 그렇게 해서 두 사람의 연애는 달성이 되고 和泉式部는 정처의 신분은 아니지만 친왕과 함께 지내기 위해 입궐을 하는 장면으로 일기는 대단원을 내린다. 만약 이 두 사람이 와카를 읊지 못하고 계절의 정취에 관한 통찰력이나 안목을 갖지 않았다면 두 사람의 연애는 어떻게 되었을까.

『源氏物語』의 경우도 다르지 않다. 연달아 일어나는 연애사건은 사계절의 자연과 깊이 관련되어 있다. 여름날의 저녁 해질녘 어렴풋이 빛을 발하는 박꽃을 보며 유가오와의 사랑이 싹트고, 우지의 강 안개 속에 비통한 사랑이야기가 전개된다. 자연을 배경으로 삼았다기보다는 자연 속에 몰입시켜 등장인물의 사랑이 진행되어 가게 하는 구조이다.

당시의 와카를 검토해 가면 헤이안 사람들에게 있어서 가을이라고 하는 계절이 단지 외부의 변화를 묘사하는 게 아니라 각 계절의 특색 하나하나가 당시 사람들의 생활 속에 어떤 상징으로서 자리 잡고 있었다는 것을 알 수 있다. 산야를 물들이는 초목이나 단풍, 모두가 헤이안 사람들의 심상을 오버랩시키고 있는 것이다.

　『古今和歌集』에 연가가 많은 비중을 차지하고 있다는 점은 앞에서 거론했다. 사랑 주제 이외에 많이 수록되어 있는 주요테마는 춘하추동 이다. 大岡信씨에 따르면, 이는 원래 漢詩에서 온 것으로 춘하추동의 사고방식은 달력이 있어야 논할 수 있는 개념인데『萬葉集』시대는 달력이 없었다고 한다.[17]『古今和歌集』시대가 되어 달력이 들어와 각 계절에 대한 생각이 자리잡아 5월초가 되어도 두견새가 찾아와 울지 않으면 무슨 까닭이지라고 고정화된 계절의 관념으로 생각하게 되었다 는 것이다. 가집의 경우『古今和歌集』이후 칙찬집의 와카 항목 분류만 을 살펴보아도 대부분이『古今和歌集』의 영향 하에 편찬되고 있음을 가볍게 확인할 수 있다.

　나아가 모노가타리나 일기문학과 같은 산문의 경우도 계절이 빚어내 는 외부의 분위기에 따라 등장인물의 심상이 달라진다. 다음『源氏物 語』「夕顔」卷의 예를 보자.

> ㉠ 荒れたる門の忍ぶ草、繁りて見上げられたる、たとしへなく木暗し。 霧も深く露げきに、簾をさへ上げたまへれば、御袖もいたく濡れにけ り。(夕顔, 159)
> 황폐해진 집 문에 넉줄고사리가 무성하게 돋아있는 것을 올려다보니 나무그림자로 비할 데 없이 어둡다. 아침안개도 축축한데 인력거의 발까 지 들어올려져 소매도 축축하게 젖어 있다.
> ㉡ 夕暮のしずかなるに、空の景色いとあはれに、御前の前栽かれがれに、 虫の音も鳴き枯れて、紅葉の様様色づくほど、絵にかきたるやうにおもし

---

17 위 12)의 책, 88쪽.

ろきを、(夕顔, 187)

조용한 해질 녘에 하늘모습도 차분하여 여러 가지 생각을 자아낸다. 정원의 꽃과 나무들은 점점 시들어가고, 희미한 벌레들의 울음소리도 들리는데, 그 속에서 단풍만이 화사하게 물들어가는 풍경이 그림과 같이 정취가 있음을,

㉠은 겐지가 우아하고 순진한 중류계층의 유가오에게 반해 某院에서 하룻밤을 같이 지내기 위해 찾은 8월, 별장모습을 묘사한 것이다. 황폐하고 어둠침침하고 아침안개가 축축하게 낀 장면의 모습이 겐지와 유가오 두 사람의 불행을 암시하고 있다는 느낌을 갖게 한다.

㉡은 유가오가 죽은 후 니죠인으로 옮긴 그녀 유모의 시선을 통해 본 정원의 분위기를 묘사한 것이다. 유모는 말라가는 정원의 꽃과 나무들, 희미한 벌레 울음소리, 모든 것이 말라가고 스산해져가는 속에 단풍의 화려함만이 두드러져 보이는 정원의 모습을 바라보며 잃어버린 옛 주인을 추모하고 있음을 엿볼 수 있게 한다.

모노가타리 전체 흐름을 지배하고 있는 산문의 세계도 이처럼 와카 세계가 구축한 미의식에 바탕을 두고 있는 것이다. 이러한 특징은 沢田正子씨의 논문을 통해서도 확인할 수 있다.[18] 이처럼 헤이안문학 속의 자연묘사는 계절이 빚어내는 정취와 그 감수의 패턴을 따르는 특색이 있다고 할 수 있다.

3) 『古今和歌集』 기반의 풍류의식과 후대에의 영향

---

18 今井卓爾·鬼束隆昭·後藤祥子·中野幸一 編集, 『美の世界　雅びの継承』, 勉誠社, 1992, 170~181쪽.

위에서 보아왔듯이 헤이안시대는 와카를 읊을 줄 알아야만 이성의 마음을 얻을 수가 있었고, 이성의 마음을 얻기 위해서는 사계절의 자연이 빚어내는 정취를 이해하는 게 중요했다.

그렇다면 헤이안시대 당대 사람들에게 있어서 와카는 왜 이렇게 중시되었을까? 『古今和歌集』서문에서 어느 정도의 해답이 준비되어 있는 것 같다. 서문은 다음과 같이 시작된다. 세상에 살고 있는 것들은 여러 가지 상황 속에서 살기 때문에 마음에 떠오르는 것 듣고 보는 모든 것을 말로 표현한다. 이것이 노래이다. 꽃밭에서 우는 휘파람새 물에 사는 개구리 소리를 들으면 자연 속에서 삶을 영위하는 것 중 그 어느 것이 노래를 부르지 않는다고 할 수 있단 말인가 하며 노래는 대단한 위력을 가지고 있음을 다음과 같이 설파한다.

> 力をも入れずして天地を動かし、目に見えぬ鬼神をもあはれと思はせ、男女のなかをもやはらげ、たけきもののふの心をもなぐさむるは歌なり。[19]
> 힘을 하나도 들이지 않고 천지를 움직이며, 눈에 보이지 않는 영혼을 감격시키고 남녀 사이를 친밀하게 용맹한 무사의 마음까지도 부드럽게 하는 것이 노래이다.

당시의 편찬자들이 믿는 시의 힘, 즉 와카의 힘은 천지는 물론 모든 인간의 마음을 움직이는 것이라고 인식하고 있다. 고대 중세는 현대보다 한발이나 홍수 지진 역병 등의 자연재해에서 훨씬 자유롭지 않았을 것이다. 이러한 초자연적인 두려움도 완화시키는 것이 와카라고 믿었

---

19 小沢正夫·松田成穂 校注·訳, 『古今和歌集』, 小学館, 1994, 17쪽.

다. 또한, 와카는 유배나 원한이나 지병으로 죽은 자의 혼조차 감동시키고 남녀사이를 가깝게 해 인류를 영속시키고 무섭고 엄격하기만 보였던 장수의 마음까지도 부드럽게 하는 힘이 있다고 믿었던 것이다.

『新古今和歌集』 序文에서는 '夫和歌者、群德之祖、百福之宗也(와카는 모든 덕의 시조이고 만복의 근원이다)'라고 규정하고 있다. '와카는 모든 덕의 시조이고 만복의 근원이다'는 구절에서는 와카가 얼마나 중시되었는지 짐작할 수 있다. 이어지는 문장에서도 '나라를 다스리고 백성을 사랑하는 근본'이라고 표현하고 있는데 와카는 나라를 다스리는 천황의 입장에서도 특별히 관심을 가져야 할 대상이고 국가가 향하는 목표와 방향도 무관하지 않음을 설파하고 있다. 그렇기 때문에 천황의 주도하에 만들어진 칙찬집에 수록되어 있는 노래들은 권위를 가지게 되었을 것이다. 현대에서도 새해 첫날에 천황은 「우타고카이하지메(歌御会始)」란 의식을 반드시 행하게 되어 있다. 이 또한 『古今和歌集』부터 내려오는 전통으로 천황이 와카를 소중히 여기고 콘트롤한다는 것의 상징적인 행위나 다름없다고 생각된다.

그럼 헤이안 사람들은 와카를 어떻게 습득했을까? 『枕草子』 20단에 나타나 있다.[20]

무라카미 천황 시대, 황후보다 한 단계 아래인 후궁비 가운데 귀여운 용모를 한 센뇨덴노뇨고, 즉 호시(芳子)[21]라는 여인이 있었다. 그녀의 아버지 후지와라노 모로마사(藤原師尹)[22]는 당시 좌대신으로 권력욕이

---

20 松尾聡·永井和子 校注·訳, 『枕草子』, 小学館, 1978, 89쪽.
21 일본의 역사 역사와는 달리 국문학 분야에서는 여성의 이름을 음독하는 것이 관례임.

강한 사람이었다. 딸 호시를 무라카미 천황의 배우자로 하기 위해 딸을
철저히 교육시켰는데 그 내용은 다음과 같았다.

> "첫째로 서예를 배워라. 다음으로 거문고를 다른 사람보다 잘 연주해야
> 함을 유념해라. 그리고 다음으로는『古今和歌集』의 노래 20권을 암기하
> 여 너의 학문으로 삼거라."

천황은 일찍이 그 사실을 전해 듣고 모노이미(物忌み)[23]의 날을 맞아
『古今和歌集』를 가지고 그녀의 거처에 납시어 직접 테스트를 해보기로
했다. 자신이 잘못 알고 있거나 빠뜨리는 부분을 찾아내기 위해 와카에
조예가 깊은 상궁을 배석하게까지 했는데 얼마나 완벽하게 암기를 했
는지 호시는 한 자도 틀리지 않았다고 한다. 이에 천황은 패배를 인정
하고 같이 잠자리에 들었다고 기록되어 있다.『古今和歌集』1111수의
노래를 완벽히 외우는 호시의 실력이야말로 당대 상류 여성들이 갖추
어야 하는 덕목이었음을 보여주는 좋은 예화라고 할 수 있다.

『蜻蛉日記』에도 작자가 맞아들인 양녀 교육에 관하여 '어린 아이에
게는 서예와 와카를 가르쳐라(小さい人には、手習い、歌よみなど教へ)'[24]라
고 기록하고 있는 것을 보면 와카를 공부해 두는 일이 아이의 장래에
도움이 될 것이라고 예측했기 때문이라고 생각된다.

실제로 당시 귀족여성들의 역량은 와카로 평가되었다. 호시와 같이

22 '모로타다'로도 읽을 수 있음.
23 陰陽道에 의한 당시의 풍습으로 부정타는 것을 피하기 위해 어떤 행위를 피하거나 장소
   를 옮김.
24 菊地靖彦·木村正中·伊牟田経久 校注·訳,『土佐日記 蜻蛉日記』, 小学館, 2000, 288쪽.

『古今和歌集』의 노래를 모두 암기시킨 까닭은 임기응변 시 옛 노래를 패러디해 기지를 발휘할 수도 있었고 교묘히 바꿔 멋진 의사소통을 꾀할 수 있기 때문이다.

헤이안시대 풍류생활은 이와 같이 『古今和歌集』에 기반을 두고 우아미와 품격을 유지할 수 있었다. 특히 궁정은 남성이 자유로이 드나들며 그곳에 머물고 있는 뇨보들과 재치와 해학을 나누는 장으로 모든 솜씨와 기량을 자신의 역량을 발휘하는 곳이었다.

남성들과 함께 기량을 겨루는 예는 『百人一首』에 수록되어 있는 세이쇼나공의 다음 노래를 통해서도 확인할 수 있다.[25]

> 62 夜をこめて鳥のそら音ははかるともよに逢坂の関はゆるさじ
> 날 새기 전에 닭 울음 흉내내 검문을 통과해 날 만나려 하겠지만 허락하지 않겠소

이 노래는 『後拾遺集』에도 실려 있는 노래[26]로, 고토바가키를 참고하면 당시 정품에 속하는 태정관 소속의 다이나공[27] 유키히라(行平)[28]가 궁궐에 출사해 있는 세이쇼나공과 이야기를 나누는 도중에 '오늘은 궁궐의 방향이 나빠서' 하며 서둘러 돌아갔다. 그러던 남자가 다음 날

---

25 山田繁雄, 『百人一首』, 三省堂, 2002, 124쪽.

26 久保田淳·平田喜信 校注, 『後拾遺集』, 岩波書店, 1994, 302쪽.

27 일본 고대 조정에서 태정관(太政官)에 속했던 관직이다. 태정관의 사등관 중 2등급인 스케(次官)로 차관에 해당한다.

28 https://search.yahoo.co.jp/search?p=%E8%97%A4%E5%8E%9F%E8%A1%8C%E6
%88%90&aq=0&oq=%E8%97%A4%E5%8E%9F%E8%A1%8C&at=s&ai=5jVA2krUTJe
NtQ13PVkJoA&ts=2832&ei=UTF-8&fr=top_ga1_sa&x=wrt

새벽에 '닭의 울음소리 듣고' 라고 적고 '밤이 깊어 우는 닭울음이란 닭의 울음소리 흉내내서 수비대의 눈을 속이고 함곡관을 통과한 고사지요(夜深かりける鳥の声は函谷關のことにや)'하며 史記의 孟嘗君고사를 인용한 편지글을 전했다. 메시지의 내용인즉 '오늘 새벽 궁궐 경비를 뚫고 당신을 만나러 가겠다'는 것이다. 이에 세이쇼나공이 機智를 발휘해 윗구에서 맹상군의 고사는 잘 알고 있지만 나는 만남을 허락하지 않겠다며 재치있게 상대의 요구를 물리치고 있다. 위에서는 옛 고사를 응용한 예를 들었지만 옛 노래 또한 이와 같은 방식으로 활용되었다.

2-1장에서 언급한 『和泉式部日記』의 첫머리에도 주목해 보자. 아쓰미치친왕 친왕의 시동이 나타나 和泉式部에게 귤꽃을 건네는 장면이 있다. 작자는 자기도 모르게 '昔の人の~'라고 읊는다. 이 때 귤꽃은 왜 건네고 "昔の人の~'는 무슨 의미일까. 이는 다름 아닌 『古今和歌集』의 노래, 〈5월 기다리는 귤꽃 향기를 맡으면 옛날 사모했던 님의 소매향 냄새가(さつきまつ花橘の香をかげば昔の人の袖の香ぞする)〉의 한 구절이다. 동생 황태자는 고인이 된 형을 잃어버린 작자의 마음을 위로하면서 동시에 형의 연인이었던 작자에 대한 관심을 귤꽃으로 표현하고 있다. 이와 같이 어떠한 경물은 미의식에 의한 일정한 유형의 이미지를 수반하게 된다. 片桐洋一씨가 말하는 사물이 특정한 관념과 완전 결합하게 되는 것이다.[29]

이와 같이 기성 와카의 한 두 구절을 통해 그 노래 전체 내용을 상기시키는 것을 히키우타(引歌)라고 한다. 이때 기성와카란 『古今和歌集』를 칭하는 경우가 대부분으로 『古今和歌集』의 우타를 참고서나 자습서

---

29 金英, 『日本王朝時代の書簡文化』, 제이앤씨, 2005, 94쪽.

처럼 암기하고 있어야 커뮤니케이션이 가능한 것이다. 『古今和歌集』
에서 양식화된 표현 또한 일상어와는 성격이 다른 가어 등을 와카에
대한 교양이나 감각을 기르기 위해 따로 익히지 않으면 곤란했다.

이처럼 자연의 정취를 이해하고 이를 인간이 가지는 희노애락과 결
부시킬 수 있는 능력, 즉 풍류인의 자격이 되는지 안 되는지의 여부를
와카에서 당시의 언어로 '心あり、こころなし'로 표현하고 있다. 다음
『拾遺集』, 『後拾遺集』, 『新古今集』의 와카를 살펴보자.

㉠ 1055 殿守のともの御奴心あらばこの春ばかり朝ぎよめすな(拾遺)
　　궁궐 앞 쓰는 마당지기여 정취를 안다면 벚꽃 지는 아침은 쓸어내지
　　마라
㉡ 43　心あらむ人に見せばや　津の国の難波わたりの春のけしきを(後拾
　　遺) 정취를 아는 사람에게 보이고 싶다 쓰노구니노 나니와의 봄 경
　　치를

㉠의 와카는 당상관을 모시는 하인에게 '만약 낙화의 정취를 안다면
벚꽃이 지는 봄날만큼은 낙화를 감상할 수 있도록 시신덴, 즉 천황의
집무실 앞만큼은 청소를 하지 말아 주었으면 좋겠다'라고 읊고 있다.

㉡의 와카는 '세쓰지방의 나니와 해안의 풍경이 빚어내는 정취는 말
로 뭐라 형용하기 어렵다. 그 정취를 아는 사람이 있으면 보여주고 싶
다. 직접 와 보아야만 그 정취를 이해할 수 있으므로 꼭 와서 봤으면
좋겠다'라는 마음을 담고 있다.

㉠ 258 野わきするのべのけしきをみる時は心なき人あらじとぞおもふ(千
　　載集) 가을 태풍이 부는 들녘을 볼 때 그 정취를 느끼지 못하는 사람

　은 없을 것이다

　ⓛ 362 心なき身にも哀れは知られけり 鴫立つ沢の秋の夕暮れ(新古今)
　　계절의 정취를 느끼면 안 되는 신분임에도 자연이 주는 쓸쓸함은
　　저절로 느껴진다 도요새가 날아가는 연못의 가을의 해질녘은

　㉠에서 '野わき'란 가을에 부는 사나운 태풍을 말한다. 그런 사나운
태풍이 불어닥치는 경치를 바라보를 바라볼 때 아무런 정취를 느끼지
못하는 사람은 없을 것이다' 라고 읊고 있다.

　ⓛ은 꽃과 달의 시인으로 유명한 西行의 노래이다. 그는 이 와카를
읊을 무렵에는 이미 출가했기 때문에 감상에 사로잡혀서는 안 된다는
생각을 하고 있었을 것이다. 그래서 사용한 표현이 '心なき身'이다. 자
연의 모습이나 정취를 제대로 느껴서는 안 되기 때문에 이를 외면하는
자신도 도요새가 날아가는 조용한 연못가 주변의 가을저녁 경치를 보
면 뭐라 형용하기 힘들 정도로 가슴이 뭉클해진다고 읊고 있다. 자연을
바라보고 정취를 이해하고 그것을 보이지 않는 인간의 마음과 연관시
켜 읊는 것을 중시한 예이다.

　이처럼 자연의 정취를 이해한다는 개념은 헤이안 말경 와카이론서인
가학(歌學)에서도 매우 까다롭게 거론되어지고 있다.[30] 와카의 가치를
논하는데 작자의 자연에 관한 감정과 통찰력이 있는지를 문제로 삼는
것이다. 헤이안시대 말기 藤原俊成와 그의 아들 定家가 활약한 시기,
有心 無心 幽玄이라는 개념이 그러하다. 西村씨의 지적처럼 이러한
개념들은 중세의 다도의 세계, 에도시대에 이르러서는 바쇼가 중시하

---

30 西村亨, 『日本の四季』, 講談社學術文庫, 1979, 20쪽.

던 와비 사비의 풍류로 계승되어졌다고 생각한다.[31]

3. 맺음말을 대신하여

이상으로, 헤이안 중기 작품 속의 와카를 중심으로 일본 헤이안의 연애풍류에 관해 고찰해 보았다.

헤이안시대 풍류인이란 정열적인 와카를 읊을 줄 알아야 한다는 조건이 있었다. 연애 초기에는 남녀가 직접 대면할 수도 없었고 결혼해서도 부부가 따로 지내며 남자가 여자의 집을 방문해야 하는 방처혼이었기 때문인지 연애의 모든 단계에서 와카의 증답이 행해지고 있다. 이처럼 자신의 심정을 와카로 표현하는 것을 당시의 연애 흐름이지만, 심정표현만으로 완성도가 높은 와카를 읊을 수는 없었다. 자신을 둘러싼 계절이나 자연이 빚어내는 정취를 잘 이해하고 이를 바탕으로 자신의 심정을 잘 표현해야 한다는 풍류의식을 지니고 있었다.

이러한 풍류의식(미의식)은『古今和歌集』에서 비롯된 것이라 생각된다. 이 가집의 서문인 '仮名序'에서 기술하고 있는 바와 같이 당시 가인들은 와카는 인간의 삶을 풍요롭게 하고 행복하게 하는 힘이 있다고 믿었으며,『古今和歌集』세계를 참고하여 자연을 감상하는 안목을 기르고 연애 감정 표현 방법도 습득하여 생활 속에 의사소통의 수단으로 와카를 도입한 것이라 여겨진다. 이러한『古今和歌集』기반의 풍류의식은 당대만이 아니라 후대에까지 면면히 이어져 오늘날까지 계승되고

---

31 앞의 책, 21~22쪽.

있다고 보아야 할 것이다.

참고문헌

1. 원전자료

阿部秋生・秋山虔・今井源衛・鈴木日出男校注・訳, 『源氏物語』1, 小学館, 1996,
　　159쪽, 187쪽.

小沢正夫・松田成穂 校注・訳, 『古今和歌集』, 小学館, 1994, 17쪽.

新村出編, 『廣辭苑』, 岩波書店, 1993, 2475쪽.

藤岡忠美・中野幸一・犬養廉校注・訳, 『和泉式部日記・紫式部日記・更級日記・讃岐
　　土典侍日記』, 小学館, 1995, 334~335쪽.

菊地靖彦・木村正中・伊牟田経久 校注・訳, 『土佐日記 蜻蛉日記』, 小学館, 2000,
　　288쪽.

新編國歌大觀編纂委員会編, 『新編国歌大観・私家集Ⅰ』歌集, 角川書店, 1976, 9~
　　923쪽.

松尾聰・永井和子 校注・訳, 『枕草子』, 小学館, 1996, 89쪽.

中野幸一譯注, 『伊勢物語』, 旺文社, 1990, 12쪽 110~112쪽.

久保田淳・平田喜信 校注, 『後拾遺集』, 岩波書店, 1994, 302쪽.

2. 연구저서

김천일 엮음, 『풍류인』, 어드북스, 2012, 12쪽.

尼ヶ崎彬, 『いきと風流』, 大修館書店, 2017, 43쪽, 47~52쪽 참조.

今井卓爾・鬼束隆昭・後藤祥子・中野幸一 編集, 『美の世界 雅びの継承』, 勉誠社,
　　1992, 170~181쪽.

大岡信, 『あなたに語る日本文学史』, 新書館, 1995, 88쪽, 92쪽.

鈴木一雄・円地文子, 『全講和泉式部日記』, 至文堂, 1983, 85~120쪽.

西村亨, 『日本の四季』, 講談社學術文庫, 1979, 20쪽, 21~22쪽.

山田繁雄, 『百人一首』, 三省堂, 2002, 124쪽.

3. 인터넷 사이트

https://search.yahoo.co.jp/search?p=%E8%97%A4%E5%8E%9F%E8%A1%8C%
E6%88%90&aq=0&oq=%E8%97%A4%E5%8E%9F%E8%A1%8C&at=s&ai=5jVA2kr
UTJeNtQ13PVkJoA&ts=2832&ei=UTF-8&fr=top_ga1_sa&x=wrt

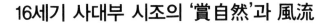

16세기 사대부 시조의 '賞自然'과 風流

이병찬

1. 머리말

한국문학사에서 자연이 등장하는 것은 이른 시기인 〈公無渡河歌〉 등 상고의 가요에서부터 나타난다. 그러나 향가와 고려가요를 거쳐 국문학에서 자연이 본격적으로 크게 주목되는 것은 역시 조선전기의 시조와 가사문학에서의 일이다. 하지만 이웃의 중국문학사에서는 이미 '魏晉시대에 山水로써 美的 대상을 삼고, 예술 형상도 산수를 추구하는 자의 미적 요구를 만족시키는 데 중점이 두어졌다'고 한다.[1] 고려의 신흥사대부는 자연에서 酒, 歌, 舞와 함께 관능적 향락의 풍류를 즐긴 것으로 논의된 바 있고, 이에 비해 조선 전기의 사대부들은 이른바 '江湖歌道'로 지칭되는 유학적 자연관에 입각한 '賞自然'의 風流를 노래했다.[2] 물론 이들은 정치적, 경제적, 철학적, 문학적 입장에서 각각 미묘한 차이가 있기는 하나, 필자는 기왕에 '江湖歌道'의 단초를 고려가요

1 李亨大, 『어부형상의 시가사적 전개와 세계인식』, 고려대 박사학위논문, 1997, 19~20쪽.
2 趙潤濟, 『국문학개설』, 동국문화사, 1959, 297~306쪽.
   崔珍源, 「강호가도연구」, 『국문학과 자연』, 성대출판부, 1977.

에서 탐색한 바 있다. 여기에서 '국문시가에서 자연에 대한 본격적인 이해와 관심은 고려 말 신흥사대부에 의해서 촉발되어 景幾體歌, 〈漁父歌〉 등의 가창문학으로 확립되었다'고 보았다.[3] 그러나 우리 시가에서 본격적인 자연 表象은 역시 조선 전기의 孟思誠을 거쳐 聾巖과 俛仰亭, 退溪와 栗谷에 이르러 국문시가의 자연이해에 새로운 전기가 마련되었고, 이후 강호시가는 영남가단과 호남가단으로 이어져서 그 폭과 깊이를 더해 갔으며, 權好文과 宋江을 거쳐 孤山에 이르러 절정에 올랐음은 주지의 사실이다.

지금까지 학계의 연구 결과를 종합하면 조선 전기 사대부들의 강호인식 양상은 크게 세 가지로 분류할 수 있다.[4] 하나는 退溪로 대표되는 〈陶山十二曲〉계통이고, 다른 하나는 栗谷으로 대표되는 〈高山九曲歌〉계통이며, 마지막 하나는 孤山으로 대표되는 〈漁父四時詞〉 계통이다. 〈도산십이곡〉 계통의 강호인식의 양상은 강호를 관념(道體, 載道)의 매개체로 인식했고, 이 관념은 때론 정치적 현실과 관련되어 나타나기도 한다. 이에 비해 〈고산구곡가〉 계통의 작품은 강호를 심미의 대상으로 인식했고, 여기에서 강호는 순수한 아름다움의 대상이 된다. 〈어부가〉 계통의 작품들은 강호를 '閑適'의 대상으로 보았으며, 이 때 강호는 致仕客이 유유자적하는 생활의 공간이며, 즐거움을 주는 공간이다.

일반적으로 사대부들의 세계관은 經世治民과 歸去來로 요약할 수 있는데, 그것은 고려의 신흥사대부나 조선의 사대부가 한결같이 지향

---

3 李秉讚, 「고려가요의 자연 표상」, 『반교어문연구』 제26집, 반교어문학회, 2009, 194쪽.
4 이에 관한 대표적 연구로는 崔珍源(『국문학과 자연』, 성대출판부, 1977.), 李敏弘(『사림파문학의 연구』, 형설출판사, 1986.) 등이 있다.

한 바이다. 그들은 宦路에 나아가면 경기체가류의 과시적인 흥을 노래하고, 歸去來를 흠모할 때나 致仕 후에는 〈漁父歌〉류의 興을 즐겼다. 이러한 풍조가 고려 말 이래로 조선조에 걸친 사대부들의 기본적인 삶의 태도이다. 고려의 경기체가는 아름다운 자연을 선택하여 거기에 노니는 것이 사대부 風流의 하나로 자리 잡아가는 풍조를 보여주면서 부분적으로는 자연을 미적 대상으로 완상하기도 하였고, 이것이 사대부 風流의 하나로 자리를 잡아 조선 전기의 시조와 가사문학에서는 한층 심화되어 다양한 양상으로 전개된다.

이에 본고는 먼저 역사적인 관점에서 風流와 '賞自然'의 관련성을 검토하고, 이어서 16세기 사대부 시조에 나타난 '賞自然'의 구체적인 양상을 退溪 李滉의 〈陶山十二曲〉, 栗谷 李珥의 〈高山九曲歌〉, 俛仰亭 宋純의 시조 등을 중심으로 살펴볼 것이다. 다만 각 작가와 작품의 세밀한 분석과 검토보다는 보다 거시적인 風流文化의 자장 안에서 다룰 예정이다. 끝으로 이들의 시조에 나타난 '賞自然'으로서의 風流가 갖는 문학사적 의의를 조명하는 것으로 마무리하고자 한다. 이를 통하여 조선전기 사대부 시조에 나타난 '賞自然'을 풍류의 관점에서 재확인하는 전환점이 마련될 것으로 기대한다.

2. 風流와 '賞自然'의 역사적 전개

오늘날 '풍류남아', '풍류객'이라는 말이나, '저 사람은 풍류를 안다' 등의 표현은 일반적으로 '멋이 있다', '예술적인 것에 조예가 있다'. '제대로 놀 줄 안다' 등을 의미하는 경우가 많다. 이렇게 風流라는 말은 현재 막연하나마 예술이나 미적인 것과 연관되어 사용되고 있는 실정이다. 지금까지 우리 민족의 美的인 성향은 멋·태깔·고움·은근·끈기·한(恨)·영원·조화 등과 같은 것[5]으로 설명하거나, 아니면 숭고·우아·비장·골계 등 서양미학에 토대를 두고 풀이해 왔다. 풍류라는 말이 美에 대한 인식을 전제로 한 것이기는 하지만 막상 '風流'란 무엇인지 그 개념을 정의하는 것은 쉽지 않은 일이다. 우선 역사적으로 범주가 달라지고, 동양의 한국과 중국, 그리고 일본에서도 그 쓰임이 각각 다르다. 이에 대한 자세한 논의는 기왕의 성과[6]에 미루고, 이 자리에서는 한국적 풍류 개념의 역사적 推移를 살피는 것으로 논의를 시작하고자 한다.

우리의 경우는 중국이나 일본과 달리 원래의 전통적인 풍류 개념에다가 형이상학적 요소, 즉 '종교성'이나 '사상'의 측면이 강조되고 있다는 점에서 독자성이 있다. 물론 후대로 내려오면서 중국적 풍류 개념의 영향이 발견되지만, 이는 지배계층의 중국 선호에 의한 변질이라고 할 것이다. 우리의 고유한 재래 신앙이나 사상을 '風流道'라 한 것은 중국이나 일본에서는 찾아보기 어려운 고유한 개념이었다.

풍류에 관한 가장 오래된 기록은 『삼국사기』에 내용의 일부가 전하는 통일신라 말기 최치원의 「난랑비서문」(崔致遠鸞郎碑序曰 國有玄妙之道曰風流 設教之源 備詳仙史 實乃包含三教 接化群生 …『三國史記』卷四 眞興王條)이 그것이다. 여기에는 풍류의 재래신앙적 성격, 풍류와 화랑과의 관

---

5 조지훈, 「'멋'의 연구」, 『한국인과 문학사상』, 일조각, 1968.
　백기수, 『미학』, 서울대출판부, 1978.
6 이하 부분은 특히 신은경(『風流—동아시아 미학의 근원—』, 보고사, 1999, 19~67쪽.)의 연구 성과에 힘입어 부분적으로 보완한 것이다.

계, 풍류도와 儒佛仙 3교의 관계를 명백히 하고 있다. 나라에 예부터 玄妙한 '風流道'가 있었고, 그것을 받들고 수련하는 종교집단 혹은 제사집단을 '風流徒'(花郎)라 했음이 드러난다. 위에서 3교간의 관계는 대등한 것으로 기술되어 있지만, 다른 여러 기록들을 참고하면 사실은 '風流=仙'이라고 할 정도로 仙의 비중이 컸음이 분명하다. 즉 道家的 요소가 가장 강했던 것으로 이해하게 된다.[7] 이처럼 신라 때는 풍류가 종교성, 예술성, 놀이성이 복합된 개념으로 사용되었다고 할 수 있다. 신라 花郎의 '相磨道義', '歌樂而相悅', '遊娛而山水'가 바로 그것이다. 이들이 각각 지적 수련, 심성적 수련, 종교적 수련에 대응된다면, 신라의 풍류는 이런 의미에서 도가적인 요소가 강한 宗敎的, 祭儀的 風流라고 지칭할 수 있을 듯하다.

한편 "讚曰 相過踏月弄韻泉 二老風流幾百年 滿壑煙霞餘古木 攲昂寒影尙如迎(『三國遺事』 卷五 包山二聖條)"는 신라 隱者인 觀機와 道成에 대한 기록이다. 이들이 〈避隱〉 편에서 '古之隱淪之士'로 된 것을 보면, 신라에서는 산림에 은거하는 은자의 기풍도 또한 '풍류'로 인식되었음을 알 수 있다.

고려시대에 오면 풍류의 개념이 보다 다양해진다. 신라적 풍류 개념을 계승한 '道', 형이상학적 국면이 강조될 때는 '仙', 예술성이 강조될 때는 '風流'라는 말이 사용되는 예를 찾아볼 수 있다. 그러면서 풍류에 현대적 의미의 '놀이'(술, 가무, 음악, 호색 등)나 '宴樂'의 의미가 추가되

---

7   우리 고유의 '仙'과 중국에서 수입된 외래종교로서의 '道敎'는 구별되어야 하지만(이에 대해서는 별도의 논의가 필요하다), 후대로 오면서 양자가 거의 混融되기 때문에 여기서는 편의상 仙≒道敎로 해둔다.

고, 사물(자연 경치), 특히 妓女의 고운 자태를 형용하는 용례들이 나타나기 시작한다. 고려시대에는 풍류와 관련된 다음과 같은 용례가 있다. ①신라적 의미의 풍류 ②신라적 의미의 풍류를 '仙' 또는 '仙風'으로 대체하는 경우 ③신라적 의미와 달리 예술적 의미가 부가되고 '宴樂'의 의미가 수용된 경우 ④사물, 특히 妓女의 고운 자태를 형용하는 경우 ⑤풍류가 禪의 세계와 관련되어 쓰이는 경우 등이다.[8]

이 가운데 ①과 ②는 신라의 연장선에 있는 것이고, ⑤도 신라에 이어 풍류의 종교적인 변용이라는 점에서 큰 변화라고 보기는 어렵다. 하지만 ③과 ④는 중국적 풍류 개념을 받아들인 것으로, 고려시대에 가장 일반화된 것이기 때문에 주목할 만한 변화라고 할 수 있다. 여기에는 '연석을 베풀고 논다'는 의미를 포함하여 모든 놀이적 요소—사람의 용모를 포함하여 술, 가무, 호색, 그림, 서예, 음악 등—가 총체적으로 포함된다. 그것은 궁중은 물론이고, 상층 귀족사회의 '경치 좋은 곳에서 뱃놀이를 하면서 술을 마시고 북도 두들기며 거기에 美色까지 포함된 것'이다. 따라서 〈翰林別曲〉에 열거된 酒·歌·舞를 매개한 고려 신흥사대부의 풍류는 고려 말을 대표하는 醉樂的·享樂的 風流 또는 官能的 風流라고 할 만하다.[9] 다만 ⑤의 경우, "新年佛法爲君宣/大地風流氣浩然(慧諶, 〈正旦〉)"처럼 여기서의 풍류는 '우주만물에 내재하는 道(眞理), 또는 俗을 벗어난 禪의 세계를 뜻한다. 신라 화랑에게 적용되었던 풍류가 불교의 禪으로 변용된 것이지만, 이러한 풍류 개념은 풍류가

---

8 신은경, 위의 책, 44~52쪽. 구체적인 예문과 용법, 논의는 이에 미룬다.

9 崔珍源, 앞의 책, 57쪽. 退溪는 고려사대부의 이런 풍류를 〈陶山十二曲跋〉에서 翰林別曲類를 '矜豪放蕩 褻慢戲狎'으로 비판한 바 있다.

조선 전기에 이르러 사대부들의 儒家的(性理學的) 풍류로 대체될 수 있음을 시사하고 있다는 점에서 음미할 만하다.

조선시대에 이르면 거의 대부분 종교성이나 仙風的 의미는 상실한 채, 宴樂的 풍류 개념으로 일반화된다. 그러나 이러한 변화는 주로 조선 후기에서 일어나는 현상이고, 오히려 조선 전기의 사대부들은 고려 사대부들의 향락적 풍류에서 부정적이거나 퇴폐적인 의미를 의식적으로 배제하였다.[10] 예를 들면 퇴계의 〈도산십이곡〉에 보이는 '賞自然'의 풍류는 자연에서 유교적인 道의 연마를 지칭하는 것을 들 수 있다. 즉 조선 전기 사대부들의 풍류는 '자연을 매개함으로써 道義를 기뻐하고 心性을 길러서 性情을 바르게 할 수 있다'는 것이었다.[11] 그것은 일단 儒學的 風流로 부를 수 있을 것이다.

그러던 것이 조선 후기로 오면서는 점점 '한량들의 잡스런 놀이'라는 식의 부정적 의미가 자리 잡아 가는 것을 목격하게 된다. 이 가운데 '경치 좋은 곳에서 연희의 자리를 베풀고 노는 것', '예술 또는 예술적 소양(시문, 애정담, 가악, 악기, 춤 등)에 관계된 것을 나타내는 표현'으로서의 풍류 개념이 조선시대에 가장 많이 쓰인 풍류의 개념이라고 할 것이다. 이 때 술을 마시면서 시문을 지으며 노는 것이 가장 보편적이지만 기생, 가무, 뱃놀이를 포함시키는 것도 일반적이었고, 書畵, 나아가서는 사냥, 낚시, 활쏘기와 같은 잡기적 취미까지 노는 것으로서의 풍류에 포함되기도 한다. 이러한 다양성에도 불구하고 풍류에는 일종의 순

---

10 이를 단적으로 보여주는 예가 퇴계의 〈陶山十二曲跋〉에서 언급한 翰林別曲類에 대한 비판이다. 이에 대해서는 후술하기로 한다.

11 주13) 참조.

위 같은 것이 있어서, '좋은 경치'와 '시문'(시문을 짓고 감상하는 행위 혹은 문학적 자질이나 소양 등 포함)과 '술', '가악'은 기본적이고도 필수적인 풍류의 요소가 되고 있다.

특히 조선 후기에는 음악(음악의 종류, 음악 자체, 악기 등)을 풍류로 나타내는 쓰임이 일반화된다. 풍류의 한 요소였던 음악이 풍류 전체를 대변하는 것으로 의미 변화가 일어나는 것이다. 가악, 악기, 판소리 등 대상도 다양하다. 오늘날에도 관악 합주를 '대풍류', 현악 합주를 '줄풍류'라고 일컫는다. 조선조에는 풍류가 음악을 가리킬 때는 '風樂'이라는 말로, 시문을 가리킬 때는 '風月'이라는 말로 대치되어 사용하는 양상이 일반적이었다.

종합적으로 우리나라 풍류의 시대적인 개념의 변천을 추적해 보면, 형이상학적 색채는 약화되는 대신에 감각적이고 형이하학적인 측면이 부각되고 속화되는 경향을 보인다. 그러면서 추상적인 개념에서 구체화된 개념으로, 풍류가 포괄하는 의미 영역은 축소되는 대신 풍류 현상을 성립시키는 구체적 요소는 세분화되고 다양화되어 가는 양상으로 전개되는 것으로 정리할 수 있다. 본고는 그 가운데 특히 16세기 사대부에게 집중된 자연 속에서 자연을 즐기는 삶이 하나의 典範으로서 풍류 그 자체이거나 풍류의 중요한 배경으로 인식했던 구체적인 양상을 검토하려는 것이다. 따라서 다음 장에서는 16세기 사대부 시조에 나타난 '賞自然'을 풍류의 관점에서 退溪, 栗谷, 俛仰亭의 시조를 중심으로 살펴보기로 한다.[12]

---

12 이들이 16세기 사대부 시조를 대표할 수 있는가에 대해서는 논란이 있을 수 있으나, 畿湖와 嶺南學派의 종장이라는 점과 이들의 영향력을 고려하면 그 대표성을 인정할

3. 16세기 사대부 시조에 나타난 '賞自然'의 양상

1) 退溪의 〈陶山十二曲〉

退溪 李滉(1501~1571)은 1565년 자신의 친필로 〈陶山六曲〉목판본을 남겼다. 〈陶山十二曲〉은 前六曲, 後六曲으로 이루어진 연시조로, 전6곡은 '言志'이며 후6곡은 言學이다. 언지는 작가의 뜻을 말한 것이고, 언학은 작가의 학문과 修德의 실제를 詩化한 것이다. 늙음을 잊은 '泉石膏肓'과 講學, 사색에 침잠하는 생활을 솔직하고 담백하게 그리고 있다. 퇴계는 그 序에서 당시까지의 한국 고유시가를 대체로 '淫哇不足言'이라 비판하고, 시가에 대한 자신의 견해를 밝힌 다음 이 작품을 지은 의도를 다음과 같이 말했다.

> "〈도산십이곡〉은 陶山늙은이가 지었다. 이를 무엇 때문에 지었는가? 우리나라 歌曲이 대저 淫哇함이 많아 족히 말할 것이 없다. 〈翰林別曲〉같은 것은 문인의 입에서 나왔지만 矜豪放蕩하고, 아울러 藝慢戲狎하여 더욱 군자가 좋아할 바가 아니다.[13] 오히려 근세에 〈李鼈六歌〉라는 것이 있어 세상에 盛傳하니 오히려 이것이 〈한림별곡〉보다 나으나, 이 또한 아깝게도 玩世不恭의 뜻이 있고 溫柔敦厚한 내용이 적다. 늙은이는 본래 음률을 모르나 그래도 오히려 세속의 樂을 족히 들을 줄은 안다. 한가히 지내며 病을 다스리매 무릇 性情에 感發되는 것이 있으면 매양 이를 詩로 읊었다. (중략) 아이들로 하여금 朝夕으로 익혀 노래 부르게 하고 책상에

만하다.

13 퇴계의 이러한 비판과 관련하여 최근 〈翰林別曲〉 8장의 '鞦韆' 놀이를 동성애적 관점에서 파악한 논의를 참고할 만하다. 하경숙, 「고전시가에 나타난 동성애적 양상」, 『한국문학과 예술』 제29집, 숭실대 한국문학과예술연구소, 2019, 10~11쪽.

기대어 듣고자 함이었다."

이런들 엇다ᄒ며 뎌런들 엇다ᄒ료
草野愚生이 이러타 엇다ᄒ료
ᄒ믈며 泉石膏肓을 고텨 므슴ᄒ료(1)

煙霞로 지블삼고 風月로 버들삼아
太平聖代예 病으로 늘거가뇌
이듕에 ᄇ라ᄂ 이른 허므리나 업고쟈(2)

淳風이 죽다ᄒ니 眞實로 거즈마리
人性이 어디다ᄒ니 眞實로 올흔마리
天下애 許多 英才를 소겨 말슴ᄒᆞᆯ가(3)

幽蘭이 在谷ᄒ니 自然이 듣디됴해
白雲이 在山ᄒ니 自然이 보디됴해
이듕에 彼美一人을 더옥닛디 몯ᄒᄋᆡ(4)

山前에 有臺ᄒ고 臺下애 流水ㅣ로다
ᄠᅦ만흔 ᄀᆞᆯ며기ᄂ 오명가명 ᄒᄅ거든
엇다타 皎皎白駒ᄂ 머리ᄆᆞᆷ ᄒᄂ고(5)

春風에 花滿山ᄒ고 秋夜애 月滿臺라
四時佳興ㅣ 사ᄅᆷ과 ᄒᆞᆫ가지라
ᄒ믈며 魚躍鳶飛 雲影天光이야 어늬그지 이슬고(6)

天雲臺 도라드러 玩樂齋 瀟洒ᄒ듸

萬卷生涯로 樂事ㅣ 無窮ᄒᆞ애라
이듕에 往來風流를 닐어 므슴ᄒᆞᆯ고(7)

雷霆이 破山ᄒᆞ야도 聾者ᄂᆞᆫ 몯듣ᄂᆞ니
白日이 中天ᄒᆞ야도 瞽者ᄂᆞᆫ 몯보ᄂᆞ니
우리ᄂᆞᆫ 耳目聰明男子로 聾瞽ᄀᆞᆮ디 마로리(8)

古人도 날몯보고 나도 古人몯뵈
古人을 몯봐도 녀던길 알픠 잇ᄂᆞ니
녀던길 알픠 잇거든 아니녀고 엇덜고(9)

當時에 녀던길흘 몃ᄒᆡ를 ᄇᆞ려두고
어듸가 ᄃᆞ니다가 이제사 도라온고
이제나 도라오나니 년듸ᄆᆞ음 마로리(10)

靑山ᄂᆞᆫ 엇뎨ᄒᆞ야 萬古애 프르르며
流水ᄂᆞᆫ 엇뎨ᄒᆞ야 晝夜애 긋디아니ᄂᆞᆫ고
우리도 그치디 마라 萬古常靑호리라(11)

愚夫도 알며ᄒᆞ거니 긔아니 쉬운가
聖人도 몯다ᄒᆞ시니 긔아니 어려운가
쉽거나 어렵거낫 듕에 늙ᄂᆞᆫ주를 몰래라(12)[14]

---

14 尹榮玉, 『시조의 이해』, 영남대 출판부, 1986. 이하 작품의 인용은 이 책을 따랐다.
   각종 시조집을 원활할 수는 있겠으나, 대표적인 작품을 '賞自然'과 風流의 관점에서
   검토하는 본고의 성격상 무방하리라고 본다.

제1곡은 초장과 중장에서 관용적 표현(이런들---)을 끌어와 자신의 뜻(志)을 드러냈다. 그것은 누가 뭐라 해도 '泉石膏肓(자연을 사랑하는 고질병)'을 굳이 바꾸지 않겠다는 의지의 표현이다. 제2곡은 자연에 묻혀 살면서 '허물(유학자로서의 삶에 어긋나는 일)' 없는 삶을 표명했다. 제3곡은 유교적인 淳風과 人性을 자연에서 찾고 기를 수 있음을 강력하게 피력한 것이다(天下애 許多 英才를 소겨 말슴홀가). 제4곡은 '賞自然'을 통해 충분히 즐길 수 있고 인격적 修養도 가능하지만, 사대부로서 임금(美人)을 걱정하는 마음(憂國之情)을 토로했다. 제5곡은 그렇다고 해도 자연에서의 삶이 자신의 이상이기 때문에 出仕에는 뜻이 없음을 분명히 했다(엇다타 皎皎白駒는 머리 무숨 흐는고). 제6곡은 前六曲 '言志'의 총괄로서 퇴계(인간)의 興과 자연의 興이 같다고 했다(四時佳興ㅣ 사룸과 흔가지라). 그리고 그것을 종장에서 '魚躍鳶飛 雲影天光'으로 구체화하여 표현했다. 전자는 "鳶飛戾天 魚躍于天 言其上下察也"(中庸)에서 취한 것으로 '造化流行의 활발'을 의미한다. 후자는 "半畝方塘一鑑開 天光雲影共徘徊 問渠那得淸如許 爲有源頭活水來"(朱子)를 바탕으로 퇴계가 추구한 '敬의 存養省察'을 뜻한다. 이렇게 보면 이 자연의 모습은 단순한 敍景이 아니라 성리학적 관념의 表徵이다.[15]

제7곡 이하는 이른바 '言學'이지만, 역시 자연을 토대로 한다는 점에서 '賞自然'의 측면에서도 논의될 수 있다. 제7곡은 학문하는 틈틈이 자연을 즐기는 풍류를 노래했다(이듕에 往來風流를 닐어 므슴홀고). 제8곡은 性理를 자연에서 배울 수 있는데도, 性理 자체에만 귀멀고 눈먼 사

람은 그럴 수 없다는 것이다(耳目聰明男子로 聾瞽ᄀ디 마로리). 제9곡은 古
人의 녀던길(학문의 길)을 자신도 따라가겠다는 태도를 표방했다(녀던길
알피 잇거든 아니녀고 엇덜고). 그러나 여기 고인의 길 역시 '자연에서 道義
를 기뻐하고 心性을 기르는 것'으로 이해된다. 제10곡은 자신이 典範으
로 삼은 '고인의 길'에서 벗어났다가(宦路) 늦게라도 돌아왔으니 다시는
다른 길을 가지 않겠다고 노래했다(이제나 도라오나니 년듸ᄆᆞᆷ 마로리).
제11곡은 여생을 변함없이 그렇게 살겠다고 했다(우리도 그치디 마라 萬古
常靑호리라). 제12곡은 제11곡의 결심이 더욱 확고함을 강조했다(쉽거나
어렵거낫 듕에 늙ᄂᆞ주를 몰래라).

　퇴계의 〈도산십이곡〉은 陶山 주변의 자연에서 規範性을 찾고, 그
안에서 '道義를 기뻐하고 心性을 기르는 유학자적인 삶'을 제시했다.
퇴계는 이런 의미의 '賞自然'을 '往來風流'라 했으며, 〈도산십이곡〉을
목판에 새겨 수시로 노래하면서 배우고 실천하도록 권장했다. 그의 이
러한 자연관은 제자인 權好文에게로 계승되면서 이후 사대부들의 삶에
지속적인 영향을 미친다는 점에서 중요한 의미를 갖는다.

2) 栗谷의 〈高山九曲歌〉

　栗谷 李珥(1536~1584)는 1569년 일시 致仕하고 海州 高山에 은퇴하여
精舍를 짓고 朱子를 추앙하며 학문과 敎學에 힘썼다. 해주 石潭에 있을
때 주자의 〈武夷櫂歌〉를 依倣하여 〈高山九曲歌〉를 지었다. 조선의 士
人으로서 그 누가 〈武夷櫂歌〉를 次韻하지 않았으랴. 士林 특히 道學者
의 시문학에서 〈武夷櫂歌〉는 모범적 지표였다. 그런데 〈高山九曲歌〉
를 보면 공리적 표현은 거의 없고, 오로지 '因物起興' 뿐이다. 율곡은
〈武夷櫂歌〉를 오직 抒情의 것으로 음미한 듯하다. 율곡의 이 작품은

후세에 〈高山九曲帖〉 등 시화첩이나 시화병에 수용된 형태로 널리 유
행된다는 점에서 그 영향력을 짐작할 수 있다.[16]

> 高山九曲潭을 사룸이 모로더니
> 誅茅卜居ㅎ니 벗님닉 다오신다
> 어즈버 武夷를 想像ㅎ고 學朱子을 ㅎ리라(1)
>
> 一曲은 어듸미오 冠岩에 히비췬다
> 平蕪에 닉거드니 遠山이 그림이로다
> 松間에 綠樽을 노코 벗오는양 보노라(2)
>
> 二曲은 어듸미오 花岩에 春晚커다
> 碧波에 곳을 씌워 野外로 보닉노라
> 사람이 勝地을 모로니 알게흔들 엇더리(3)
>
> 三曲은 어듸미오 翠屛에 닙퍼젓다
> 綠樹에 山鳥는 下上其音 ㅎ는적의
> 盤松이 바룸을 바드니 녀름景이 업시라(4)
>
> 四曲은 어듸미오 松岩에 히넘거다
> 潭心岩影은 온갖빗치 줌겨셰라
> 林泉이 깁도록 됴ㅎ니 興을계워 ㅎ노라(5)
>
> 五曲은 어듸미오 隱屛이 보기됴타

水邊精舍은 瀟灑홈도 ᄀ이업다
이中에 講學도 ᄒ려니와 咏月吟風 ᄒ리라(6)

六曲은 어듸미오 釣峽에 믈이넙다
나와 고기와 뉘야더옥 즐기는고
黃昏에 낙듸를 메고 帶月歸를 ᄒ노라(7)

七曲은 어듸미오 楓岩에 秋色됴타
淸霜 엷게치니 絶壁이 錦繡ㅣ로다
寒岩에 혼ᄌ 안쟈셔 집을 잇고 잇노라(8)

八曲은 어듸미오 琴灘에 둘이붉다
玉軫金徽로 數三曲을 노는말이
古調을 알이 업스니 혼ᄌ즐겨 ᄒ노라(9)

九曲은 어듸미오 文山에 歲暮커다
奇巖怪石이 눈속에 무쳐셰라
遊人은 오지 아니ᄒ고 볼것업다 ᄒ더라(10)

　일찍이 陶南은 "율곡시는 퇴계시와 같이 優雅한 맛은 없어도 淸爽한 맛은 있고, 深思的은 아니나마 感想的인 곳은 있다."와 같이 논했다.[17] 여기에서 '優雅'는 시적 형상화를 지적한 것이고, '淸爽'은 자연을 대하는 율곡의 기질을 말한 것이다. 또 '深思的은 아니지만 感想的인 곳은 있다.'라는 평은 퇴계의 〈도산십이곡〉처럼 자연을 성리학적 관념이 아닌 抒情

17 趙潤濟, 『朝鮮詩歌史綱』, 동광당서점, 1937, 273쪽.

의 대상으로 노래했음을 의미한다. 또한 여기에 "〈高山九曲歌〉를 읽으면 너무나도 덤덤하다. 주제도 분명치 않고, 묘사도 별로 없어, 무미건조하다 하리만큼 그저 淡泊하기만 하다."는 견해도 참고가 된다.[18]

첫 수는 전체의 총괄이다. 勝地인 '高山九曲'에 자리를 잡고 朱子가 '武夷九曲'에서 표방한 삶을 따르겠다는 다짐이다(어즈버 武夷를 想像ㅎ고 學朱子을 ㅎ리라). 여기서 '學朱子'는 〈武夷櫂歌〉의 품격, 즉 '敍景而已'로서의 '因物起興'을 學하는 것이다. 一曲은 冠岩인데 그림같은 자연 속에서 술동이를 곁에 두고 벗을 기다리고 있는 모습이다. 二曲은 花岩의 봄을 노래하면서 사람들에게 勝地를 널리 알리겠다고 했다(사람이 勝地을 모로니 알게흔들 엇더리). 三曲은 翠屏의 여름 모습을 그리고 있다(盤松이 바롬을 바드니 녀름景이 업시라). 四曲은 松岩의 자연과 함께 하는 林泉의 興을 표출했다. 五曲은 隱屏에서의 삶을 표현했다(이中에 講學도 ㅎ려니와 咏月吟風 ㅎ리라). 六曲은 釣峽의 '假漁翁' 생활이 담겨 있다(나와 고기와 뉘야더욱 즐기는고). 七曲은 楓岩의 가을 정취에 침잠해 있는 모습이다(寒岩에 혼즈 안쟈셔 집을 잊고 잇노라). 八曲은 琴灘에서 歌樂을 즐기는 삶이다(古調을 알이 업스니 혼즈즐겨 ㅎ노라). 九曲은 文山의 雪景을 그리면서 '遊人은 오지 아니ㅎ고 볼것업다 ㅎ더라'고 했다.

일찍이 율곡은 選詩集 『精言妙選』을 엮은 바 있다. 뽑은 시를 '沖澹 蕭散', '閒美淸適' 등의 8항목으로 類別하고, 이를 元·亨·利·貞·仁·義·禮·智의 8집에 각각 배정하였다. 그 序에서 "沖澹을 첫머리에 놓은 것은 源流의 말미암은 바를 알게 함이니, 以次 漸降하여 美麗에 이른즉 시의 맥락은 失眞하게 된다. (중략) 性情을 읊어 淸和를 宣暢함

으로써 가슴속의 滓穢를 씻을 수 있은즉 存省에 一助가 되나니, 어찌
彫繪繡藻 移情蕩心을 위하여 시를 지으리오."[19] 율곡이 시의 품격에서
제1로 본 '沖澹'을 '淡泊'으로 바꾸어 보면, 그의 〈高山九曲歌〉에서도
彫繪繡藻과 移情蕩心을 배제했음을 충분히 짐작할 수 있다. 나아가
그것은 표현과 내용(주제)에서의 形似抑制로 이어진다. 작품의 표현이
단조롭고 밋밋함은 이미 언급했거니와 내용에서도 주제를 '說'하고 있
지 않다. 즉 說理가 없다. 그렇다고 〈高山九曲歌〉에 理的 思考를 전혀
담고 있지 않다는 것은 아니다. 다만 理를 담더라도 그것을 說(形似)하
지는 않는 것이다. 제3곡의 중장 '綠樹에 山鳥는 下上其音 ᄒᄂ적의'는
분명히 퇴계의 '魚躍鳶飛 雲影天光'의 이념적 감동과 같은 것으로 생각
된다. 그러나 율곡은 그 사실만 적시했을 뿐, 퇴계처럼 감동을 理로서
'說'하거나 情으로서 '抒'하지도 않았다. 율곡은 高山九曲을 치켜 올리
지도 않았고, 그 속에서의 생활을 隱逸로서 자만하지도 않았다. 그저
담담하게 꽃을 보고 새소리를 듣고 바람을 쐬었을 뿐이다. 〈고산구곡
가〉에서 우리는 율곡의 이 담담함을 읽게 되고, 이것이 퇴계의 〈도산십
이곡〉과는 구별되는 점이다. 즉 유가적인 '賞自然'의 풍류에는 퇴계와
같이 공감하면서도 그 자연의 表象에서 율곡은 퇴계와는 다른 양상을
보이는 것이다.

율곡의 고산구곡에서의 삶은 '武夷를 想像ᄒ고 學朱子을 ᄒ리라'(1)
로 대변된다. 그것은 '講學도 ᄒ려니와 咏月吟風 ᄒ리라'(6)로 구체화
된다. 여기에는 술(2)과 함께 勝地(3,4)를 즐기는 興(5)이 노래되고, 假
漁翁의 삶(7)과 그 속에서 古調(9)를 즐기는 음악적 풍류도 함께 자리하

---

19 李珥, 『栗谷集』卷13.

고 있다. 다만 이 모든 것이 〈고산구곡가〉에서는 '淡泊'하게 표현되었다는 점이 주목되는 것이다.

3) 俛仰亭의 시조

俛仰亭 宋純(1493~1583)은 1533년 金安老가 권세를 잡게 되어 세상이 어지럽게 되자, 분연히 그 非正을 면전에서 통박하고 고향 潭陽에 물러나와 俛仰亭을 짓고 自適하였다. 다음에 그의 시조 8수를 보기로 한다.

風霜이 셧거친날에 갓픠온 黃菊花를
金盆에 가득담아 玉堂에 보내오니
桃李야 곳인체 마라 님의뜻을 알괘라(1)

너브나 너븐들의 시내도 깁도길샤
눈ㄱ튼 白沙는 구름ㄱ치 펴잇거든
일업슨 낙대든 분네는 희지는줄 몰나라(2)

솔쯧희 도든둘이 대숫티 쩌나도록
거문고 빗기안고 바희우희 안자시니
어듸셔 벗일흔 기럭이는 혼자우러 녜느니(3)

잘시는 느라들고 새둘은 도다온다
외나모 드리예 혼자가는 뎌듕아
네멸이 언마나 흐관듸 먼북소릭 들리느니(4)

天地로 帳幕삼고 日月로 燈燭삼아
北海를 휘여다가 酒樽에 다혀두고
南極에 老人星 對하여 늙을뉘를 모를이라(5)

十年을 經營ㅎ여 草廬三間 지여내니
나ᄒᆞᆫ간 ᄃᆞᆯ흔간애 淸風ᄒᆞᆫ간 맛겨두고
江山은 들일ᄃᆡ 업스니 둘러두고 보리라(6)

늘쎄다 믈러가쟈 ᄆᆞ음과 의논ᄒᆞ이
이님 ᄇᆞ리고 어듸어로 가쟛말고
ᄆᆞ음아 너란 잇썰아 몸만믈러 갈이라(7)

곳이 진다ᄒᆞ고 새들아 슬허마라
ᄇᆞ람에 훗늘리니 곳의탓 아니로다
가노라 희짓ᄂᆞᆫ 봄을 새와므슴 ᄒᆞ리오(8)

　흔히 聾巖 李賢輔를 영남가단, 俛仰亭 宋純을 호남가단의 종장으로
일컫는다.[20] 聾巖, 退溪, 栗谷 등이 비교적 순탄한 관직 생활을 했던데
비해서, 俛仰亭은 41세의 비교적 이른 나이에 고향에 은거하여 俛仰亭
을 짓고 담양의 자연과 더불어 소일한 인물이다.[21] 그에 대한 "宋公諱純

<hr/>

20　趙潤濟, 『韓國文學史』, 동국문화사, 1963, 130~141쪽. "그러므로 근대문학에 있어 聾
巖과 俛仰亭은 가히 참된 自然美의 발견자요 또 江湖歌道를 唱導한 이라고 할 수 있으
나, 兩翁에 의하여 唱導된 江湖歌道는 곧 문단에 반향을 주어 적지 않은 영향을 문학상
에 미쳤다."
21　"담양에 은거하여 霽月峰 아래에 石林精舍를 짓고 또 면앙정을 지어서 모년의 優遊之地
로 삼았다. 정사에는 萬卷書를 積藏하여 때때로 탐독하고 또 歌曲을 지어서는 술이
취하면 歌兒 舞女 등으로 부르게 했다."(尹昕, 『溪陰漫筆』 卷二.)

風流豪邁 爲一代名卿 所箸無等諸曲 至今傳唱 辭甚淸婉"(李德泂, 「竹窓
閑話」, 『大東野乘』)의 평을 보면, 송순은 매우 호방한 風流人임을 알 수
있다. 그는 정치적 여정에서 몇 번의 우여곡절을 겪었음에도 불구하고
비교적 성공적인 삶을 살았다고 할 것이다.

(1)에서 黃菊과 桃李를 비교하여 그 절개를 찬양한 것은 굳이 四君子
를 들지 않더라도 당대 사대부들의 일반적인 교양이었다. 이러한 류의
시조는 시대를 불문하고 각 시조집에 넘쳐난다. 따라서 이 작품은 유가
의 전형적인 규범적·도덕적 자연관에 입각한 시조라고 할 수 있다.
(7)은 '致仕歌'로 사대부들의 전형적인 처세관을 표현한 것이다. 자연
에 대한 사랑과 정치적 열정이 공존함을 시사한다. 현실과 江湖의 岐路
에서 그 갈등을 'ᄆ음아 너란 잇썰아 몸만물러 갈이라'로 해소하고 있
다. 그것은 '經國濟民'과 '歸去來'의 갈등이요, 孟子의 이른바 '獨善'과
'兼善'의 갈등이다(窮則獨善其身 達則兼善天下-盡心篇). 나머지 (2)-(6)과
(8)의 작품들은 자연 속에서 자연에 순응하면서 조화롭게 유유자적하
는 흥취를 자신만의 風流로 노래하고 있다. 때로는 '假漁翁'으로(2),
어떤 때는 늦도록 거문고를 연주하면서(3), 혹은 時俗에 구애됨이 없는
중처럼(4), 아니면 자연과 하나가 되어 그 속에서 술을 마시면서(5),
草廬三間에 자연을 벗삼아(6), 자연의 順理에 順應하는 物我一體의 삶
(8)을 보여주는 것이다. 특히 (4)의 시조에 그려진 자연은 규범성으로
서의 자연도 아니고, 그렇다고 자연을 매개한 抒情이 노출되어 있지도
않다. 마치 한 폭의 산수화처럼 율곡의 〈高山九曲歌〉의 淡泊을 연상시
키는 작품이다. 이 시조는 면앙정의 뒤를 잇는 松江 鄭澈의 "믈아래
그림재 디니 ᄃ리우히 듕이 간다/뎌 듕아 게 잇거라 너 가는 ᄃᆡ 무러보
쟈/막대로 흰구름 ᄀᆞᄅ치고 도라 아니 보고 가노매라"와도 그 시상이

맞닿아 있다.[22]

송순의 시조에도 〈고산구곡가〉처럼 역시 아름다운 자연 속에서 술과 음악(거문고), 假漁翁의 삶을 즐기는 모습이 그려져 있다. 다만 그 표현 방식이 율곡에 비해 좀더 호방하고, 자연을 그 자체로 즐기고자 하는 양상이 보다 두드러진다. 또한 '學朱子'나 '講學'의 요소가 직접적으로 작품에 나타나지 않는 것도 퇴계나 율곡과는 다른 송순만의 특징적인 부분이다.

그러나 宋純의 자연관을 여실히 보여주는 것은 역시 그의 가사 〈俛仰亭歌〉이다. "俛仰亭歌 宋二相純所製 說盡山水之勝 鋪張遊賞之樂 胸中自有浩然之趣"(洪萬宗, 『旬五志』) "俛仰亭歌 則鋪敍山川田野幽夐 曠闊之狀 亭臺蹊徑高低回曲之形 四時朝暮之景 無不備錄"(沈守慶, 「遣閑雜錄」, 『大東野乘』) 등에서 보듯, 면앙정 주변의 다양한 자연 경관과 그 아름다움, 자연을 遊賞하는 즐거움을 노래했다. 그 절정에 해당하는 부분을 들어보면 다음과 같다. "술리 닉어거니 벗지라 업슬소냐//블닉며 투이며 혀이며 이아며//온가짓 소릭로 醉興을 빅야거니//근심이라 이시며 시름이라 브터시랴//누으락 안즈락 구부락 져즈락//을프락 프람ᄒ락 노혜로 노거니//天地도 넙고넙고 日月도 ᄒ가ᄒ다" 이 작품은 당시 호남의 유명문사들이 다투어 면앙정에 대한 수다한 작품들을 남

---

22 松江은 몇 번의 落拓에도 불구하고 끝끝내 歸隱을 실천하지 않았고, 그것을 이상으로 삼지도 않았다. 물론 그도 가끔 자연에서의 物外閒人을 자처하기도 했고, 때로는 남의 泉石膏肓을 찬미하기도 하였다. 그러나 송강은 歸隱을 동경은 했을지언정 歸를 隱으로 연장하지는 않았던 것이다. 그는 비록 歸에 처해 있더라도 기회가 오면 서슴지 않고 일어나 현실로 出하였다. 〈關東別曲〉을 비롯한 가사, 시조 작품들에서 탁월한 정치가로서 정치적 이상과 그 대안을 확인할 수 있다. 이에 비해 퇴계의 제자인 權好文은 평생 處士로서 자연에 閑居하면서 '隱'을 실천했다는 점에서 대비된다.

기고 있는 사실로 미루어 볼 때, 면앙정을 중심으로 한 문사들의 모임
에서 불렸을 것이다. 가히 그 영향력을 짐작할 수 있다.

　이처럼 퇴계, 율곡, 면앙정의 시조 작품에 나타나는 '賞自然'의 양상
은 자연을 규범적인 道를 매개하는 유학적 자연관과 그것을 風流로
즐긴다는 점에서는 공통되지만, 자연에 대한 表象과 興의 정도에서 편
차를 보인다.

4. 16세기 사대부 '賞自然'의 風流文化的 意義

　지금까지 風流의 개념과 '賞自然'에 대한 역사적인 이해를 바탕으로,
16세기 사대부 시조 중에서 退溪, 栗谷, 俛仰亭 등의 작품에 나타난
'賞自然'의 풍류 양상을 고찰하였다. 그 결과 퇴계는 〈도산십이곡〉에서
성리학적 자연관을 '言志'와 '言學'으로 분명하게 드러내었고, 율곡은
〈고산구곡가〉에서 '賞自然'을 '敍景而已'로 담담하게 노래했으며, 면
앙정의 경우는 그것이 보다 다양하게 전개됨을 살펴보았다. 다음에 이
러한 16세기 사대부 시조에 나타난 '賞自然'의 양상에 대한 風流文化的
意義를 검토하는 것으로 마무리를 대신하고자 한다.

　풍류는 '미(美)를 표방하는 놀이문화'로 규정될 수 있고, '놀이성'과
'예술성'은 풍류를 구성하는 두 축이라고 할 것이다. 이것을 좀 더 세분
화하면 ①놀이적 요소 ②미적(예술적) 요소 ③자연친화적 요소 ④자유
로움의 추구 등이 풍류와 풍류문화의 개념을 구성하는 요소들이라고
하겠다. ①이 풍류의 내용이라면, ②는 풍류의 형식이 된다. ③은 '자연
과의 교감'이며, 이에 내재한 인간과 자연과의 관계는 나아가 '자연과

의 합일'(物我一體), '자연에의 회귀'를 의미한다. 이와 함께 ④의 속세로부터 벗어나고자 하는 '자유로움에의 지향성'도 풍류를 구성하는 데 필수적인 요소이다. 여기에는 어디에도 속박되지 않고 마음대로 노닌다고 하는 '호방불기(豪放不羈)'의 요소, 혹은 '파격성(破格性)', 세속을 벗어나 있다는 의미의 '탈속성(脫俗性)', 그리고 '은(隱)'의 의미가 내포되어 있다. 동시에 경직되지 않고 집착하지 않는 융통성과 부드러움에의 지향을 의미하기도 한다. 풍류인의 마음은 바로 이런 '바람같은 마음'이요, 그리고 '바람같음을 지향'하는 것이다.[23]

그런데 우리는 인생이나 자연, 어떤 대상들을 놀이의 관점으로 받아들일 때 함께 발현되는 감정으로 예외없이 '흥(興)'을 떠올리게 마련이다. 다시 말하면 풍류는 미적으로 '흥'과 밀접하다고 할 수 있다. 우리의 시조에서는 "江湖에 봄이 드니 미친 興이 절로 난다"(孟思誠 〈江湖四時歌〉), "田園에 남은 興을 전나귀에 모도싣고/溪山 닉은길로 興치며 도라와서"(河緯地의 시조), "春風에 花滿山ᄒ고 秋夜에 月滿臺라/四時佳興ᅵ 사름과 흔가지라"(退溪 〈陶山十二曲〉 6), "物我一體어니 興인들 다룰소냐"(丁克仁, 〈賞春曲〉) 등에서 그것을 확인할 수 있다.

우리가 주변에서 일상적으로 사용하는 '흥이 난다', '흥겹다', '흥청망청' 등은 우리에게 매우 친근한 정서이다. 더구나 우리의 전통예술은 이러한 흥의 요소가 함께 해 왔다고 해도 과언이 아니다. 그러나 '흥'은 단순히 즐거움, 재미라는 말만으로 대치될 수 없는 부분을 갖고 있다. '흥'은 생의 밝은 측면으로 마음이 향했을 때 조성되는 정서이며 미감(美感)이고, 이는 즐거움, 기쁨, 상쾌함과 같은 요소가 그 기반이 된다.

---

23 신은경, 앞의 책, 67~81쪽을 참고로 필자가 재정리한 것이다.

'흥'은 정서의 흥기, 그 가운데서도 즐거운 방향으로 상승 작용하는 정
서와 직접적 관련을 갖는다. 이 고양된 정서가 안으로 응축되는 것이
아니고, 외면적인 발산을 전제로 할 때 '흥'의 미학이 성립한다. 이러한
양상은 조선조의 문학에서 상하층의 문학 전반에 두루 나타나 있음을
본다. '흥'이 일어나는 모든 대상(자연과 사물, 예술—시문·음악·춤·서화 등,
멋진 사람, 술 등)을 노래하거나 그린 것들이 전부 이에 해당할 것이다.[24]

여기에서 16세기부터 19세기까지의 양반층 평시조가 지닌 주제사적
추이를 내용소 통계에 의거하여 고찰한 결과, ①'江山에 한거하는 처사
적 삶'이라는 심미적 이념형의 약화, 쇠퇴 ②시적 관심이 다양화하는
가운데, '官人的 세계의 주변부 의식'과 세속적 삶/욕망에 대한 관심
증가 등의 변화를 도출한 연구[25]를 주목할 필요가 있다. 이에 의하면
①의 흐름은 17세기와 18세기 사이에서 뚜렷한 변곡점을 보여 주며,
②의 흐름은 18세기와 19세기 사이가 큰 변곡점에 해당하고, 두 가지
추세를 겹쳐 놓을 경우에는 18세기가 ①, ②의 추세선이 엇갈리며 역전
이 이루어지는 교차 국면에 해당한다고 한다. 이러한 연구 성과에 기대
어 추정해 보면, 사대부들의 자연에 대한 관심, 즉 이른바 '江湖歌道'의
詩風은 고려 말 14세기 전반 安軸에 의해 촉발된 이래, 16세기의 聾巖

24 참고로 風流心의 미적 구현으로서 '興', '恨', '無心'을 미적 유형으로 제시한 견해(신은경,
앞의 책, 87~90쪽.)에는 선뜻 동의하기 어렵다. 왜냐하면 '한'을 풀어냈을 때 '흥'이
일어날 수 있고, '무심'은 '한'이나 '흥'을 벗어나거나 극복했을 때 도달할 수 있는 경지이기
때문이다. 따라서 풍류는 이 중에서 '흥'하고만 직접적으로 연결된다는 것이 필자의
생각이다. 이렇게 보면 '흥'은 풍류의 시작이고 끝이다. 즉 어떤 대상에게 '흥'이 일어날
때가 풍류의 시작이라면 '흥'이 다할 때 풍류도 끝이 나는 것으로 생각할 수 있기 때문이다.
25 김흥규, 「16-19세기 양반층 시조와 그 心象空間의 변모」, 『한국시가연구』 제26집, 한
국시가학회, 2009, 266~267쪽.

李賢輔, 退溪 李滉, 栗谷 李珥, 俛仰亭 宋純 등에 이르러 그 폭과 깊이를 더해가다가 17세기 전반의 孤山 尹善道를 정점으로 점점 하강 국면에 접어드는 것으로 판단된다.[26]

德行을 문장보다 우월하게 여기고, 문장을 官人으로서의 성취보다 위에 두는 儒家的 가치관이 16세기에 특히 강력했지만, 사대부들의 현실적 처신이 항상 그러한 지향적 가치의 서열에 따라 결정된 것만도 아니었다. 그럼에도 불구하고 '강산에 閑居하며 성현의 도를 탐구하고 실천하는 처사'의 시적 표상이 중요했던 까닭은 그것이 당대의 사대부층을 내면적으로나 사회적으로 규율하는 실천 모형으로 중시되었기 때문이다.

조선 전기 사대부들에게 있어서 '賞自然'의 풍류는 상당한 정도의 정치성이 함축된 윤리적 이상인 동시에, 시적 표상을 통해 구가된 심미적 이상이었다. 그러나 임·병 양란을 거치면서 사대부층의 이러한 미학적-이념적 전형은 그 영향력을 점차 잃어갔음을 우리의 詩歌史는 여실히 보여주고 있다. 이에 따라 조선 후기에 오면 16세기 사대부 시조에 두드러지는 유가적·규범적 '賞自然'의 풍류는 더 이상 사대부들의 실천 모형이 될 수 없었던 것이다.[27]

혼탁한 세속으로부터 격리된 '江山'에 '處士'가 '閑居'하며, 그는 부

---

26 이러한 판단은 기왕의 陶南 趙潤濟, 林下 崔珍源 두 분이 이미 이루어놓은 국문학과 자연에 대한 학문적 성과를 재확인한 것이다. 다만 필자의 개인적 연구에 의거하여 강호가도의 시발점을 고려 말 안축으로 올려 잡은 것임을 부기해 둔다.

27 이런 변화의 추이에 대해서는 김흥규, 「16·17세기 江湖時調의 變貌와 田家時調의 形成」, 『어문논집』 35, 안암어문학회, 1996.; 권순희, 『田家時調의 미적 특질과 사적 전개 양상』, 고려대 박사학위논문, 2000 등을 참고할 수 있다.

질없는 명리의 집착을 떠나 '閑情'에 자족한다. 여기에 '漁翁'-실제로는 假漁翁-이 처사의 인접형으로 등장하고, 때로는 사물들도 寓意的으로 호출된다. 그들에게 소중한 관계는 '君臣, 兄弟' 등의 인륜적 유대와 뜻을 나눌 만한 '이웃'과의 공동체적 소통이다. 修己治人의 이상을 포기할 수 없는 유학자들이기에 정치적 고뇌 혹은 '戀君'의 근심이 때때로 떠오르지만, 체념으로써 그런 번민을 다스리고 '安貧樂道'와 '獨善其身'의 삶을 힘써 추구한다. 그런 가운데 때때로 낚싯대를 들고 물가에 앉거나 '薄酒山菜'를 즐기는 것이 조촐한 즐거움이 된다. 너무도 조화롭게 엮어지는 연관이 오히려 신기할 만큼 이 세계는 잘 짜여 있으며, 이질적인 요소들을 거의 찾아볼 수 없다.

그럼에도 불구하고 이와 같은 시세계가 조선 전기 사대부층의 현실태를 그대로 반영한 것이라고 간단히 등식화할 수는 없다. 그것은 그들의 신념과 가치지향에 의해서 선택, 여과된 '심미적 이상향(이념형)'이다. 개인에 따라 이 이념형에 충실한 삶을 실천하고자 모색하기도 했고, 그로 인해 높이 추앙되거나 충실한 전형으로서 입에 오르내렸던 인물들이 16세기에 적지 않은 것이 사실이다. 앞서 3장에서 살펴본 퇴계와 율곡, 면앙정 등이 이에 해당된다. 이들의 시조에 나타난 '賞自然'은 그 표현 방식과 양상에서 부분적인 차이는 있지만, 규범을 강조하는 성리학적 자연관이라는 공통점을 갖고 있다.

그리하여 17세기 孤山 尹善道(1587~1671)의 경우는 엄청난 현실의 좌절에도 불구하고, 자칫 老莊的 放逸로 흐르지 않고 자연과 더불어 유가적 삶을 고수할 수 있었던 것이다. 한편 퇴계의 제자인 權好文(1532~1587)의 경우에서 보듯이, 處士的 삶을 실천해 나가는 저변에는 적지 않은 불안과 동요가 수반됐다. 즉 그는 평생 벼슬에 나아가지 않

고 처사로서의 삶을 고수했지만, 그의 詩文에는 적지 않은 갈등의 요소
들이 담겨 있기 때문이다. 이에 따라 같은 시기에 철저하게 관인적 삶
을 지향했던 호남가단 정철의 삶과 문학적 성취도 사대부 문인의 또
다른 삶의 선택으로 '江湖歌道'의 자장 안에서 새롭게 조명될 수 있을
것이다.

결론적으로 고려 말 14세기에 촉발된 신흥사대부들의 유가적인 '賞
自然'의 풍류는 15세기를 거쳐 16세기의 퇴계, 율곡, 면앙정, 권호문,
정철 등에 의해 다양화·심화되면서 사대부층의 핵심적인 '性理學的
風流'로 자리매김해 간다. 그것이 17세기 고산에 이르러 정점을 찍고
나서 이후에는 더 이상의 문학사적 추동력을 잃게 되는 것이다. 따라서
시조문학에서 '자연에서 유가적인 도를 발견하고 성정을 기른다'는 '賞
自然'도 풍류의 영역에서 점차 밀려나게 되고, 대신 그 자리를 '官人的
세계의 주변부 의식'과 '세속적 삶/욕망에 대한 관심'으로 대체되어 간
것으로 정리될 수 있겠다.

참고문헌

1. 자료

召雍, 「觀物篇內篇10」, 「觀物篇內篇12」, 『皇極經世全書解』.

宋純, 『俛仰亭集』.

尹昕, 『溪陰漫筆』.

李珥, 『栗谷集』.

李滉, 『退溪集』.

中文大辭典編纂委員會, 『中文大辭典』.

洪萬宗, 『詩評補遺』.
黃俊良, 「與周景游書」, 權鼈 編, 『海東雜錄』.

2. 단행본

김학성, 『한국고전시가의 연구』, 원광대출판국, 1980.
신은경, 『풍류-동아시아 미학의 근원-』, 보고사, 1999.
여기현, 『고전시가의 표상성』, 월인, 1999.
윤영옥, 『시조의 이해』, 영남대 출판부, 1986.
이민홍, 『사림파문학의 연구』, 형설출판사, 1986.
_____, 『조선중기 시가의 이념과 미의식』, 성대출판부, 1993.
이형대, 『어부형상의 시가사적 전개와 세계인식』, 고려대 박사학위논문, 1997.
조동일, 『한국문학통사 2』, 지식산업사, 1983.
조윤제, 『朝鮮詩歌史綱』, 동광당서점, 1937.
_____, 『국문학개설』, 동국문화사, 1959.
_____, 『韓國文學史』, 동국문화사, 1963.
최진원, 『국문학과 자연』, 성대출판부, 1977.
_____, 『한국고전시가의 형상성』, 성대출판부, 1988.

3. 논문

권상우, 「한류의 정체성과 풍류정신」, 『동서철학연구』 제43호, 한국동서철학회, 2007.
김흥규, 「16·17세기 江湖時調의 變貌와 田家時調의 形成」, 어문논집 35, 안암어문학회, 1996.
_____, 「16-19세기 양반층 시조와 그 心象空間의 변모」, 『한국시가연구』 제26집, 한국시가학회, 2009
손오규, 「산수문학에서의 인물기흥」, 『반교어문연구』 제11집, 반교어문학회, 2000.
여기현, 「강호인식의 한 양상」, 『반교어문연구』 제1집, 반교어문학회, 1988.
윤영옥, 「풍류성」, 『고전시가의 이념과 표상』, 최진원박사정년기념논총간행위원회, 1991.
이병찬, 「고려가요의 작품구조와 자연」, 성대 석사학위논문, 1984.

이병찬, 「고려가요의 自然 表象」, 『반교어문연구』 제26집, 반교어문학회, 2009.

이상원, 「高山九曲詩畫屛의 구성상 특징과 소재 詩文에 대한 검토」, 『국제어문』 제31집, 국제어문학회, 2004.

이우성, 「고려말·이조초의 어부가」, 『성대 논문집』 제9집, 성균관대학교, 1964.

정익섭, 「고산의 풍류고」, 『시조론』, 조규설·박철희 공편, 일조각, 1978.

조동일, 「미적 범주」, 『한국사상대계』 1, 성대대동문화연구원, 1973.

조지훈, 「'멋'의 연구」, 『한국인과 문학사상』, 일조각, 1968.

최진원, 「강호가도연구」, 『국문학과 자연』, 성대출판부, 1977.

鈴木修次, 「풍류고」, 『중국문학과 일본문학』, 동경서적주식회사, 1987.

초출알림

한국 고대사회에서 술의 기능 [이도학]
『동아시아고대학』 제44집, 2016.12.

한국 고전작가와 술 – 이규보와 정철을 중심으로 [안영훈]
『동아시아고대학』 제55집, 2019.09.

좌표를 통해서 본 杜甫 飮酒詩의 정서 표현 분석 [김의정]
『동아시아고대학』 제44집, 2016.12.

『우쓰호모노가타리[宇津保物語]』에 나타난 ‘酒’에 관한 고찰 [김현정]
『동아시아고대학』 제45집, 2017.03.

동아시아 고대 유교문헌과 강증산 전승에서 술의 역할과 의미 [고남식]
『동아시아고대학』 제44집, 2016.12.

전통술[傳統酒]에 담긴 문화와 무형문화재 보전·활용 [류호철]
『동아시아고대학』 제44집, 2016.12.

해장국의 발생 배경과 변천 과정 [송화섭]
『동아시아고대학』 제47집, 2017.09.

주막과 장터의 문화사적 고찰 [구본술]
동아시아고대학회 제62회 정기학술대회 발표문, 2016.08.

魏晉時代 名士들의 風流와 時代的 使命 [최세윤]
『동아시아고대학』 제54집, 2019.06.

일본 고전문학의 풍류와 미야비(みやび)에 대한 연구 [이상준]
『동아시아고대학』 제32집, 2013.12.

와카[和歌]를 통해 본 일본 헤이안[平安] 시대 연애풍류 [남이숙]
『동아시아고대학』 제54집, 2019.06.

16세기 사대부 시조의 ‘賞自然’과 風流 [이병찬]
『동아시아고대학』 제54집, 2019.06.

집필진 소개 (게재 순)

이도학 한국전통문화대학교 융합고고학과
안영훈 경희대학교 국어국문학과
김의정 성결대학교 파이데이아학부
김현정 한국전통문화대학교 문화재관리학과
고남식 대진대학교 대순종학과
류호철 안양대학교 교양대학
송화섭 중앙대학교 다빈치교양대학
구본술 (전)번암중학교
최세윤 고신대학교 중국학전공
이상준 인천대학교 교육대학원
남이숙 군산대학교 동아시아학부 일어일문학전공
이병찬 대진대학교 한국어문학과

동아시아고대학회 학술총서 13
동아시아의 술과 풍류

2021년 4월 30일 초판 1쇄 펴냄

편　자 동아시아고대학회
발행인 김흥국
발행처 보고사

등록 1990년 12월 13일 제6-0429호
주소 경기도 파주시 회동길 337-15 보고사
전화 031-955-9797(대표)
　　　 02-922-5120~1(편집), 02-922-2246(영업)
팩스 02-922-6990
메일 kanapub3@naver.com / bogosabooks@naver.com
http://www.bogosabooks.co.kr

ISBN 979-11-6587-181-9　94300
　　　 979-11-6587-180-2　94080 (세트)
ⓒ 동아시아고대학회, 2021

정가 20,000원